普通高等学校知识产权专业系列教材

总主编　吴汉东

专利法

中国人民大学出版社
·北京·

作者简介

闫文军，中国科学院大学教授、博士研究生导师，知识产权学院副院长，中国法学会知识产权法学研究会常务理事，中国知识产权研究会常务理事。曾任山东省高级人民法院法官，曾在日本知识产权研究所、美国华盛顿大学访学。曾出版《专利权的保护范围》、《专利法学说与案例研究》(一)、《欧盟知识产权法》(合著)、《日本知识产权法》(合著)、《知识产权教程》(主编) 等著作，曾在《知识产权》、《法学》、《电子知识产权》、《专利法研究》、(日本)《知财管理》等中外期刊发表论文五十余篇。

总 序

当前，我国正在深入推进知识产权强国建设，知识产权人才作为建设知识产权强国最基本、最核心、最关键的要素日益受到高度重视。近年来，我国相继发布了《深入实施国家知识产权战略行动计划（2014—2020年）》《关于新形势下加快知识产权强国建设的若干意见》《国家创新驱动发展战略纲要》《“十三五”国家知识产权保护和运用规划》《知识产权人才“十三五”规划》等重要政策文件，对我国知识产权人才培养提出了新的要求。

知识产权作为一门独立的学科，有自己独特的研究对象，有自己特有的基本范畴、理念、原理、命题等所构成的知识体系；知识产权作为一种特定的专业，有自己特殊的人才培养目标，也有自己特定的人才培养规格。结合知识产权的学科特点，知识产权人才培养应当符合以下三个基本定位。

首先，知识产权人才应当是复合型人才。知识产权归属于法学，但与管理学、经济学、技术科学等有着交叉和融合，因此知识产权人才应当具备多学科的知识背景。他们除了掌握法学的基础知识外，还应当能够理解文、理、工、医、管等学科的基本原理和前沿动态，成为懂法律、懂科技、懂经济、懂管理的复合型人才。

其次，知识产权人才应当以应用型人才为主。知识产权是一门实践性极强的学科，无论是知识产权的确权与保护，还是知识产权的管理与运营，都是实践性工作。立法、司法机关，行政管理部门，公司企业，中介服务机构等实务部门对知识产权人才有着广泛的需求。

最后，知识产权人才应当是高端型人才。知识产权跨学科的特点，意味着单一的本科学历根本无法实现知识产权专业的目标要求，要使知识产权人才有较高的起点、较广博的知识，双学士、硕士、博士、博士后等高学历人才应当成为今后知识产权人才培养的主流。

知识产权人才培养是我国高校中最年轻、最有生命力的事业。但从总体上看，当前高校知识产权人才培养在复合型师资、培养方案、课程设置、实验条件等方面存在的诸多困难与问题，导致我国知识产权人才数量和能力素质与上述目标定位还存在一定差距，特别是高层次和实务型知识产权人才严重缺乏。因此，要以知识产权人才培养定位为目标，提升知识产权人才培养的软硬件条件，实现知识产权人才培养工作的科学化、体系化和制度化，为知识产权强国建设提供坚实的智力支撑。

本套系列教材正是基于上述背景由序者约请知识产权领域有专长、有影响的一批学者撰写的。该系列教材共9本，分别为《知识产权总论》《著作权法》《专利法》《商标法》《反不正当竞争法》《知识产权管理》《知识产权信息检索与利用》《知识产权的国际保护》《技术转移法》。

从学科背景上看，该系列教材涵盖了法学、管理学、情报学、技术科学等不同学科知识，符合“知识产权人才应当是复合型人才”的要求；从课程设置上看，该系列教材注重知识产权诉讼、专利文书撰写、专利检索分析等知识产权实务技能的培养，符合“知识产权人才应当以应用型人才为主”的要求；从适用对象上看，该系列教材既可作为高校知识产权专业本科生和研究生的课程教学教材，也可作为企事业单位知识产权高级法务人员和管理人员的参考教材，符合“知识产权人才应当是高端型人才”的要求。我们希望通过该套教材的出版发行，总结出我国复合型、应用型、高端型知识产权人才培养的先进经验，以期为加快知识产权强国建设贡献力量。

是为序。

中南财经政法大学文澜资深教授、博士生导师　吴汉东

2020年3月

前　言

发明创造是一个国家创新能力和综合实力的重要体现，而对发明创造提供保护的最重要法律制度就是专利法。专利法是知识产权制度中的重要内容，对于国家、企业和社会发展至关重要，也是每个学习、研究和从事知识产权工作的人应当了解的内容。

但专利法的学习并非易事。在学校的课堂教学中，相比于商标法、著作权法和反不正当竞争法，专利法的课堂是比较枯燥的，老师的讲授是费力的，学生的学习是吃力的。这可能是专利法的特点造成的：理论不多，且比较抽象；案例不少，都比较枯燥；法律问题和技术问题交织在一起，学习和研究时颇费脑力。这也对专利法教材的编写提出了挑战。

2019 年，我很高兴收到“普通高等学校知识产权专业系列教材”总主编吴汉东教授和中国人民大学出版社法律分社郭虹社长的邀请，主持这本《专利法》的编写工作。虽然自己从事与专利有关的工作已有二十多年，并且以不同的身份从事过各种工作，做教师讲授专利法课程已有十多个年头，出版过专利法的专著和论文；做法官审理过专利侵权案件；做律师指导过专利申请，参与过申请宣告专利无效案件，代理过专利行政诉讼和侵权诉讼案件，但编写这本教材并不像原来设想的那么容易，最后我用了近两年的时间才完成。

在本教材的编写过程中，我本着理论与应用并重、课堂教学与实务工作都可以使用的目的，使本教材在内容上具有以下特点：第一，基于规范，注重实务。我国《专利法》《专利法实施细则》《专利审查指南》和最高人民法院的相关司法解释中的相关规定，是教材的基础，而在解释和适用这些法律规范时，相关案例是最好的资料。因此，在本教材编写过程中，我特别关注相关的案例，包括国家知识产权局处理的专利复审、宣告专利无效的案例，以及法院审理的涉专利行政诉讼和侵权诉讼案例，并选取了典型的和有影响的案例进行了介绍。第二，立足国内，放眼国际。本教材的读者对象是我国的学生以及理论研究者和实务工作者，因此，其内容主要针对我国的专利法律制度。但我国的专利制度是在遵守国际公约、参考其他国家专利制度的基础上建立和完善的，其他国家的专利制度的历史比我国的长很多，国际公约的规定和其他国家的法律制度对于理解和适用我国的专利法律规范具有重要的意义，因此本教材的有些部分介绍了国际公约，特别是《保护工业产权巴黎公约》和《与贸易有关的知识产权协议》的规定，以及美国、欧洲和日本的相关规定和做法。第三，系统全面，突出重点。2020 年修订后的《专利法》共 82 条，其绝大多数条款在本教材中都有体现，仅个别比较简单的条款本教材没有涉及。其中，专利的保护对象、权利归属、权利取得、保护范围、侵权与救济等是着重介绍的内容。第四，着眼现实，回顾历史。我国现行专利制度虽然仅有三十多年的历史，但《专利法》已经进行了四次修订，其中很多内容发生了变化。本教材所引用的法律规范为现行有效的规定，包括2020年修订后的《专利法》以及2020年修订的相关司法解释。遗憾的是，《专利法实施细则》还没有修订完成，本教材引用的仍是2010年的《专利法实施细则》，大家在使用本教材时应结合新修订的《专利法实施细则》。当然，在理解和适用现行规范时，有时修订过程和历史状况也是重要参考，因此，在必要时本教材也对历史状况进行了回顾。

当然，这些目标和特点在本教材中并不一定都落到了实处，此外，错误之处和不被大家接受的个人观点在所难免，期待广大读者批评指正。

最后，特别感谢中国人民大学出版社法律分社的编辑为本教材出版付出的辛勤劳动！

闫文军

2021年10月

目　　录

第一章　专利法概述

专利是权利人就发明创造所获得的独占权利。专利的基础是发明创造，而专利产生的制度基础是专利法律制度。人类作出发明创造有成千上万年的历史，但相关主体就发明创造享有独占的权利，是近几百年间专利制度产生之后才出现的。经过几百年的发展，专利法律制度已经成为绝大多数国家的基本制度，在促进科技进步和确定竞争格局方面起着至关重要的作用。本章主要介绍专利和专利法的基础知识。

第一节　专利的概念和本质

一、专利的概念

专利对应的英文为“patent”，而“patent”来源于英文中的“letters patent”，由拉丁文中的“*Literae Patens*”演化而来。其最初含义是授予特权时公开的文件，任何人都可以了解其中的内容。后来，patent 用来指称国家专利机关所授予的专利证书和与之相关的权利。[①] 汉语中的“专利”最早见于《国语·周语上·厉王说荣夷公》，其中有一句是“荣公好专利，而不知大难”。这里“专利”的含义是“独专其利”或“独享利益”，是一个贬义词。

将“patent”翻译为“专利”，应是我国近代学者所为。“专利”这一用语，着眼于西方专利制度中专利权人享有独占权的含义。“专利”一词经过多年的使用，已经被使用汉语的国家和地区普遍接受。

对于“专利”的含义，较为普遍接受的一种说法是：专利是由政府机关或者代表若干国家的区域性组织根据申请而颁发的一种文件，这种文件记载了发明创造的内容，并且在一定的时间内产生这样一种法律状况，即获得专利的发明在一般情况下只有经专利权人许可才能予以实施。[②]

在不同的语境下使用“专利”一词，表达的含义可能不同。在现代意义上专利主要有

---

① 李明德主编. 知识产权法. 北京：社会科学文献出版社，2007：178－179.

② 尹新天. 中国专利法详解. 北京：知识产权出版社，2011：1.

如下三种含义：第一，专利权的简称，指专利权人对发明创造享有的专有权，即国家依法在一定时期内授予发明创造者或者其权利继受者独占使用其发明创造的权利。例如，“华为拥有 10 万多件专利”，这里的专利就是专利权。第二，受到专利法保护的发明创造，是受国家认可并在公开的基础上受到法律保护的技术或设计。例如，“这是一个专利产品”，这里的专利指的是该产品中的技术受专利保护。第三，专利管理机关颁发的确认申请人对其发明创造享有专利权的专利证书或记载发明创造内容的专利文献，包括说明书及其摘要、权利要求书等。例如，“我们检索到 30 项专利”，这里的专利指的是专利文献。

二、专利的本质

英文“patent”一词包括了“独占”和“公开”两个方面的意思。“独占”和“公开”即专利的本质，我们可以通过这四个字理解专利和专利制度。就发明人而言，发明人付出的对价是将发明公开，得到的是专利权。因此，专利制度又被概括为“以公开换独占”，或“以公开换保护”。

发明人将其发明向社会公开并进行详细披露是其获得专利权的前提，各国专利法都规定了发明人披露其发明的义务。让发明人充分披露其发明，具有以下功能：第一，发明人对其发明的披露，增加了社会的知识总量，可以激发该领域更多的发明创造。第二，当多人进行同一项技术的研制时，因为专利只授予一人，所以发明人将其发明充分披露后，就可以避免其他人进行重复的开发研究，节约了社会资源。第三，对发明的披露可以使公众明确专利的范围，避免侵权的发生。如果发明人未对其发明进行充分披露，公众不知道有关技术已经被授予专利，或者不能清楚专利的范围在哪里，公众侵权的可能性就会增加。[①]

作为对披露其发明创造的回报，申请人获得国家授予的专利，成为专利权人。专利权人对其发明创造享有独占权。未经专利权人许可，他人不得违反法律规定实施其专利。

“公开”和“独占”具有合同法中的对价关系，“独占”是通过“公开”换来的。是否公开披露以及公开披露的程度如何，决定着专利申请能否获得授权，也影响着授权后专利的独占范围。

第二节　专利制度的起源和发展

一、世界范围内专利制度的起源和发展

（一）第一部专利法

关于现代意义上的第一部专利法，有两种说法。一种说法是威尼斯在 1474 年公布的专利法。这种说法认为，它与现代专利制度几乎一致，蕴含了现代专利制度的基本规定。[②]另一种说法是英国 1624 年实施的《垄断法案》。这种说法认为，1474 年威尼斯专利法最接近现代专利制度，但不能把它称为专利法，主要是因为它的出发点是把工艺师的技艺当作

① John M. Olin, “The Disclosure Function of the Patent System”, 118 *Harv. L. Rev.* 2007 (2005).

② 徐海燕. 中国近现代专利制度研究（1859—1949）. 北京：知识产权出版社，2010：18.

准技术秘密加以保护。[①]

1474年威尼斯专利法比《垄断法案》早了约150年，是研究专利制度的重要资料，但该法缺少专利本质中“公开”的内容，且对后来世界专利制度的发展影响较小，因此将《垄断法案》称为第一部现代意义上的专利法，更具有理论和现实意义。

（二）《垄断法案》

《垄断法案》的产生，源于欧洲的君授特权制度。在中世纪欧洲，很早就存在着由君主赐给工商业者在某些商品上垄断经营的特权的现象。1331年，英王爱德华三世曾授予佛兰德的工艺师约翰·卡姆比在缝纫与染织技术方面“独专其利”，该早期“专利”的授予目的，在于避免外国的制造作坊将在英国使用着的先进技术吸引走。这已经接近于近现代的专利了。

当时英国有两种类型的专利：一种是将专有权授予已经存在的产品，另一种则是授予新发明。[②] 1602年英国法制史上著名的“垄断案”由英国王座法庭审理：英国人达西拥有在本国供应扑克牌的专营权，当达西起诉他人侵犯自己的专利权时，被控侵权人的律师阿伦提出了达西的垄断权是不是好事的辩论意见。他指出，只有一种垄断专利形式不损害臣民的利益，那就是当一个人将有用的职业或者发明介绍给全体臣民时，国王可以考虑到其发明确实给全体臣民带来了好处，授予此人在适当的时期内以垄断权，直到全体臣民都了解该项发明为止，否则不得授予。最终扑克牌的专营权被推翻。这就明确地表明了当时人们对英国专利制度的认识。专利制度就是鼓励人们将有价值的技术引入英国。如果国王是在适当地授予特权的话，他就应当将垄断权只授予那些有所发明或者将国外的发明和技能介绍到英国的人。[③] 可见，当时在英国等地虽然没有成文的专利法，专利只是一种君授特权，但授予专利权的原则已与现代专利法的思想基本上一致，所授予的专利权也逐渐只针对新发明。

1624年英国颁布、实施了《垄断法案》。《垄断法案》规定了发明专利权的主体、客体、可以取得专利的发明主题、取得专利的条件、专利的有效期以及在什么情况下专利将被判为无效等。《垄断法案》实质上是在限制君授特权的原则下产生的。这种特权并不是国王可以随意授予的，它必须与《大宪章》和普通法授予臣民的自由权利不相冲突，如果相关知识已在社会上传播开来，国王就不应续授该项专利，因为这将有损该行业的发展。《垄断法案》实施后，国王授予垄断权的权力受到限制，专利的授予范围也局限于全新的有用的发明。

（三）专利制度在世界范围内建立

18世纪初，英国着手改善其专利制度，其专利法中开始要求发明人必须充分地陈述其发明内容并将发明内容予以公布，以此作为取得专利的对价。按照法律的这种要求，

---

① 郑成思. 知识产权论. 北京：法律出版社，1999：7.

② 约翰·N. 亚当斯. 论专利制度的历史. 沈旸，译//竹中俊子主编. 专利法律与理论——当代研究指南. 北京：知识产权出版社，2013：98.

③ 彼得·德霍斯. 知识产权的合理性：一切从头说起//唐广良主编. 知识产权研究：第9卷. 北京：中国方正出版社，2000：19-20.

“专利说明书”出现了。它的出现标志着具有现代特点的专利制度最终形成。①

继英国之后，美国于 1790 年、法国于 1791 年、俄罗斯于 1812 年、荷兰于 1817 年、西班牙于 1826 年、德国于 1877 年、日本于 1855 年，先后颁布了自己的专利法。到目前，世界上已经有 180 多个国家建立了专利制度。随着《巴黎公约》《建立世界知识产权组织公约》《与贸易有关的知识产权协议》（以下简称 TRIPS 协议）等国际公约的制定和实施，不同国家的专利制度的内容趋于一致化，实施趋于协调化。

二、中国专利制度的起源和发展

（一）新中国成立之前专利制度的起源

英国《垄断法案》颁布时，中国正值明朝末年。虽然之后的清王朝有过强大和辉煌的时期，但欧美国家建立的专利制度，并没有对中国产生影响。

1859 年，太平天国领导人之一洪仁玕在描述太平天国胜利后的施政纲领《资政新篇》时首次提出了建立专利制度的建议：“首创至巧者，赏以自专其利，限满准他人仿做。”他认为对发明实行专利保护，是追赶发达国家的必备条件。随着太平天国的失败，洪仁玕设想的专利制度只停留在了设想中。1881 年，维新思想体系的理论家、实业家郑观应就上海机器织布局采用的机器织布技术向清朝皇帝申请专利。后来，光绪皇帝“钦赐”该局 10 年专利。1898 年，光绪皇帝颁布了《振兴工艺给奖章程》，它是我国历史上第一个由中央政府发布的保护和奖励科学发明创造的条例。该章程宣布，对新技术的发明者，不但授予专利权，还授予官职。但随着“戊戌变法”的失败，清王朝的专利制度最终未能建立。

孙中山建立中华民国后，中华民国政府工商部曾于 1912 年制定了《奖励工艺品暂行条例》，这是一部涉及专利的法规。1944 年，民国政府颁布中国第一部专利法。但由于二战后中国处于内战状态，专利制度无法正常运行，而且在 1912 年至 1944 年间，民国政府也只颁发了 692 件专利，因此，专利制度只是徒有虚名。②

（二）新中国成立后专利制度的建立

新中国成立以后，1950 年政务院颁布了《保障发明权与专利权暂行条例》。该条例对保障专利权，专利申请条件、手续、审批程序，异议制度，专利权人的权利、义务，保护期及违法者的法律责任等都作了规定。颁布该条例，说明党和政府在新中国成立初期就认识到了建立专利制度对社会主义建设的重要性。但依照该条例，从 1953 年到 1957 年只有 4 项专利权和 6 项发明权被批准。1957 年以后，该条例已名存实亡，并于 1963 年 11 月被国务院明令废止。1963 年《发明奖励条例》发布。该条例未及实施我国便进入“文化大革命”。1978 年 12 月我国又颁布了修订版《发明奖励条例》，并依照该条例的规定，评选出了一大批发明创造成果，颁发了证书并对其予以了奖励。③

为适应改革开放和经济建设的需要，我国于 1978 年开始准备建立专利制度。1980 年经国务院批准国家专利局成立。1984 年 3 月 12 日，《中华人民共和国专利法》（以下简称

① 郑成思. 知识产权论. 北京：法律出版社，1999：8.

② 徐海燕. 中国近现代专利制度研究. 北京：知识产权出版社，2010：178.

③ 赵元果. 中国专利制度有孕育诞生. 北京：知识产权出版社，2003：9－11.

《专利法》）正式发布，并于1985年4月1日起开始施行。

（三）我国《专利法》的修改

我国《专利法》自1984年制定后得到了四次修改。

1992年9月4日，全国人大常委会通过了关于修改《专利法》的决议。这是我国《专利法》的第一次修改。这次修改的几个重要内容是：删除了对药品、食品、饮料、调味品不授予专利权的规定；赋予专利权人进口权；将方法专利的保护延及依照该方法直接获得的产品；将发明专利的保护期限从15年修改为20年，将实用新型专利和外观设计的保护期限从5年可续展3年改为10年。

2000年8月25日，全国人大常委会通过了关于修改《专利法》的决议。这是我国《专利法》的第二次修改。这次修改的几个重要内容包括：赋予专利权人许诺销售权；将撤销程序与无效宣告程序合并，统一为无效宣告程序；取消专利复审委员会对实用新型和外观设计的终局决定权；明确我国作为《专利合作条约》成员国应履行的义务；对实用新型设立检索报告制度；强化对专利权的保护，增加诉前临时禁令和财产保全措施，明确侵权赔偿的计算方式；将行政机关在专利侵权纠纷处理中对赔偿问题的处理改为调解。

2008年12月27日，全国人大常委会通过了关于修改《专利法》的决议。这是我国《专利法》的第三次修改。这次修改的几个重要内容包括：提高了专利授权的条件，确立了绝对新颖性标准；规定了对遗传资源的保护；规范了外观设计专利的授权标准；进一步明确了不视为专利侵权的情况；提高了专利侵权的法定赔偿标准；完善了专利侵权诉讼中的证据保全和诉前禁令制度。

2020年10月17日，全国人大常委会通过了关于修改《专利法》的决议。这是我国《专利法》的第四次修改。这次修改的几个主要内容包括：增加了局部外观设计保护制度，将外观设计专利的保护期限延长为15年；新增惩罚性赔偿制度；新增专利开放许可制度；新增药品专利期限补偿规定；新增药品专利纠纷早期解决程序相关规定等。

经过四次修改，我国《专利法》已经达到了国际通行的保护水平。我国国家知识产权局已成为全世界人数最多、工作量最大的知识产权管理机关，我国发明专利申请量和授权量自2017年起居世界第一位。2020年，我国发明专利授权量为53万件。截至2020年年底，我国发明专利拥有量为305.7万件。① 2019年中国通过世界知识产权组织提交58 990件申请，超越美国，成为国际专利申请的最大来源国。

三、专利制度的发展趋势

从世界范围看，专利制度的发展出现了一些共同的趋势。主要体现在以下几个方面。

（一）专利保护的客体不断增加

专利制度创立之初，其保护的对象限于产品专利。后来，方法专利也成为专利保护的对象。与此同时，可受专利保护的客体范围越来越宽。许多原来被明文排除在专利保护范围之外的客体逐渐受到专利保护，许多新出现的产品和方法陆续被纳入专利的保护范围。很多国家曾将关系社会公共利益和国家利益的客体排除在可受专利权保护范围之外，例

① 国家知识产权局. 2020年年度知识产权主要数据统计.［2021-02-06］. http://www.cnipa.gov.cn.

如，食品、饮料、调味品、人用药品、化学物质等，因这些物质与人类生命健康以及日常生活有关。在 TRIPS 协议制定过程中，发达国家就提出扩大专利保护对象的意见，经过多轮谈判，发展中国家接受了发达国家的条件。TRIPS 协议第 27 条要求缔约方保护“一切技术领域的发明，无论产品发明或方法，只要其具有新颖、创造性并可付诸工业应用”，但缔约方可基于公共秩序或社会公德规定一些不受保护的对象。20 世纪 60 年代以来，随着微电子技术、生物工程技术和新材料技术的发展，专利保护的新客体不断出现，例如计算机软件、基因材料等。

（二）专利权的内容不断扩大

在 1624 年英国的《垄断法案》中，专利权的内容限于专利权人对发明所享有的专利制造权，权项比较单一。而在 1995 年的 TRIPS 协议中，专利权的内容已经大大丰富。TRIPS 协议第 26 条规定的外观设计权的内容包括“制造、出售或进口”，而第 28 条规定的产品专利的内容包括“制造、使用、为销售而提供、出售，或为上述目的的进口”，方法专利的内容包括“使用该方法，以及使用、为销售而提供、出售或为这些目的而进口至少是由该方法所直接获得的产品”。可见，经过几百年的发展，专利权人不但可以在制造环节行使其权利，还可以在销售和使用环节制止未经许可而制造的产品的流通。另外，进口权的授予，使专利权人可以在国际贸易中阻止未经其许可以营利为目的进口专利产品或进口以专利方法直接获得的产品的行为。

（三）专利保护期限延长

英国 1624 年的《垄断法案》授予发明人 14 年以内的保护期。在很长一段时间内，各国制定的专利法对专利的保护期限各不相同，有的国家规定为 12 年，有的国家规定为 15 年，有的国家规定为 17 年，有的国家规定为 20 年。TRIPS 协议第 33 条规定，所提供的保护期限不得短于自申请日起的 20 年，从而将专利保护期限提高到一个期限较长的标准。并且，TRIPS 协议只是规定了保护期限的最低标准，还允许成员延长保护期限。为了弥补药品等专利的专利权人行使权利的期限因审批而受影响，一些国家和地区又专门作了延长保护的规定。美国 1984 年颁布的《药品价格竞争和专利权期限补偿法》，为药品、医疗器械、食品和颜料添加剂专利的专利权人提供了专利补偿期。日本自 1987 年开始对人用药和兽药提供补充保护。欧共体理事会于 1992 年 6 月 18 日通过了《关于设立药用产品补充保护证书的条例》，对药品专利到期后再提供一定时间的补充保护。我国专利法第四次修改时增加了两种情形下的期限延长：一种情形是审查迟延导致的期限延长：“自发明专利申请日起满四年，且自实质审查请求之日起满三年后授予发明专利权的，国务院专利行政部门应专利权人的请求，就发明专利在授权过程中的不合理延迟给予专利权期限补偿，但由申请人引起的不合理延迟除外。”① 另一种情形是对新药上市审批所占用时间的补偿：“为补偿新药上市审评审批占用时间，对在中国获得上市许可的新药相关发明专利，国务院专利行政部门应专利权人的请求给予专利权期限补偿。补偿期限不超过五年，新药批准上市后总有效专利权期限不超过十四年。”②

---

① 《专利法》第 42 条第 2 款。

② 《专利法》第 42 条第 3 款。

（四）专利制度国际化越来越明显

专利制度本来是各个国家的国内法律制度，但由于在世界范围内保护发明创造的需要，专利制度迅速国际化。首先，专利制度在各国迅速建立，并且专利制度的内容差异很小。TRIPS 协议对成员专利制度提出了最低标准的要求，世界贸易组织的成员以及《巴黎公约》的成员，都必须达到 TRIPS 协议规定的标准。在此基础上建立的各国专利制度，差异已经很小。另外，除了国内授予的专利，还出现了地区性的专利。如欧洲专利局授权的欧洲专利，可以在《欧洲专利条约》的所有成员国受保护。有的国家直接承认其他国家专利的效力。[①] 随着专利制度国际化的发展，专利纠纷也出现了国际化的特征。很多跨国公司在国际范围内布局专利，并且在很多国家开展专利诉讼。例如，2012 年前后美国苹果公司和韩国三星公司围绕手机专利侵权，在美国、德国、日本、韩国、澳大利亚等多个国家开展了专利诉讼。中国的华为与中兴就专利侵权在德国进行了诉讼。

理论延伸

中国古代为什么没有产生专利制度

在历史上长达千余年的时期内，中国科学技术曾处于世界领先地位，并对整个人类文明作出了许多有决定性影响的贡献，最有代表性的是中国古代的四大发明。但是，中国并没有产生专利制度。从明朝开始，中国在科技方面逐渐落后于西方。

为什么在科技领先的情况下中国没有产生鼓励创新的专利制度，是一个值得思考的问题。有专家认为："我国古代社会一直没能产生专利制度，这与我国古代社会的政治、经济、技术发展的背景有着密不可分的关系。我国古代社会长期奉行'重农抑商'的政策，导致无法建立起真正的市场经济；长期实行的高度专制的封建制度导致符合大多数人利益的产权制度因不符合统治阶段的利益而不能成为社会选择，无法建立起真正的产权制度，使技术进步的社会效益非常低；受儒家思想的影响形成了'重利轻义'的义利观，导致私权无法得到重视，等等。因此，专利制度建立所必备的条件在我国古代社会中一样也不具备，我国古代无法产生专利制度就不足为奇了。"[②] 上述论述，全面分析了中国古代没有建立专利制度的原因。其实，上述思想观念方面的因素，不仅影响着中国古代专利制度的产生，而且对于中国近现代专利制度的发展，甚至新中国专利制度的制定和实施，都有着抑制作用。

四、专利制度的正当性

专利制度是对发明创造，特别是技术成果提供保护的法律制度。与其他知识产权制度一样，专利制度的出现比有形财产权制度的出现晚得多。现在绝大多数国家已经建立了专利制度，专利保护也成为 TRIPS 协议、《巴黎公约》等国际公约对成员的要求。在这种背景下，似乎我们没有必要探讨专利制度的正当性。但专利制度正当性的问题，是专利制度

① 例如，根据我国和柬埔寨签订的知识产权合作备忘录，中国有效的发明专利可在柬埔寨登记生效。

② 徐海燕．中国近现代专利制度研究．北京：知识产权出版社，2010：37.

的基本问题，对这一问题的探讨，直接影响到专利制度的完善和发展。

（一）专利制度的作用

法条链接

《专利法》

第一条　为了保护专利权人的合法权益，鼓励发明创造，推动发明创造的应用，提高创新能力，促进科学技术进步和经济社会发展，制定本法。

专利制度是为对新技术创造者予以鼓励或者激励而创设的。我国专利制度建立后，专利申请和授权数量迅速增长，专利在经济和社会发展中的重要性也日益提升 。

近年来，党和国家领导人高度重视知识产权工作，将知识产权的重要性提到了前所未有的高度。党的十七大明确提出了提高自主创新能力、建设创新型国家的战略目标。《国家知识产权战略纲要》对我国专利制度的发展提出了更高的要求。党的十八大报告指出，科技创新是提高社会生产力和综合国力的战略支撑。党的十九大报告提出要“倡导创新文化，强化知识产权创造、保护、运用”。

2008年年底《专利法》第三次修改时，对《专利法》第1条作了修改，将其修改为现行法的规定。从这一规定可以看出我国《专利法》的立法目的，或者我国赋予《专利法》的历史使命。将这一规定与2000年规定相比，可以看出《专利法》的作用更加突出。《专利法》的作用不仅体现在维护专利权人的合法权益、促进科学技术的进步，还体现在促进经济、社会发展。

专利制度的作用可以概括为以下几个方面：鼓励发明创造、促进经济与科技发展；使新技术早日公开，避免重复研发浪费；使发明创造的投资易于回收，容易吸收外国投资或有利于技术转移；促进技术信息的交流，有助于开发替代性技术等。[①] 英国法官奥尔德斯（Aldous）在一份判决中论述了专利制度的作用：“大家已经公认，通过对发明获得独占权的方式，至少以四种方式刺激技术进步：第一，它鼓励研究与开发；第二，引导发明人披露其发现而不是保密；第三，对商业适用的发明提供报偿以弥补发明费用；第四，对新生产线的投资提供诱因。”[②]

西方经济学家通过对专利数量与科技发展水平、经济发展速度的统计分析，得出了加强专利保护，可以促进技术进步，从而加快经济发展速度的结论。例如，美国著名经济学家曼斯菲尔德通过调查分析得出结论：如果没有专利保护，药品发明中有60%的不能成功研发，有65%的不会被利用；化学发明中有38%的不能成功研发，有30%的不会被利用。[③] 而我国学者对我国专利制度运行的效果进行经济分析后也认为，我国专利制度自建立以来，取得了明显的经济与社会效果。此外，个别国家废除专利法的后果也证明了专利制度的重要性：荷兰曾于1869年废除了专利法，废除专利法后荷兰的创新活动明显减少，

---

① 杨崇森. 专利法理论与应用. 台北：三民书局，2006：6.

② Chiron Corporation v. Organon Teknika（No. 10）［1995］FSR 325.

③ 姜颖. 专利制度在技术创新中的作用. 中国科技信息，1999（1）.

荷兰不得不于1910年恢复了专利法。

（二）专利制度正当性理论

专利制度已经在实践中被绝大多数国家接受，并成为这些国家知识产权保护和经济发展方面的重要法律制度。而关于专利制度正当性的理论依据，学者有不同的解释。

1. 财产权劳动理论

该理论来源于约翰·洛克（John Locke）。洛克认为：人一出生即享有天赋权利，因而可以享用自然供应的土地和地上的一切。人类的劳动使这些处于共有状态的一切拨归了私用，从而产生了私人所有权。当人们将自身的劳动与处于共有状态的某个东西混合在一起的时候，他就取得了该东西的所有权。知识产品同样是人们体力劳动和脑力劳动的产物。这种劳动创造的物虽然是无形的，但它与劳动前的公有物（处于公有领域的知识）相比，内容上已经有了变化。这种变化是因为添加了劳动者的劳动而形成的，因此，劳动者也应对该无形的知识产品享有所有权。因此，从财产权劳动理论，我们可以顺理成章地推出各国知识产权制度以保护相关的知识产品创造者权利为己任的正当性。①

2. 财产权人格理论

财产权人格理论来源于黑格尔。这一理论的前提是，要获得适当的个人发展就需要对外部环境中的某些资源具有控制权，这种控制权的必要保证形式就是财产权。② 知识产权的全部目的在于权利为他人所承认，客体成为他人学习的基础；当我们的思想或精神产品向外披露后，它们可以为别人所复制，但这是件好事，因为别人在接触到这种思想后，可以完成更多的作品或创造。③ 财产权人格理论强调智力产品是智力创造者人格的体现，认为知识产权中财产权的赋予有人格背景的因素在起作用。

3. 财产权社会契约理论

财产权社会契约理论（又称合同理论）来源于卢梭。根据卢梭的财产权社会契约理论，所有权并不是来源于某个私人的行为，而是来源于社会公众对我们作为所有者身份的认可，公众认可的基础是主权者的认可，是社会契约的认可；所有权只有通过社会契约才能产生。

4. 实用主义和经济激励理论

除上述哲学理论外，19世纪的实用主义法律理论也为将知识产权作为财产提供了理论依据。实用主义对知识产权的合理性论述主要基于以下几个原则：第一，根据熊彼特的理论，任何投资都需要结构保护，以防止形势变化以及新产品和技术的冲击。如果没有专利和版权（著作权）保护，企业将通过限制性做法保护投资。如果知识产权所提供的保护受制于反垄断法，投资的数量也可能会减少。④ 第二，实用主义通过静止和动态效率解释了独占权与反垄断。反垄断理论传统上关注的是静态情形，如专利权人是否可以要求超竞争价格，是否可以减少产出。而实用主义认为从动态效率的角度看，知识产权可以提供社

① 冯晓青. 知识产权法哲学. 北京：中国人民公安大学出版社，2003：43.

② Margaret Jane Radin，“Property and Personhood”，34 *Stan. L. Rev.* 957（1982）.

③ Peter. Drahos，*A Philosophy of Intellectual Property*，Dartmouth Publishing Co.（1996），p. 82.

④ J. A. Schumpter，*Capitalism*，*Socialism and Democracy*，3rd edn.，New York（1950）. IlkkaRahnasto，*Intellectual Property Right*，*External Effects and Anti-trust Law*，Oxford University Press（2003），p. 52.

会效益，以此说明知识产权的合理性。通过授予一定期间的独占权，让发明者和创造者受到激励。也就是说，如果被授予财产权利，他们会有更多的发明。[①] 第三，财产权可以使发明者和作者更有效地利用其发明和作品。因为财产权被认为是一种有效激励发明和创造的方式，它还使发明和作品进行了公开和存档，财产权是提供这种激励的适当方式。如果没有财产权，资源将会被用于其他活动，而不是用于发明和创造行为。[②]

上述四种理论，在解释专利制度的合理性方面起着重要的作用，对于研究和应用专利法也具有重要的参考价值。然而，这些理论都只是对专利制度进行阐释和辩护的理论，而不是指导建立专利制度的理论。同时，每种理论本身又存在自己不能解决的问题：按照财产权劳动理论，我们很难解释为什么将专利授予最先申请的人，而其他发明人可能付出了同样的甚至更艰辛的劳动，也完成了同样的发明创造，只是没有去申请专利，或者比申请专利的人晚了一步，为什么就不能获得专利保护呢？按照财产权人格理论，我们很难解释为什么很多专利权人为法人和非法人组织，而不是自然人。虽然法人、非法人组织也享有人格权，但专利的发明人是自然人，为什么专利权不是授予完成发明的自然人而是授予发明人所在单位呢？实用主义和经济激励理论已经得到广泛的认可，但该理论注重效率而忽视公平，面对保护传统知识和遗传资源的需要，该理论无法提供实质的支持。

问题探讨

专利保护有什么负面效应

专利制度的存在有其正当性和合理性，而有关数据也验证了专利制度对经济发展的作用。专利制度发展的历史呈现出专利保护越来越强的趋势。专利制度是不是只有正面效应？是不是专利保护越强，其对经济的促进作用越大？

对这一问题的回答是否定的。专利制度是一把双刃剑：它既可以鼓励创新、促进公开、刺激应用，但也可能阻碍竞争、妨碍创新。专利保护并不总是产生有益效果。专利制度所带来的最明显的负面影响主要体现在以下两方面。

从专利制度对技术应用的影响来说，专利制度虽然可以激励创新，但也会阻碍新技术的应用。科技创新对经济和社会发展的促进，主要通过创造、公开、应用等几个环节来实现。专利制度对于新技术的创造和公开具有促进作用，但对于技术的推广应用具有阻碍作用。专利本质上是一种垄断，这种垄断决定了除个别情况外只有权利人才可以实施它。这种垄断必然带来负面影响。如果没有专利保护，一项技术成果完成后，任何人都可以实施的话，该项技术成果应很快能得到普及，其所带来的社会价值会比有专利保护时更大。因此，我们在强调专利制度激励创新的作用时，不可忽视专利制度所具有的阻碍推广应用的影响。由于激励创新的需要，我们需要建立专利制度；但同时，为了降低专利制度给技术的推广应用带来的负面影响，专利保护应受到一定的限制，例如：某些客体不能被纳入专利权保护范围；必须限制专利的保护期限，将某些行为排除在专利权保护范围之外；等

---

①② IlkkaRahnasto, *Intellectual Property Right*, *External Effects and Anti-trust Law*, Oxford University Press (2003), p. 53.

等。专利保护应当在创新与应用二者之间找到一个平衡点。

从专利制度对不同主体的影响而言，专利对不同主体的影响是有差异的。专利给技术成果的拥有者（专利权人）带来的是正面效益，技术成果拥有者可以限制其他人使用其技术，通过实施技术取得收益，或者通过许可或转让专利技术取得收益；而对于专利权人之外的其他人来说，其所带来的是负面效益。如果这些人要实施他人的专利，必须取得专利权人的许可，并支付专利使用费。就每个专利而言，它影响的是专利权人和专利权人以外的人；而就每个主体而言，一个主体可能既是专利权人又是需要使用他人专利的人。每个主体因拥有专利的数量不同，可以分为拥有专利相对多的人带来和相对少的人。专利制度给拥有专利相对多的人带来的影响是正面的，而给拥有专利相对少的人带来的影响是负面的。由此可以扩大到一个地区、一个国家。总体来说，可以将一个地区或国家与相对应的其他地区或国家进行对比，看该地区、国家是不是拥有专利相对多的国家或地区。拥有专利相对多的地区或国家一般是技术输出者，专利制度能给其带来正面效益。专利拥有相对少的地区或国家是技术输入者，专利制度对它的负面影响有时会更大一些。

自从专利制度建立以来，主流的声音是强调专利制度的作用和价值，但对专利制度的批评也从来没有中断过。早在一个半世纪以前，就有学者对专利制度提出了尖锐的批评，认为专利制度“点燃贪婪，激发欺诈……招致发明家间的纠纷和争吵，致使无尽的诉讼，使人沉迷于取得专利权的贪婪的幻觉而毁灭自己”①。我国台湾的学者总结了对专利制度的批评，认为批评的地方主要有以下几点：第一，专利过分保护先申请人；第二，专利偏重先进国的利益；第三，专利制度鼓励披露发明，但不一定保证披露；第四，在一些发明领域，例如复杂的化学程序，即使按照最严格的披露专利的规定，仍只能取得使该程序有效操作所需要的营业秘密或技术的一部分；第五，专利权人取得专利有时只是防御性的，目的不在于积极实施；第六，专利制度需支付太高的社会成本，不但导致较高物价与使用费，而且由于新技术的使用限制，以及经由国际专利卡特尔、独占价格、扩大力量，导致世界资源分配失衡。②

对于专利制度的作用，应根据具体情况进行分析。英国知识产权委员会于2002年9月公布的《知识产权与发展政策的整合》报告③认为：知识产权保护所带来的额外负担要以损害穷人的基本生存条件为代价。知识产权保护最为直接的影响是对拥有知识和具有创造能力的人有利，但提高了那些没有知识和创造能力的人的使用成本。在大多数科技基础薄弱的发展中国家，通过鼓励国内创新这一模式取得利益的作用微弱，但它们仍然要面对保护技术所带来的成本。可见，该报告指出了知识产权制度对发展中国家的不利影响，其实这种影响主要是专利制度带来的。

技术输入者最有利的选择是限制专利保护。在1790年至1836年间，作为技术净进口国的美国，其仅仅将专利权授予本国国民。即使到了1836年之后，其对外国人的专利收费仍然是对美国国民专利收费的10倍。《巴黎公约》的国民待遇原则使其成员不能再采用

---

① *The Economist*, 26 July 1851.

② 杨崇森. 专利法理论与应用. 台北：三民书局，2006：14-16.

③ Integrating Intellectual Property Right and Development Policy. [2020-09-08]. http://www.iprcommission.org/graphic/documents/final_report.htm.

这种方式限制专利保护，但很多国家仍采用了对本国有利的专利制度。例如，日本在技术落后的时期，对专利采取了“弱”保护的态度，同时通过实用新型专利使大量的细微改进都获得专利授权，这刺激了小企业的技术创新，推动了技术的吸收和转化。日本和韩国长期以来对化学品和药品不提供专利保护，使本国技术在这些领域得到了快速发展。

英国知识产权委员会得出的结论是，专利保护的程度随经济发展而提高，但这只是经济发展到一定程度才开始的。在人均年收入低于 2 000 美元时，专利保护的程度较低，直到人均年收入达到 8 000 美元时，专利保护才加强。因此，在收入水平较低时，专利保护并不是最佳选择。那些技术发展和创新能力明显提高的国家的经验，印证了这种说法。

即使对于发达国家来说，专利制度也并不总是能符合创立该制度的目的。2002 年 2 月到 10 月，美国国际贸易委员会和司法部反托拉斯局就竞争与专利保护的政策进行了调查，并于 2003 年 10 月 28 日公布了《促进创新：竞争与专利法律政策的适当平衡》的报告。该报告指出，竞争制度与专利制度都能对创新产生很大的促进作用，但各自作用的充分发挥需要二者达到一种合理平衡。该报告认为：美国专利制度存在的问题是专利过多、过滥，而这一问题对创新所带来的影响是负面的，因为在很多领域中，无论是进行开发研究还是推出新的产品，都很难避免侵犯他人的专利权。很多原本无意“搭便车”的研究开发者即使费尽心机也躲不开“专利丛林”，一些人只好放弃研究开发的念头，这就妨碍了高科技领域中的竞争，对创新产生了负面影响。美国学者对 20 世纪 80 年代以来美国的专利强保护表示了不满：“过去 20 年的专利制度变革纵容法律操控和阻碍了创新，因而改变了对创新者、公司及专利局的激励……良性创新激励的形成需要平衡对专利的需求，在保护创新者的同时降低一些保护性过强的专利阻碍其他人进行创新的内在风险。”①

可见，不管是对于技术落后的发展中国家来说，还是对于技术发达的发达国家来说，专利制度在促进创新的同时，也会带来负面影响。专利保护并不是越强越好，对于发展中国家而言，更是如此。

五、我国专利制度的完善

在知识经济的大背景下，在我国实施国家知识产权战略、建设创新型国家的进程中，知识产权的作用越来越明显，知识产权越来越受到重视。专利制度是专门用于激励创新的法律制度，如何发挥专利制度的作用，并且完善专利制度，使之成为创新型国家建设的有力保障，是我国完善专利制度时的关键问题，也是学习和研究专利制度时需要重点考虑的问题。

在美、日、欧等发达国家或地区，其专利制度的历史较长，对专利的保护力度较强。这些国家或地区也在给其他国家或地区施加压力，督促其他国家或地区不断加强专利保护。如果我们不顾其他国家或地区专利制度的历史，以及专利制度与其经济发展的辩证关系，简单地以专利制度对科技创新具有激励作用，且发达国家都有较强的专利保护制度，而照搬发达国家的专利制度，这不一定符合我国的实际情况。

---

① 亚当·杰夫，乔希·勒纳. 创新及其不满：专利体系对创新与进步的危害及对策. 北京：中国人民大学出版社，2007：17.

我国《专利法》已经进行了四次修改，前两次修改基本上都是朝着保护越来越强的方向发展，表现为扩大保护范围、延长保护期限、加大保护措施等。而第三、四次修改既加强了专利保护，同时也在某些方面优化了保护，例如严格了专利授权的条件，限制了外观设计专利客体的范围、增加了现有技术抗辩和专利侵权例外等。可见，第三、四次《专利法》修改体现了根据我国国情和需要完善专利制度的指导思想。

今后我国的专利制度还要不断完善和发展。在完善专利制度的过程中，我们一方面要遵守国际公约的规定，另一方面要根据我国实际情况，调整专利保护的策略，合理界定专利的保护对象和保护范围，并将专利制度与其他法律制度相结合，制止专利滥用行为，使专利制度真正起到激励创新、促进科技进步和社会经济发展的作用，同时又尽量减少专利制度所带来的负面影响。

【思考题】

1. 专利的本质是什么？
2. 举例说明世界范围内专利制度的发展变化。
3. 我国《专利法》四次修改的主要内容是什么？
4. 关于专利制度正当性的理论主要有哪些？
5. 如何客观认识专利制度的作用？

【推荐阅读文献】

1. 吴汉东. 中国专利法的发展道路：现代化、国际化与战略化——在中国专利法颁布30周年座谈会上的发言. 知识产权，2014（3）.

2. 李明德. 论我国专利制度改革的三个维度. 知识产权，2019（8）.

3. 李顺德. 中国专利制度面临的现实问题. 知识产权，2015（4）.

4. 韩秀成. 沧桑巨变：知识产权与改革开放四十年. 知识产权，2018（9）.

5. 刘华. 专利制度与经济增长：理论与现实——对中国专利制度运行绩效的评估. 中国软科学，2002（10）.

第二章　专利保护的客体

专利保护的客体即受专利法保护的对象。了解专利保护的客体，首先应清楚专利的类型，这是决定专利保护客体的最主要因素。我国《专利法》规定的专利包括发明专利、实用新型专利和外观设计专利三类。但在《巴黎公约》中，“专利”（patent）、“实用新型”（utility model）和“外观设计”（industrial design）是三个并列的概念；在《建立世界产权组织公约》中，“发明”（inventions）和“外观设计”是两个并列的概念；而在 TRIPS 协议中，“专利”与“外观设计”是并列的概念。可见，我国《专利法》中的专利，与国际公约中的“专利”，含义并不完全相同，其保护的客体也存在差异。

我国发明专利、实用新型专利和外观设计专利有不同的保护客体，而发明专利和实用新型专利的保护客体又存在交叉。我们首先应当通过发明专利、实用新型专利和外观设计专利的定义认识其保护的客体，然后通过关于不授予专利权的客体的规定了解不受专利保护的对象。在专利制度发展的过程中，专利保护的客体的范围是不断发展变化的，而这种变化反映了科技发展对专利制度的影响。随着科技的发展，不断有新的发明创造产生并引起其能否受专利保护的争议，而最终的结果是专利保护客体的范围越来越大。

第一节　专利保护的类型

一、专利保护的三种类型

法条链接

《专利法》

第二条第一款　本法所称的发明创造是指发明、实用新型和外观设计。

发明专利、实用新型专利和外观设计专利是我国专利法保护的三种专利类型。这三种专利有各自的保护对象。

（一）发明

法条链接

《专利法》

第二条第二款 发明，是指对产品、方法或者其改进所提出的新的技术方案。

综观世界各国专利法，专利法保护的最主要客体是发明。所有建立了专利制度的国家，无不对发明提供保护。在绝大多数国家，只有就发明所获得的权利才称为专利权。例如，日本虽然对实用新型和外观设计都给予法律保护，但只有对发明的保护才称为“特许”，实用新型和外观设计分别被称为“实用新案”和“意匠”。而在英文中，“patent”一般指的就是发明，而实用新型和外观设计一般被称为“utility model”和“industrial design”。

发明是指人们通过创造性的智力活动，制造或者设计出的新的技术方案。对于专利法中的发明的含义，从世界主要国家的专利法的规定来看，主要采用了两种方式：一种是概括式定义。例如，日本《专利法》第 2 条规定：“本法所称的发明，是指利用自然规律所做出的高水平的技术创造。”另一种是列举式定义。例如美国《专利法》第 101 条规定：“凡发明或发现任何新颖而实用的方法、机器、产品、物质合成，或其任何新颖而实用之改进者，可按本法所规定的条件和要求获得专利权。”不管是采用概括式定义，还是采用列举式定义，专利法所保护的客体范围并无明显的差异。TRIPS 协议第 27 条第 1 款规定：“除下述第 2 款第 3 款所规定的之外，专利应适用于所有技术领域中的任何发明，不论它是产品还是方法。”TRIPS 协议的规定，将两种主义方式进行了折中，既有概括的定义，又有明确的列举。

我国《专利法》第 2 条第 2 款对发明的规定，既不是严格意义上的概括式定义，也不是明确的列举，它只是简要说明了我国可授予发明专利的客体。我国专利法保护的发明包括产品和方法两种类型。产品包括人类技术生产的物（产品、设备），例如物品、物质、材料、工具、装置、设备等；方法包括有时间过程要素的活动（方法、用途），例如制造方法、使用方法、通信方法、处理方法以及将产品用于特定用途的方法等。将发明的对象分为产品和方法，与 TRIPS 协议的规定是一致的。虽然从字面上看，我国专利法列举了产品和方法两种类型，而美国《专利法》列举了四种类型，但实质上美国《专利法》列举的四种类型也可以归入产品和方法两种类型，其中机器、产品、物质合成都归入产品。另外，从我国专利法的规定中还可以看出，我国专利法在界定发明专利保护的对象时，将发明区分为开拓性发明和改进性发明：“对产品、方法所提出的新的技术方案”属于开拓性发明，“对产品、方法的改进所提出的新的技术方案”属于改进性发明。

（二）实用新型

法条链接

《专利法》

第二条第三款 实用新型，是指对产品的形状、构造或者其结合所提出的适于实用的新的技术方案。

专利制度实施以后，新的发明创造可以通过获得专利使权利人得到市场垄断权。然而，有些发明创造是为了改进专利产品的功能而进行的，而不是为了改变产品的外观而进行的，其发明难度较低，达不到发明的条件。如果对其不授予专利权，则会影响技术改进的积极性；如果对其授予专利权，则权利人所得到的市场垄断与其对社会的贡献不相称。这类发明创造一般被称为小发明。为了对这类改进型的发明创造给予保护，德国于 1891 年制定了《实用新型保护法》，对实用新型给予 3 年的保护。这是世界上第一部保护实用新型的法律。

其后，陆续有一些国家和地区提供了对实用新型的保护。据世界知识产权组织的统计，目前对实用新型提供保护的国家和地区共 50 多个，除我国外还包括德国、芬兰、西班牙、奥地利、意大利、葡萄牙、巴西、日本、菲律宾、韩国、马来西亚、澳大利亚、法国、爱尔兰、匈牙利等。①

我国实用新型专利仅保护产品，而不保护方法②；能够得到实用新型专利保护的产品必须是有形状和结构的产品，没有固定形状的产品不能申请实用新型专利。③ 从其他国家的规定来看，绝大多数国家都不将方法作为实用新型专利的保护对象，但也有例外。例如，奥地利实用新型专利保护的对象包括专利法给予保护的各种发明，如化学物质、化学方法等。另外，有些国家虽然规定实用新型专利只保护产品，也并不将实用新型专利的保护对象只限于有固定形状的产品，例如，德国于 1990 年通过立法修改了实用新型专利的保护对象，将“一切物品”都纳入实用新型专利的保护范围。而日本的实用新型专利保护的是与物品的形状、构造或者其结合相关的设计。

典型案例

条形码是否属于实用新型专利保护的客体

金某申请了“一种新型条形码”实用新型专利（201620146761.2 号），国家知识产权局、北京知识产权法院和最高人民法院均认定其不属于实用新型专利的保护对象。

最高人民法院判决认为：实用新型专利所保护的产品应是具有确定形状和构造的实体。产品的形状是指产品所具有的并可以从外部观察到的确定的空间形状。本案中，本申请要求保护的是一种新型条形码。根据本申请的说明书及其附图内容可知，本申请要求保护的条形码由符、数据区、分割区组成，其本质仍为将宽度不等的多个黑白相间的条纹，按照一定的编码规则排列而成的平行线图案。虽然其相对于现有条形码的改进在于加入了

---

① 世界知识产权组织网站：http://www.wipo.int/sme/en/ip _ business/utility _ models/where.htm。其中澳大利亚已经通过法案，于 2021 年放弃实用新型专利制度。

② 例如，在专利复审委员会第 26272 号无效审查决定中，专利复审委员会（自 2003 年至 2019 年，国家知识产权局专利复审委员会为具有独立法人资格的国家知识产权局直属事业单位。2019 年更名为国家知识产权局专利局复审和无效审理部，为国家知识产权局内设机构。本书中所使用的名称为作出决定时的名称）认为：“权利要求 10—12 请求保护的是一种制造触控显示屏的触控电路图形结构的方法，而非对产品的形状、构造或者其结合所提出的适于实用的新的技术方案，因此，权利要求 10—12 不符合专利法第二条第三款的规定。”

③ 例如，在专利复审委员会第 19885 号无效审查决定中，专利复审委员会认为，权利要求 1 保护的“无粉尘颗粒硅肥”为颗粒状的物质，没有确定的形状，并且权利要求也不包含构造特征，因此不属于实用新型专利保护的客体。

时间数据区，但该部分的改进并不能使所述条形码产生确定的空间形状，因此本申请所涉及的条形码不属于专利法意义上的产品，不属于专利法规定的实用新型的保护客体。[①]

本案的关键在于对"产品"的界定。实用新型专利保护的是产品，产品是物的一种，但并不是所有物都是产品。产品是具有确定形状和构造的实体。条形码没有形状和构造，不属于可授予实用新型专利的产品。

（三）外观设计

法条链接

《专利法》

第二条第四款　外观设计，是指对产品整体或者局部的形状、图案或者其结合以及色彩与形状、图案的结合所作出的富有美感并适于工业应用的新设计。

外观设计也称为工业品外观设计，指的是产品的装饰性或具有审美意义的外观。外观设计可以使产品更吸引人，更受欢迎，因此它可以增加商品的价值，使其更容易销售出去。现在，外观设计在全世界一百多个国家和地区得到保护。

专利法所保护的外观设计，是体现在一定产品上的设计，这种设计可以是立体的（产品的形状），也可以是平面的（图案、色彩或其结合），也可以是立体与平面的设计要素的组合（形状与图案的结合，形状与色彩的结合，形状与图案、色彩的结合）。其他国家对外观设计的规定与我国专利法的规定大同小异。例如，日本《外观设计法》第 2 条规定："外观设计是指由产品的形状、图案、色彩或其结合构成的，通过视觉能够感知其美感的设计。"《发展中国家工业品外观设计示范法》第 2 条第 1 款给工业品外观设计下的定义是：任何线条或颜色的组合或者任何与线条或颜色有关的立体形式，只要能给一个工业品或工艺品一个特殊外观并可作为一个工业品或工艺品的样式，均被认为是一个工业品外观设计。

理论延伸

"三法合一"还是单独立法

有的国家针对发明、实用新型和外观设计分别立法，采用单独立法的模式。而我国《专利法》针对发明、实用新型、外观设计都提供专利保护，用一部法保护三类客体，即采用"三法合一"的模式。到底应当采用哪种模式，一直是一个有争议的问题。

从世界范围看，各个国家和地区对三类客体的保护方式存在较大的差别。有近 200 个国家和地区对发明给予保护，有 100 多个国家和地区对外观设计给予保护，有 50 多个国家和地区对实用新型给予保护。在对三类客体都保护的国家，有的采用了针对发明、实用新型和外观设计单独立法的方式，例如日本、德国、韩国、匈牙利等；有的规定在一个法中，但不称其为专利法，例如，巴西的《工业产权法》和菲律宾的《知识产权法典》；也

① 最高人民法院（2019）最高法知行终 138 号行政判决书。

有的将发明与实用新型规定在一个法中，而针对外观设计单独立法，例如澳大利亚。而在不保护实用新型的国家和地区，有的采用针对发明和外观设计分别立法的方式，例如英国、加拿大；而有的则将发明和外观设计合并规定在一个法中，例如美国。

我国在制定《专利法》时，对于是否采用“三法合一”的立法模式，曾有不同的意见，也有不同的草案。在1979年6月4日完成的专利法草案第一稿中，专利保护对象只有发明。在1979年7月20日完成的专利法草案第三稿规定专利包括发明专利、实用设计专利和新式样专利。在1979年9月25日完成的专利法草案第五稿将“新式样专利”改称为“外观设计专利”。1983年6月1日的第十九稿引入“发明创造”一词，用以概括发明、实用新型和外观设计。1983年11月25日，第六届全国人大常委会第三次会议首次审议专利法草案，对于应否将发明、实用新型和外观设计一并加以规定的问题专门进行了讨论，并且代表有不同的意见。第六届全国人大常委会于1984年3月12日审议专利法草案时，对于发明专利、实用新型专利和外观设计专利应否一并规定的问题，代表仍有不同的意见。① 从审议历程来看，在最后审议通过之前，对是否需要单独立法问题代表仍然存在不同观点，采用目前立法模式只是出于提高立法效率尽快建立专利制度的战略考虑。②

近些年来，我国不断有学者提出将外观设计从专利法中分离出来，进行单独立法。有学者认为，外观设计制度与专利制度并不具有内在整体性，外观设计制度与专利制度并不会内生出共性的法律规则，而当前将外观设计纳入专利制度保护的模式也是在法律实践中产生诸多问题的根源。③ 也有的学者提出将外观设计单独立法的好处：将外观设计单独立法不但能适应外观设计的独特性，更能保证及时、客观地追随设计变化带来的保护需求的变化，并且其自成体系的形式使人更易掌握。④ 有的学者提出专利制度改革的三种思路：分别制定“专利法”、“实用新型法”和“外观设计法”，或在现行法律体系之内仅仅对实用新型和外观设计提供证书保护，或者采取单独制定“外观设计法”的方案。⑤

是“三法合一”，还是针对发明、实用新型、外观设计单独立法，抑或针对专利与外观设计单独立法，是一个值得思考的问题。这个问题并不是法律的原则问题，而是立法的技巧和适用便利性的问题。正如当初我国专利法制定时为了方便采用“三法合一”的立法模式，现在为了法律适用的便利而将外观设计从专利法中独立出来也未尚不可。

二、成为专利保护客体的条件

（一）成为发明和实用新型专利保护客体的条件

从我国《专利法》第2条第2款和第3款对发明和实用新型的定义看，除了关于范围的界定，具有实质意义的条件就是“技术方案”。这是成为发明和实用新型专利保护客体的共同条件，也是认定是否可授予发明和实用新型专利的重要因素。

根据《专利审查指南》的规定，技术方案是指对要解决的技术问题所采取的利用了自然

---

① 赵元果. 中国专利法的孕育与诞生. 北京：知识产权出版社，2003：270－271.

②③ 张鹏. 外观设计单独立法论. 知识产权，2018（6）：45－54.

④ 王美芳. 外观设计保护单独立法之我见//国家知识产权局条法司编. 专利法研究（2011）. 北京：知识产权出版社，2012：1－11.

⑤ 李明德. 论我国专利制度改革的三个维度. 知识产权，2019（8）：15－22.

规律的技术手段的集合。未采用技术手段解决技术问题，以获得符合自然规律的技术效果的方案，不属于发明或实用新型专利保护的客体。① 技术方案的认定，与专利授权条件中的实用性有一定的联系。对技术方案主要是从形式上判断，而对实用性主要从内容上判断。

典型案例

只有技术方案才可以申请发明或实用新型专利

邢某于2014年申请了名称为“平交路口交通分流的方法及系统”的发明专利。国家知识产权局驳回了涉案专利申请，邢某向专利复审委员会申请复审，并将权利要求1修改为：平交路口交通分流系统，距离平交路口（1）一定距离配套设有供车辆掉头的豁口（2），其特征在于：自豁口（2）驶向路口（1）的一侧路段设有过渡带（3）；过渡带自豁口开始，顺着驶向延展，逐渐汇并于右转向车道；过渡带为至少一个车道的宽度；过渡带内车辆保持行驶状态。

专利复审委员会和北京知识产权法院均认为涉案专利申请要求保护的内容不属于《专利法》第2条第2款规定的客体。邢某向最高人民法院提起上诉。

最高人民法院维持了一审判决。最高人民法院认为，涉案专利申请权利要求1－4请求保护的方案，整体上属于交通行车规则，不属于专利法意义上的技术方案。一方面，从涉案专利申请方案的具体实施来看，虽然会不可避免地遵循或受制于自然规律，并使用一定的产品、工具，如使用测量工具对权利要求1所述的豁口距离进行测绘，使用喷涂材料在路面喷涂权利要求2所述的小圆圈或实心圆形交通标志，等等，但上述方案能否实际实施，取决于人为设定的行车规则，而不是因为利用了自然规律。方案中涉及的豁口、过渡带、信号灯等交通设施、设备，均是服务于行车规则的，并未发生结构、性能上的技术改进，对涉案专利申请方案作为行车规则的本质属性并无影响，涉案专利申请权利要求1—4并未采用专利法意义上的技术手段。另一方面，从权利要求的具体内容来看，涉案专利申请也主要体现为一种人为规划的行车规则设计，尽管该设计结合了交通设施、设备，具有一定的构造，但是，涉案专利申请所称的效果，并非基于对交通设施、设备及其构造的改进，而是基于对交通规则与交通布局设计的改变，本质上与“为了交通安全、畅通，车辆均靠右行驶”的人为交通规则设计并无差别。因此，涉案专利申请权利要求1—4请求保护的方案不属于专利法意义上的技术方案。②

从这一案例可以看出，仅仅涉及自然规律或符合自然规律，并不能使专利申请符合技术方案的要求。只有利用了自然规律，解决了技术问题，产生了技术效果的方案，才可以成为专利或实用新型保护的技术方案。

（二）成为外观设计专利保护客体的条件

根据我国《专利法》第2条第4款的规定，新设计作为外观设计专利保护的客体应符

① 《专利审查指南（2010）》第一部分第二章6.3及第二部分第一章2。需要说明的是，至2020年12月，《专利审查指南（2010）》已经过6次修改，但仍称为《专利审查指南（2010）》，本书所引用的内容是2020年12月修改后的内容。

② 最高人民法院（2020）最高法知行终357号行政判决书。

合以下条件。

1. 设计要素为产品的形状、图案或者其结合以及色彩与形状、图案的结合

构成外观设计的是产品的外观设计要素或要素的结合，其中包括形状、图案或者其结合以及色彩与形状、图案的结合。产品的色彩不能独立构成外观设计，除非产品色彩变化本身已形成一种图案。可以构成外观设计的组合有：产品的形状，产品的图案，产品的形状和图案，产品的形状和色彩，产品的图案和色彩，产品的形状、图案和色彩。①

形状，是指对产品造型的设计，也就是指因产品外部的点、线、面的移动、变化、组合而呈现的外表轮廓，即对产品的结构、外形等同时进行设计、制造的结果。图案，是指由任何线条、文字、符号、色块的排列或组合而在产品的表面构成的图形。图案可以通过绘图或其他能够体现设计者的图案设计构思的手段制作。产品的图案应当是固定、可见的，而不应是时有时无的或者需要在特定的条件下才能看见的。色彩，是指用于产品的颜色或者颜色的组合。制造该产品所用材料的本色不是外观设计的色彩。外观设计要素，即形状、图案、色彩，是相互依存的，有时其界限是难以界定的，例如多种色块的搭配即成图案。②

2. 必须以产品为载体

外观设计是产品的外观设计，或称工业品外观设计。首先，它不是抽象的设计，而是以产品为载体的设计。美术作品可以受著作权法保护，也可以作为某一产品的图案。申请外观设计时，可以就该产品申请外观设计保护，但不能只申请将美术作品作为外观设计。纯属美术、书法、摄影范畴的作品，不属于可授予专利权的情形。其次，外观设计的载体应当是可以在工业产业中成批量生产的产品。不能重复生产的手工艺品、农产品、畜产品、自然物（包括自然物仿真设计）不能作为外观设计的载体。

典型案例

不能重复生产的手工艺品不属于外观设计保护的对象

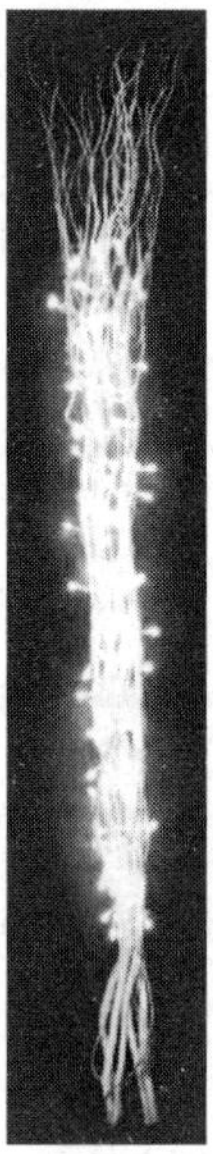

国家知识产权局于 2005 年 6 月 1 日授权公告的 200430071950.0 号外观设计专利，外观设计的产品名称为“树枝灯”，使用状态如右图所示。

针对无效宣告请求，专利复审委员会认为：本专利是以干树枝的原有形状作为主体的设计，虽然本专利的简要说明部分以及专利权人的陈述都提及本设计所使用的材料为人造材料，可以在工业上生产，但其外形与天然的树枝别无二致，以这种天然树枝的形状为设计主体的设计不属于外观设计专利的保护客体。本专利属于手工艺品。虽然专利权人称本专利能够重复生产，但合议组认为本专利中的树枝灯的生产首先需要捆扎多根枝条，这难以保证手工生产出的每一把树枝都完全一样；其次，树枝上的灯泡是缠绕上去的，同样难以保证生产出的所有产品上灯泡的缠绕方向、位置以及与树枝相配后的外观完全一样。可见，大批量生产的树枝灯无法保证具有确定的形状、其完全一致的外观，因

①② 《专利审查指南（2010）》第一部分第三章 7.3。

此本专利是不能重复生产的手工艺品，不属于外观设计专利保护客体。①

类似本案中的产品能否被授予外观设计专利的关键在于它是不是手工艺品。如果是手工艺品，每个产品的形状、外观不可能完全一致，则不能授予外观设计专利。如果是可工业化生产的产品，并且产品的形状、外观具有一致性，则可能授予外观设计专利。本案中的产品，即使材料是人造材料，加工过程中也难以保证其形状、外观的一致性，因此专利复审委员会认定其为手工艺品，不能授予外观设计专利。

3. 富有美感

富有美感，是指在判断是否属于外观设计专利权的保护客体时，应关注的是产品的外观给人的视觉感受，而不是产品的功能特性或者技术效果。②

典型案例

外观设计是否“富有美感”的判断

国家知识产权局于2010年4月7日授权公告的200930182013.5号外观设计专利，名称为“电缆夹具”。其立体图如下所示：

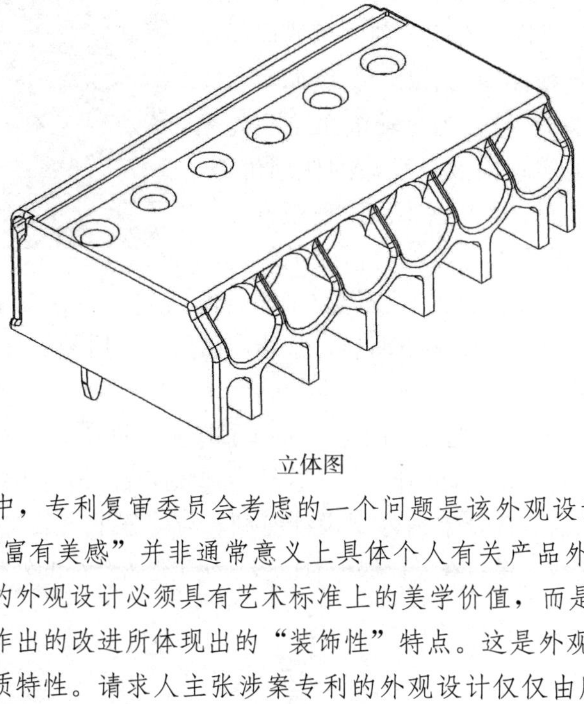

立体图

在无效宣告程序中，专利复审委员会考虑的一个问题是该外观设计是否有“美感”。专利复审委员会认为：“富有美感”并非通常意义上具体个人有关产品外观设计美与丑的主观评价，也不要求产品的外观设计必须具有艺术标准上的美学价值，而是产品相对于其功能而言，在视觉效果方面作出的改进所体现出的“装饰性”特点。这是外观设计专利的保护客体不同于技术方案的本质特性。请求人主张涉案专利的外观设计仅仅由所要实现的功能决定，但对此并未提供证据来进行证明。并且，所有的产品都具有功能，产品的外观设计是产品功能和装饰性的有机结合，视觉效果上的改进与装饰性特点都是在实现产品的特定功能的基础上进行的。因此，“具有功能”与“富有美感”并无互斥关系，只是在判断一件产品是否属于外观设计专利保护客体时，“富有美感”要求判断者关注的是产品外观给人的视觉感受，

① 专利复审委员会第10129号无效审查决定。

② 《专利审查指南（2010）》第一部分第三章7.3。

而不是产品的功能特性或者技术效果[①]，故而专利复审委员会认为该外观设计有效。

美感是外观设计保护的基本要求，也是外观设计的价值所在。外观设计就是要使产品更美观，更符合人们的审美观念。但“美感”本身并没有客观的判断标准，也很难用于判断一个外观设计申请是否符合授权条件。上述案例说明，只要具有“装饰性”就可以认为外观设计富有美感，并且具有功能性也不能否定其美感。外观设计的形状、图案、色彩等一般都具有装饰性，因此很容易就可以被认定为“富有美感”。虽然“富有美感”是我国《专利法》规定的外观设计的要件，但实践中不具备这一要件的情形几乎没有。

4. 产品的整体或者局部

在《专利法》第四次修订前，外观设计专利只保护产品整体的外观设计而不保护局部。有时，对一个产品外观设计的改进，并不是针对整体产品，而是针对产品的一部分，例如移动电话显示屏的设计、运动鞋帮上装饰皮的设计、杯把的设计、灯口的设计。按《专利法》第四次修订前的标准，这一部分，并不是组成产品的零部件，本身并没有独立的市场。产品的不能分割或者不能单独出售且不能单独使用的局部设计，不属于外观设计专利保护的客体。[②] 例如，右图所示的“输液泵的泵头”，被认为是输液泵泵头外壳的一部分，不能独立地实现输液泵泵头的使用价值，属于不具有独立使用价值的产品，不属于外观设计专利保护的客体。[③] 虽然申请人可以就包括改进的局部在内的产品的整体申请外观设计专利，但有可能改进的局部对整体产品的视觉效果影响不明显，整体产品的改进后的设计与在先设计没有明显区别，因而不符合授权条件。

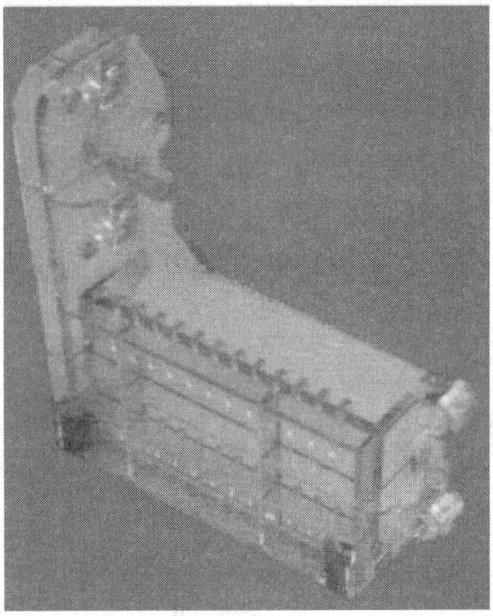

立体图

《专利法》第四次修改对外观设计的定义进行了修改，明确了产品局部也是外观设计专利保护的对象，强化了对外观设计的保护。这样，如果对产品外观的改进只涉及产品的一部分，申请人就可以只对这一部分申请外观设计专利。与就整个产品的外观设计申请专利相比，这样更容易获得授权，并且在予以保护时也容易认定他人产品的外观设计是否构成侵权。

理论延伸

对产品局部外观设计的保护

对于产品局部能否成为外观设计专利保护的客体的问题，各国的做法不尽一致。欧美一些发达国家较早形成了保护局部外观设计的做法。例如，德国《外观设计法》第 1 条对

① 专利复审委员会第 33024 号无效审查决定。

② 《专利审查指南（2010）》第一部分第三章 7.4。

③ 专利复审委员会第 17787 号无效审查决定。

外观设计的定义是“外观设计是指一个完整的产品或其一部分在两维或三维上呈现的外观形式……”。美国法院通过判例认可了部分外观设计保护制度。日本在1999年开始实施新的《外观设计法》，该法引入了部分外观设计的概念：部分外观设计是指某一产品的一部分（不具有独立使用价值的产品）可以申请外观设计，并能够得到授权。之后，韩国也从2001年7月开始，规定了部分外观设计的保护制度。

我国很长时间不承认对产品局部外观设计可以申请专利。对于我国是否应当保护局部外观设计的问题，理论界和实务界曾有不同的认识。在《专利法》第三次修改过程中，有专家就提出了保护部分外观设计的建议，其主要理由是，不保护部分外观设计，容易让那些未对产品外观设计创新的企业钻空子，为第三者合法剽窃专利权人的设计成果提供了可能。因此，为了鼓励新设，给申请人提供有效、可行的专利权保护，适应全球经济一体化的发展，加强我国企业在国际上的竞争力，有必要建立部分外观设计制度。[①] 但《专利法》第三次修改时并未增加对局部外观设计的保护。

在《专利法》第四次修改过程中，增加对局部外观专利保护的呼声更高。理论界和实务界都认为，不保护局部外观专利，不利于鼓励设计人积极从事外观设计专利创新，为鼓励设计行业创新，需要增加对局部外观设计的保护。《专利法》第四次修改在外观设计的定义中加了“整体或者局部”几个词，使外观设计专利不只是保护产品整体外观设计，也保护产品局部外观设计。

三、对发明与实用新型的交叉保护

法条链接

《专利法》

第九条第一款　同样的发明创造只能授予一项专利权。但是，同一申请人同日对同样的发明创造既申请实用新型专利又申请发明专利，先获得的实用新型专利权尚未终止，且申请人声明放弃该实用新型专利权的，可以授予发明专利权。

（一）对发明与实用新型交叉保护的可能性

有时，同一申请人就同一项发明创造，申请了实用新型和发明两项专利，而两种专利都有可能获得授权，从而出现两种专利保护同一客体的现象。这一现象所带来的问题，被称为发明与实用新型的交叉保护问题。

之所以会出现发明与实用新型的交叉保护，最主要的原因是发明专利与实用新型专利存在共同的保护客体。发明专利和实用新型专利保护的对象都是技术方案，由此在保护的客体范围上，发明专利和实用新型专利存在差别，但也存在交叉之处。对于有固定形态的产品而言，该产品的发明属于发明专利的保护范围，同时也属于实用新型专利保护的范围。因此，就一项有固定形态的产品所做出的新的技术方案，如果其创造性的程度符合授

---

① 宫宝珉，等. 外观设计专利审查与授权标准研究//国家知识产权局条法司编.《专利法》及《专利法实施细则》第三次修改专题研究报告. 北京：知识产权出版社，2006：312.

予发明专利的条件，申请人可以申请发明专利，当然也可以申请实用新型专利。

另一个重要原因是保护期限、条件、程序都不相同。由于对发明专利申请实行早期公开延迟审查制，审查周期相对较长，只申请发明专利不利于发明创造尽快得到保护。虽然实用新型专利的法律稳定性较差，但是对其申请实行初步审查制，故审查周期短，授权快。因此，不少申请人采取了同时或者先后递交发明和实用新型两种类型的专利申请的方式，以期先获得实用新型专利的快速授权和保护。对于那些技术创新水平较高的发明创造，被授予实用新型专利也不影响其获得发明专利的保护。因此，授权快使申请人愿意申请实用新型专利而保护期长使申请人愿意申请发明专利，这自然会促使申请人既申请实用新型专利又申请发明专利。

(二) 对发明与实用新型能否并存保护

当针对同一客体既申请发明专利又申请实用新型时，两种权利能否并存？对此，各国的做法存在差异。德国允许同一申请人就同一发明创造同时申请实用新型专利及发明专利，并且允许同一人同时持有发明专利和实用新型专利两项权利。即使实用新型专利期满进入公有领域，也并不影响发明专利继续有效，但不允许专利权人同时行使这两种权利。根据日本《实用新型法》的规定，提出发明专利申请以后可以变更为申请实用新型专利，实用新型专利申请提出以后也可以变更为发明专利申请，但是，当在后变更申请提出时，前一申请被视为撤回。在实用新型专利授予后，权利人仍可以基于实用新型专利提出发明专利申请，但必须在实用新型专利申请日起三年内提出，并且在提出发明专利申请后，原实用新型专利被视为放弃。韩国也允许对同一技术提出发明专利及实用新型专利申请，这种申请应当同时提出，或者在发明专利核准通知发出之前或发明专利申请首次驳回通知发出之日起 30 日内提出，或者在实用新型注册日起 1 年内提出。但是，韩国只允许重复申请，不允许重复授权。申请人于授权阶段必须在发明专利和实用新型专利之间作出选择，放弃其中一项权利。奥地利将对实用新型的保护作为弥补专利法未规定“临时保护”的手段，因此奥地利实用新型法未规定禁止双重保护，允许专利申请和实用新型保护申请并存，也允许专利和实用新型保护之间的互相转换。就上述四个国家的情况来看，其都允许就同一发明创造既申请发明保护，又申请实用新型保护，但德国和奥地利允许发明保护和实用新型保护同时存在，而日本和韩国不允许发明保护和实用新型保护同时存在。

我国专利法将发明、实用新型和外观设计作为专利保护的三类客体，并规定在同一个法中。这在客观上要求同一客体不能同时获得发明专利和实用新型专利。我国专利法明确规定对同样的发明创造只能授予一项专利权。长期以来，我国专利法并不禁止同一申请人就同一发明创造同时或先后申请发明专利和实用新型专利。中国专利局于 1995 年 9 月 28 日发布了《审查指南公报》第 6 号，对 1992 年《专利法实施细则》第 12 条第 1 款的具体适用作出了规定，首次明确了对同一申请人就同样的发明创造既申请实用新型专利又申请发明专利的处理原则，即在对专利申请或者无效宣告请求的审查过程中，发现同一申请人就同样的发明创造既申请实用新型专利又申请发明专利，且两件申请均符合授予专利权的其他条件时，应通知申请人在二者之间任择其一；如果申请人书面声明放弃其在先获得的实用新型专利权的，则可以对发明专利申请予以授权或者维持该发明专利权有效。因此，长期以来，我国实行的政策与日本、韩国的相似，即允许申请人就同一发明创造同时或先后申请两种专利，但两种专利不能同时存在。最高人民法院曾指出：如果同一申请人就同样的发明创造既申请实用新型专利又申请发明专利的，只要两项专利权不同时存在，就不违反禁止重复授权原则。①

（三）《专利法》对发明和实用新型的交叉保护

2009 年 10 月 1 日起实施的第三次修改后的《专利法》（2008 修正）改变了原来《专利法》中关于对实用新型和发明交叉保护的规则。《专利法》第 22 条关于新颖性的规定，将原来“也没有同样的发明或者实用新型由他人向国务院专利行政部门提出过申请并且记载在申请日以后公布的专利申请文件中”修改为“也没有任何单位或者个人就同样的发明或者实用新型在申请日以前向国务院专利行政部门提出过申请，并记载在申请日以后公布的专利申请文件或者公告的专利文件中”。根据 2009 年前的《专利法》的规定，申请人本人提出的实用新型申请，并不破坏在后发明专利申请的新颖性。但是，根据现行《专利法》的规定，任何单位或者个人提出的在先申请，都会破坏在后申请的新颖性。因此，如果申请人在不同的日期分别提出实用新型专利申请和发明专利申请，在后的申请将丧失新颖性。

根据《专利法》第 9 条第 1 款的规定，同一申请人就同样的发明创造既申请实用新型专利，又申请发明专利，必须在同日提出申请。这样，申请人所获得的专利保护总共也不会超过自申请日起 20 年。《专利法》的上述规定，解决了“重复授权”的问题，申请人可以通过声明放弃实用新型专利权的方式获得发明专利授权，以实现发明专利对发明创造的接续保护。实践中，大量申请人采用同日申请的方式，这不仅增加了专利审查工作量，也部分造成了专利申请量的“虚高”，因此这成为需要解决的问题。

第二节 不授予专利权的客体

我国《专利法》第 2 条关于发明、实用新型和外观设计的定义，界定了专利保护客体的范围。除此之外，我国《专利法》还就专利的保护客体作了排除性规定，主要是《专利法》第 5 条和第 25 条。

法条链接

《专利法》

第五条 对违反法律、社会公德或者妨害公共利益的发明创造，不授予专利权。

对违反法律、行政法规的规定获取或者利用遗传资源，并依赖该遗传资源完成的发明创造，不授予专利权。

第二十五条 对下列各项，不授予专利权：（一）科学发现；（二）智力活动的规则和方法；（三）疾病的诊断和治疗方法；（四）动物和植物品种；（五）原子核变换方法以及

---

① 最高人民法院（2007）行提字第 4 号行政判决书。

用原子核变换方法获得的物质；（六）对平面印刷品的图案、色彩或者二者的结合作出的主要起标识作用的设计。

对前款第（四）项所列产品的生产方法，可以依照本法规定授予专利权。

一、违反法律的发明创造

授予专利权的目的在于通过授予专利权给发明人以回报，从而刺激更多的发明创造产出。这种发明创造应当是对社会有益的发明创造。如果发明创造的实施违反法律规定，当然不属于应当提倡和鼓励的行为，当然也就不符合授予专利权的目的。因此，对违反法律的发明创造不能授予专利。

我国的法律，是指由全国人民代表大会或者全国人民代表大会常务委员会依照立法程序制定和颁布的法律，不包括行政法规和部委规章。发明创造与国家法律相违背的，不能被授予专利权。例如，在“游戏系统及其使用方法”专利复审案中，专利复审委员会认为，本专利申请的游戏系统技术装置仅仅是以现有的常规装置作为本申请之内容赌博方式的载体，而该赌博行为违反了中国相关法律，因此，本申请不符合《专利法》第5条第1款的规定。①

违反国家法律的发明创造，是指发明创造的内容违反法律规定，而不考虑做出发明创造的过程及行为是否违反法律规定。例如，在“包装袋（花生牛奶）”外观设计无效案中，无效宣告请求人主张专利权人将双方共同使用的包装袋擅自申请外观设计，违反了民法中的诚实信用原则。专利复审委员会认为这一主张不属于“违反法律”的情形。②

发明创造并没有违反国家法律，但是由于其被滥用而违反国家法律的，则不属此列。例如，在“魔术麻将”专利请求无效案中，请求人认为涉案专利是专用于赌博的工具，专利复审委员会认为：麻将是一种常用的游戏用具。任何麻将、棋牌甚至一枚硬币都有可能被作为赌博工具使用，判断其是否被《专利法》第5条排除的关键在于其功能是否仅在于赌博。显然，不排除有人将本专利产品用于赌博，但本专利产品提供了一种图案不能够触摸到的麻将，使之具有魔术效果，故不是一种专用的赌博工具。因此，不属于违反法律的情形。③

我国《专利法实施细则》第10条规定，《专利法》第5条所称违反国家法律的发明创造，不包括仅其实施为国家法律所禁止的发明创造。其含义是，如果仅仅是发明创造的产品的生产、销售或使用受到国家法律的限制或约束，则该产品本身及其制造方法并不属于违反国家法律的发明创造。例如，用于国防的各种武器的生产、销售及使用虽然受到国家法律的限制，但这些武器本身及其制造方法仍然属于可给予专利保护的客体。④

二、违反社会公德的发明创造

社会公德，是指公众普遍认为是正当的并被接受的伦理道德观念和行为准则。它的内

---

① 专利复审委员会第112540号复审决定。

② 专利复审委员会第12189号无效审查决定。

③ 专利复审委员会第3168号无效审查决定。

④ 《专利审查指南（2010）》第二部分第一章3.1.1。

涵基于一定的文化背景，随着时间的推移和社会的进步不断地发生变化，因地域不同而各异。我国《专利法》中所称的社会公德适用于中国境内，例如，带有暴力凶杀或者淫秽内容的图片或者照片的外观设计不能被授予专利权。①

与道德观念严重冲突的发明创造不能被授予专利权。虽然个别国家（如美国）没有相关制度，但国际公约以及很多国家和地区的专利制度中都有类似的规定。TRIPS 协议第 27 条第 2 款规定："如果为了保护公众利益或社会公德，包括保护人类、动物或植物的寿命及建康，或者为避免对环境的严重污染，有必要在一缔约方的领土上禁止一个发明的商业性实施，该缔约方可以排除该发明的可专利性，其条件是这样的排除不是仅仅因为该发明的实施为其国内法律所禁止。"《欧洲专利公约》第 53 条（a）规定，发明的公布和利用违反"公共秩序"或道德的，不授予专利权，假如发明的利用并不仅仅因为某些缔约国的法律或法规禁止利用，而被认为违反公共秩序或道德的话。这样规定是为了避免可能导致的暴乱或犯罪，或引起侵犯性行为的发明受专利保护。一个经常的例子是邮件炸弹。这一条只会在极少见的情况下出现。适用这一条的一个公平的标准是，目的地一般公众是否认为该发明是非常令人反感的、授予专利是不可想象的。②

在一起涉及植物基因技术的专利申请审查过程中，异议人以违反《欧洲专利公约》第 53 条（a）的规定，该专利申请会严重损害环境为由，提出异议。欧洲专利局技术上诉委员会指出，判断一个标的物是否违反公共秩序或道德是非常困难的，但对《欧洲专利公约》第 53 条（a）的规定也不能置之不理，而是要根据每个案件具体判断。该委员会认为，公共秩序的概念包括保护公共安全、个人身体完整，还包括环境保护等。道德的概念是基于这样一种信念：有些行为是正确的可以被接受的，而有些行为是错误的。这一信念与根植于特定文化中的被人接受的观念的总和有关。就《欧洲专利公约》而言，这一文化就是内在于欧洲社会和文明中的文化。如果一项发明的使用与这一文化中习惯上接受的标准不相符，则应被排除在专利权保护范围之外。③

违反社会公德的发明创造，有的是违反行政法规或规章的，有的则是违反道德准则的。因此，对于是否"违反社会公德"的判断，比是否违反法律的判断，难度更大。在判断是否违反社会公德时，往往需要在社会公共利益和发明人的私益之间进行平衡。

理论探讨

与人类胚胎干细胞有关的发明创造是否违反社会公德

生物技术的快速发展带来了生物技术领域的发明创造大量涌现，也导致了生物技术领域相关技术是否违反社会公德的争议。其中对于有的技术已基本上达成共识，例如克隆人技术、基因编辑婴儿技术，已被公认为违反社会公德。但对于另一些技术，不同的国家还有不同的态度，与人胚胎干细胞有关的发明创造就是其中之一。

人类胚胎干细胞是从囊胚期胚胎内细胞团分离获得的具有发育多能性的一类细胞，可

① 《专利审查指南（2010）》第一部分第三章 6.1.2。

② 《欧洲专利局审查指南》第 4.1 条。

③ Case T 356/93，OJ，1995.

分化为组成生物体的各种细胞。这种细胞在治疗帕金森症、阿尔茨海默病，组织器官移植和再生医学等领域有着广阔的医疗前景。但是，由于获取人类胚胎干细胞的过程不可避免地需要使用人类胚胎，并且绝大多数方法都会破坏人类胚胎，虽然人类胚胎不能等同于人，但其作为人类生命的一个阶段，仍然具有特殊的道德地位，所以对于与人类胚胎干细胞有关的发明创造能否被授予专利，各国的做法不尽相同。

日本人城户常雄就涉及人类胚胎干细胞的发明创造在不同的国家申请专利。该发明创造在美国、日本等国家很快获得了专利授权，经过修改后在欧洲也获得了授权，但在我国并没有获得专利授权。北京知识产权法院认为："本申请权利要求中涉及的人神经细胞，其是从人胎儿脊髓中获得的。根据本申请原申请文件记载的上述信息可以确认，本申请所述的人神经细胞的获得使用了人胚胎，且本申请的目的是在工业或商业上应用所述人神经细胞，因此，属于'人胚胎的工业或商业目的的应用'的情形，进而可以确定，其是违反中国境内社会公德的。"① 国家法院依据的是我国《专利审查指南》的有关规定。我国《专利审查指南（2010）》曾规定了"人胚胎的工业或商业目的的应用"、"人类胚胎干细胞及其制备方法"以及"处于各个形成和发育阶段的人体，包括人的生殖细胞、受精卵、胚胎及个体"均属于《专利法》第 5 条第 1 款规定的违反社会公德的发明创造，不能被授予专利权。② 美国没有适用伦理标准判断人类胚胎干细胞是否可获专利授权，因此，在美国，人类胚胎干细胞获专利授权基本上没有伦理障碍。日本虽然适用"公序良俗"标准审查人类胚胎干细胞专利，但其适用范围非常窄，影响有限。欧洲和我国则较多地适用"社会公德"标准审查人类胚胎干细胞专利。欧洲和我国的标准有相同的地方，但欧洲的"人类胚胎"的范围比我国的窄。我国认为"从受精后的第 1 周到第 38 周"都属于胚胎，而不是胎儿；而欧洲认为在第 12 到第 24 周妊娠期内就属于胎儿。这样，因社会公德标准而排除的范围，欧洲的比我国的要小。③ 由于在专利申请审查中是否考虑社会公德和如何考虑社会公德的标准存在差异，城户常雄的同一发明创造，在美国、日本、欧洲和我国命运各异。其在美国和日本等国获专利授权比较容易。在欧洲，通过将生物材料的来源限定于人类胎儿而不是人类胚胎也获得了专利授权。而在中国，虽然限定为"在不违反社会公德的情况下获取"，仍认为不能获得专利授权。这就造成了人类胚胎干细胞专利申请在我国获批最为困难。

2019 年 8 月，国家知识产权局《关于修改〈专利审查指南〉的决定》经审议通过，并于 2019 年 11 月 1 日起施行。在第二部分第一章第 3.1.2 节中对"人胚胎的工业或商业目的的应用"增加了排除性规定，明确：如果发明创造是利用未经过体内发育的受精 14 天以内的人类胚胎分离或者获取干细胞的，则不能以"违反社会公德"为理由拒绝授予专利权。这一修改将会使我国的专利授权规定与科研规范形成统一，并且使人类胚胎干细胞本身及制备方法获得专利授权成为可能，有利于以人类胚胎干细胞为原料的下游技术的进一步研究开发。

---

① 北京知识产权法院（2018）京 73 行初 6088 号行政判决书。

②《专利审查指南（2010）》第二部分第一章 3.1.2、第十章 9.1.1.1 和 9.1.1.2。

③ 王媛媛，闫文军. 人类胚胎干细胞专利授权中的伦理障碍——从城户常雄专利申请在中、美、日、欧的审查谈起. 科技与法律，2019（6）：66－73.

三、妨害公共利益的发明创造

妨害公共利益，是指发明创造的实施或使用会给公众或社会造成危害，或者会使国家和社会的正常秩序受到影响。发明创造的实施或使用会严重污染环境、严重浪费能源或资源、破坏生态平衡、危害公众健康的，不能被授予专利权；专利申请的文字或者图案涉及国家重大政治事件或宗教信仰、伤害人民感情或民族感情或者宣传封建迷信的，不能被授予专利权。[①]

典型案例

“防暴注射器”是否妨害公共利益

2012年7月28日周某就“防暴注射器”提交了发明专利申请。在审查过程中，国家知识产权局以“妨害公共利益”为由决定不授予专利权。在行政诉讼中，北京知识产权法院、北京市高级人民法院和最高人民法院均认定该申请属于“妨害公共利益”的发明，不能授予其专利权。

北京市高级人民法院认为：关于对会给公众造成危害的申请是否授予专利权，关键是要看危害是申请的技术方案本身造成的，还是技术方案被滥用造成的或者属于产生积极效果同时存在的缺陷。审查的内容既包括权利要求书中记载的事项，也包括说明书中记载的事项。本申请要求保护的技术方案是用弹射方式实施剧痛注射药水，让剧痛药水的功效迫使歹徒中止犯罪行为，维护他人人身安全。权利要求书配方中的氢氧化钠为一种具有高腐蚀性的强碱，极易溶于水，吸收水，并放出大量的热，形成腐蚀性溶液，碰到人体皮肤会腐蚀并烧伤皮肤，尤其是溅到黏膜，可产生软痂，并能渗入深层组织，灼伤后留有疤痕，因此可以认定依据该配方生产的剧痛药水被注射到人体内会导致人体损伤，这是实施本申请技术方案必然会产生的后果。如果被注射入眼睛、脸部等部位，伤害后果会更严重。本申请虽然限定了所采用的防暴注射器包含红光瞄准具，但是本申请一般针对的是较为危急的时刻，红光瞄准具难以有效地控制注射的位置，即使通过红光瞄准具控制了注射的位置，由于剧痛药水本身配方的性质，仍然会造成身体损害。并且，由使用该防暴注射器的时机可以明显看出该剧痛药水存在着误伤周围群众的可能性。本发明的出发点是善意的，通过将剧痛药水注射入人体的方式，产生剧痛的效果，达到迫使歹徒终止犯罪的目的。但是该技术方案在实施过程中所造成的后果是发明人无法控制的。因此，将剧痛药水造成的损害与可能实现阻止违法犯罪的积极效果相比，前者远远超过了后者，并不属于《专利审查指南》中规定的“产生积极效果的同时存在某种缺点”的情形。[②]

最高人民法院认为，本申请权利要求书中记载的配方成分中包括氢氧化钠，在实施时必然会产生严重损伤人体的后果，且其造成的损害有可能远远超过可能实现的积极效果，此种方式有违公共利益和公共安全，理应避免。故本申请不属于《专利审查指南》中规定

① 《专利审查指南（2010）》第二部分第一章3.1.3。
② 北京市高级人民法院（2017）京行终4293号行政判决书。

的“产生积极效果的同时存在某种缺点”的情形。[①]

这一案例说明，如果发明创造的实施会致人伤残或损害财物，影响社会正常秩序，即使出发点是好的，也属于妨害公共利益的情形。

典型案例

违反法律与违反社会公德、妨害公共利益的关系

袁某申请并获得了“一种高硅石英粉的生产方法”专利，主要技术内容的生产步骤包括石英原矿的精选—装窑—烧结—分选—球磨—筛分—成品，其特点是采用倒焰窑烧制而成，烧成温度为 1 480℃～1 600℃，保温 4～10 小时。针对专利无效请求，专利复审委员会认为：专利法所称的违反国家法律，仅指全国人民代表大会或者全国人民代表大会常务委员会依照立法程序制定和颁布的法律。它不包括行政法规和规章。原国家经济贸易委员会 1999 年发布的《淘汰落后生产能力、工艺和产品的目录（第一批）》（以下简称《目录》）不属于国家法律。虽然被请求专利与原国家经济贸易委员会的规定不符，但其不违反国家法律，因此专利有效。[②] 而北京市第一中级人民法院认为：《目录》是执行国家法律性质的行政规章，该规章符合我国《立法法》第四章第二节的规定，其内容未违背相关法律、法规的规定，应当予以参照。本专利中的高硅石英粉与陶瓷属同一种类产品，所以该规章规定禁止采用倒焰窑烧制的方法应当适用于本专利指定的生产方法。若采用本专利中的倒焰窑烧制的方法将会严重污染环境，损害社会公共利益。因此，本专利不符合《专利法》第 5 条的规定。专利权人上诉后，北京市高级人民法院撤销了一审判决，维持了专利复审委的决定。

从这一案例可以看出，“违反国家法律”仅指违反全国人民代表大会及其常委会制定的法律。行政法规及规章，虽然是根据法律制定的，但不属于法律的范畴。对于违反行政法规和规章的发明创造，不能以“违反法律”为由不授予专利权。但这并不是说违反行政法规和规章不影响专利授权。在很多情况下，违反行政法规和规章与违反社会公德、妨害社会公共利益是有联系的。有的发明创造虽然不违反法律，但违反行政法规或规章，同时，这一发明创造可能会违反社会公德或妨害公共利益。例如，若动物饲料的成分违反农业部发布的《动物性食品中兽药最高残留限量》，不能以“违反法律”为由不授予其专利权，但可以“涉嫌危害动物性食品卫生安全，妨害公共利益”为由，认定其不能被授予专利权。[③] 当然，并不是只要违反行政法规或规章，这一发明创造就一定违反社会公德或妨害社会公共利益。本案中的专利申请违反了规章，但是否妨害了公共利益，要视其是否严重污染环境而定。

四、违反规定获取或者利用遗传资源并依赖该遗传资源完成的发明创造

遗传资源，是指取自人体、动物、植物或者微生物等，含有遗传功能单位并具有实际

---

① 最高人民法院（2018）最高法行申 647 号行政裁定书。

② 专利复审委员会第 5935 号无效审查决定。

③ 专利复审委员会第 136658 号复审决定。

或者潜在价值的材料。[①] 遗传资源中遗传功能单位的载体，既包括整个生物体，也包括生物体的某些部分，例如器官、组织、血液、体液、细胞、基因组、基因、DNA 或者 RNA 片段等。

遗传资源是生物技术及产业发展的基础条件，随着生物技术的发展，各国农业、医药、化工、环保等产业对遗传资源的依赖日益加重，生物遗传资源已成为一种至关重要的战略资源。遗传资源关系到国家经济安全、社会安全、生态安全和资源安全，影响一国生物经济与产业发展的话语权、主动权，因此，国际公约和各国立法都重视对遗传资源的保护。

1993 年生效的《生物多样性公约》确立了遗传资源的国家主权、事先知情同意和惠益分享三项基本原则。自从我国批准加入《生物多样性公约》之后，围绕着贯彻履行《生物多样性公约》中的义务，保护和改善我国资源生态环境的目标，各级政府做了大量的工作，相关立法也在原有基础上逐渐完善。围绕着环境资源问题我国先后出台了近 30 部法律法规，如《森林法》《草原法》《种子法》《野生动物保护法》等，以及一些行政规章，如《自然保护区条例》《野生植物保护条例》《农业转基因生物标识管理办法》《濒危野生动植物种进出口管理条例》《人类遗传资源管理条例》等。

遗传资源与专利法具有密切关系，生物技术领域的很多发明创造属于依赖遗传资源完成的发明创造，即利用了遗传资源的遗传功能完成的发明创造。为了落实关于遗传资源保护的有关规定，我国在 2008 年修改《专利法》时增加了关于遗传资源的内容，如第 5 条第 2 款关于"违法不授权"的规定，和第 26 条第 5 款关于"来源披露"的规定。《专利法》第 5 条第 2 款的规定，将违反我国有关遗传资源管理、保护的法律和行政法规的规定，获取或者利用遗传资源，进而依赖该遗传资源完成的发明创造排除在能够授予专利权的范围之外。其目的在于制止以在以违法的方式获取的遗传资源的基础上作出的发明创造申请专利，从而促进遗传资源保护的有关法律法规的实施。

违反规定获取或者利用遗传资源并依赖该遗传资源完成的发明创造，本身并不一定违反法律、行政法规，因此，这一类发明创造，与《专利法》第 5 条第 1 款所说的发明创造，在性质上是不同的。《专利法》第 5 条第 1 款中所说的发明创造，是就发明创造的结果而言的。而违反规定获取或利用遗传资源并依赖该遗传资源完成的发明创造，是就发明创造的过程而言的。违反法律、行政法规的规定获取或者利用遗传资源，是指遗传资源的获取或者利用未按照我国有关法律、行政法规的规定事先获得有关行政管理部门的批准或者相关权利人的许可。例如，按照《中华人民共和国畜牧法》和《中华人民共和国畜禽遗传资源进出境和对外合作研究利用审批办法》的规定，向境外输出列入中国畜禽遗传资源保护名录的畜禽遗传资源应当办理相关审批手续，某发明创造的完成依赖中国向境外出口的列入中国畜禽遗传资源保护名录的某畜禽遗传资源，未办理审批手续的，该发明创造不能被授予专利权。[②]

---

① 《专利法实施细则》第 26 条第 1 款。

② 《专利审查指南（2010）》第二部分第一章 3.2。

五、科学发现

科学发现，是指对自然界中客观存在的物质、现象、变化过程以及其特性和规律的揭示。科学理论是对自然界认识的总结，是更为广义的发现。它们都属于人们认识的延伸。[①]科学发现可以分为两类内容：一类是物质，另一类是理论。发现与发明的重要区别在于，发现的对象是自然界中早已存在的，而发明的对象是自然界中不曾存在的。发明是专利保护的对象，但发现不能被授予专利权。例如，从自然界找到一种以前未知的以天然形态存在的物质，仅仅是一种发现，不能被授予专利权。

将科学发现排除在专利权保护范围之外，是很多国家的普遍做法。例如，《欧洲专利局审查指南》规定，“如果一个已知物质或物品的新特性被发现，那只是发现，是不能被授予专利权的，因为它没有技术效果，不是第 52 条第 1 项所说的发明”[②]。美国《专利法》并没有明确规定不授予专利权的客体，但通过判例也排除了不予保护的客体。美国最高法院在 1980 年的 Diamond v. Chakrabarty 案中指出：“自然规律、物理现象和抽象观念，一直被判定不能获得专利权。因而，一种发现于地下的新矿物或一种发现于野外的新植物，都是不能获得专利的客体。”[③] 日本《专利法》第 2 条第 1 款将“发明”定义为“利用自然法则作出的具有一定高度的技术思想创造，”从而将“科学发现”排除在专利权保护范围之外。

发明和发现虽有本质不同，但两者关系密切。通常，很多发明是建立在发现的基础之上的，进而发明又促进了发现。例如，发现卤化银在光照下有感光特性，这种发现不能被授予专利权，但是根据这种发现制造出的感光胶片以及此感光胶片的制造方法则可以被授予专利权。有时发现和应用发现的发明的区分则没有这么明显。例如，“用化合物 X 作为杀虫剂”看起来像是对“化合物 X”的用途的发现，但一般化学产品的用途发明，即基于发现产品新的性能并利用此性能而作出的发明。化合物 X 是已知产品，其具有杀虫性能是产品本身所固有的，揭示化合物 X 具有杀虫性能属于科学发现，而将杀虫性能用在杀虫剂上则属于对科学发现的应用，是受专利法保护的用途发明。

理论延伸

为什么科学发现不受专利保护

《建立世界知识产权组织公约》将“科学发现”作为知识产权的一种，但各国专利法都将科学发现排除在专利保护之外。对于这样做的理由，理论上的探讨并不多。我国《专利审查指南》只是认为它“不同于改造客观世界的技术方案”，不是专利法意义上的发明创造，因此不能被授予专利权。[④]

尽管发现的对象在自然界中早已存在，但完成发现并不是不需要劳动，甚至做出一个

---

①④ 《专利审查指南（2010）》第二部分第一章 4.1。

② 《欧洲专利局审查指南》第 2.3.1 条。

③ 444 U.S. 303，206 U.S.P.Q. 193.

发现所投入的劳动比一般发明所投入的劳动还要多。另外，就社会价值而言，一个重大的科学发现的价值会比一个发明创造的价值大得多。但是，为什么都是通过付出艰辛劳动而得到的，发明能获得专利，而发现就不能获得专利呢？

英国法官巴克利（Buckley J.）在 Reynolds v. Herbert Smith 案中指出，“发现增加了人类知识的数量，但它只是对人们以前未看到的东西或处于朦胧中的事物进行了揭露或仅撩起了其面纱。发明也增加了人们的知识，但并不只是揭露。发明必须包括必然对人们所采取的行为的建议，而该行为会产生一种新产品，或导致一种新结果，或者对一种旧产品或方法的改进”[①]。上述论述说明了发明和发现在专利法中受到不同待遇的原因。发明和发现的不同之处不在于投入劳动的多少，也不在于其社会贡献的大小，而是在于发明是创造了一种东西，而发现并没有创造新的东西。

我国学者指出，拒绝对科学发现提供专利保护，可能的解释大概有以下几种：首先，专利法区别对待“发现”和“发明”，在很大程度上是观念性的。科学发现所揭示的对象，不是人类创造的结果，而是自然世界所固有的事物。在发现的过程中，人根本不是创造者。其次，专利法将科学发现排除，可能有政策性的考虑。科学发现作为基础研究的一部分，对科技进步有着非常重要的影响。最后，专利法不保护科学发现，还可能是因为对发现进行保护不具有可操作性。[②] 在专利制度出现之初，其目的是保护“技术”或“技艺”，而当时“科学”和“技术”的区分比较明显，也比较容易。进入 20 世纪下半叶，科学的技术化与技术的科学化趋势加剧，技术与自然科学日益一体化。特别是随着高技术的出现，某些领域模糊了科学和技术的分野，科学技术成为一个复合词，被简称为“科技”。在一些新技术领域，科技和技术日趋融合，这也给专利的保护带来了挑战。基因的专利保护问题就是明显的例证。

实务探讨

基因是否属于专利保护的客体

自从 20 世纪 50 年代 DNA 分子结构被发现以来，生物技术，尤其是基因技术，得到了迅猛发展。基因本身，即具有遗传效应的 DNA 片段，能否被授予专利保护呢？由于基因是人体以及生物体天然就存在的物质，基因要得到专利法的保护，首先要解决其是不是专利法所称的发明的问题。

反对基因专利的国家一般认为，被分离或被提纯的基因仍然是自然界本来就存在的东西，因此属于发现，不能被给予保护。相反，支持基因专利的国家，主要是科技发达的发达国家，认为，被分离或被提纯的基因已经不再处于自然存在的状态，是人类干预的结果，它们在自然状态下是不会存在的。

尽管存在基因是发明还是发现的争议，但这一争议并没有遏制了基因专利授权的进程。其中，美国的专利保护过程颇具代表性。在前述 Diamond v. Chakrabarty 案中，美国

① Reynolds v. Herbert Smith & Co. Ltd. (1903), 20 R. P. C. 123.

② 崔国斌. 专利法：原理与案例. 2 版. 北京：北京大学出版社，2016：68.

最高法院提出，所有的人造的东西，不论是有生命的还是无生命的，都属于专利法保护的客体。美国专利商标局运用 Diamond v. Chakrabarty 案的推理，判定植物、动物和基因都可以受到发明专利的保护。2013 年 6 月 13 日，美国最高法院就 Ass'n for Molecular Pathology v. Myriad Genetics, Inc. 案（以下简称 Myriad 案）作出最终判决[①]，认定 Myriad 公司分离的 BRCA1 和 BRCA2 基因不具备可专利性，但同时也认为人工合成的 cDNA 具备可专利性。美国最高法院认为：Myriad 公司没有创造出任何东西。Myriad 公司发现了一个重要而且有用的基因，但是从周围的遗传物质中分离出这两个基因，并不是一种发明行为。人工构建的 cDNA 虽然与天然 DNA 包含相同的编码信息，但是 cDNA 通常会省略天然 DNA 片段中某些不编码蛋白质的部分，这样的 cDNA 是可以受到专利保护的。随后，美国专利商标局颁布了关于自然物质包括自然法则、自然现象和自然产品的专利性审查指南，新指南规定，要求保护的自然物质必须实质地（significantly）或明显地（markedly）区别于自然存在的物质，才能被授予专利权。这种区别必须是结构上的明显区别，而不是功能上的区别。

可见，美国对基因的专利保护从宽松走向严格，不再对直接提取的基因提供专利保护。而世界其他国家和地区仍受美国宽松保护的影响，对基因提供专利保护。1998 年 7 月 30 日生效的《欧共体生物技术专利指令》规定，从自然环境中分离的或通过技术手段产生的生物材料可以成为发明的客体，即使它曾在自然界中存在。《欧洲专利局审查指南》规定：发现一种在自然界中存在但未被确认的物质也只是一种发现，不能被授予专利权。但是，如果发现自然界中存在物质具有某种技术效果，是可以被授予专利权的。发现自然界中存在的基因具有技术效果，该基因也是可以被授予专利权的。[②] 日本特许厅将拥有特定用途的基因片段也纳入了专利制度保护的范围之中。日本把蛋白质、基因、片段等与基因相关的发明看作化合物，对其在工业实用性上的要求与其他化合物没有实质性的差别。

我国专利审查实践中也认可基因或 DNA 片段可以被授予专利权。“人们从自然界找到以天然形态存在的基因或 DNA 片段，仅仅是一种发现，属于专利法第二十五条第一款第（一）项规定的‘科学发现’，不能被授予专利权。但是，如果是首次从自然界分离或提取出来的基因或 DNA 片段，其碱基序列是现有技术中不曾记载的，并能被确切地表征，且在产业上有利用价值，则该基因或 DNA 片段本身及其得到方法均属于可给予专利保护的客体。”[③]

可以看出，欧盟、日本和我国关于基因专利申请审查的标准，与美国 Myriad 案之前的标准基本相同，即通过实用性标准模糊了发明与发现的区别，使基因的专利授权关注点集中在实用性问题上，而不是适格性或者是不是科学发现这一问题上。美国 Myriad 案后的标准，则更强调发明和发现的区分，将属于发现范畴的基因或 DNA 片段排除在专利权保护范围之外。这虽然对基因的专利保护有不利影响，但对基因产业的影响并不大，因为在基因产业中，真正具有经济价值的是合成基因和有关方法，例如 cDNA 等，而这些仍然可以获得专利授权。

---

① Ass'n for Molecular Pathology v. Myriad Genetics, Inc., 133 S. Ct. 2107 (2013).

② 《欧洲专利局审查指南》第 2. 3. 1 条。

③ 《专利审查指南（2010）》第二部分第十章 9. 2. 2. 2。

六、智力活动的规则和方法

智力活动，是指人的思维运动。它源于人的思维，经过推理、分析和判断产生出抽象的结果，或者必须以人的思维运动作为媒介，间接地作用于自然产生结果。智力活动的规则和方法是指导人们进行思维、表述、判断和记忆的规则与方法。由于其没有采用技术手段或者利用自然规律，也未解决技术问题和产生技术效果，因而智力活动的规则和方法不构成技术方案。[①] 因此，智力活动的规则和方法不属于《专利法》第 2 条所规定的发明创造，而《专利法》第 25 条也明确将其排除在专利权保护范围之外。

其他国家和地区也通过立法或判例确立了智力活动的规则和方法不受专利保护的原则。例如，《欧洲专利公约》第 52 条第 2 款规定，“执行智力行为、进行比赛游戏或经营业务的计划、规则和方法，以及计算机程序”，不属于《欧洲专利公约》中的发明。美国法院也在判例中明确“抽象观念”不属于可专利保护的范围。日本虽然没有关于“智力活动的规则和方法”不受专利保护的明确规定，但从其对发明的定义——“利用自然法则的技术思想创造”可以看出，智力活动的规则和方法是难以被纳入发明的范围的。

如果一项权利要求仅仅涉及智力活动的规则和方法，则不应当被授予专利权。其代表如：审查专利申请的方法；组织、生产、商业实施和经济等方面的管理方法及制度；交通行车规则、时间调度表、比赛规则；演绎、推理和运筹的方法；图书分类规则、字典的编排方法、情报检索的方法、专利分类法；日历的编排规和方法；仪器和设备的操作说明；各种语言的语法、汉字编码方法；计算机的语言及计算规则；速算法或口诀；数学理论和换算方法；心理测验方法；教学、授课、训练和驯兽的方法；各种游戏、娱乐的规则和方法；统计、会计和记账的方法；乐谱、食谱、棋谱；锻炼身体的方法；疾病普查的方法和人口统计的方法；信息表述方法；计算机程序本身。[②]

是否属于“智力活动的规则和方法”的判断，实质上与是否属于“技术方案”的判断是一致的：如果属于技术方案，则不属于智力活动的规则和方法。另外，如果一项权利要求的全部内容中既包含智力活动的规则和方法的内容，又包含技术特征，则该权利要求就整体而言并不是一种智力活动的规则和方法，不应当依据《专利法》第 25 条排除其获得专利权的可能性。[③]

实务探讨

商业方法是否属于专利保护的客体

商业方法（business method）是指为处理或解决商业经济活动或事务而由人类智力创造的方法或规则。新商业模式的概念在专利法语境下可以被转化为商业方法可专利性的问题。[④] 传统的商业方法历来被认为不应受到专利保护。《欧洲专利公约》第 52 条第 2 款就

---

①②③ 《专利审查指南（2010）》第二部分第一章 4.2。

④ 张平，石丹. 商业模式专利保护的历史演进与制度思考——以中美比较研究为基础. 知识产权，2018（9）：49 -56.

明确排除了“经营业务的计划、规则和方法”的可专利性。在美国早在1908年联邦第二巡回上诉法院在Hotel Security Checking Co. v. Lorraine Co.[①]案中认定应用于餐馆记账的商业方法不能获准专利，从而将商业方法排除在专利保护之外。这一判例所确定的原则，使美国专利商标局多年来亦认为商业方法不具备“可专利性”。日本专利法要求所有的专利发明必须利用“自然规律”，形成“技术思想”，实现“工业应用”。这就排除了某些利用其他规律如经济规律 、管理规律的方法的可专利性。

网络经济的发展催生了与计算机软件相结合并可以在网络上运行的商业方法。这种商业方法涉及专门适用于商业、金融、行政、管理、监督或预测等方面目的的数据处理系统或方法。就此种商业方法的自身结构而言，其通常由两大部分组成：一是非技术性的规则和方法，二是信息技术。此处所述的非技术性的规则和方法是指诸如商品交易的流程、行政管理的规则、事务处理的步骤等由人类智力活动创造的规则和方法；而此处所述的信息技术则涉及计算机硬件、计算机软件、计算机网络和通信网络等多个相关、相邻的技术领域。在网络环境下运行的商业方法能否作为专利法保护的客体，是二十世纪九十年代以来专利法中颇有争议的一个问题。

1996年，美国专利商标局公布了新的《与计算机有关的发明的审查指南》，其规定：“审查人员很难适当处理商业方法专利申请。不应当在专利申请中划分出商业方法类，相反，商业方法专利申请应当像其他方法专利申请一样被对待。”1998年，美国联邦巡回上诉法院就State Street Bank & Trust Co. v. Signature Financial Group Inc. 案作出判决，确认原告的一项应用于互联网的商业方法软件“网络金融服务数字处理系统”具有可专利性，正式宣告与计算机软件有关的商业应用发明可以符合授予专利的条件，属于专利保护的客体。此后，大量的商业方法在美国获得专利授权。2014年，美国最高法院在Alice案的判决中对商业方法专利的授予条件作了严格的规定。[②] 美国最高法院提出了商业方法只有具备“发明性概念”才能受专利法保护的原则。

欧洲专利局也接受了商业方法软件可以获得专利保护的做法，关于商业方法专利申请的审查适用其“在计算机上实施的发明”有关的标准。根据审查指南的规定，虽然计算机程序被排除出在专利的保护范围之外，但根据《欧洲专利公约》第52条第3款的规定，如果这种发明具有技术效果，仍可以获得专利保护。[③] 欧洲专利局曾将“技术贡献”作为商业方法受保护的前提，即只有发明的改进是对技术领域的改进，才可以受到专利保护。后来，欧洲专利局不再强调技术贡献，认为技术贡献属于创造性的范畴，判断是否属于专利保护的客体时无须审查技术贡献。因此，具有技术特点的商业方法，就应当属于专利保护的客体。

日本专利局2000年修改的《专利与实用新型审查指南》指出，一个与软件有关的发明，如果该软件进行的信息处理是使用硬件资源具体实现的，则该发明被认为是利用自然规律的技术性创造。根据该指南，如果商业方法发明涉及某种技术上的进步，便可以成为

---

① 160 F. 467 (2nd. Cir. 1908).

② Alice Corp. Pty. Ltd. v. CLS Bank Intern.，134 S. Ct. 2347 (2014).

③ 《欧洲专利局审查指南》第2.3.6条。

专利保护客体。

我国2017年修订的《专利审查指南》，增加了“涉及商业模式的权利要求，如果既包含商业规则和方法的内容，又包含技术特征，则不应当依据《专利法》第25条排除其获得专利权的可能性”的内容。[①] 上述内容，是在国家倡导保护商业模式的背景下增加的，其目的在于满足创新主体对商业模式等新业态创新成果的专利保护需求，对商业模式创新中的技术方案给予积极的鼓励和恰当的保护。其实从内容上说，这些内容和2017年修订前的《专利审查指南》中的规定基本上没有区别。但结合《专利审查指南》2017年修订时关于“计算机程序有关发明”的修改可以看出，实质上降低了商业方法或商业模式受专利保护的门槛。

商业方法本身不属于专利保护的客体，然而，商业方法若与软件结合并在网络环境下运行，具有技术特征，就成为专利保护的对象。商业方法专利将专利的保护范围从传统的工业产品生产领域扩展到商业贸易和服务领域，意味着专利权保护范围的扩张。商业方法专利的确立对于激励商事主体改进商业模式和激发技术资源创造具有重要作用，但与此同时，通过授予商业方法拥有者以专有权利，能够有效地制止相关商业方法经营者的竞争，也会对相关商业方法经营者的利益产生重大影响，并对市场相关行业的利益变动产生影响。因此，在将商业方法作为专利保护客体的同时，要严格商业方法专利授权的实质条件，防止利用撰写技巧将“智力活动的规则和方法”纳入专利权保护范围的现象的发生。

七、疾病的诊断和治疗方法

疾病的诊断和治疗方法，是指以有生命的人体或者动物体为直接实施对象，进行识别、确定或者消除病因或病灶的过程。我国《专利法》第25条将“疾病的诊断和治疗方法”排除在专利的保护客体之外。有些国家也有类似的规定。在《欧洲专利公约》制定前，很多欧洲国家的专利法就将疾病的诊断和治疗方法排除在专利保护的范围之外。《欧洲专利公约》第53条（c）则明确规定，对人或动物体治疗和诊断方法不授予专利权。

“疾病的诊断和治疗方法”仅涉及方法专利，而不涉及产品专利。用于实施疾病诊断和治疗方法的仪器或装置，以及在疾病诊断和治疗方法中使用的物质或材料属于可被授予专利权的客体。例如，“用于分析从孕妇个体获得的生物样品中的无细胞的核酸分子的计算机系统”属于产品，而非方法，不能被排除在可被专利授权的客体之外。[②]

“疾病的诊断和治疗方法”包括疾病的诊断方法和疾病的治疗方法。诊断方法，是指识别、研究和确定有生命的人体或动物体病因或病灶状态的过程。一项与疾病诊断有关的方法如果同时满足以下两个条件，则属于疾病的诊断方法，不能被授予专利权：（1）以有生命的人体或动物体为对象；（2）以获得疾病诊断结果或健康状况为直接目的。[③]

判断“与诊断疾病有关的方法”是否属于疾病的诊断方法，关键是看直接目的是不是获得“疾病诊断结果或健康状况”，如果只是为了获得中间结果，则不属于疾病的诊断方

---

① 《专利审查指南（2010）》第二部分第一章4.2。

② 北京知识产权法院（2017）京73行初3261号行政判决书。

③ 《专利审查指南（2010）》第二部分第一章4.3.1。

法。如果一项发明虽然从表述形式上看是以离体样品为对象的，但该发明是以获得同一主体疾病诊断结果或健康状况为直接目的，则该发明仍然不能被授予专利权。如果请求专利保护的方法中包括了诊断步骤或者虽未包括诊断步骤但包括检测步骤，而根据现有技术中的医学知识和该专利申请公开的内容，只要知晓所说的诊断或检测信息，就能够直接获得疾病的诊断结果或健康状况，则其属于疾病的诊断方法。[①] 而"一种用于测量血样的谐振频率的方法"，具体包括"提供血样""通过使血样移动以在血样中产生运动，而将血样激励到谐振状态""观察血样中的运动""周期性地确定血样的谐振频率，以提供血样的多个谐振频率"等步骤，这些步骤是针对离体样本血样来执行的，其直接目的是测量该样本主体的谐振频率，为某些内科或者外科治疗或者诊断提供参考信息，故其仅是一种中间结果，并不能据以最终确定患者是否患有某种疾病，例如并不能够根据所测得的血样谐振频率直接确诊为凝血功能障碍，且该方法没有分析、比较等过程，根据该测量值也不能直接得到疾病的诊断结果或健康状况，即不是以获得疾病的诊断结果为直接目的，因此该方法不属于专利法意义上的"疾病诊断方法"[②]。而根据现有技术中的医学知识和专利申请公开的内容，只要知晓专利申请中获得的检测信息，就能够直接获得生物个体的健康状况即其患病风险度，则从专利申请中获得的信息不属于中间信息，据此能够直接得出诊断结果，其属于疾病的诊断方法。[③]

疾病的治疗方法，是指为使有生命的人体或者动物体恢复或获得健康或减少痛苦，进行阻断、缓解或者消除病因或病灶的过程。治疗方法包括以治疗为目的或者具有治疗性质的各种方法。预防疾病或者免疫的方法被视为治疗方法。对于既可能包含治疗目的，又可能包含非治疗目的的方法，应当明确说明该方法用于非治疗目的，否则不能被授予专利权。[④]

例如，"一种牙齿矫正器的定位方法"，请求保护的方法实质上是一种矫正器在人体牙齿上的安装方法，而安装矫正器的直接目的就是对畸形牙齿进行矫正。采用该方法不可避免地在客观上起到缓解或者消除由牙齿畸形造成的各种口腔疾病、影响颌面部发育、口腔功能下降等不良影响的目的，具有治疗性质。因此，该方法属于疾病的治疗方法，不能被授予专利权。[⑤]

理论延伸

为什么对"疾病的诊断和治疗方法"不授予专利权

关于对"疾病的诊断和治疗方法"不授予专利权的原因，我国《专利审查指南》的解释是："出于人道主义的考虑和社会伦理的原因，医生在诊断和治疗过程中应当有选择各种方法和条件的自由。另外，这类方法直接以有生命的人体或动物体为实施对象，无法在

---

① 专利复审委员会第 15588 号复审决定。
② 专利复审委员会第 67292 号复审决定。
③ 北京市第一中级人民法院（2011）一中知行初字第 1248 号行政判决书。
④《专利审查指南（2010）》第二部分第一章 4.3.2。
⑤ 北京知识产权法院（2015）京知行初字第 3079 号行政判决书。

产业上利用，不属于专利法意义上的发明创造。因此疾病的诊断和治疗方法不能被授予专利权。"[①] 可见，对"疾病的诊断和治疗方法"不授予专利权，主要理由有两个：一是这种方法无法在产业上利用，二是为了公共健康，防止专利阻碍医生的诊治活动。

对于第一个理由，日本也持相同的看法。日本特许方《发明和实用新型审查指南》中就规定"人类的手术、治疗和诊断方法"不属于产业上可以利用的发明。[②] 在实践中，日本法院对"产业"采取较宽的解释。日本东京高等法院曾指出：专利法将"产业上可以利用"作为专利的要件，但对于产业包括哪些没有作出定义，也没有对医疗行为不被授予专利权作出专门规定。因此，对于"产业"的含义，本来就没有必须进行狭义理解的理由。[③] 欧洲专利局扩大申诉委员会曾指出，将疾病的诊断和治疗方法排除在专利保护之外的目的只是使非商业和非产业的人或动物治疗行为不受约束，欧洲专利局认为《欧洲专利公约》第53条（c）规定的专利例外必须被严格限制，它不适用于非治疗行为。[④] 在2000年《欧洲专利公约》修改时，关于"疾病的诊断和治疗方法"不属于专利保护客体的具体内容并没有被修改，但对条文的位置作了调整，在2000年修改前为第52条（4），修改后为第53条（c）。欧洲专利局的解释是，这种修改从形式上看只是位置的调整，但说明该例外是基于公共健康的考虑，而不是产业应用问题。[⑤] 笔者认为，疾病的诊断和治疗方法是否可以在产业上利用，主要取决于对专利实用性中"产业"的界定。实质上，医疗活动与其他的"产业"领域并不存在明显的区别，医疗行业越来越具有"产业"的特点，故以无法在产业上利用将"疾病的诊断和治疗方法"排除在专利保护之外，比较牵强。

对于第二个理由，即公共健康的考虑，一般认为这是"疾病的诊断和治疗方法"不被授予专利权的最主要原因。例如，日本法院在判决中指出，如果医疗行为属于专利的保护范围，医生自己很难判断其行为是否落入了专利的保护范围，进而会担心自己的行为是否侵犯了他人的专利、应承担什么责任，从而影响其开展医疗行为。但也有学者反对以此为由将"疾病的诊断和治疗方法"排除在专利保护之外。[⑥] 例如，有学者认为，对疾病的诊断和治疗方法授予专利，并不会影响医生治病的自由，也不会对社会造成太大的危害。[⑦] 在我国也有学者指出：即使对疾病的诊断和治疗方法授予专利，对医生治病和人们日常生活的影响也不一定会超过对药品、医疗器械、基因或基因组以及饮食品等发明授予专利所带来的影响。坚持不对疾病的诊断和治疗方法授予专利，虽然可以方便医生使用新技术，但人们都没有积极开发和创新技术，或有了新技术也不公开，影响社会的进步。因此，应当将疾病的诊断和治疗方法纳入专利保护的范围。[⑧] 可见，主张对"疾病的诊断和治疗方法"授予专利的主要理由是授予专利影响不大和不授予专利会影响创新。"疾病的诊断和治疗方法"真正影响医疗的事例可能非常少，但如果有一件导致人死伤的事件，其影响就

---

① 《专利审查指南（2010）》第二部分第一章 4.3。

② 日本特许厅：《发明和实用新型审查指南》第三部分第一章 3.1。

③⑥ 东京高等法院 2000 年［平 12（行ケ）］第 65 号。

④ Case T-245/87, OJ, 1989, R 241.

⑤ Case G-1/04, 2006, 161.

⑦ Doris Thums, "Patentschutz ruer Heilver fahren", *GRUR int*. (1995), pp. 277-288.

⑧ 张清奎. 关于生物技术领域专利保护的若干问题的探讨//中国专利局专利法研究所. 专利法研究（1997）. 北京：专利文献出版社，1997.

会非常大。因此，出于公共健康目的将“疾病的诊断和治疗方法”排除在专利保护之外，不能从量上考虑，而应从定性和后果上考虑。从公共健康的角度考虑，对“疾病的诊断和治疗方法”不授予专利权是合理的。从另一方面讲，不授予专利会影响创新和医疗水平的提高。如果考虑到这一点，对类似“疾病的诊断和治疗方法”的发明创造提供专利保护也不是没有可能。例如，在专利保护的前提下创立特别许可制度，规定就“疾病的诊断和治疗方法”授予专利后，其他人都可以实施，但应当在实施后向专利权人支付合理的费用。

八、动物和植物品种

（一）动物品种

动物是指不能自己合成，而只能靠摄取自然的碳水化合物及蛋白质来维系其生命的生物。我国《专利法》第 25 条明确将动物品种排除在专利保护的客体之外。其主要理由在于：动物是有生命的物体，一般是依照生物学方法繁殖的，不是人工制造的。动物的胚胎干细胞、动物个体及其各个形成和发育阶段，例如生殖细胞、受精卵、胚胎等，属于“动物品种”的范畴；动物的体细胞以及动物组织和器官（除胚胎以外），则不属于“动物品种”的范畴。转基因动物是通过基因工程的重组 DNA 技术等生物学方法得到的动物，仍然属于“动物品种”的范畴。[①]

TRIPS 协议第 27 条第 3 项规定，缔约方还可以排除下列各项的可专利性：“除微生物之外的植物和动物，以及本质上为生产植物和动物的除非生物方法和微生物方法之外的生物方法。”可见，将动物品种排除在专利权保护范围之外，是 TRIPS 协议允许的。

但是，并不是所有国家都将动物品种排除在专利保护的客体之外。美国《专利法》没有规定动物品种不受专利法保护，但其保护的客体是方法、机器、产品和物质合成，似乎不包括动物品种。然而，美国专利商标局和法院已经通过实例明确了动物品种可以被授予专利。在 1987 年的 Ex parte Allen 案[②]中，美国专利商标局专利申诉与冲突委员会裁定，动物属于美国《专利法》规定的可被授予专利的客体，属于专利保护客体中的产品或物质合成。

《欧洲专利公约》也将动物品种排除在专利权保护范围之外，其第 53 条（b）规定，对于“植物或动物品种或者实质上是生产动植物的生物学方法”不授予欧洲专利。欧洲专利局在“哈佛鼠”案中对“动物品种”进行了解释。欧洲专利局将《欧洲专利公约》规定的不授予专利权的“动物品种”解释为具体的动物品种，而其上位概念动物则可以获得专利保护。“一种转基因的非人类哺乳动物”不属于具体的动物品种，因此可以被授予专利权。[③] 可见，欧洲专利局在审查时对“动物品种”进行了严格的解释，实质上对部分动物品种提供了专利保护。

我国将动物品种排除在专利权保护范围之外，符合 TRIPS 协议等国际公约的要求，也是基于我国经济和技术发展的现状作出的选择。相比而言，我国规定的标准比欧洲的更严格，所有动物品种都不能被授予专利权。近年来，随着我国生物技术的发展，产业界和

---

① 《专利审查指南（2010）》第二部分第十章 9.1.2.3 和 9.1.2.4。

② 2 USPQ2d 1425 (Bd. Pat. App. & Inter. 1987).

③ 李明德，闫文军，等. 欧盟知识产权法. 北京：法律出版社，2010：359.

学术界不断有人提出对动物品种给予专利保护的建议，这是一个需要探讨的问题。

典型案例

从“哈佛鼠”看对动物品种的专利保护

1984 年，Philip Leder 与 Timothy Stewart 向美国专利商标局以“转殖基因的非人类哺乳动物（transgenic non-human mammals）”提出专利申请。经过约四年的审查，美国专利商标局于 1988 年 4 月 12 日颁发了全世界第一件多细胞动物专利。由于该专利被转让给了哈佛大学，故一般称之为“哈佛鼠”。“哈佛鼠”为被植入肿瘤基因的老鼠，这种老鼠对癌症缺乏免疫力，成为研究抗癌药物的工具。“哈佛鼠”获得美国第 4736866 号专利，该专利的权利要求 1 为“一种转殖基因的非人类之哺乳动物，其所有生殖细胞及体细胞包含一段重组活化之致癌基因序列，该序列系于胚胎阶段导入该哺乳动物或其祖先”。申请人曾就该发明向很多国家申请专利，其权利要求与在美国的基本相同。

哈佛大学向欧洲专利局提出专利申请，权利要求 17 要求保护的是“一种转基因的非人类哺乳动物”，权利要求 18 为权利要求 17 的从属权利要求：“如权利要求 17 所述的转基因的非人类哺乳动物，为啮齿类动物”。欧洲专利局审查部遇到了对《欧洲专利公约》中的“动物品种（animal varieties）”的解释问题。Animal varieties 在《欧洲专利公约》的德语和法语文本中分别为 Tierarten 和 races animales。Tierarten 和英语中的 species 含义相同，而 animal varieties 和 races animales 指的是小类。欧洲专利局审查部认为，《欧洲专利公约》第 53 条（b）禁止以上位的动物品种申请专利，因此驳回了专利申请。申请人提起上诉，欧洲专利局技术上诉委员会（Technical Board of Appeal）引用了专利性例外规则的公认的原则，认为对可专利性的例外应当进行限制解释，对动物品种的排除并不意味着对上位动物概念的排除。该委员会以第 T 19/90 决定①，撤销了原决定并认为原则上可授予专利，将“哈佛鼠”是否为动物品种及是否违反公共道德的问题退回审查部复审。欧洲专利局于 1991 年 10 月 4 日，根据《欧洲专利公约施行细则》第 51 条第 4 项，发出核准通知。

关于道德性议题，欧洲专利局审查部指出需要考虑下列三方面的利益的平衡：克服广泛分布且危险的疾病所给予人类之基本利益；环境保护；对动物的残忍程度。得出的结论是：癌症研究中动物试验模式是不可或缺的；关于对环境的危害，操作危险物质是政府应规范的事而非专利法所管，一项科技并不会只因其危险而不被授予专利，且该科技所生产的动物系专供合格人员在控制条件下于实验室内使用；基于《欧洲专利公约》之缔约国都准许进行动物试验之背景，“哈佛鼠”发明可降低整体动物受难程度。没有充分的证据证明对进化有危害，授予专利将限制而不是增加转基因老鼠的生产和销售，而且也没有充分的证据证明使用基因控制的老鼠在道德上是不能被接受的。因此，该发明不违反《欧洲专利公约》关于社会公德的要求。

该发明被欧洲专利局授予专利后，立即引起了欧洲 17 个宗教团体及动物保护组织的

---

① Case T-19/90, OJ, 1990, 476.

不满，其中6个组织正式向欧洲专利局提出了异议，诉请重行审理“哈佛鼠”专利权的赋予是否妥适。2001年11月，欧洲专利局就“哈佛鼠”专利异议一案进行了听证，并作出了维持专利有效的决定。2004年7月，欧洲专利局再次就该专利异议进行了听证，并再次作出维持专利有效的决定，但对专利保护的范围进行了缩小。

1985年，哈佛大学还向加拿大专利局申请了“哈佛鼠”动物品种及动物新品种育成方法专利，但于1995年被驳回。哈佛大学向加拿大联邦法院审判部门（Federal Court Trial Division）提起诉讼，不过该部门仍维持了驳回“哈佛鼠”动物品种专利申请的决定，只授予了动物新品种培育方法专利。接着哈佛大学再向加拿大联邦上诉法院（Federal Court of Appeal）提起诉讼，该院核准给予“哈佛鼠”动物新品种专利。但加拿大联邦最高法院于2002年作出判决，驳回了“哈佛鼠”专利申请。在判决中，加拿大联邦最高法院曾对“哈佛鼠”是否违反社会公德进行了评述，但并没有以违反社会公德这一道德理由否定“哈佛鼠”的可专利性。

生物技术的发展带来了生物技术发明的可专利性问题，其中之一就是动物品种能否被授予专利的问题。对这一问题，各国的法律和实践中的做法还存在明显的区别，“哈佛鼠”案就是明显的例证。有的国家不禁止对动物品种授予专利权，例如美国和加拿大；有的国家和地区则明确动物品种不属于专利保护的客体。在不禁止对动物品种授予专利的国家，有的不进行道德性评价（如美国），有的则进行道德性评价（如加拿大）。而在明确动物品种不属于专利保护客体的国家和地区，如我国，对动物品种给予全面排除，因此也不存在进行道德评价的可能性；在欧洲，只对具体动物不授予专利，而且在审查专利申请时进行道德评价。

从专利制度本身来说，保护动物品种并不存在技术上的障碍，不对动物品种提供专利保护，主要是基于产业政策和社会公德两个方面的考虑。从产业政策方面看，随着生物科技的发展，动物已经不再仅是自然界中的自然之物，而利用DNA重组技术的动物发明是现阶段生物科技领域中的领先科技。通过生物科技创造动物的意义在于对疾病药物研究有极大的帮助（“哈佛鼠”就是很好的实例），而对动物授予专利又可以激励生物技术的发展。因此，通过授予动物专利，生物技术先进的国家和企业将会得到丰厚收益，并有助于其保持领先的地位。而生物技术落后的国家和企业，将会付出巨额代价，且其生物技术的发展也会被影响。基于这方面的考虑，生物技术落后的国家更倾向于不保护动物品种。从社会公德方面看，使用转基因动物会有利于人类的公共健康，但也会引起动物的痛苦，这与人们的道德观念冲突。在专利法中是否将动物品种明确排除在保护范围之外，以及在审查实践中如何把握社会公德标准，是各方面因素综合考虑的结果。在我国随着生物技术的发展，对动物品种提供专利保护的呼声越来越高，通过修改《专利法》或者通过解释《专利法》，针对动物品种授予专利权，并非完全不可行。

（二）植物品种

专利法所称的植物，是指可以借助光合作用，以水、二氧化碳和无机盐等无机物合成碳水化合物、蛋白质来维系生存，并通常不发生移动的生物。TRIPS协议第27条规定，成员可以将植物品种排除在专利权保护范围之外；同时规定，“缔约方应以专利方式或者一种有效的特殊体系或两者的结合对植物新品种给予保护”。可见，TRIPS 协议要求成员对植物品种给予保护，但不要求必须通过专利给予保护。我国《专利法》第 25 条规定，植物品种不属于专利保护的客体。同时，《植物新品种权保护条例》通过授予植物新品种权，对植物新品种给予保护。

《保护植物新品种国际公约》是国际上有关保护植物新品种的一项专门协定。在其 1978 文本及以前的文本中，有关于禁止植物新品种权和专利双重保护的规定，即第 2 条第 1 项的规定：“联盟各成员国可通过授予专门保护权或专利权，承认本公约规定的育种者的权利。但是，对这两种保护方式在本国法律上都予认可的联盟成员，对一个和同一个植物属或种，仅提供其中一种保护方式。”其 1991 年文本取消了禁止双重保护的规定。我国加入的是 1978 文本，没有加入 1991 文本。因此，根据该公约的规定，我国也应当对植物品种仅提供一种法律保护，而不能既授予植物品种权又授予专利权。

对于植物品种，有的国家和地区提供专利和品种权双重保护，有的则只提供品种权保护。美国是明确对植物品种给予专利保护的国家。美国国会于 1930 年通过了专门的《植物专利法案》，对无性繁殖的植物新品种给予保护。《植物专利法案》成为美国《专利法》的一部分。1985 年，美国专利商标局的专利申诉与冲突委员会在 Ex parte Hibberd 案[①]中裁定，无论是无性繁殖的植物还是有性繁殖的植物，都是美国《专利法》规定的发明专利的客体。另外，美国 1970 年制定的《植物品种保护法》，规定了对植物新品种的“植物品种保护证书”制度。因此，在美国，植物品种既可以被授予植物专利，也可以被授予发明专利，同时又可通过“植物品种保护证书”受到特别保护。这三者的关系是：如果相关的植物发明能够达到发明专利关于新颖性、非显而易见性、实用性和充分描述的要求，培育者可以要求发明专利保护；如果无性繁殖的植物品种达不到发明专利关于充分描述的要求，则可以寻求植物专利的保护；如果有性繁殖的植物品种仅仅具有新颖性、显著性、一致性和稳定性，不具有非显而易见性和实用性，则可以寻求“植物品种保护证书”的保护。[②]

我国和日本都是通过专门立法保护植物新品种，但不提供专利保护。《欧洲专利公约》第 53 条（b）也将植物品种排除在专利保护范围之外。欧洲专利局扩大申诉委员会认为，设置该条的理由是国际植物新品种保护联盟不允许对植物品种提供双重保护。因此，《欧洲专利公约》的起草者决定禁止授予植物品种专利权。扩大申诉委员会认为，对于植物新品种不予保护的客体，第 53 条（b）并不会，也不应当排除在专利保护之外。《欧洲专利公约》第 53 条（b）为专利保护和植物新品种保护划定了界限，《欧洲专利公约》与《植物新品种保护条约》是互相补充的。如果发明的客体没有限于或指向生物物种，则这种发明是不能通过植物品种权获得保护的，也就不应排除专利保护。[③] 与对动物品种的解释相同，欧洲专利局也认为不能被授予专利的是具体的植物品种，而作为上位概念的植物则可以获得专利保护。

---

① 227 USPQ 443 448.

② 李明德．美国知识产权法．2 版．北京：法律出版社，2014：76－77.

③ II/Transgenic Plant，Case G－1/98，2000，303.

植物品种包括处于不同发育阶段的植物体本身，还包括能够作为植物繁殖材料的植物细胞等。植物的细胞如果具备繁殖特性，能够作为植物繁殖材料，则属于植物品种的范畴，不能被授予专利权。[①] 植物的某种细胞是否属于繁殖材料，应当依据该植物的自然特性以及说明书中对该细胞的具体描述进行判断。[②] 但是，即使权利要求保护的产品包含了植物的繁殖材料种子，但如果没有对种子的类别加以限定，从说明书记载的内容也可以看出任何可能的种子都可适用于该权利要求请求保护的产品，所述的种子在形态和生态上不具有共同的遗传特征，那么该产品不属于不能授予专利权的植物品种。[③] 转基因植物是通过基因工程的重组 DNA 技术等生物学方法得到的植物，其本身仍然属于"植物品种"的范畴。[④]

由于我国通过植物品种权对植物品种给予保护，已经达到国际公约要求的保护水平，因此，可以说不必再对植物品种提供专利保护。但是，植物品种权与专利权的不同之处在于，植物品种权只授予具体的有命名的品种，不能就具有相同特点的不同种类的植物授予一个品种权，而专利权则可以授予更上位的植物品种。我国是否应当就更上位的植物品种授予专利权，是可以探讨的问题。

（三）动、植物品种的生产方法

根据我国《专利法》第 25 条第 2 款的规定，动物和植物品种的生产方法可以被授予专利权。但这里所说的生产方法是指非生物学的方法，不包括生产动物和植物的主要是生物学的方法。一种方法是否属于"主要是生物学的方法"，取决于在该方法中人的技术介入程度。如果人的技术介入对该方法所要达到的目的或者效果起了控制作用或者决定性作用，则这种方法不属于"主要是生物学的方法"。例如，采用辐照饲养法生产高产牛奶的乳牛的方法，改进饲养方法生产瘦肉型猪的方法等，属于可被授予专利权的客体。[⑤]

九、原子核变换方法以及用原子核变换方法获得的物质

原子核变换方法，是指使一个或几个原子核经分裂或者聚合，形成一个或几个新原子核的过程，例如，完成核聚变反应的磁镜阱法、封闭阱法以及实现核裂变的各种方法。"用原子核变换方法所获得的物质"主要是指用加速器、反应堆以及其他核反应装置生产、制造的各种放射性同位素。"用原子核变换方法所获得的物质"一直是我国专利法不授予专利权的对象。2020 年《专利法》第四次修改时增加了"原子核变换方法"也不能被授予专利权的规定。

TRIPS 协议允许"用原子核变换方法所获得的物质"作为专利保护的例外，其第 73 条"安全例外"就包括"与裂变和聚变物质或衍生这些物质的物质有关的行动"。其他国家也有不保护核材料的规定。例如，美国《专利法》虽然没有明确规定，但《美国法典》第 42 卷第 2181 条规定，只能用于原子武器的核材料或原子能，不能获得专利保护。当

---

① 专利复审委员会第 31234 号复审决定。
② 专利复审委员会第 35183 号复审决定。
③ 专利复审委员会第 17333 号复审决定。
④ 《专利审查指南（2010）》第二部分第十章 9.1.2.4。
⑤ 《专利审查指南（2010）》第二部分第一章 4.4。

然，美国法院认为，如果发明具有非武器性用途，则不属于只能用于原子武器的核材料或原子能，仍可以获得专利授权。[①] 可见，美国排除专利保护的范围比我国的小。

日本对“用原子核变换方法制造的物质”提供专利保护，主要将产业作为考虑要素。1959 年的日本专利法，基于当时日本在该领域的技术开发能力低等理由，将“用原子核变换方法制造的物质”排除在专利权保护范围之外。而在 1995 年的修改中，由于当时日本原子核产业已经不处于落后的地位，为保护国内核能产业而不授予专利权的理由已经不存在，于是该项的规定被删除了。[②] 而我国对“用原子核变换方法所获得的物质”不授予专利权，主要是将安全作为考虑因素：原子核变换方法以及用该方法所获得的物质关系到国家的经济、国防、科研和公共生活等重大利益，不宜由单位或私人垄断，因此不能被授予专利权。[③]

十、对平面印刷品的图案、色彩或者二者的结合作出的主要起标识作用的设计

我国每年受理的外观设计专利申请和授权的外观设计专利总量多年来一直位居世界第一。但在受理的外观设计专利申请和授权的外观设计专利中，有相当数量涉及的是瓶贴、平面包装袋等平面图案设计。其中有些设计对产品并没有装饰效果，仅仅主要起到让消费者识别该产品的作用。这些外观设计并不符合外观设计专利制度的初衷，不利于提高对产品本身外观的创新能力，且不能够促进我国品牌产品的形成和提高我国产品的国际竞争力，也会增大外观设计专利权与商标专用权、著作权之间的交叉和冲突。为了鼓励设计人将其创新能力集中到产品本身外观的创新上，2008 年修订的《专利法》在第 25 条第 1 款中增加一项，作为第 6 项：“对平面印刷品的图案、色彩或者二者的结合作出的主要起标识作用的设计”。

其他国家如美国、日本、韩国等，在外观设计的概念中要求外观设计要有美感或是装饰性的结构图案，对于申请专利的平面产品也是要求存在有明显装饰性的内容。但正如我国《专利法》对外观设计“富有美感”的要求一样，美感或装饰性的要求在外观设计专利申请审查或专利无效中所起的作用并不大。其他国家都没有明确将主要起标识作用的平面设计排除在外观设计专利保护之外。我国《专利法》在 2008 年修改时增加上述规定，主要是因为当时我国外观设计专利申请中有大量主要起标识作用的平面设计，如瓶贴、包装袋的平面设计。

如果一件外观设计专利申请同时满足下列三个条件，则认为所述申请属于《专利法》第 25 条第 1 款第 6 项规定的不授予专利权的情形：（1）使用外观设计的产品属于平面印刷品；（2）该外观设计是针对图案、色彩或者二者的结合而作出的；（3）该外观设计主要起标识作用。[④] 其中最主要的内容就是该外观设计是否主要起标识作用。主要起标识作用是指所述外观设计的主要用途在于使公众识别所涉及的产品、服务的来源等。其实，绝大多数外

---

① 206 USPQ 415（CCPA，1980）//李明德. 美国知识产权法. 2 版. 北京：法律出版社，2014：44.

② 日本特许厅编. 工业所有权法逐条解说. 发明协会，2012：96.

③ 《专利审查指南（2010）》第二部分第一章 4.5。

④ 《专利审查指南（2010）》第一部分第三章 6.2。

观设计都具有标识作用和装饰作用这两个方面的作用。审查外观设计专利申请甚至宣告专利无效时，判断外观设计的标识作用时，都应只考虑外观设计本身而不考虑其使用产生识别性的情况。

典型案例

如何区分外观设计的标识作用和装饰作用

如果平面印刷品的形状、图案、色彩的设计既有标识作用，也有装饰作用，则要看其主要作用是什么。例如，右图所示的“复混肥料包装袋”，其中的商标、成分、商品名称、生产厂家及地址文字，即使作为图案看待，也都是起标识作用的设计。对于其是否属于“对平面印刷品的图案、色彩或者二者的结合作出的主要起标识作用的设计”，北京市高级人民法院的认定是：其虽有产品名称、厂家、商标等起标识作用的文字，但中部设计有立体球形及对外散发白色光芒和光晕的图案，该图案在其中所占比例较大且具有一定美感，为明显的装饰性图案。因此，其不属于主要起标识作用的平面印刷品，未违反《专利法》第 25 条第 1 款第 6 项的规定。①

相关主体对下图的外观设计于 2013 年申请专利，国家知识产权局在初审时认为其属于“主要起标识作用的设计”，最终法院支持了这一认定，从而该外观设计没有获得专利授权。

北京市高级人民法院认为：本申请主视图中，竖向排列的书法字体“加多寶”较大，在视图中占据显著位置。虽然竖向排列的“加多寶”为书法字体，与常见印刷字体存在一定差异，但该字体字形在设计上尚不具有足够的装饰效果，其在美术字体上的特点不能等同于本申请的外观设计具有美感。除书法字体“加多寶”外，主视图中的其他文字是顶端排列的“正宗凉茶 加多宝”、竖向排列的广告用语及横向排列的产品成分、含量标注、厂

① 北京市高级人民法院（2017）京行终 4962 号行政判决书。

家信息等饮料类产品的常用信息，这些文字的字体较小，各部分文字按内容归类排布，布局简单。对相关公众而言，其更易关注主视图中“加多宝”这一饮料产品商标，并根据视图上的文字关注该产品的名称、含量、厂家等产品信息，进而识别产品来源。就色彩和装饰效果而言，本申请的主要部分的背景色为红色，顶端和底部为深绿色条纹，文字字体为黄色或黑色，色块和色带的颜色搭配简单，条纹和色彩的布局常规，其在视图中所占比例不足以构成明显的装饰性，尚不能通过色彩、条纹的变化达到吸引公众特别关注的装饰效果。因此，本申请在整体上主要起标识作用，属于对平面印刷品的图案和色彩作出的主要起标识作用的设计，属于《专利法》第 25 条第 1 款第 6 项规定的情形，不应授予专利权。[①]

然而，在 2008 年《专利法》增加 25 条第 1 款第 6 项规定之前，类似的设计是可以获得外观设计专利的。下图是 1996 年授权的外观设计专利的主视图。[②]

可见，我国《专利法》在 2008 年的修改，将“对平面印刷品的图案、色彩或者二者的结合作出的主要起标识作用的设计”排除在外观设计专利保护之外，对此类外观设计的专利申请和授权具有一定的限制作用。在授权过程中，国家知识产权局和法院一般会考虑申请专利的设计有没有装饰作用以及装饰作用的大小。总体来看，大部分平面设计仍可以获得专利授权，因上述规定而不能获得授权的设计并不多。另外，壁纸、纺织品不属于《专利法》第 25 条第 1 款第 6 项规范的对象。[③]

【思考题】

1. 实用新型和发明之间有什么区别和联系？

2. 产品局部外观设计受保护的意义是什么？

---

① 北京市高级人民法院（2017）京行终 1929 号行政判决书。

② 外观设计专利号 96305519.4，专利权人：陈鸿道。

③ 《专利审查指南（2010）》第一部分第三章 6.2。

3.《专利法》第 5 条的目的和意义是什么?

4.《专利法》第 25 条的目的意义是什么?

5. 请判断以下各项是否可以被授予专利权。

(1) 一种新型的手枪;

(2) 可用于注射毒品的注射器;

(3) 基因编辑婴儿方法;

(4) 含“剧痛药水”的防暴注射器;

(5) 采用辐照饲养法生产高产牛奶的奶牛的方法;

(6) 产品通电后显示的图案。

【推荐阅读文献】

1. 吴汉东. 人工智能生成发明的专利法之问. 当代法学,2019 (4).

2. 易继明、王芳琴. 世界专利体系中专利客体的演进. 西北大学学报(哲学社会科学版),2020 (1).

3. 张平、石丹. 商业模式专利保护的历史演进与制度思考——以中美比较研究为基础. 知识产权,2018 (9): 49 - 56.

4. 肇旭. 欧洲医药、生物技术领域不可专利客体的演变及启示. 知识产权,2015: 134 - 142.

5. 张鹏. 外观设计单独立法论. 知识产权,2018 (6): 45 - 54.

第三章　专利权属

专利制度中的重要内容是相关权利的归属，主要是专利权的归属和专利申请权的归属。专利权和专利申请权是针对同一客体在不同阶段表现出来的不同权利。专利权和专利申请权来源的基础是发明创造，发明创造是由自然人完成的，但谁享有就该发明创造申请专利的权利/或最终的专利权，要看完成该发明创造所涉及的法律关系。这种法律关系主要体现为两个方面：一方面是完成人或完成人所在单位与他人的合同关系，另一方面是完成人与所在单位之间的劳动关系。如果不涉及这两种关系，则对该发明创造的相关权利归属于完成人。如果涉及合同关系，则首先应根据合同关系确定权利的归属；如果不涉及合同关系，但涉及完成人与所在单位之间的劳动关系，则需要根据劳动关系确定权利的归属。

第一节　专利权和专利申请权

一、专利权

专利权是专利法中的核心概念，其基于发明创造，源于专利申请，始于授权后的登记公告。只有在发明创造完成后，就该发明创造享有申请专利的权利的主体，才可能成为专利权人。和著作权不同，专利权并不是自动产生的。享有申请专利的权利的人就发明创造申请了专利，才有可能获得专利授权。对专利申请经过审查，专利行政部门认为符合专利授权条件的，作出授予专利权的决定，发给相应的专利证书，同时予以登记和公告，专利权自公告之日起生效。①

专利权是一种禁止权。专利权人可以禁止他人为生产经营目的而实施专利，但并不必然取得实施专利的权利。例如：有些产品如武器等，其生产、销售或使用受到法律的限制或约束，而该产品本身及其制造方法并不属于违反法律的发明创造，仍可以获得专利授权。即使相关主体就此获得了专利授权，在获得生产、销售的许可前，仍不能生产、销售

---

① 《专利法》第39条、第40条。

这些产品。再如，如果一项发明创造是在他人之专利的基础上作出的改进，则该项发明创造属于从属专利，虽然相关主体可以获得专利授权，但其实施专利要取得基础专利的专利权人的许可。

二、专利申请权

(一) 专利申请权的含义

专利申请权是我国专利法中的一个重要概念。我国《专利法》第 10 条、第 14 条以及我国《专利法实施细则》第 85 条至第 89 条都涉及专利申请权。但是，上述规定都没有对专利申请权的含义进行界定。

从我国《专利法》和《专利法实施细则》的规定看，专利申请权指的是就发明创造申请专利后、获得授权前申请人所享有的权利。《专利法》第 6 条和第 8 条还使用了“申请专利的权利”的术语，针对的是职务发明创造和履行合同完成的发明创造的归属。由此可以看出，在发明创造完成后，谁有权申请专利，被称为申请专利的权利。而根据《专利法》第 10 条的规定，转让专利申请权合同，应向国务院专利行政部门登记，由国务院专利行政部门予以公告。这说明，专利申请权是在国务院专利行政部门已有登记的权利。如果还没有提交申请专利的科技成果，国务院专利行政部门无法进行登记和公告。另外，我国《专利法实施细则》中关于“专利申请权”的规定，也都与《专利法》中的含义相同。我国《专利法》将发明创造完成后的权利分为申请专利的权利和专利申请权：在将专利申请提交到国务院专利行政部门前，被称为申请专利的权利；在专利申请被受理后至授权前，被称为专利申请权。

最高人民法院的司法解释中也多次提到“专利申请权”，例如，最高人民法院《关于审理专利纠纷案件适用法律问题的若干规定》（2020 年修正）、最高人民法院《关于审理技术合同纠纷案件适用法律若干问题的解释》（2020 年修正）等。这些司法解释中出现的“专利申请权”，与《专利法》中的含义基本上相同。

理论延伸

什么是专利申请权

对于专利申请权的含义，学者有三种不同的观点。第一种观点认为，专利申请权就是可以提出专利申请的权利。例如，有学者认为，“专利申请权，是指公民、法人或者其他组织依据法律规定或者合同约定享有的就发明创造向国务院专利行政部门提出专利申请的权利”①。有学者认为，所谓专利申请权，是指在技术成果研发成功之后，依据《专利法》等法律的规定申请专利的权利。② 第二种观点认为，专利申请权是专利申请人将专利申请提交到国家知识产权局后所享有的权利。例如，有学者认为，专利申请权是指申请人在向国家知识产权局提出申请以后对其专利申请享有的权利，即对该专利申请的所有权。③ 有

① 吴汉东主编. 知识产权法学. 北京：北京大学出版社，2005：165.
② 王利明. 合同法研究：第 3 卷. 北京：中国人民大学出版社，2012：583.
③ 尹新天. 中国专利法详解. 北京：知识产权出版社，2011：112.

的学者认为，“在专利申请日之前，只有一项权利存在，即申请专利的权利。在申请人向专利局提出申请的时候，即从专利申请日起，产生了专利申请权，专利申请权随着专利的授予或者（专利申请被）驳回而终止”[①]。第三种观点认为，专利申请权包括前述两种观点所界定的内容，既包括申请专利前的权利，也包括申请专利后至专利授权前的权利。例如，有学者认为，专利申请权是指一项发明创造产生之后，该发明创造的所有人享有的向国家知识产权局提出专利申请，并基于该申请取得专利权的权利。[②]

如前所述，我国《专利法》中的专利申请权其实是上述第二种含义。之所以对“专利申请权”的含义存在不同的主张，主要是因为其他法律中有不同的规定。例如，《中华人民共和国民法典》（以下简称《民法典》）第 895 条、第 860 条中多次出现“专利申请权”，比较典型的规定是该法第 860 条第 2 款中的一句话：“合作开发的当事人一方声明放弃其共有的专利申请权的，除当事人另有约定外，可以由另一方单独申请或者由其他各方共同申请。”也就是说，在申请专利之前就可以由当事人声明放弃共有的“专利申请权”。这说明这里的“专利申请权”指的就是申请专利的权利，而不是申请专利之后申请人所享有的权利。因此，从《民法典》的规定看，其与《专利法》的规定存在不一致之处。这就造成了对“专利申请权”在理论上和实务中均有不同的理解，在使用中存在诸多不便。因此，厘清“专利申请权”的含义，统一这一概念的用法，是很有必要的。

我国《专利法》区分了“申请专利的权利”与“专利申请权”，但是，《民法典》对此并没有进行严格的区分，其“专利申请权”其实包含了“申请专利的权利”。在就发明创造申请专利前和申请专利之后，虽然在权利的归属方面没有明显的区别，但权利人所享有的权利以及行使权利的方式还是有明显区别的。在就发明创造申请专利之前，权利人所享有的是对该发明创造的所有权。权利人可以将其许可和转让，可以通过申请专利获得专利权。在许可和转让时，所适用的法律规则其实是技术秘密的许可和转让规则，严格说来这是技术秘密的许可或转让。权利人就其发明创造申请专利是行使权利的另一种方式。从这种意义上讲，虽然权利人享有“申请专利的权利”，但权利人不可能单独许可或转让“申请专利的权利”。因此，“申请专利的权利”仅仅是权利人行使发明创造的所有权时的一种形态，本身并没有独立存在的价值。权利人就发明创造申请专利之后，享有了就该发明创造获得专利的期待权。这种权利具有财产的内容，可以转让和继承，并且在某些国家可以进行许可。因此，我们应当将提出专利申请后、获得授权前的权利用一个专门的用语来表示，即“专利申请权”，并按《专利法》的有关规定理解其含义。

（二）专利申请权的内容

基于前述对专利申请权的界定，专利申请权主要包括以下三方面的内容：一是程序性的权利，包括请求国务院专利行政部门对发明创造进行审查的权利（对发明专利的形式审查和实质审查，对实用新型专利和外观设计专利的形式审查）、撤回专利申请权、专利申请被驳回时享有的陈述意见并进行修改的权利及请求复审和提起行政诉讼的权利等；二是

① 宿迟．知识产权名案评析．北京：人民法院出版社，1996：7.

② 谭启平．专利制度研究．北京：法律出版社，2005：116.

处分和收益权，我国《专利法》规定专利申请权可以转让[①]，发明专利申请人可以要求临时保护期内的使用费[②]，如果其他法律、法规没有禁止性规定，专利申请权的内容也包括许可、投资入股等权利；三是专利期待权，即专利申请可能被批准，在获得授权以后，期待权就转化为实际的专利权。

三、专利权和专利申请权的共有

专利权共有是指两个以上的单位、个人或者单位与个人共同享有一项获得专利权的发明创造。专利申请权共有是指两个以上的单位、个人或者单位与个人共同享有一项正在申请专利的发明创造。下面以专利权共有为例介绍形成原因和行使规则。

（一）专利权共有形成原因

专利权作为特殊的财产权，既可以原始取得，又可以继受取得。原始取得即由两个以上的当事人共同完成发明创造或因同日申请而后约定为共有[③]；继受取得则是因转让、赠与、继承等行为的发生而产生。具体而言，专利权共有的情形包括以下几种。

第一，基于合作完成发明创造而产生的专利权共有。根据《专利法》第 8 条的规定，两个以上单位或者个人合作完成的发明创造、一个单位或者个人接受其他单位或者个人委托所完成的发明创造，除另有协议的以外，申请专利的权利属于完成或者共同完成的单位或者个人；申请被批准后，申请的单位或者个人为专利权人。因此，除非协议另有约定，合作完成的发明创造的专利权属于共同完成发明创造的单位或者个人。

第二，基于当事人的约定而产生的专利权共有。专利权是一项重要的私权，当事人可以通过合同约定合法安排其归属。如单位与发明人或者设计人通过合同约定申请专利的权利和专利权由单位与发明人共同享有，那么此时获得的专利权就归单位与发明人共有。又如，对于一方接受委托所完成的发明创造，双方可以通过合同约定由委托人和受托人共享专利权。此外，还可能发生两个单位或个人或者单位与个人分别就相同的发明创造在同一时间申请专利的情形，若双方协商解决的结果是双方成为共同申请人，则当专利获得批准时，双方就成为共同专利权人。

第三，基于法人、非法人组织分立、合并时的承继取得而产生的专利权共有。法人、非法人组织分立、合并的，权利义务由变更后的法人、非法人组织享有和承担。如果法人、非法人组织在分立、合并时并未对专利权由谁享有作出具体规定，那么应视为该专利权由分立、合并后的法人、非法人组织共有，并需对专利权登记事项办理相应的变更登记。

第四，基于遗产继承而形成的专利权共有。根据《民法典》的规定，公民专利权中的财产权利属于个人合法财产，可以依法继承。因此，如果继承人为二人以上，在遗产继承时并未对专利权进行分割或对专利权的归属作出约定，就会产生事实上的专利权共有。

第五，基于专利权人对其专利权的部分赠与或转让而形成的专利权共有。专利权人可以将其专利权部分赠与或转让给他人，此时便会在赠与人和受赠人（转让人与受让人）之

---

① 《专利法》第 10 条。

② 《专利法》第 13 条。

③ 温旭，王立华. 共有知识产权. 北京：北京大学出版社，1992：127.

间产生专利权的共有。当受赠人（受让人）为二人以上时，便会在受赠人（受让人）之间产生专利权的共有。赠与或转让亦是在对专利权登记事项办理相应的变更登记后生效。

（二）共有专利权的行使

我国现行立法中关于行使共有专利权的规定主要体现在《专利法》第15条。该条规定："专利申请权或者专利权的共有人对权利的行使有约定的，从其约定。没有约定的，共有人可以单独实施或者以普通许可方式许可他人实施该专利；许可他人实施该专利的，收取的使用费应当在共有人之间分配。除前款规定的情形外，行使共有的专利申请权或者专利权应当取得全体共有人的同意。"根据以上规定，如果共有人对专利权的行使有约定，只要约定是有效的，就按约定行使共有的专利权；在没有约定的情况下，各共有人都可以自行行使共有的专利权，取得的收益归行使人所有。另外，各共有人还可以以普通许可方式许可他人实施该专利，但收取的使用费应当在共有人之间分配。除此之外的专利实施方式，如独占许可、排他许可、转让、质押、以专利权出资等，都需要取得全体共有人同意。

四、专利权属争议及解决

法条链接

最高人民法院《关于审理专利纠纷案件适用法律问题的若干规定》（2020年修正）

第一条　人民法院受理下列专利纠纷案件：1. 专利申请权权属纠纷案件；2. 专利权权属纠纷案件……

《专利法实施细则》第八十五条

除专利法第六十条规定的外，管理专利工作的部门应当事人请求，可以对下列专利纠纷进行调解：（一）专利申请权和专利权归属纠纷……

《专利法实施细则》第十四条

除依照专利法第十条规定转让专利权外，专利权因其他事由发生转移的，当事人应当凭有关证明文件或者法律文书向国务院专利行政部门办理专利权转移手续。

（一）专利权属争议

专利权属争议是指一项发明创造被申请专利或被依法授予专利权后，当事人之间就谁应该是此项专利申请权或专利权的真正权利人而发生的争议。这种争议具体表现为专利权争议和专利申请权争议。专利权争议和专利申请权争议的区别在于专利申请处于不同阶段，而争议的内容是实质相同的。

专利权属争议主要有如下几种类型。一是职务发明与非职务发明的争议，具体来说包括职务发明创造被个人作为非职务发明创造申请了专利而引起的争议，非职务发明创造被单位作为职务发明创造申请了专利而引起的争议；二是履行合同所完成的发明创造，被无权申请专利的人申请了专利而引起的争议；三是发明创造完成后，被发明人以外的申请人申请了专利而引起的争议。

(二) 专利权属争议的解决

专利权属争议往往发生在专利申请人并非真正权利人的情形中。根据我国相关法律法规的规定，无论是在专利申请审查过程中，还是在宣告专利无效审查过程中，国务院专利行政部门都只对申请专利的材料本身进行审查，并不审查申请人是不是真正的权利人。因此，非真正权利人申请专利，如果专利申请文件本身没有问题，就可以获得授权，且该专利不会被宣告无效。

真正权利人要维护自己的权利，首先要通过诉讼、管理专利工作的部门调解或仲裁的方式，取得确认专利权或专利申请权归属的判决书、调解书或裁决书等法律文书。其次，真正权利人持该法律文书到国家知识产权局进行权利人变更登记。著录项目变更后，专利权（专利申请权）的权利人就发生了变更，由原来的申请人变更为真正权利人。

理论延伸

专利权属争议的解决途径分析

目前在我国对于专利权属争议只能通过变更权利人来解决。如果非权利人的专利申请有瑕疵，有可能不能被授权，或专利被宣告无效，或该专利受保护范围太窄。真正权利人得到了自己被确认为权利人的法律文书并办理了变更登记之后，主要可以通过两种方式进行弥补：一是进行修改。由于修改时间和修改范围的限制，真正权利人通过修改获得补救的范围是很有限的。申请过程中的修改，很容易因超范围而成为专利被宣告无效的理由。在很多情况下，即使发现了最初申请中存在的问题，也无法通过修改进行弥补。二是把前一申请作为优先权基础，重新提交申请。在绝大多数情况下，真正权利人无法重新申请专利，且在很多情况下真正权利人无法对非权利人提交的专利申请进行修改，因此，其只得接受非权利人申请的专利，承担申请存在缺陷所带来的后果：专利无效或受保护范围过窄。

其他国家除了提供类似我国的救济方法，还对真正权利人提供其他救济方法。例如，日本将非真正权利人的专利申请称为冒认申请，除了办理申请人名义变更或专利权转移手续，冒认申请还是不能获得授权或专利被宣告无效的理由。真正权利人可以重新提出专利申请，在先的非权利人提出的申请被视为不存在。如果真正权利人的申请日是在冒认申请公开之日起的6个月之内，通过援引不丧失新颖性宽限期的规定，真正权利人可以获得专利授权。但是，如果真正权利人的申请在冒认申请公开之日起的6个月之后，则真正权利人的申请会丧失新颖性，从而不能获得授权。而根据美国《专利法》的相关规定，在非真正发明人申请的专利公开后一年内，真正发明人申请专利仍能获得授权，而非真正发明人申请的专利不能获得授权。这样就保证了真正发明人的利益不因非真正发明人申请专利而受影响。另外，德国、韩国、意大利等都有类似的做法，允许真正的权利人重新提出专利申请，这样给真正的权利人以选择权，可以弥补他人申请其专利所带来的损害。

我国专利制度在建立之初，对于专利申请撰写水平的差异考虑不多，针对非真正权利人申请专利的情形，只提出了将非真正权利人的申请变更为真正权利人申请的解决途径。这种解决途径具有便捷高效的优点，但对真正权利人的保护非常不利，使其不得不承担他人失误所带来的不利后果。故而，有必要研究借鉴其他国家的救济途径。

第二节 职务发明创造

在科技发展日新月异的今天，绝大多数发明创造都是单位职工完成的。为了平衡完成发明创造的职工与所在单位的利益，专利制度中规定了职务发明，即单位职工（以下又称雇员）完成但权利归所在单位（以下又称雇主）的发明。职务发明外的发明创造，则属于非职务发明创造，申请专利的权利归发明人或设计人（为论述方便，下文将发明人、设计人统称为发明人）。关于哪些发明创造应属于职务发明，需要在法律制度中作出相应的设计，更需要在实践中准确地判断。

一、职务发明创造制度的产生

发明创造都是由自然人完成的，但自然人完成发明创造的目的和过程并不相同。早期的发明创造一般都是发明人（自然人）利用自己的物质条件，发挥自己的聪明才智独立完成的。因此，在西方专利制度建立之初，专利权是授予发明人（自然人）的。19 世纪工业革命后，随着大机器、大工业时代的到来，生产社会化规模日益扩大，重大发明创造的难度也越来越大，完成一项发明创造往往需要大量的资金、设备、原材料等物质技术条件，并且研发失败的风险也越来越大。个人仅凭自己的财力和智力很难完成大型发明创造，需要依靠和借助集体的力量。而企业和科研机构、大学等雇主则能够提供资金和各种物质技术条件，组织团队，进行发明创造的研发。在这种情况下，只有让雇主就研究成功的发明创造享有权利，才是公平的，也才能激励雇主持续投入，于是职务发明创造的概念应运而生。

职务发明创造制度的核心是雇主就雇员完成的发明创造享有专利权。这一制度是逐渐建立起来的。例如，美国最初为雇主创设了“工场权”：雇员在工作期间完成的发明技术经由雇主试验或实施，在雇员获得专利后，雇主享有免费的普通许可实施权。后来“工场权”演变为职务发明所有权，即将“专门雇佣来发明的雇员”做出的发明归雇主。在德国，职务发明的归属经历了从归雇员到归雇主的转变，由雇主与雇员订立协议，演化为制定成文法。[①] 在日本 1909 年之前的专利法中并没有关于职务发明的规定，一般认为对于雇员在工作中完成的发明，雇主需通过契约等方式从雇员处承继权利之后才能申请专利。1909 年专利法首次规定了职务发明制度。[②]

尽管不同国家关于职务发明的规则存在差异，但都已经成为专利制度的一部分。在全部专利的申请量和授权量中，职务发明创造的比重不断提高，并且重大的发明创造基本上都是职务发明创造。

---

① 和育东. 美、德职务发明制度中的“厚雇主主义”趋势及其借鉴. 知识产权，2015（11）：115－121.

② 李洁琼. 日本职务发明制度：演进、革新和启示. 知识产权，2019（5）：83－94.

二、职务发明创造立法例

(一) 职务发明创造的界定

关于职务发明创造的界定标准，主要有两种：一种是“职责标准”，雇员在雇佣合同规定的正常工作中或受雇主委托完成的发明创造属于职务发明创造，如日本《专利法》第35条第1款对职务发明的定义是：其性质上属于雇主的业务范围，并且属于履行在雇主等处工作的从业人员等现在或者过去职务的发明。法国《知识产权法典》第L611-7条第1款规定，职务发明是指“雇员执行与其实际职务相应的发明任务的工作合同，或者从事雇主明确赋予的研究和开发任务而完成的发明”。另一种是“资源标准”。“资源标准”一般是“职责标准”的补充，即除了通过雇员职责内的正常工作或受雇主委托所完成的发明，利用雇主的经验、劳动和设施完成的发明也属于职务发明。如德国《雇员发明法》第4条规定：如果发明是雇员在雇佣期间作出的，源于私人企业或者公共机构雇员的工作任务，或者在本质上基于企业或者政府机构的经验或活动，就属于职务发明；雇员的其他发明为非职务发明。从我国《专利法》第6条的规定看，我国采用了“职责标准”加“资源标准”。

(二) 职务发明创造的归属

关于职务发明创造的权利归属，世界各国主要通行两种规则：一种是“雇主优先”规则，职务发明创造权利归雇主所有，作出职务发明创造的雇员可以从雇主处获得报酬等。法国是“雇主优先”立法模式的典型代表，法国《知识产权法典》第L611-9条规定，雇主可以原始取得职务发明创造的专利权等相关财产权利；在提交专利申请时，雇员有权利选择或者反对被标注为发明人。英国《1977年专利法》第39条规定，雇员的发明，就他和他的雇主之间而言，应被认为属于雇主所有。

另一种是“发明人优先”规则，职务发明创造的原始权利归发明人，雇主享有实施权，或从发明人那里受让取得专利权。例如，根据日本《专利法》第35条的规定，在日本职务发明专利的原始权利属于发明人，雇主自动享有非独占实施权；雇主可与雇员通过合同、劳动规章事先约定由雇主来继承职务发明创造的专利权或专利申请权。2015年日本专利法修改时，增加了双方可以在雇佣合同或工作规则中事先规定职务发明归属于雇主。而美国规定，专利申请应由发明人本人或发明人授权的人提出，即使在雇佣契约中明确约定职务发明属于雇主所有，但仍由雇员将发明转让给雇主，并且在申请专利时需要雇员宣誓。2011年新增加的美国《专利法》第115节为职务发明申请专利提供了方便：如果雇员有义务将发明让渡给雇主，但拒绝做出专利法要求的真正发明人宣誓时，雇主可以作为专利申请人进行替代宣誓。由此可以看出，虽然日本和美国传统上的做法属于“发明人优先”，但其增加了一些有利于雇主的规则。在雇主享有职务发明的权利方面，“发明人优先”与“雇主优先”的做法的差别已经非常小。

我国《专利法》采用“雇主优先”的立法例，其第6条规定职务发明创造归属于雇主。

法条链接

《专利法》

第六条 执行本单位的任务或者主要是利用本单位的物质技术条件所完成的发明创造

为职务发明创造。职务发明创造申请专利的权利属于该单位，申请被批准后，该单位为专利权人。该单位可以依法处置其职务发明创造申请专利的权利和专利权，促进相关发明创造的实施和运用。

非职务发明创造，申请专利的权利属于发明人或者设计人；申请被批准后，该发明人或者设计人为专利权人。

利用本单位的物质技术条件所完成的发明创造，单位与发明人或者设计人订有合同，对申请专利的权利和专利权的归属作出约定的，从其约定。

《专利法实施细则》

第十二条 专利法第六条所称执行本单位的任务所完成的职务发明创造，是指：（一）在本职工作中作出的发明创造；（二）履行本单位交付的本职工作之外的任务所作出的发明创造；（三）退休、调离原单位后或者劳动、人事关系终止后1年内作出的，与其在原单位承担的本职工作或者原单位分配的任务有关的发明创造。

专利法第六条所称本单位，包括临时工作单位；专利法第六条所称本单位的物质技术条件，是指本单位的资金、设备、零部件、原材料或者不对外公开的技术资料等。

三、职务发明创造的认定

职务发明创造与非职务发明创造的区分，关键在于分清单位职工完成的发明创造中，哪些应归属于单位，哪些应归属于职工个人。区分职务发明创造和非职务发明创造，只需要确定哪些属于职务发明创造。除职务发明创造外的发明创造，就自然属于非职务发明创造。我国《专利法》第6条和《专利法实施细则》第12条确定了区分职务发明创造和非职务发明创造的基本规则，根据这一规则，判断一项发明创造是不是职务发明创造，主要从以下几方面考虑。

（一）发明创造的“完成”过程与“完成”时间

我国《专利法》第6条关于“职务发明”的规定使用了“完成”一词，而《专利法实施细则》第12条使用了“作出”一词。在认定一项发明创造是否属于职务发明时，需要查明该发明创造是如何完成的。“完成”是一个过程，应当说，从确定研究目标或提出设想至作出完整技术方案的过程，都是发明创造的“完成”。同时，“完成”又是一个时间点，一个发明创造的完成时间是一个确定的时间。

在认定一项发明创造是否属于“执行本单位任务”的职务发明时，一般只考虑该发明创造的完成时间，看在该发明创造完成时发明人是否在“执行本单位任务”。根据《专利法实施细则》第12条的规定，发明人，从开始执行本单位任务，到退休、调离原单位后或者劳动、人事关系终止后1年内，都是“执行本单位任务”的时间。这是为了避免出现雇员把离职前作出的发明创造留到离职以后，再以个人名义申请专利，损害单位利益的情况。这一规定，对为执行本单位任务完成的发明创造作了时间上的划分，即通过发明创造的完成时间认定一项发明创造是否属于职务发明创造，而不管发明创造的完成过程。即使单位证明职工在在职期间已经完成了发明创造的部分内容，但是职工在离职一年后才最终完成发明创造的，单位也不能主张属于职务发明创造；反之，即使职工证明了其在在职期间尚未开始研究工作，发明创造是在其离职以后才开始进行的，但只要完成时是在离职后一年之内，其也不能主张属于非职务发明创造。

发明创造完成的时间点，对于判断是否属于“在本职工作中”完成是非常关键的。在职工离开原单位后完成发明创造的情况下，离职的时间点和发明创造完成的时间点相差是否超过一年决定了职务发明创造是否构成。只有在发明创造完成之时，职工仍在单位或者虽离开单位但不超过一年的，该发明创造才有可能属于职务发明创造。如果不是在这种情况下完成的，则不会属于职务发明创造。如果发明创造完成时发明人还不是该单位的职工，该发明创造也不会成为职务发明。如果说发明人刚到单位工作不久，也只有发明的完成时间是在入职后，才可以认定为职务发明。例如，发明人从某年 6 月开始到某公司上班，同年 7 月 1 日申请了讼争相关发明创造专利，法院根据发明人在讼争专利申请之前已来到某公司工作，最后认定该发明创造属于职务发明。①

申请发明专利的技术方案的完成时间，应是发明人形成完整的技术方案，达到可以申请专利的程度的时间。发明的完成时间与申请专利的时间有联系，但有时不一定相同。一般而言，就一项发明创造提出专利申请，说明这项技术方案已经完成。如果没有确凿证据证明有关技术方案的实际完成时间早于专利申请日，则只能以专利申请日为依据推定该技术方案的完成时间。② 但如果有证据证明发明的实际完成时间早于专利申请日，以实际完成时间判断发明创造归属。例如，发明人在入职某单位前完成了样机，并进行了检测，但入职某单位后才申请了专利，法院认定该发明创造的完成时间是样机完成时间，而不是专利申请时间，因此该发明创造不属于职务发明。③

有时，发明人在完成技术方案的构思后，并没有立即申请专利，而是经过实施验证认为可行后才去申请专利。实施验证的行为不属于技术方案的完成行为，发明创造的完成时间应为技术方案构思完成的时间，而不是实施验证完成的时间。④ 但是，对于一个药品专利来说，提出处方中各个组分组成及配比关系还不能视为研制完成，研制的内容还包括后续进行的一系列药学、药理、药效、毒性、临床等的研究。药品研发的各个阶段形成复方药品研制的有机整体。⑤

在认定是否属于“主要是利用本单位的物质技术条件”的职务发明时，一般主要考虑发明创造的完成过程，考虑在发明创造完成过程中发明人是否主要利用了本单位的物质技术条件。发明创造的完成过程可能很长，有可能发明人在本单位利用单位的物质技术条件完成了一大部分，离职以后才最终完成了发明创造并申请了专利。发明人在离开本单位后，也可以利用原单位的不对外公开的资料完成或者参与完成发明创造，因此，对于“主要是利用本单位的物质技术条件”的判断，不应当限于发明人与本单位存在工作关系期间。⑥ 在这种情况下，即使发明创造的完成是在发明人离开原单位一年之后，也不影响以

---

① 福建省高级人民法院（2011）闽民终字第 601 号民事判决书。

② 最高人民法院（2021）最高法知民终 45 号民事判决书。

③ 北京市高级人民法院（2004）高民终字第 799 号民事判决书。

④ 北京锅炉厂诉潘代明专利权属纠纷上诉案. 中华人民共和国最高人民法院公报，1995（3）.

⑤ 最高人民法院（2009）民申字第 1199 号民事裁定书。

⑥ 天津市高级人民法院（2017）津民终 109 号民事判决书。

“主要利用单位的物质技术条件”来认定其属于职务发明创造。

（二）发明人的“本单位”

只有雇员或职工完成的发明创造，才存在是否属于职务发明创造的问题。我国《专利法》使用了“本单位”一词。我国《专利法实施细则》规定，“本单位”包括临时工作单位。职务发明创造的权属应归于单位的根本原因在于，产生该职务发明创造的创造性劳动的支配权属于单位。由此，判断发明人与单位之间是否存在职务发明创造所要求的劳动关系或者临时工作关系的关键，在于单位对发明人的创造性劳动是否已取得支配权。如果单位与发明人之间的关系，仅仅是一般的合作关系，发明人并未让渡对自己的劳动支配权，则没有理由将该不属于单位支配的劳动所创造出的技术成果，归属于该单位。职工与本单位之间，或者雇员与雇主之间，体现的是一种劳动合同关系或雇佣关系。劳动合同关系或雇佣关系的特点之一是职业上的从属关系，即作为劳动合同一方当事人的劳动者，在订立劳动合同后，成为另一方当事人，即用人单位的一员，用人单位有权指派劳动者完成劳动合同规定的属于劳动者劳动职责范围内的工作任务，劳动者应遵守单位内部的劳动规则和其他规章制度。有些合同的内容与劳动合同有相似之处，但需要注意其与劳动合同的区别。例如，在技术合同或承揽合同中，提供服务的一方往往是就某一特定的工作任务与接受服务的一方订立合同，双方不存在从属关系，接受服务一方也不是提供服务一方的“本单位”。双方在履行合同的过程中产生的发明创造，依据合同以及法律的规定来确定权利归属，而不能依据职务发明创造的认定规则认定。例如，李某、黄某与汉森公司签订协议，进行甘蔗联合收割机项目合作。双方约定：李某、黄某提供技术、设计图纸，汉森公司提供设备、厂房及流动资金。汉森公司按月向李某、黄某支付工资，每年年终时支付销售提成。就甘蔗联合收割机技术，汉森公司申请了多项专利。双方对专利权的归属产生了争议而成讼。法院认为，当事人签订的协议为技术转让合同，合同中关于工资的约定是技术转让合同的报酬条款，因此，不能按《专利法》2008 年第 6 条的规定认定涉案专利权的归属。①

一般情况下，一个职工只属于一个单位，只有一个“本单位”。例外情况下，有的职工存在兼职的情况，或者“双聘”的情况，而且在两个单位所从事的工作又相同或相关。在对该职工完成的发明创造到底属于哪个单位的职务发明进行认定时，就涉及兼职单位能否作为“本单位”的问题。有的兼职人员和兼职单位之间的合同实质上是劳务合同，兼职人员与兼职单位之间不存在从属关系。这时不应当将兼职单位作为“本单位”。但是，如果兼职人员与兼职单位之间确实存在从属关系，也应当将兼职单位作为兼职人员的“本单位”。在这种存在双重单位的情况下，如果职工完成了发明创造，应严格认定该职工“本职工作”的范围。例如，职工与兼职单位的劳动合同约定“根据需要安排”从事产品研发，而兼职单位没有明确安排该兼职人员从事产品研发，则不能认为研究开发工作是其在兼职单位的“本职工作”②。当然，如果职工在两个单位的本职工作有重合，也可以认定两个单位都对该发明创造享有一定的权利，两个单位可以共有该发明创造。

判断某一单位是否为“本单位”，主要看该单位与职工之间是否存在劳动合同关系。在

---

① 广西壮族自治区高级人民法院（2009）桂民三终字第 56 号民事判决书。

② 江苏省高级人民法院（2009）苏民三终字第 0031 号民事判决书。

双方没有书面劳动合同的情况下，如果双方已经建立了事实劳动关系，也可以认定职务发明创造构成。对事实劳动关系的认定应根据劳动者是否实际接受用人单位的管理、指挥或监督，劳动者提供的劳动是否是用人单位业务的组成部分，用人单位是否向劳动者提供基本劳动条件以及向劳动者支付报酬等客观因素予以综合确定。① 虽然没有签订劳动合同，但与某单位存在长期稳定的用工关系，接受该单位的管理，从事该单位安排的有报酬的劳动，且提供的劳动是该单位业务的组成部分的，也可以认定形成事实上的劳动关系。② 当劳动合同上签订的时间与实际建立劳动关系的时间不一致时，应以实际建立劳动关系的时间为准。③ 如果职工与某一单位签订了劳动合同，但被派到另一单位工作，则接收单位可以被视为“本单位”④。

根据《专利法实施细则》第 12 条第 1 款第 3 项的规定，退职、退休或者调动工作后 1 年内，确定职务发明创造的归属时仍可视同为与原单位具有劳动关系。超过 1 年的，则不再属于“执行本单位的任务”的情形。这里指的是因退职、退休或者调动工作离开工作岗位的情形。如果虽然办理了退休手续，但实际上又返聘，并没有离开原有工作岗位的，对在返聘期间作出的发明创造不能适用退休后 1 年的期限规定。即使职工已经办理退休手续超过 1 年，也可以视为双方存在劳动合同关系，从而认定该发明创造为职务发明创造。⑤

实务探讨

先后在不同单位工作，哪个单位是“本单位”

如果职工离开一个单位后又到了另一个单位，所从事的工作与在原来单位的相同或基本上相同，在到新的工作单位后 1 年内完成了发明创造，就会出现前后两个单位都主张该发明创造归属于自己的情形。就原单位而言，如果该职工的发明创造与其在原单位承担的本职工作或者原单位分配的任务有关，或主要利用了原单位的物质技术条件，则原单位可以主张这是归其所有的职务发明创造。就职工的新单位而言，如果发明人是执行新单位的工作任务，或新单位认为发明主要利用了其物质技术条件，也可以主张是归其所有的职务发明创造。单独从原单位或新单位来看，其主张都符合法律规定，但实际上二者的主张不可能同时成立。有的案件中，法院认为，员工离开原单位后 1 年内作出的、与原单位本职工作或者分配任务有关的发明创造，是原单位的职务发明创造，专利申请权、专利权属于原单位；即便该发明创造也与该员工在新单位的本职工作或者分配任务有关，新单位亦不能当然因此对该发明创造享有权利。⑥ 但这样对新单位和职工有不公平的地方。在没有订立竞业禁止协议的情况下，研发人员可以到新的单位从事研发工作，如果将其离职后 1 年内作出的与原单位本职工作或者分配任务有关的发明创造都认定为属于原单位的职务发明

---

① 北京市高级人民法院（2018）京民终 185 号民事判决书。
② 山东省高级人民法院（2017）鲁民终 1425 号民事判决书。
③ 福建省高级人民法院（2011）闽民终字第 601 号民事判决书。
④ 北京知识产权法院（2016）京 73 民初 195 号民事判决书。
⑤ 上海市高级人民法院（2009）沪高民三（知）终字第 99 号民事判决书。
⑥ 最高人民法院（2019）最高法知民终 799 号民事判决书。

创造，则新单位将不敢雇用离职的员工，实质上使职工受竞业禁止的约束。笔者认为，这时也应当考虑新单位的利益，可区分不同情形处理。

该职工完成的发明创造可能会存在以下三种情形：第一种情形是，执行原单位的任务，同时也执行新单位的任务；第二种情形是，执行原单位的任务，主要利用了新单位的物质技术条件；第三种情形是，主要利用了原单位的物质技术条件，执行新单位的任务。[①] 最高人民法院《关于审理技术合同纠纷案件适用法律若干问题的解释》（2020 年修正）就第二种情形作了规定。该司法解释第 5 条规定："个人完成的技术成果，属于执行原所在法人或者非法人组织的工作任务，又主要利用了现所在法人或者非法人组织的物质技术条件的，应当按照该自然人原所在和现所在法人或者非法人组织达成的协议确认权益。不能达成协议的，根据对完成该项技术成果的贡献大小由双方合理分享。"该规定明确了可以由原单位与新单位共有一项发明成果的原则。而对于第一和第三两种情形，法律和司法解释没有明确规定。笔者认为，在这两种情形下，发明创造归属于任何一方都有法律依据，而归属于一方对另一方来说也是不公平的。这时也可以根据具体情况由两个单位共享发明创造。

（三）发明人的"本职工作"

根据《专利法实施细则》的规定，"执行本单位的任务所完成的职务发明创造"的情形之一是"在本职工作中作出的发明创造"。因此，发明人本职工作的范围是判断职务发明创造是否构成的关键。"本职工作"应当是指发明人在本单位所担负的工作职责范围内的任务，其个人所学专业以及本单位的工作性质、业务工作范围、经营范围等，均不应被纳入发明人个人的"本职工作"范畴。[②] 例如，麻醉师的本职工作是利用现有药物及器械在病人手术前为其实施麻醉。其本职工作是以人体为对象，治病救人，故其没有发明医疗器械与生产医疗器械的义务，"多功能喉镜"的研制不是麻醉师的本职工作。[③] 即使职工在研发部门工作，只有明确了工作任务和研发方向时，才能确认就争议专利而言，该职工的工作是否属于"本职工作"。不能推定在研发部门工作的职工的发明创造均属于职务发明创造。[④] 在确定职工的本职工作范围时，应当结合单位岗位体系的设置、各岗位的职责和工作内容，重点考察职工在任职期间实际承担的工作职责。[⑤] 对职务发明创造中的"本职工作"的理解，不能过于广泛，只有在职工负有与创造、改进有关技术等研发工作有关的职务或职责的情况下，该职工所作出的有关发明创造才有可能属于履行其职责、完成其本职工作的内容。[⑥]

---

① 当事人可能会主张第四种情形：原单位主张主要利用了其物质技术条件，新单位也主张主要利用了其物质技术条件。但是，这两种主张是不可能同时成立的。因此，在查明事实后，只可能认定主要利用了一家单位的物质技术条件。因此第四种情形实质上并不存在。

② 云南省高级人民法院（2005）云高民三终字第 56 号民事判决书。

③ 内蒙古自治区高级人民法院关于哈达诉解放军 253 医院职务发明纠纷案的二审判决//最高人民法院中国应用法学研究所编．人民法院案例选：1994 年第 4 辑．北京：人民法院出版社，1994．

④ 浙江省高级人民法院（2010）浙知终字第 105 号民事判决书。

⑤ 最高人民法院（2013）民申字第 1191 号民事裁定书。

⑥ 广东省高级人民法院（2006）粤高法民三终字第 74 号民事判决书。

在确定了发明人的本职工作后，需要看发明创造与发明人的本职工作之间的联系。发明创造与本职工作具有关联性，是认定职务发明构成的条件。对关联性的认定，一般应结合发明人在职时承担本职工作的具体内容和任务要求，考虑相关专利是否与本职工作直接相关或是其合理的延续，包括技术领域、技术方案的相关程度，以及是不是对原有技术方案的合理改进、对技术缺陷的合理完善等因素。[①] 例如，发明人在原单位参与的是用微波方法提取癸二酸，离开原单位后1年内申请的专利是用稀释剂方法提取癸二酸。法院认为，两者属于同一科研课题，目的都是从蓖麻油中提取癸二酸，只是使用不同的方法，可以认定是相关的发明创造。[②]

实务探讨

企业法定代表人做出的发明创造是否一定属于职务发明创造

有些发明创造是企业法定代表人或主要负责人完成的，在其离职后也会发生该发明创造是否属于职务发明创造的问题。对于企业法定代表人或主要负责人，如何界定其“本职工作”是认定职务发明创造是否构成的关键。对此，有观点认为，企业法定代表人作出的发明创造，只要在企业的经营范围内，就属于职务发明创造。最高人民法院在相关案件中否定了这种意见。最高人民法院认为：发明人既为企业的法定代表人，同时也是独立的民事主体，具有双重身份。不能仅以其法定代表人的身份就认定其所有发明创造当然属于职务发明创造。[③]

在司法实践中，对于企业法定代表人作出的发明创造，大多数情形下都认定为职务发明创造。企业法定代表人的工作职责内容一般不包括技术研发工作，但只要法定代表人参与了技术研发工作，就可以认定这属于其本职工作。例如，陈某在天圣公司参与了植物性肠溶空心胶囊的技术研发，法院认定其工作职责和工作内容不仅仅是宏观的领导和管理，还包括参与植物性肠溶空心胶囊的技术研发。[④] 再如，余某承认，其在担任某工具厂厂长期间负责该工具厂包括技术研发、生产、销售在内的全面工作。对此，法院认为，余某作为工具厂的厂长，除了行政管理，技术研发主营产品也是其本职工作的内容。[⑤] 又如，某公司章程规定，总经理系该公司日常生产经营活动的领导者和管理者，且该公司不严格地区分技术人员和管理人员，没有专门的研发投入，故该公司总经理的工作职责与工作内容不仅仅是宏观上的领导与管理，还包括具体的技术工作。[⑥]

当然，在有的案件中，法院认定企业法定代表人的工作不包括技术研发。例如，桂某作为贵州省兴义公路管理局主持工作的副局长，其职责范围应当是领导和管理全局工作、组织实施上级主管部门下达的年度主要目标任务，废旧沥青改性剂的研究和发明显然不是

---

① 山东省高级人民法院（2017）鲁民终1425号民事判决书。
② 天津市高级人民法院（2011）津高民三终字第26号民事判决书。
③ 最高人民法院（2015）民申字第1149号民事裁定书。
④ 重庆市高级人民法院（2018）渝民终424号民事判决书。
⑤ 最高人民法院（2005）民三监字第44-1号民事裁定书。
⑥ 最高人民法院（2014）民提字第90号民事判决书。

桂某作为副局长的本职工作。①

企业法定代表人虽然对企业全面负责，但有时也受雇于他人从事组织管理工作，也有其本职工作的范围，因此，不能把企业的业务范围作为法定代表人的本职工作范围。当然，对法定代表人本职工作范围的界定，也不能按一般职工的标准。企业法定代表人工作职责或聘用合同中，一般不会写明技术开发的内容，但法定代表人全面负责企业的各项工作，并享受比普通职工更高的待遇，故对其本职工作的范围应进行宽泛的界定。只要法定代表人了解技术研发工作的需求和内容，一般就应认定技术研发工作属于其本职工作。

典型案例

如何判断在本职工作中作出的职务发明

特灵空调系统（中国）有限公司上海研发分公司（以下简称特灵上海研发公司）是特灵空调系统（中国）有限公司（以下简称特灵公司）下属的系非独立法人的分公司。特灵上海研发公司的经营范围包括：研究、开发、设计采暖、通风、空调、冷藏及空调控制产品和相关零部件；提供测试、调试、工程、培训、咨询和相关技术服务。

2007 年 8 月，特灵上海研发公司聘任被告人王某刚为亚洲单元机产品项目经理。2011 年 11 月王某刚离职。王某刚的“2009 年绩效管理流程（PMP）”显示，2009 年期间被告人王某刚的主要工作包括：完成冰蓄冷的商业化，通过 VWV 成本降低的 T 级审核，通过 HARS（Illusion 产品增加热水功能）的 T2 审核，通过 Mini-VRF 的 T3 审核等。被告人王某刚“2010 年绩效管理流程（PMP）”显示，2010 年期间被告人王某刚的主要工作包括：完成 VWFGate4，开发 HWWD_R410a、VWF1.1 系统，完成 Koolmanplus 样机、Hussmann-R 概念设计等。2011 年 10 月，特灵公司发布的 Aqua3 水源空调热泵热水机组宣传资料显示，H 指空调热泵热水机组，WW 代表水源冷水机，D 指双系统。

2009 年 5 月 27 日，王某刚向国家知产局提出名称为“一种蓄热空调热泵热水器系统”发明专利申请（申请号为：200910052158.2）。特灵公司向法院起诉，主张该专利为职务发明。一、二审法院均支持了特灵公司的诉讼请求。②

王某刚向最高人民法院申请再审后，最高人民法院驳回了其再审申请。③ 最高人民法院认为：(1) 关于王某刚任职特灵公司期间的本职工作。本案确定王某刚的本职工作，应当结合特灵公司岗位体系的设置、各岗位的职责和工作内容，重点考察王某刚任职期间实际承担的工作职责。王某刚为亚洲单元机产品项目经理，亚洲单元机是指为亚洲地区制造具有加热、制湿、通风等功能的制冷系统。结合王某刚实际工作的证据，其本职工作至少包括空调领域“集制冷、制热、生活热水三位一体功能的集成系统”的研发工作、“蓄热系统的开发工作”以及“热水和冰蓄冷项目”。(2) 关于王某刚任职特灵公司期间的本职工作与涉案专利申请技术方案的关联性。涉案专利申请技术方案与王某刚的本职工作，均

---

① 贵州省高级人民法院（2007）黔高民二终字第 61 号民事判决书。

② 上海市第二中级人民法院（2012）沪二中民五（知）初字第 73 号民事判决书，上海市高级人民法院（2012）沪高民三（知）终字第 121 号民事判决书。

③ 最高人民法院（2013）民申字第 1190 号民事裁定书。

属于空调领域。一方面，涉案专利申请技术方案区别于现有技术之处在于提供一种具有蓄热功能的空调热泵热水器系统，可以在提供热水的同时，提供蓄热功能；另一方面，王某刚2008年、2009年的本职工作包括空调领域“集制冷、制热、生活热水三位一体功能的集成系统”的研发工作、“蓄热系统的开发工作”以及“热水和冰蓄冷项目”。因此，可以认定，涉案专利申请技术方案为王某刚任职特灵公司期间在本职工作中完成的发明创造。

在涉及“本职工作”的职务发明纠纷中，首先要确定“本职工作”的具体内容。有的发明人的本职工作不包括技术开发，这时可以很容易地认定不属于职务发明。而有的发明人的本职工作就是技术开发，这时就需要进一步分析发明人“本职工作”的具体内容，不能仅仅以发明人从事技术开发工作为由，就认定所有技术开发工作都是其本职工作的范围。在发明人的岗位职责或劳动合同中，其工作职责范围的内容往往比较概括，这时就要根据发明人在工作期间所从事的工作来界定其“本职工作”的范围。本案中，法院主要根据王某刚在特灵公司工作期间所从事的工作，界定了其本职工作的范围。其次，要认定本职工作与争议的发明创造之间的关联性。关联性的认定标准不能过于宽泛，如果因同属于一个大的技术领域就认定存在关联性，则本职工作的范围过大。例如，本案中王某刚的本职工作与涉案专利都属于空调领域，但法院并没有据此认定二者具有关联性。同时，认定关联性时也不能只关注技术方案本身。如果将技术方案本身作为对比对象，则会使本职工作的范围过窄。本案中专利技术方案是具有蓄热和热水功能的中央空调系统，而王某刚的本职工作中并没有开发“具有蓄热和热水功能的中央空调系统”这一具体任务，但包括更上位的领域，即空调领域“集制冷、制热、生活热水三位一体功能的集成系统”的研发工作、“蓄热系统的开发工作”以及“热水和冰蓄冷项目”。因此最高人民法院认定二者具有关联性。这种方法，为判断在本职工作中作出的职务发明提供了比较具体的标准。

（四）本单位交付的工作任务

根据《专利法实施细则》的规定，“执行本单位的任务所完成的职务发明创造”的另一种情形是“履行本单位交付的本职工作之外的任务所作出的发明创造”。本单位交付的工作任务，其实在性质上与本职工作是一样的。本职工作是长期的、宽泛的工作；而本单位交付的工作任务，一般是短期的、具体的工作。本单位交付的工作任务属于“本单位任务”的范畴。“本职工作之外的任务”应当也仅指研究、设计和开发任务，即仅指进行发明创造或者包含发明创造的任务。[①] 在认定本单位交付的工作任务时，应当由主张该任务存在的一方（单位）承担举证责任。单位需要证明该工作是被本单位纳入计划的工作，有具体的完成手段和保证，如人员组成、研发时间、设备或者材料、经费、研制场所等具体措施。一般号召、要求，不能作为本单位交付的工作任务。领导只是表示赞同或者同意，也不能作为本单位交付的任务。[②] 因此，相对于“本职工作”而言，单位应承担更多的举证责任。实践中，认定属于“本单位交付的本职工作之外的任务”的情形较少。例如，单位只提供“科技成果奖励表”，未提交其他诸如科研项目申报文件、立项文件、资助文件

---

① 湖北省高级人民法院（2016）鄂民再12号民事判决书。

② 程永顺．中国专利诉讼．北京：知识产权出版社，2005：134.

或验收文件之类的证据直接证明其向发明人交付了进行相关发明的任务，也未提交任何诸如任务计划书或者会议记录之类的文件对其前述申报表中的任务来源进行佐证的，法院有权认定“本单位交付的本职工作之外的任务”的主张不成立。① 如果单位提供了“交付工作任务”的相关证据，也可以认定存在“本单位交付的本职工作之外的任务”。例如，职工向单位提出发明构思，继而根据单位关于专利流程等方面的安排完成后续工作，职工参与到相关发明创造的形成和相应的专利申请过程中，则法院可以将其认定为“本单位交付的本职工作之外的任务”②。单位为解决特定技术问题在单位内部公开征集技术方案的，属于单位向不特定员工交付自愿完成的特定工作任务；员工依照技术方案的征集要求研究并提供技术方案的，属于自愿完成单位交付的特定工作任务。③

执行本单位的任务或者主要是利用本单位的物质技术条件完成的发明创造为职务发明创造。发明人是在工作时间完成还是在业余时间完成，并不是判断有关发明创造是否属于职务发明创造的考量因素。④

（五）主要利用本单位的物质技术条件

我国《专利法》第 6 条规定的职务发明创造的另一种情形是“主要是利用本单位的物质技术条件所完成的”。“物质技术条件”包括物质条件和技术条件。根据我国《专利法实施细则》的规定，《专利法》第 6 条所称本单位的物质技术条件，是指本单位的资金、设备、零部件、原材料或者不对外公开的技术资料等。有的法院在判决中认为，电脑和绘图软件是普通的办公用品，对涉案专利的设计并不具有不可替代性，不属于法律意义上的“物质技术条件”⑤。但从《专利法实施细则》的规定看，对这里的物质技术条件不要求具有“不可替代性”，否则“资金”就不能被列为物质技术条件。另外，物质技术条件应当是具体的，而不是抽象的或推断的。职工在完成发明创造过程中，不可避免地会使用到其所在单位获得的经验和知识等，这不属于利用“物质技术条件”。

虽然单位职工在发明创造过程中常常会利用单位的物质技术条件，但并不能把所有利用本单位的物质技术条件的发明创造都归属于单位。因此，我国《专利法》规定了“主要是利用本单位的物质技术条件”的发明创造属于职务发明创造。一般情况下，“主要是利用”说明物质技术条件是发明创造的必要条件。如果没有该物质技术条件，发明创造就不可能完成。参照最高人民法院《关于审理技术合同纠纷案件适用法律若干问题的解释》（2020 年修正）第 4 条的规定，“主要是利用”应主要指以下两种情形：其一，职工在发明创造的研究开发过程中，全部或者大部分利用了单位的资金、设备、器材或者原材料等物质条件，并且这些物质条件对形成该发明创造具有实质性的影响；其二，职工作出的发明创造其实质性内容是在单位尚未公开的技术成果、阶段性技术成果基础上完成的。但关于利用单位提供的物质技术条件，已约定返还资金或者交纳使用费的，以及仅仅在发明创造完成后利用单位的物质技术条件对技术方案进行验证、测试的，不属于前述的“主要是利

---

① 湖北省高级人民法院（2016）鄂民再 12 号民事判决书。

② 北京知识产权法院（2016）京 73 民初 195 号民事判决书。

③ 最高人民法院（2020）最高法知民终 920 号民事判决书。

④ 上海市高级人民法院（2016）沪民终 260 号民事判决书。

⑤ 四川省成都市中级人民法院（2015）成知民初字第 719 号民事判决书。

用单位的物质技术条件”的情形。由于单位对其资金、设备、器材、原材料以及尚未公开的技术成果都有完全的控制权，一般均采取管理措施，并有相应组织机构予以实施，因此，单位主张发明人主要利用其物质技术条件完成发明创造的，应对“主要利用”的情形负举证责任。[①] 例如，虽然发明人自认在涉案发明研发的过程中利用了单位的试验台，但单位未举证证明该试验台的利用对于涉案发明的完成具有实质性的影响，因此，法院能够认为该情形不构成主要利用本单位的物质技术条件完成发明创造。[②]

“主要是利用本单位的物质技术条件”是与“执行本单位的任务”相并列的一种情形，故即使不属于“执行本单位任务”，但“主要是利用本单位的物质技术条件”完成的，也属于职务发明。这就是判断职务发明的“资源标准”。实践中，关于职务发明的争议，多数情况下涉及执行本单位的任务。没有执行本单位的任务，仅仅主要利用本单位物质技术条件而被认定属于职务发明的情形非常罕见。

(六) 约定优先

根据《专利法》第 6 条第 3 款的规定，关于利用本单位的物质技术条件所完成的发明创造，单位与发明人订有合同，对申请专利的权利和专利权的归属作出约定的，从其约定。这一规定，从充分理解和尊重当事人的民事权利的立场出发，确定当事人对专利申请权、专利权的自由处分权，只要当事人事先的约定不违反法律的规定，不妨碍社会公共利益和国家利益，单位和发明人的合同和约定，就会受到专利法的保护。

双方在合同中可以约定申请专利的权利和专利权归单位，或归个人，或双方共有。在双方有合同约定的情况下，不用再考虑职工在完成发明创造时是否“主要利用”了单位的物质技术条件。不管职工利用本单位的物质技术条件的多少，都应当按照合同的约定确定权利的归属。例如，李某与养鸡协会签订的“聘用合同”约定，李某在养鸡协会工作期间，通过试验、示范和推广获得的与有机肥生产相关的技术知识产权，属于双方共同所有，而争议的专利属于李某在养鸡协会工作期间通过试验、示范和推广获得的，因此，法院认定争议的专利权归李某与养鸡协会共有。[③] 即使协议不是职工与所在单位签订的，也有可能成为确定职务发明归属的依据。例如，铭洋公司与邹某签署合作协议，约定：铭洋公司以资金入股，邹某以技术入股，双方注册成立一家公司，即聚波公司；双方利用聚波公司提供的物质技术条件开发出的产品的知识产权归聚波公司所有。针对邹某在聚波公司完成的发明创造，法院认为，根据该约定，涉案专利作为邹某利用聚波公司提供的物质技术条件完成的发明创造，应归属于聚波公司。[④]

实务探讨

对于未利用单位的物质技术条件的发明创造，是否可以约定归属

我国《专利法》第 6 条第 3 款的规定，只涉及“利用本单位的物质技术条件”的发明

---

①② 湖北省高级人民法院（2016）鄂民再 12 号民事判决书。

③ 江苏省高级人民法院（2014）苏知民终字第 0031 号民事判决书。

④ 最高人民法院（2015）民申字第 1204 号民事裁定书。

创造。实践中，除此之外，单位和职工还有可能针对未利用本单位的物质技术条件的发明创造作出归属的约定。这又分为两种情形：一种情形是把在本职工作中或履行本单位交付的本职工作之外的任务所作出的发明创造，约定归职工个人所有或双方共有；另一种情形是把既不是在本职工作中又不是履行本单位交付的本职工作之外的任务所作出的发明创造，约定归单位所有。

对于第一种情形，法院在判决中有不同的认定。在钱某与上海昂丰矿机科技有限公司专利权权属纠纷案中，法院认为：《专利法》（2008 年）第 6 条对于专利权权属纠纷的处理进行了明确的规定，法院在审判该类案件时理应适用该条的规定。因此，在职务发明中，可以对专利申请权和专利权的归属进行约定的情形并不包括执行本单位的任务所完成的发明创造。[①] 但在江苏长顺高分子材料研究院有限公司与杨某威专利权权属纠纷案中，法院作出了不同的认定。法院认为，《专利法》（2008 年）第 6 条第 3 款虽仅规定对于利用本单位的物质技术条件所完成的发明创造，当事人可以对申请专利的权利和专利权的归属作出约定，但专利权系一种民事权利，其权利归属仍应遵从约定优先的原则。[②] 而在姚某礼与深圳市康福斯保健用品有限公司（以下简称康福斯公司）专利权权属纠纷案中，最高人民法院支持了这种观点。康福斯公司提出对执行本单位任务完成的职务发明不得通过约定确定权属，否则属于无效事由。最高人民法院指出："因专利法第六条对此并未作禁止性规定，故康福斯公司提出'专利实施许可协议'是违反法律的情况下约定的，应属无效协议的主张，本院不予支持。"[③]

对于第二种情形，根据最高人民法院《关于审理技术合同纠纷案件适用法律若干问题的解释》（2020 年修正）第 2 条第 2 款的规定[④]，不管职工是否执行本单位的任务或利用本单位的物质技术条件，只要其与单位作出了成果归属的约定，就按约定确定归属。

对于上述两种情形下是否允许单位与职工对发明创造的归属作出约定的问题，应具体分析。

对于第一种情形下不允许自由约定的理由，《专利法》修改草案的起草人解释道："如果对这种类型的发明创造的权利归属也允许约定，则不仅有可能扰乱单位内部的管理秩序，影响单位组织创新的积极性，还有可能导致国有资产的流失。"[⑤] 这虽然是《专利法》没有规定执行本单位的任务完成的发明创造也可以通过订立合同约定其权利归属的理由，但《专利法》并没有排除单位与职工作出这种约定。这种约定，如果是自愿的，也不会损害单位的利益。并且，有的情况下，单位与职工作出这种约定有其合理性。例如，某单位想聘请一位技术骨干，该技术骨干提出在职期间完成的发明创造归自己所有，该单位也愿意接受这一条件时，如果将《专利法》第 6 条第 1 款的规定理解为强制

---

① 上海市第二中级人民法院（2013）沪二中民五（知）初字第 106 号民事判决书，上海市高级人民法院（2013）沪高民三（知）终字第 129 号民事判决书。

② 江苏省高级人民法院（2015）苏知民终字第 00139 号民事判决书。

③ 最高人民法院（2009）民申字第 311 号民事裁定书。

④ 该款的规定为："法人或者其他组织与其职工就职工在职期间或者离职以后所完成的技术成果的权益有约定的，人民法院应当依约定确认。"

⑤ 尹新天. 中国专利法详解. 缩编版. 北京：知识产权出版社，2012：59.

性规定，则会妨碍单位与职工签订合同的自主性。

从合同自由的角度讲，《专利法》第6条没有禁止通过签订合同约定非利用本单位的物质技术条件完成的发明创造的归属。当然，如果单位与职工签订的合同有无效或可撤销的理由，在认定合同无效或撤销合同后，合同本就不具有约束力。

对于前面所说的第二种情形，本来不属于职务发明，但通过合同约定为归单位所有的，往往会损害职工的利益。对此，日本规定此类约定无效。[①] 我国虽没有类似的规定，但可以通过法律规定的合同效力要件，将符合无效条件或可撤销条件的损害职工利益的约定认定为无效或可撤销。

典型案例

如何认定与本职工作或者原单位分配的任务“有关的发明创造”

根据我国《专利法实施细则》第12条第1款第3项规定，员工在离职一年之内作出的，与其在原单位承担的本职工作或者原单位分配的任务“有关的发明创造”，仍属于原单位的职务发明创造。如何认定与其在原单位承担的本职工作或者原单位分配的任务“有关的发明创造”，最高人民法院在深圳市科技有限公司（以下简称卫邦公司）诉李某毅等专利权权属纠纷案[②]中进行了阐释。

卫邦公司是一家专业从事医院静脉配液系列机器人产品及配液中心相关配套设备的研发、制造、销售及售后服务的高科技公司。2010年2月至2016年7月期间，卫邦公司申请的多项专利均涉及自动配药设备和配药装置。李某毅于2012年9月24日入职卫邦公司生产、制造部门，并与卫邦公司签订“深圳市劳动合同”“员工保密合同”，约定由李某毅担任该公司生产制造部门总监，负责研发“输液配药机器人”相关产品。

李某毅与卫邦公司于2013年4月17日解除劳动关系。李某毅于2013年7月12日向国家知识产权局申请名称为“静脉用药自动配制设备和摆动型转盘式配药装置”发明专利（以下简称涉案专利）。李某毅为涉案专利唯一的发明人。涉案专利技术方案的主要内容是采用机器人完成静脉注射用药配制过程的配药装置。李某毅在入职卫邦公司前，并无从事与医疗器械、设备相关的行业从业经验或学历证明。

卫邦公司向一审法院提起诉讼，请求确认涉案专利的发明专利权归卫邦公司所有。一审法院广东省深圳市中级人民法院和二审法院广东省高级人民法院均支持了卫邦公司的诉讼请求。李某毅向最高人民法院申请再审。

最高人民法院认为：在涉及与离职员工有关的职务发明创造的认定时，既要维护原单位对确属职务发明创造的科学技术成果享有的合法权利，鼓励和支持创新驱动发展，同时也不宜将《专利法实施细则》第12条第1款第3项规定的“有关的发明创造”作过于宽泛的解释，导致在没有法律明确规定或者竞业限制协议等合同约定的情况下，不适当地限制研发人员的正常流动，或者限制研发人员在新的单位合法参与或开展新的技术研发活

---

① 日本《专利法》第35条第2款规定：“对于从业人员等作出的发明，除其发明为职务发明外，预先规定雇主等受让专利申请权或专利权，规定为雇主等设立独占实施权的合同、工作规章及其他规定无效。”

② 最高人民法院（2019）最高法民申6342号民事裁定书。

动。因此，在判断涉案发明创造是否属于《专利法实施细则》第12条第1款第3项规定的“有关的发明创造”时，应注重维护原单位、离职员工以及离职员工新任职单位之间的利益平衡，综合考虑以下因素：一是离职员工在原单位承担的本职工作或原单位分配的任务的具体内容，包括工作职责、权限，能够接触、控制、获取的与涉案专利有关的技术信息等。二是涉案专利的具体情况，包括其技术领域，解决的技术问题，发明目的和技术效果，权利要求限定的保护范围，涉案专利相对于现有技术的“实质性特点”等，以及涉案专利与本职工作或原单位分配任务的相互关系。三是原单位是否开展了与涉案专利有关的技术研发活动，或者是否对有关技术具有合法的来源。四是涉案专利（申请）的权利人、发明人能否对于涉案专利的研发过程或者技术来源作出合理解释，相关因素包括涉案专利技术方案的复杂程度，需要的研发投入，以及权利人、发明人是否具有相应的知识、经验、技能或物质技术条件，是否有证据证明其开展了有关研发活动等。

最高人民法院根据一、二审法院查明的有关事实以及再审申请人提交的有关证据，围绕前述四个方面的因素进行了详细的分析，最后认定一、二审法院认定涉案专利属于李某毅在卫邦公司工作期间的职务发明创造并无不当，裁定驳回李某毅的再审申请。

我国《专利法实施细则》规定，员工在离职一年之内作出的发明创造，仍可能属于原单位的职务发明创造，其条件是该发明创造是与在原单位承担的本职工作或者原单位分配的任务有关的发明创造。从用语看，对离职后作出的发明创造，认定职务发明的标准是“与其在原单位承担的本职工作或者原单位分配的任务有关的发明创造”，而对在职期间作出的发明创造，认定职务发明的标准是“本职工作中作出的发明创造”或“履行本单位交付的本职工作之外的任务所作出的发明创造”。相比而言，认定在职期间作出的发明创造是否属于职务发明创造更容易些。而认定离职后一年内作出的发明创造是否属于职务发明创造，还要考虑“有关的发明创造”中的“有关”如何把握的问题。如果把标准解释得过于严格，只有继续从事在职期间未完成的工作职责或分配的任务完成的发明创造才属于职务发明创造，则不利于维护原单位对确属职务发明创造的科学技术成果享有的合法权利，不利于鼓励和支持创新驱动发展；如果把标准解释得过于宽松，则前员工在原单位技术领域内的发明创造都可能有被认定为职务发明创造，这意味着在离职一年内员工只能转行做其他工作，才能避免所作出的发明创造被认定归前单位所有。这会不适当地限制研发人员的正常流动，或者限制研发人员在新的单位合法参与或开展新的技术研发活动。在本案中，最高人民法院提出了在认定离职后员工的职务发明创造时，“维护原单位、离职员工以及离职员工新任职单位之间的利益平衡”的原则，并提出了需要综合考虑的4个因素，明确了认定离职后员工职务发明的标准。

第三节　因合同完成的发明创造的归属

除了单位与职工之间的关系，在专利权属争议中涉及的另一个法律关系是两个平等的法律主体之间的合同关系。两个主体在履行合同的过程中，有可能产生发明创造。这时涉及发明创造归属于哪一方的问题，即因合同完成的发明创造的归属问题。

法条链接

《专利法》

第八条 两个以上单位或者个人合作完成的发明创造、一个单位或者个人接受其他单位或者个人委托所完成的发明创造，除另有协议的以外，申请专利的权利属于完成或者共同完成的单位或者个人；申请被批准后，申请的单位或者个人为专利权人。

《民法典》

第八百五十九条 委托开发完成的发明创造，除法律另有规定或者当事人另有约定外，申请专利的权利属于研究开发人。研究开发人取得专利权的，委托人可以依法实施该专利。

研究开发人转让专利申请权的，委托人享有以同等条件优先受让的权利。

第八百六十条 合作开发完成的发明创造，申请专利的权利属于合作开发的当事人共有；当事人一方转让其共有的专利申请权的，其他各方享有以同等条件优先受让的权利。但是，当事人另有约定的除外。

合作开发的当事人一方声明放弃其共有的专利申请权的，除当事人另有约定外，可以由另一方单独申请或者由其他各方共同申请。申请人取得专利权的，放弃专利申请权的一方可以免费实施该专利。

合作开发的当事人一方不同意申请专利的，另一方或者其他各方不得申请专利。

第八百七十五条 当事人可以按照互利的原则，在合同中约定实施专利、使用技术秘密后续改进的技术成果的分享办法；没有约定或者约定不明确，依据本法第五百一十条的规定仍不能确定的，一方后续改进的技术成果，其他各方无权分享。

第八百八十五条 技术咨询合同、技术服务合同履行过程中，受托人利用委托人提供的技术资料和工作条件完成的新的技术成果，属于受托人。委托人利用受托人的工作成果完成的新的技术成果，属于委托人。当事人另有约定的，按照其约定。

一、技术合同中完成的发明创造的归属

履行技术合同的过程中，有可能产生新的发明创造。特别是技术开发合同，其订立的目的就是开发新的技术，在正常情况下都会产生发明创造。除了技术开发合同，在技术转让合同、技术咨询合同和技术服务合同履行过程中，也都有可能产生新的发明创造。对于技术开发合同中产生的发明创造的归属，我国《专利法》第 8 条作了原则性规定。根据这一规定，不管是合作开发合同还是委托开发合同，有约定时依约定，无约定时发明创造归完成人。

对于委托开发合同，《民法典》第 859 条还规定，研究开发人取得专利权的，委托人可以依法实施该专利。根据《专利法》和《民法典》的上述规定，对于委托开发合同中发明创造的归属，当事人可以自由约定，可以约定归任何一方，也可以约定归双方共有；如果没有约定，则申请专利的权利归研究开发人，委托人可以实施。另外，根据《中华人民

共和国科学技术进步法》（以下简称《科学技术进步法》）第 20 条第 1 款的规定，利用财政性资金设立的科学技术基金项目或者科学技术计划项目所形成的发明专利权，除涉及国家安全、国家利益和重大社会公共利益的外，授权项目承担者依法取得专利申请权。基于财政性资金设立的科学技术基金项目或者科学技术计划项目所签订的合同，虽然也属于委托开发合同，但其所形成的发明的权利一般归项目承担单位，即受托人。

对于合作开发合同，《民法典》第 860 条除了对权利归属作了规定，还对如何申请专利以及申请专利后的权利行使作了规定。对于合作开发完成的发明创造，当事人可以约定申请专利的权利归任何一方，也可以约定归双方共有；如果没有约定，申请专利的权利属于合作开发的当事人共有。这时合作开发的当事人，指实际从事了开发工作的当事人。如果只是在合同中约定作为从事开发工作的当事人，但并未实际参与开发工作，则该当事人不能对他人的发明创造享有权利。

技术转让合同、技术咨询合同和技术服务合同不以开发新技术为目的，技术开发不是该三类合同履行中的主要活动，但也有可能产生新技术。一般情况下，这三类合同中的新技术都是合同一方完成的，而新技术完成过程中有可能涉及使用对方的技术或其他条件。根据《民法典》第 875 条和第 885 条的规定，当事人可以对成果的归属作约定，在没有约定的情况下，成果归完成人，但是，如果双方约定一方将其自行改进的技术无偿提供给对方、非互惠性转让给对方、无偿独占或者共享该改进技术的知识产权，该约定有可能因“非法垄断技术、妨碍技术进步”而被认定无效。①

典型案例

技术开发合同中完成的发明创造归完成人

2001 年 1 月 19 日西安恒泰本草科技有限公司（以下简称恒泰公司）与王某禄就开发异黄酮治疗骨质疏松一类新药产品签订了一份协议，该协议约定王某禄负责开发工作，恒泰公司保证王某禄完成项目所需费用，项目完成，并经国家药品监督管理局新药审评中心评审通过临床前研究，允许临床准入并经临床试验后，恒泰公司应付王某禄技术劳务费 200 万元。该协议未对技术成果归属作出约定。

合同履行期间，王某禄将研究完成的染料木素原始资料、修补的原始记录研究资料交给恒泰公司指定的监督人。2002 年 6 月 28 日恒泰公司将染料木素的制备工艺及药物组合物与应用向国家知识产权局申请专利。王某禄向法院提起诉讼，要求法院判令涉案专利归自己所有。

西安市中级人民法院和陕西省高级人民法院审理后均认定涉案专利的专利权人为王某禄。② 其主要理由是：恒泰公司与王某禄签订的“合同协议书”属技术开发合同。合同签订后，王某禄按照合同的约定，完成了合同约定的研发义务。本案争议的发明专利“染料木素制备工艺”应为恒泰公司与王某禄技术开发合同项下的内容。依据《合同法》第 339

---

① 最高人民法院《关于审理技术合同纠纷案件适用法律若干问题的解释》（2020 年修正）第 10 条。

② 陕西省西安市中级人民法院（2007）西民四初字第 183 号民事判决书，陕西省高级人民法院（2008）陕民三终字第 5 号民事判决书。

条之规定，该专利权归王某禄所有。

此案是一起典型的因没有约定权利归属而导致的专利权权属纠纷案件。在很多情况下，技术开发合同的委托人会想当然地认为自己出钱委托他人从事开发工作，开发后的成果交付给自己，自己就是权利人。特别是在受托人为自然人的情况下，委托人可能会认为其付给受托人的报酬比一般职工的工资都高，受托人完成的发明创造自然应该归委托人所有。但是，依据《专利法》第8条和《民法典》第859条（《合同法》第339条）的规定，技术开发合同中完成的发明创造的归属，与《专利法》第6条规定的职务发明的归属有明显区别。在履行劳动合同的情况下，发明人是单位的职工，职工完成本单位交付的任务完成的发明创造，是职务发明，应归属于单位；而在履行技术开发合同的情况下，虽然发明人也是要完成对方的任务，并且在很多情况下也是要使用对方的资金，但发明人须自己承担风险，且不在对方的监督管理下完成，因此，其研究成果在没有约定的情况下归属于完成人。技术开发合同的委托人一定要了解技术开发合同成果归属的约定，以免因约定不明导致专利权属争议。

二、其他合同中产生的发明创造的归属

对于其他合同中产生的发明创造，虽然《专利法》没有规定，但依据合同自由的原则，也允许当事人通过合同约定权利的归属。双方的约定只要符合法律规定，就可以成为确定合同中产生的发明创造的归属的依据。例如，自然人股东签订“联建联营协议书”，对公司成立后自然人在公司任职期间完成的发明创造的归属作出约定，法院认定该约定有效。①

在合同没有约定的情况下，则遵循发明创造归完成人的原则：先确定发明创造的完成人，在此基础上确定权利的归属。例如，在浙江惟思特科技有限公司与广州市敏嘉制造技术有限公司专利权权属纠纷案中，双方签订了加工承揽合同，但对承揽方完成的发明创造的归属产生了争议。法院认为：合同约定了涉案机械设备的技术参数等具体标准，是符合承揽合同特点的做法，并不能据此推断定作方提供了相关技术。定作方亦未提交其他证据证明其对涉案实用新型专利有实质性特点的技术方案作出过创造性贡献。因此，法院认定涉案实用新型专利归承揽方所有。②

【思考题】

1. 职务发明的判断标准和方法是什么?
2. 如何确定履行技术开发合同产生的发明创造的归属?
3. 如何理解专利申请权和申请专利的权利?

【推荐阅读文献】

1. 张宗任. 职务发明的权利归属和报酬问题研究. 知识产权，2014（10).

---

① 贵州省高级人民法院（2005）黔高民二终字第27号民事判决书。
② 广东省高级人民法院（2013）粤高法民三终字第571号民事判决书。

2. 李扬，向娟娟. 冒认专利申请处理研究. 知识产权，2011 (5).

3. 闫文军. 专利法学说与案例研究（一）. 北京：知识产权出版社，2015.

4. 和育东. 美、德职务发明制度中的“厚雇主主义”趋势及其借鉴. 知识产权，2015 (11).

第四章　发明人、设计人

对发明创造的实质性特点作出创造性贡献的人是发明创造的发明人或设计人。发明人、设计人享有标明身份的权利，同时也享有相关的经济权利。在非职务发明创造的情况下，发明人、设计人取得就发明创造申请专利的权利，或者依据合同主张报酬的权利；在职务发明创造的情况下，虽然发明人、设计人不是专利权人，但享有向取得专利权的单位主张奖励、报酬的权利。

第一节　发明人、设计人的含义和意义

在专利证书和其他专利文件上记载的其中一项内容是发明人或设计人。发明和实用新型专利文件上记载为发明人，外观设计专利文件上记载为设计人，一般统称为发明人、设计人。发明人、设计人是完成发明创造的自然人。虽然确定发明人、设计人不像确定专利权人那样直接决定专利权的归属，但对于发明创造的完成人来说，正确确定发明人、设计人具有重要意义。

一、发明人、设计人的含义

我国采用了职务发明创造直接归雇主的做法。在我国，申请专利时，并不需要由发明人或设计人提出申请，而是可以由雇主或者合同对方直接提出。不管谁作为专利申请人，发明和实用新型专利请求书中都应写明发明人的姓名①；外观设计专利申请的请求书中都应当写明设计人的姓名。② 在专利授权后，申请书中写明的发明人或设计人成为专利证书和其他专利文件中的发明人或设计人。

完成发明创造的人为发明人或设计人。根据我国《专利法实施细则》第 13 条的规定，专利法所称发明人或者设计人，是指对发明创造的实质性特点作出创造性贡献的人。

发明人、设计人与专利权人有密切联系。专利权人往往就是发明人、设计人或其所在

① 《专利法》第 26 条第 2 款。

② 《专利法实施细则》第 16 条。

单位，或从发明人、设计人或其所在单位处受让或依据合同取得相关权利的主体。但发明人、设计人与专利权人也有明显的区别。专利权人可以是自然人，也可以是法人、非法人组织，而发明人、设计人只能是自然人；专利权人可以依据协议确定，而发明人、设计人只能依据对发明创造的创造性贡献确定，而不是依据协议约定，也与专利权人或专利申请权人是否认可没有关系。

二、发明人、设计人的意义

虽然确定发明人、设计人不像确定专利权人那样直接决定专利权的归属，但发明人、设计人仍具有重要意义。

（一）发明人、设计人有标明身份的权利

我国《专利法》第 16 条第 1 款规定，“发明人或者设计人有权在专利文件中写明自己是发明人或者设计人。”因此，即使在职务发明创造的情形下，或约定开发成果归对方的情形下，发明人、设计人不是专利权人，但发明人、设计人仍是可以在有关文件中写明自己是发明人或者设计人。这是发明人、设计人的一项精神权利。即使发明人、设计人承诺不再对争议成果所引起的纠纷申诉、控告、上访，因并未明确放弃专利发明人、设计人署名权这一人身权利，其仍可以主张发明人署名权。①

当发明人、设计人的署名权受到侵犯时，其可以向法院提起发明人、设计人署名权纠纷诉讼。即使发明人或设计人已经去世，其继承人仍可以提起诉讼。②

一般情况下，发明人、设计人标明身份只是一种名誉或荣誉，但在有的情况下，发明人、设计人身份也能带来经济利益。例如，国家技术发明奖授予运用科学技术知识做出产品、工艺、材料、器件及其系统等重大技术发明的个人。③ 有的地方政府设立奖励制度，奖励在发明创造活动中作出突出贡献的发明专利、实用新型专利发明人或者外观设计专利设计人。

（二）职务发明创造的发明人、设计人可以获得奖励报酬

在职务发明创造的情形下，虽然发明人、设计人不能获得专利权，但可以根据《专利法》第 15 条的规定要求获得专利权的单位支付奖励和报酬。

（三）发明人、设计人的确定有时会决定专利权的归属

每个专利都有发明人或设计人，发明人或设计人关系到专利权的归属。发明创造是发明人、设计人创造性的智力成果，只有对发明创造的实质性特点作出创造性贡献的人才能成为发明人或设计人，因此确定谁是发明人或设计人是确定专利申请权人和专利权人资格的基础，也是判定专利申请权或专利权归属的基础。④ 在有的专利权属争议中，只有先确定发明人、设计人，才能确定专利申请权或专利权的归属。例如，在合作开发合同中，如果双方对完成的成果的归属没有约定，成果应归属于完成人或共同完成人。如果成果是一方完成的，则归属于完成的一方；如果成果是双方共同完成的，则成果归双方共有。再

---

① 陕西省高级人民法院（2016）陕民终 624 号民事判决书。
② 北京市高级人民法院（2016）京民终 202 号民事判决书。
③ 《国家科学技术奖励条例》第 10 条。
④ 最高人民法院（2012）民申字第 297 号民事裁定书。

如，在一起涉及职务发明创造的专利权权属争议案件中，争议专利申请书上写的申请人有韩某及其余 4 个人。法院认定其余的 4 个人不是真正的发明人，真正的发明人是韩某。涉案专利是韩某离开原单位后一年内作出的，与原单位的本职工作和交付的工作任务有关的发明创造，因此属于原单位的职务发明创造。[①] 在南京麦澜德医疗科技有限公司与南京伟思医疗科技股份有限公司（以下简称伟思公司）专利权权属纠纷案中，涉案发明的专利文件载明的发明人为杨某，伟思公司认为该专利的实际发明人是其三位前员工，杨某不是发明人，故专利属于伟思公司的职务发明创造。最后，法院通过认定伟思公司的前员工是真正的发明人，确定该专利为伟思公司的职务发明创造。[②]

三、发明人、设计人资格争议的解决途径

当事人对谁是真正的发明人、设计人产生的争议，称为发明人、设计人资格争议。有的发明人、设计人资格争议，发生在权属争议等其他争议案件中，这时的发明人、设计人资格只是认定专利权属的事实基础，不是独立的争议。也有的发明人、设计人资格争议是作为独立的争议出现的，争议的内容就是确定真正的发明人、设计人。这类争议，有的发生在专利文件记载的发明人、设计人之间，例如，部分发明人、设计人认为自己是真正的发明人、设计人，而其余发明人、设计人不是真正的发明人、设计人；也有的发生在专利文件记载的发明人、设计人与其他人之间，例如，其他人认为自己是发明人、设计人。

当产生发明人、设计人资格争议时，首先要通过法院诉讼、请求管理专利工作的部门调解或仲裁的方式，取得确认变更发明人、设计人的判决书、调解书或裁决书等法律文书。其次，专利权人或申请人持法律文书到国家知识产权局进行发明人、设计人的变更登记。著录项目变更后，发明人、设计人就发生了变更。

除了上述发明人、设计人资格争议，有时专利文件中记载的排名在后的发明人、设计人会认为自己的贡献度大，应排名更靠前。关于这种署名顺序的争议是否应当由法院受理，以及法院如何确定署名顺序，还存在一定的争议。[③]

法条链接

最高人民法院《关于审理专利纠纷案件适用法律问题的若干规定》（2020 年修正）

第一条 人民法院受理下列专利纠纷案件：

…… ……

12. 发明创造发明人、设计人署名权纠纷案件；

…… ……

《专利法实施细则》

第八十五条 除专利法第六十条规定的外，管理专利工作的部门应当事人请求，可以

---

① 浙江省高级人民法院（2015）浙知终字第 178 号民事判决书。

② 最高人民法院（2017）最高法民申 4145 号民事裁定书。

③ 在浙江省高级人民法院（2018）浙民终 843 号民事判决书中，法院认为发明人署名排序纠纷属民事案件受理范围。

对下列专利纠纷进行调解：

（一）专利申请权和专利权归属纠纷；

（二）发明人、设计人资格纠纷；

…… ……

第二节 发明人、设计人的认定

发明人、设计人有权在专利文件中标明身份。但当发生纠纷时，有可能当事人主张的发明人、设计人与专利文件中写的发明人、设计人不同，包括专利文件中载明的发明人、设计人不是真正的发明人、设计人的情况，也包括未在专利文件中记载的人是真正发明人、设计人的情况。在上述情况下，需要依据《专利法》中的相关规定，认定真正的发明人、设计人。

法条链接

《专利法实施细则》

第十三条 专利法所称发明人或者设计人，是指对发明创造的实质性特点作出创造性贡献的人。在完成发明创造过程中，只负责组织工作的人、为物质技术条件的利用提供方便的人或者从事其他辅助工作的人，不是发明人或者设计人。

一、发明创造的实质性特点

根据《专利法实施细则》第 13 条的规定，认定发明人、设计人时，应针对“发明创造的实质性特点”。关于对“实质性特点”的认定，实践中有两种做法。一种做法是，这里的“实质性特点”应当与《专利法》第 22 条第 3 款中的“实质性特点”具有同样的含义。[①]《专利法》第 22 条第 3 款中的“实质性特点”，是专利授权的条件，是将申请专利的发明创造与现有技术相比得出的结论。认定发明人、设计人时，也应当基于涉案专利与现有技术的不同，考虑争议发明人、设计人的贡献。对此，北京知识产权法院在判决中指出，在专利权属纠纷中，判断何为涉案专利的实质性特点，首先，需要准确认定涉案专利的发明点及其能解决的技术问题；其次，需要准确确定涉案专利权利要求的保护范围，这要将涉案专利权利要求所要求保护的技术方案作为一个整体进行全面理解，说明书和附图可以用来解释权利要求。至于相关涉案专利无效决定中认定的区别技术特征，并不能当然作为涉案专利发明的实质性特点，而只能作为判断实质性特点的参考。[②]

另一种做法是，涉案发明创造是在一方发明创造的基础上完成的，法院将二者进行对比，以确定涉案发明创造的实质性特点。例如，北京市第一中级人民法院曾在判决中指

① 广东省高级人民法院（2014）粤高法民三终字第 33 号民事判决书。

② 北京知识产权法院（2017）京 73 民初 445 号民事判决书。

出：在被告接触过原告的技术方案的前提下，如果涉案专利与原告的技术方案相比不具有实质性特点，则应当认定被告未对涉案专利作出创造性贡献，抄袭了原告的技术方案；反之，如果涉案专利与原告的技术方案相比具有实质性特点，则应当认定被告对体现实质性特点的技术特征作出了创造性贡献。① 广东省高级人民法院和北京市高级人民法院也都有类似的判决。② 最高人民法院在一起外观设计专利纠纷案中，将一方提供给另一方的图纸（涉案图纸）和另一方申请的外观设计专利（涉案专利）进行对比，看涉案专利的实质性特点是否源自涉案图纸，最后认定，涉案专利实质是使用了涉案图纸所体现的设计方案，涉案专利不同于涉案图纸设计的长、宽、高比例的变化，箱盖开口的深浅以及锁具是否凸起，相较于涉案图纸所体现的设计方案来讲，不具有实质性特点，因此，涉案专利的实质性特点来自涉案图纸提供方，而非专利申请方。③

其实，上述两种做法并不矛盾，都是在承认涉案专利具有实质性特点的情况下，对什么是实质性特点的认定。第一种做法是在争议当事人的工作没有明确区分的情况下，将涉案专利与现有技术相比确定实质性特点的内容。这种做法，将发明人、设计人认定时的“实质性特点”和创造性判断时的“实质性特点”统一起来。这也是日本法院的做法。日本知识产权高等法院曾指出：要认定为共同发明人，需要其在设计解决技术问题的方案以及具体化的过程中，参与了完成发明特征部分的创作。发明特征部分，是指在专利权利要求记载的发明的技术特征中，现有技术中不存在的部分。也就是说，发明的特征部分，就是发明特有的、作为技术问题解决手段之基础的部分。④ 第二种做法是第一种做法的变通，在争议双方的工作可以明确区分的情况下，不认定发明创造的实质性特点是什么，而是看实质性特点体现在哪一方的工作中。

因此，在认定发明人、设计人时，“发明创造的实质性特点”应是涉案发明创造与现有技术相比，解决技术问题的特有的技术构思。它体现在专利的权利要求中，但不一定与权利要求中的技术特征完全对应。例如，唐某曾提出喷水帽和分水叶片的改进内容，但它并没有被写在涉案专利权利要求中，法院认为唐某对于涉案专利的实质性特点没有作出创造性贡献，故不是发明人。⑤

二、创造性贡献

发明人或设计人是对发明创造的实质性特点作出创造性贡献的人。在认定了发明创造的“实质性特点”后，需要认定谁是对该实质性特点作出创造性贡献的人。所谓创造性贡献是指创新性的智力劳动。只有在发明创造的过程中，对创造出与已有成果的技术差别作出了创新性劳动的人，才是发明创造的发明人或设计人。⑥ 在认定了发明创造的实质性特

① 北京市第一中级人民法院（2013）一中民初字第 5254 号民事判决书。

② 广东省高级人民法院（2014）粤高法民三终字第 33 号民事判决书，北京市高级人民法院（2012）高民终字第 3975 号民事判决书。

③ 最高人民法院（2012）民申字第 297 号民事裁定书。

④ 日本知识产权高等法院 2007 年［平成 19（行ケ）］第 10278 号。

⑤ 湖北省高级人民法院（2011）鄂民三终字第 7 号民事判决书。

⑥ 上海市第一中级人民法院（2011）沪一中民五（知）初字第 1 号民事判决书。

点后，如果能够认定谁是这一部分的完成人，就可以认定完成人是发明人、设计人。例如，罗某是“发射装置”部分的主要发明人，而专利技术方案中，“发射装置”是“发明创造的实质性特点”的部分，因此法院认定，罗某对涉案专利的实质性特点作出了创造性贡献，是涉案专利的发明人之一。[①]

如果对“发明创造的实质性特点”没有贡献，则不能成为发明人、设计人。例如，肖某对某专利的贡献是“浓缩结晶槽”这一部分，但“浓缩结晶槽”这一技术特征记载在前序部分，属于现有技术特征，因此，“浓缩结晶槽”不属于该专利实质性特点，即使肖某作出过贡献，其贡献也不能被称为专利法意义上的“对发明创造的实质性特点作出的创造性贡献”[②]。

如果虽对“发明创造的实质性特点”有贡献，但不是“创造性”的，而是非技术性的工作，或本领域普遍技术人员显而易见的工作，则也不能成为发明人、设计人。我国《专利法实施细则》第 13 条列举了“只负责组织工作的人、为物质技术条件的利用提供方便的人或者从事其他辅助工作的人”。这些人所做的工作都不是“创造性贡献”。

三、非发明人、设计人的排除

在按照“对发明创造的实质性特点作出创造性贡献”的条件认定了发明人、设计人之后，不符合该条件的人就不可以被认定为发明人、设计人。实践中，非发明人、设计人可分为两类：一类是参加了研究工作但未作出创造性劳动的人，另一类是没有证据证明参加了研究工作的人。

（一）参与了研究工作但未作出创造性劳动的人

根据我国《专利法实施细则》第 13 条的规定，“只负责组织工作的人、为物质技术条件的利用提供方便的人或者从事其他辅助工作的人”，不是发明人、设计人。这些人虽然对发明创造也有贡献，但其贡献不是对发明创造的实质性特点的创造性贡献，因此不符合发明人、设计人的条件。

例如，涉案专利的专利权证书记载的发明人共四人，其中高某为第四发明人。但高某系知识产权专员，负责组织申请材料和办理申请手续。高某在其大学期间学习法律专业，并无与涉案专利相关的学习经历。鉴于高某所处岗位的特殊性，且无相关证据证明其对涉案发明创造的实质性特点作出了创造性贡献，法院认定其在完成发明创造过程中仅仅从事了辅助工作，不是发明人或者设计人。[③]

（二）没有证据证明参与了研究工作的人

如果根本没有参与研究工作，当然也不可能成为发明人、设计人。但有时也会出现为了某种目的而虚列发明人的情形。例如，单位员工离职后申请专利时将其四位亲戚列为“发明人”。在专利权属纠纷诉讼过程中，法院认为没有证据证明所列四位“发明人”具备相应的专业技术能力或专业技术资格，其确有虚报发明人之嫌，故应认定四位“发明人”

---

① 北京市高级人民法院（2016）京民终 204 号民事判决书。

② 江苏省高级人民法院（2014）苏知民终字第 0102 号民事判决书。

③ 山东省济南市中级人民法院（2018）鲁 01 民初 173 号民事判决书。

未曾对讼争专利的实质性特点作出过创造性贡献。[①] 有的当事人虽然具有发明人、设计人的研究能力，但没有证据证明其对发明创造的实质性特点作出了创造性贡献，因此也不能被认定为发明人、设计人。

实务探讨

专利文件中记载的发明人、设计人是否应证明自己是发明人、设计人

在涉及发明人、设计人认定的案件中，其中一种情形是他人对于专利文件中记载的发明人、设计人的身份提出质疑，认为其不是真正的发明人、设计人。提出质疑的有可能是专利文件中记载的其他发明人、设计人或单位，也有可能是专利文件中没有记载的发明人、设计人或单位。在这种情况下，由哪一方承担举证责任，会直接影响到认定的结果。

其中一个有争议的问题是，专利文件中对发明人、设计人的记载，对于分配举证责任有什么影响。对此，法院的做法不尽一致。多数法院的做法是，专利文件中记载的发明人、设计人，应承担举证责任。例如，有的法院认为：专利申请时登记的发明人并不一定是实际发明人。一审法院分配举证责任，要求其举证证明其对涉案发明创造作出了创造性贡献，亦无不当。[②] 有的法院认为：审查员对请求书中填写的发明人是否符合《专利法》的规定不作审查。因此，涉案专利文件"发明人"一栏中记载的其他发明人仅是申请人自行填写的内容，不能据此认定涉案专利发明人。若认为其对涉案专利有实质性贡献，应当提供证据予以证明。[③] 但也有法院采用另一种做法：专利申请文件记载的发明人、设计人无须自己提供证据。在无相反证据的情况下，应当推定专利申请文件记载的发明人、设计人身份属实。例如，涉案专利的原始申请文件将程某列为发明人之一，在无相反证据的情况下，不能否定程某的发明人身份。[④]

另外一个问题是对于消极事实应如何举证。他人主张专利文件中记载的发明人、设计人不是真正的发明人、设计人，这属于对消极事实的主张。在有的案件中，法院认定由专利文件记载的发明人、设计人一方承担举证责任。例如，有法院在判决中指出：对于四被告辩称应由原告举证证明其系唯一的发明人的主张，本院认为，待证事实是被告蔡某艳、陈某莲、许某对涉案发明创造的实质性特点未作出创造性贡献，此为消极事实。被告主张应由原告承担该消极事实的举证责任，既不符合常理，亦无法律依据，故不予支持。在原告完成初步举证，证明被告陈某莲只是从事辅助性工作时，应由四被告举证证明蔡某艳、陈某莲、许某对涉案发明创造的实质性特点作出了创造性贡献的积极事实。[⑤]

笔者认为，在涉及发明人、设计人认定的案件中，如何分配举证责任应根据案件的具体情况而定。首先，过分强调专利文件中发明人、设计人的记载的法律效力不可取，但也不能完全忽视这一记载。专利文件中关于发明人、设计人的记载是申请人在申请专利时填

① 浙江省高级人民法院（2015）浙知终字第 178 号民事判决书。
② 江苏省高级人民法院（2017）苏民终 2053 号民事判决书。
③ 上海市高级人民法院（2018）沪民终 517 号民事判决书。
④ 北京市高级人民法院（2018）京民终 7 号民事判决书。
⑤ 湖南省长沙市中级人民法院（2017）湘 01 民初 1547 号民事判决书。

写的，其有可能故意或过失地将非发明人、设计人填写为发明人、设计人。而在专利申请审查过程中，发明人、设计人并不是必须审查的内容。由此看来，专利文件中对发明人、设计人的记载，其法律效力较弱，但也不能完全忽视这一记载。如果当初在填写发明人、设计人时，后来提出质疑的人同意或知道，后来在诉讼中又提出不同的主张的，则需要有充分的理由。其次，对于消极事实的举证，也不能完全不顾“谁主张谁举证”的原则。我国民事诉讼法确立的举证责任分配的原则是“谁主张，谁举证”。法律和司法解释也未针对消极事实的举证责任分配作出专门的规定。即使对于消极事实，也应在“谁主张，谁举证”的原则下，合理分配举证责任。提出主张的人虽然不能直接举证证明消极事实，但可以通过其他事实进行间接证明。例如，质疑专利文件中记载的发明人、设计人的，可以举证证明真正的发明人、设计人对发明创造的贡献，也可以证明专利文件中记载的发明人、设计人凭其资历、能力不足以作出涉案发明创造。在此基础上，法院可让专利文件中记载的发明人、设计人举证，并综合双方的证据作出判断和认定。

典型案例

如何认定发明人、设计人

董某和黄某都是同济大学的教授，二人曾经有过合作。2004 年 3 月，某部队作为甲方与乙方的同济大学签订了“Φ5 米立式风洞阻尼器调节片设计、加工合同协议书”，其中阻尼器调节片的加工工艺实施方案是以董某为主制订的。2005 年 3 月 20 日，黄某向国家自然科学基金委员会申报名称为“大型风力机叶片的低成本制造技术研究”的研究项目，申请者为黄某，课题组主要成员包括董某等。

涉案专利“复合材料风力机叶片及其制备方法”（专利号：200510024818.8）于 2005 年 4 月 1 日申请，2008 年 4 月 30 日被授权公告；发明人为黄某，专利权人为同济大学。2010 年 12 月 28 日，董某因与黄某就涉案专利发明人署名产生纠纷而诉至法院，请求确认董某是发明人，黄某不是上述专利的发明人。

法院查明，涉案专利的技术方案形成于黄某、董某等人申报国家自然科学基金研究项目期间，其中包含了董某研发的部队技术方案的相关内容。为此，原告董某主张其部队技术方案为涉案专利的创造性实质内容；被告黄某认为，涉案专利关键技术为喇叭状锥管和中温柔性芯，系其个人研发，与原告无关。

法院认为：根据涉案专利权利要求书记载的内容，并结合专利审查意见通知书记载的内容，可以获知，涉案专利的技术方案与现有的技术方案相比，其实质性特点来源于涉案专利申请文献中权利要求 9 记载的附加技术特征，即“连接件由端部法兰和喇叭状锥管构成，锥管靠法兰处的直径最小，叶片端部壳体为倒锥管，与连接件的喇叭状锥管之间构成紧密嵌套”，也就是喇叭状锥管的连接方式。根据董某的自述，其在履行与部队的合同中提出的技术方案中的关键技术为柔性芯模。但柔性芯模的技术在国内外复合材料异性制品中早已使用，已经属于现有技术的范畴。董某也承认其部队技术方案与涉案专利申请文件记载的技术方案更为接近，喇叭状锥管的连接方式在其部队技术方案中没有被描述。因此，董某对于涉案发明专利的实质性特点并未作出创造性贡献，其要求确认自己为涉案专利发明人的诉讼请求缺乏事实和法律依据，法院不予支持。[①]

发明人、设计人是对发明创造的实质性特点作出创造性贡献的人。在涉及发明人、设计人争议时，法院应当按照上述标准进行认定。但是，在很多案件中，现有证据很难还原发明创造的过程，这时法院一般结合争议当事人的学历、资历和能力等关联的证据推定发明人、设计人。例如，在南京麦澜德医疗科技有限公司与伟思公司专利权权属纠纷案中，争议的核心点是涉案专利的发明人是专利文件中记载的杨某，还是伟思公司的前员工史某等三人。法院认为：杨某并不具备涉案专利研发所需的工作经验、知识储备和研发能力，其关于涉案专利研发、申请过程的陈述与事实不符或自相矛盾，不予采信，故可以认定杨某不是涉案专利的实际发明人。而史某等三人具有研发涉案专利的工作经验和专业能力，其掌握了涉案专利的核心技术，并且具有以杨某的名义申请专利以规避法律的动机，应认定为对涉案专利的创造性作出了实质性贡献，是实际发明人。[②] 但上述认定方法只适合于涉案人员的能力和经验差别较大的情况。如果涉案人员的能力和经验差别不大，都有可能作出涉案专利，则需要严格按照发明人、设计人的标准认定。本案就属于这种情况，董某和黄某都是本领域的专家，都有可能是发明人。

在认定发明人、设计人时，“发明创造的实质性特点”和“创造性贡献”是两个关键的因素。本案中，法院根据涉案专利审查的过程，认定涉案专利的实质性特点是喇叭状锥管的连接方式，而董某所做的工作是完成了柔性芯模，也就是涉案专利中的背景技术。因此，法院认定董某对发明创造的实质性特点没有作出创造性贡献，因此不是发明人。

第三节 对职务发明创造的发明人或者设计人的奖励报酬

职工完成了职务发明创造后，对发明创造申请专利的权利属于单位。完成发明创造的职工为发明人或设计人，其除了有权在专利（申请）文件中写明自己是发明人或者设计人，还可以从单位获得物质回报。我国《专利法》把这种物质回报称为奖励和报酬。其他国家也有类似的制度。《专利法》关于给予职务发明创造的发明人或者设计人（以下简称职务发明人）奖励报酬的规定，既要保护职务发明人的权益，又不能过分干预单位的经营自主权，体现了对职工利益和单位利益的平衡。

法条链接

《专利法》

第十五条 被授予专利权的单位应当对职务发明创造的发明人或者设计人给予奖励；发明创造专利实施后，根据其推广应用的范围和取得的经济效益，对发明人或者设计人给予合理的报酬。

---

① 上海市高级人民法院（2013）沪高民三（知）终字第30号民事判决书。

② 江苏省高级人民法院（2016）苏民终988号民事判决书。

国家鼓励被授予专利权的单位实行产权激励，采取股权、期权、分红等方式，使发明人或者设计人合理分享创新收益。

《专利法实施细则》

第七十六条 被授予专利权的单位可以与发明人、设计人约定或者在其依法制定的规章制度中规定专利法第十六条规定的奖励、报酬的方式和数额。

企业、事业单位给予发明人或者设计人的奖励、报酬，按照国家有关财务、会计制度的规定进行处理。

第七十七条 被授予专利权的单位未与发明人、设计人约定也未在其依法制定的规章制度中规定专利法第十六条规定的奖励的方式和数额的，应当自专利权公告之日起3个月内发给发明人或者设计人奖金。一项发明专利的奖金最低不少于3 000元；一项实用新型专利或者外观设计专利的奖金最低不少于1 000元。

由于发明人或者设计人的建议被其所属单位采纳而完成的发明创造，被授予专利权的单位应当从优发给奖金。

第七十八条 被授予专利权的单位未与发明人、设计人约定也未在其依法制定的规章制度中规定专利法第十六条规定的报酬的方式和数额的，在专利权有效期限内，实施发明创造专利后，每年应当从实施该项发明或者实用新型专利的营业利润中提取不低于2%或者从实施该项外观设计专利的营业利润中提取不低于0.2%，作为报酬给予发明人或者设计人，或者参照上述比例，给予发明人或者设计人一次性报酬；被授予专利权的单位许可其他单位或者个人实施其专利的，应当从收取的使用费中提取不低于10%，作为报酬给予发明人或者设计人。

一、职务发明人奖励报酬制度

(一) 雇员发明创造的归属与职务发明人奖励报酬制度

职务发明人奖励报酬与雇员发明创造的归属有直接关系。从各国的规定和做法来看，雇员在工作中完成的发明创造，有的部分权利归雇主，有的全部权利归雇主。在部分权利归雇主时，雇员仍拥有部分权利。例如，德国《雇员发明法》规定：雇主可以对职务发明提出无限制的权利主张或者有限制的权利主张。如果提出的是有限制的权利主张，则雇主享有非独占许可使用权，专利申请权和专利权依然归职务发明人所有。[①] 巴西《工业产权法》规定，利用单位资源所完成的发明创造，一般应属于雇主与雇员共同所有，雇主取得独占实施权。[②] 日本《专利法》规定，如果雇员就工作中完成的发明创造获得了专利权，雇主等通常拥有实施权。[③]

不过上述部分权利归雇主的情形只是特例，全部权利归雇主才是常态。从法律规定看，各国都允许雇员发明创造的全部权利归属于雇主。即使前述几个国家，在允许雇主取得部分权利的同时，也允许雇主取得全部权利。从实践中的做法来看，实际上雇主对绝大

---

① 德国《雇员发明法》第4条。
② 巴西《工业产权法》第91条。
③ 日本《专利法》第35条第1款。

部分雇员发明创造都拥有全部权利。

在雇主就雇员发明创造取得部分权利时，雇员可以通过行使权利获得收益。但在雇主就雇员发明创造取得全部权利时，雇员不能就该发明创造获得收益。从各国的专利法及相关法律的规定看，在雇主就雇员发明创造享有全部权利时，雇主应该给雇员一定的回报。这种回报以“奖励”、“报酬”或“对价”的方式体现，并且和雇主因雇员发明创造获得的收益密切相关。

职务发明创造不同于通过合作合同、委托合同完成的发明创造。通过合作合同或委托合同完成的发明创造，申请专利的权利归于一方所有或由双方共有。虽然职务发明人应当得到一定的回报，但一般情况下雇员的回报不是通过拥有所有权来实现。这是因为，企业所进行的技术开发，是为了增强竞争实力，实现企业发展。如果职务发明创造归雇主与雇员共有，企业的目的将难以实现。另外，如果将给职务发明创造人以实施权作为回报，由于大部分职务发明人并不具备实施专利的条件，而职务发明人具备实施条件时又会影响雇主对发明创造的实施。因此授予实施权也不是一种常见的回报方式。最常见的回报方式就是职务发明创造的全部权利归属于雇主，雇主实施后从获得的收益中拿出一部分作为对职务发明人的奖励。当然，在个别情况下，特别是对于科研机构和大学而言，为了调动科研人员的积极性，也可以赋予科研人员职务科技成果所有权或使用权。因此，我国《专利法》第四次修改时增加了第 15 条第 2 款的规定。

我国专利法采用了“雇员发明创造归雇主”的立法模式，所有的职务发明创造都归单位。相应地，我国《专利法》也规定了单位给发明人、设计人回报，即奖励和报酬。获得专利授权后职务发明人所得到的为“奖励”，实施专利取得经济效益后职务发明人所得到的为“报酬”。因此，我们一般称雇主就雇员发明创造给雇员的回报为“职务发明人奖励报酬”。职务发明人奖励报酬与雇员发明创造的归属有直接关系。专利法规定了雇员发明创造归雇主的制度，则同时需要规定职务发明人奖励报酬制度。职务发明人奖励报酬制度成为专利制度中的重要内容。

（二）职务发明人奖励报酬的性质

对于职务发明人奖励报酬的性质的认识，主要有四种观点：一是债权客体说，发明人基于其发明创造而对被授予专利权的单位享有债权，可以向单位主张支付一定比例的报酬；二是劳动报酬说，职务发明人获得的报酬实质上属于用人单位支付的劳动报酬；三是知识产权客体说，职务发明人获得报酬权是专利权中的财产权，属于知识产权；四是复合型权利说，职务发明人奖酬请求权是以劳动合同为基础，在利润分配数额以及方式等方面类似于股权红利分配的复合型权利。[①] 上述观点是基于不同的语境对职务发明人奖励报酬的认识，都有助于对职务发明人奖励报酬制度的理解和完善。

（三）职务发明人奖励报酬制度的意义

对职务发明人奖励报酬制度可以从两个层面去认识：一个层面是法律法规中的职务发明人奖励报酬制度，另一个层面是企业经营中的职务发明人奖励报酬制度。

---

① 何炼红，尹庆. 职务发明奖酬的法律性质认定——兼评《职务发明条例草案（送审稿）》相关规定. 科技与法律，2018（3）.

法律法规中的职务发明人奖励报酬制度，是以专利法以及相关的法律法规中关于职务发明人奖励报酬的相关规范组成的制度体系。为了保护发明人、设计人的利益，同时为了激励发明创造，法律需要干预雇主和雇员之间的利益分配机制。但同时职务发明人奖励报酬制度应具有可行性和可操作性，尊重雇主的经营自主权，避免过度干预。通过强制性规范和倡导性规范相结合，法律法规为雇主回报发明人、设计人提供制度保障，兼顾雇主和雇员的利益，促进专利法宗旨和目标的实现。

企业经营中的职务发明人奖励报酬制度是企业激励机制的重要组成部分。合理的企业职务发明人奖励报酬制度，不仅有利于调动企业内部科技人员作出发明创造的积极性，也有利于调动其他科技人员实施发明创造的积极性，因为他们自己的利益和发明创造的实施是联系在一起的。一般而言，职务发明人对一个企业的经营发展有着至关重要的作用，高新技术型的企业更是依赖这些人才。因此，不论是国家还是企业，都应清楚地认识到，要使这些人才更加积极地进行发明创造，一套合理的激励机制必不可少，而有关职务发明创造的发明人、设计人奖励报酬制度则是这套激励机制中极其关键的一部分。

二、对职务发明人奖励报酬的标准

（一）其他国家的职务发明人奖励报酬

当职务发明创造申请专利的权利归属于雇主时，雇主应当给予职务发明人奖励报酬。这一原则在很多国家的法律或司法实践中得到确认。但对于职务发明人奖励报酬的具体标准，各国的规定和做法有较大的差异。

很多国家在法律中没有规定职务发明人奖励报酬的标准，在纠纷处理过程中法院根据情况确定数额。例如，日本《专利法》第 35 条第 4 款至第 7 款规定，当雇主从雇员处获得相关职务发明创造专利申请权、专利权或专属实施权后，雇员有权获得相应的金钱以及其他经济利益；对该数额未约定或约定不合理的，应基于该项发明创造应该能获得的利润额，雇主等就该项发明创造所承担的负担、所作出的贡献及给予从业人员等的待遇及其他情况来决定。

德国《雇员发明法》规定，在雇主作出职务发明要求之后，雇员有权取得合理的报酬，在确定报酬额时，应考虑这项发明的商业适用性、雇员在公司中的职责和所处的位置，以及企业为发明创造作出的贡献。1959 年德国劳动部颁发了指导规则，规定了职务发明人报酬的计算方法。该指导规则提供了三种计算报酬的方法：第一种方法是许可费计提法，雇主把专利许可给第三方使用，并获得许可费，雇员取得一定比例的许可净收入。这种方法是目前为止德国使用最多的一种。第二种方法是雇主在公司内部使用了发明，从而节约了成本，雇员可得到一定比例的节约成本作为报酬。这种方法通常用于和制造有关的发明，这种发明不改变最终的产品，但可以在公司内部提升生产产品的方式。第三种方法是在交叉许可等没有实际许可收入或销售收入时，雇员和雇主共同估计发明的价值，雇员取得一定比例的估计价值。

1978 年 7 月 13 日制定、实施的法国《发明专利法》规定：雇员完成职务发明创造后，可得到补充报酬，但报酬要根据集体合同、企业协定和个人工作合同确定。上述规定外的一切发明创造属雇员所有。2000 年 11 月 21 日法国最高人民法院判定，补充报酬的计算不能以工资为计算标准。2003 年 2 月 21 日，法国国家科研中心公布了一项决议，就补充报酬的计算公式作出明确规定，对于每一项职务发明，个人收益（职务工资外的补充报酬）取决于以下因素：(a) 计算的基数（B）＝当年获得的转让费和特许费－当年尚未扣除的国家科研成果推广署的资助金额（当年的直接费用和前几年尚未扣除的直接费用）；(b) 限额（S）＝每年薪水总额－当年 12 月 31 日标准确定的与两类补助金相当的数额；(c) 百分比（P）＝以基数 100%计算的发明人之间商定的转让费分配比例。

美国专利法中没有关于职务发明创造以及职务发明人奖励报酬的规定，雇佣条件下认定专利权归属的法律依据主要来源于各州法律以及司法判例。由于在美国人们的工作流动性强，美国公司为了吸引人才，一般有自己的奖励制度。对于职务发明，美国法院通常采用附和合同理论作为裁判雇主与雇员签订的提前转让发明协议之效力的主要依据，此时充分对价原则成为重要法律原则。充分对价原则主要适用于执行雇主任务或者主要利用雇主的物质技术条件完成职务发明创造等情形。①

英国 2005 年 1 月 1 日生效的《专利法》第 40 条规定，雇主就职务发明取得专利授权后，根据该发明实施时雇主事业的大小和性质，雇员应当得到雇主支付的报酬。该法第 41 条还规定了计算报酬数额的原则、考量因素。雇员得到报酬的数额的原则为应保证雇员从雇主可能或实际获利中得到合理的份额。而雇主的获利方式为转让或授予与雇主有关系的人以专利权。

可见，在其他国家的规定中，一般并不区分奖励和报酬，也没就数额作出具体规定，而对于计算的标准一般只是提出参考的因素，未规定强制性标准。

（二）我国职务发明人奖励报酬

我国《专利法》第 15 条规定了对职务发明人奖励报酬的原则。

根据我国《专利法实施细则》的规定，在没有约定和规定的情况下，奖励报酬的数额主要依据单位的营业利润或取得的使用费确定。单位基于涉案专利的维权行为获得的损害赔偿款，系专利权人禁止他人未经许可实施专利而获得的收入，在扣除必要的维权成本及支出后，该经济效益应当被视为《专利法实施细则》第 78 条规定中所指的营业利润，应据此基础给予职务发明人合理的奖励报酬。②

典型案例

从日本中村修二职务发明人报酬纠纷案看奖励报酬的数额

中村修二是 2014 年诺贝尔物理学奖获得者。早在其获得诺贝尔奖的十多年前，中村修二就因标的额巨大的职务发明人报酬纠纷案（以下简称中村修二案）受到过全世界的关注。

中村修二曾经是日本日亚化学工业株式会社（以下简称日亚公司）的半导体发光元件研发人员，其于 1990 年在日亚公司做出了制造相关蓝色发光二极管技术的发明创造；于 1993 年在该技术的基础上研制出了更具突破意义的双重异型结构的蓝色发光二极管；随

---

① 刘强，蒋芷翌. 美国职务发明报酬充分对价研究——兼论对我国专利法的借鉴意义. 福建江夏学院学报，2017 (4)：6-13.

② 最高人民法院（2019）最高法知民终 230 号民事判决书。

后又研发出了高亮度二极管和紫外光激光二极管。中村修二的发明创造被日亚公司申请获得了专利。日亚公司于1993年12月起生产该种结构的蓝色发光二极管，并因此获得了巨大的利润，但中村修二只得到了数额很小的奖励。

2001年8月，中村修二向东京地方法院起诉，要求法院确认上述发明是非职务发明，并追加其为共同专利权人，如果法院认定该发明属于职务发明，则应当判决日亚公司向其支付合理报酬200亿日元。东京地方法院于2004年1月30日就此案作出判决，认定该发明属于职务发明，中村修二在该职务发明中的适当报酬应当为6 043 006万日元，但由于中村修二的诉求仅仅是200亿日元，根据“不多于请求原则”而判决日亚公司支付中村修二200亿日元报酬。[①] 日亚公司上诉后，东京高等法院于2005年1月11日主持双方达成了和解协议，由日亚公司向中村修二支付共计84 391万日元的发明补偿金。[②]

中村修二案之所以引起广泛的关注，是因为一审法院判决的职务发明报酬是一个天文数字。此案也引起了日本学者对职务发明报酬数额的讨论，并最终促成了对日本《专利法》有关规定的修改。

2005年前日本的专利法规定，决定雇员因职务发明而得到的合理报酬数额时，必须考虑雇主通过该发明所得到的利益，以及雇员对该发明所完成的贡献程度。在东京地方法院的判决中，法院认为“适当报酬”计算之基础——雇主应当获得的利润是指独占实施发明专利权所获得的利润（独占利润），而非实施这一专利权所得的利润；专利权是在其有效期限内都可以独占实施的权利，计算独占利润也要将专利权有效期满前可能得到的部分计算在内。东京地方法院经过计算认为，至专利权到期日2010年10月，日亚公司的独占利润为1 208亿日元，而中村修二对发明的贡献度为50%，因此其就职务发明的适当报酬是独占利润乘以雇员对发明的贡献度，约604亿日元。

对于上述法院的判决，企业界提出了强烈的反对意见，要求修改《特许法》中有关职务发明的相关规定。拥有800多家日本企业作为会员的日本知识产权协会发表意见称：此判决所判的“适当报酬”之高超乎常识，其解释完全无视企业活动实际情况，十分片面；判决没有考虑发明创造及其商品化过程中的风险，是极其不合理的。企业也纷纷表示，担心“事后由法院来决定报酬额的做法会给企业经营带来风险”；认为“这一连串判决所带来的结果是使日本企业背上了许多潜在的诉讼炸弹，今后企业会朝避开多风险的研究开发、从外买入能获益专利的方向发展，日本企业就会失去自主开发的特点”，担心“发明报酬的高涨会导致研究人员过高的权利意识，会向周围隐瞒自己的想法和信息”，会给研究开发带来阻碍；还指出“如果企业要承担如此大的风险和成本，企业会将研究开发场所撤出日本”。

东京高等法院在审理过程中，对于报酬的计算方式与地方法院有较大的差别。首先，东京高等法院计算的截止期限为判决之日，而不是到专利权到期日。这样，东京高等法院计算的利润总额只有120亿日元。其次，东京高等法院认为中村修二对于发明的贡献度为5%，仅为一审法院所认定的十分之一。这样，中村修二应得到的报酬只有6亿多日元，

---

①② 东京地方法院2002年［平成14.9.19］第1802号。

加上滞纳金，总计8亿多日元。

中村修二对东京高等法院计算的补偿金额表示了强烈不满，认为日本法院只代表大公司的利益，建议日本青年科技工作者到美国去创业。

在该案的审理过程中，日本修改了《专利法》第35条的规定，保留了第35条的第1、2、3款，将第4款细化为第4款、第5款。第4款规定，“对于前款的报酬，在合同、工作规章及其他规定中作了规定时，根据规定所支付的报酬，要从制定决定报酬之基准时雇主等与从业人员等双方间的协商情况、所制定基准的公开状况、就报酬的计算听取从业人员意见的状况来考虑，必须合理”。第5款规定，“就前款的报酬未做规定或者根据规定所支付的报酬按照该款规定被认为是不合理时，第3款中的报酬额要考虑雇主等基于该发明应该获得的利润额、雇主等就该发明所承担的负担、所作出的贡献及给予从业人员等的待遇及其他情况来决定”。新的关于职务发明人报酬的计算的规定更为详细，更尊重双方的约定和企业的规章制度，即只有在约定和制度不合理时，才按照法律的规定计算。

职务发明人报酬纠纷，一般在职工在企业间具有一定的流动性，但流动性又不是特别强的情况下发生。日本《专利法》关于职务发明人报酬的第35条的规定，形成于1921年，但此后80多年来基本上没有员工与企业发生过职务发明人报酬纠纷，许多技术人员仍然不知法律规定职务发明的专利申请权和专利权归发明人、设计人所有，其可以要求适当的报酬。在日本公司长期实行终身雇用制、就业流动性很弱的情况下，即使知道法律条款的存在，发明人也难以提起诉讼。而进入21世纪后，职工的流动性变强，日本陆续出现了包括中村修二案在内的几个有影响的职务发明人报酬案。从这些案件可以看出，日本的企业以前对职务发明人的报酬重视不够。受这几个案件的影响，日本企业界和理论界都开始重视职务发明人报酬问题，并促成修改了专利法、完善了有关制度。与日本的情况正好相反，美国职工的流动性一直很强，而美国也很少发生职务发明人报酬纠纷。其中的原因在于，在职工流动性强的情况下，雇主为了吸引和留住有创造能力的雇员，往往以“合理”的报酬作为对雇员的回报。如果雇员发现报酬不合理，往往采取“跳槽”的方式而不是诉讼的方式。

在人员和资本具有国际流动性的情况下，职务发明人报酬标准问题还会影响一个国家的创新能力。如果法定的职务发明人报酬标准过高，会增加企业的研发成本，企业会减少研发投入，甚至将研发中心转移到职务发明人报酬较低的国家和地区；如果职务发明人的报酬标准过低，会挫伤雇员的创造热情，甚至使科研人员“跳槽”到回报更高的国家和地区。日本关于中村修二案的讨论，就充分暴露了这个问题。因此，确定一个适度的职务发明人报酬标准，不但涉及雇主与雇员之间的利益平衡，还涉及国家的持续创新能力。我国目前也正处于职工流动性越来越强的时期，因职务发明人奖励报酬所产生的纠纷正陆续出现。因此，合理确定职务发明人奖励报酬的标准，具有重要的意义。

（三）国有科研机构、高等院校职务发明人、奖励和报酬

在我国，国有科研机构和高等院校也是《专利法》中所说的单位，也适用《专利法》关于职务发明人奖励报酬的规定。但很长时间以来，国有科研机构和高等院校转化科技成果的动力不足，造成了科技成果的闲置浪费。为了促进科技成果的转化和利用，2015年8

月29日，我国颁布修订后的《促进科技成果转化法》，其中第44条、第45条，直接针对国有科研机构和高等院校科技成果转化的奖励报酬作出了规定。其中，与《专利法》及《专利法实施细则》不同的是，《促进科技成果转化法》中的“奖励和报酬”，其实相当于《专利法》中的“报酬”；适用的对象是“对完成、转化职务科技成果作出重要贡献的人员”，因此，除了发明人、设计人，转移、转化人员也被包括在内；奖励和报酬的数额，明显高于《专利法实施细则》中规定的标准。最重要的是，国家设立的研究开发机构、高等院校，必须执行《促进科技成果转化法》中规定的标准。可见，国有科研机构和高等院校在针对其职工的发明创造发放奖励报酬时，不但应遵守《专利法》的规定，还要遵守《促进科技成果转化法》的规定，后者规定的标准明显高于《专利法》中的标准。

三、职务发明人奖励、报酬纠纷中的具体问题

（一）发放奖励报酬的主体

我国《专利法》第15条规定的发放奖励报酬的主体是“被授予专利权的单位”。这里包含两层意思：一是该主体获得了专利权，二是该主体是因为职工的职务发明而获得了专利权。《专利法》第15条规定的义务以存在职务发明人创造关系为前提，以该职务发明创造被授予专利为条件。《专利法》第15条所称“被授予专利权的单位”是指特定职务发明创造完成时其所归属的单位，一旦该职务发明创造被批准授予专利权，职务发明创造的所属单位就有义务对职务发明人予以奖励。职务发明创造完成后，该职务发明创造的所属单位对职务发明创造的专利申请权或者专利权进行处分，导致该职务发明创造获得专利授权时的所属单位与该职务发明创造的原属单位不一致的，也不应影响职务发明的原属单位对职务发明发明人的奖励义务。[①] 因此，在企业合并的情况下，被合并企业应当支付的奖励报酬由合并后存续的企业或者新设的企业承继。[②]

总公司从下属各单位抽调人员组成团队研发涉案专利技术，但总公司与下属各单位并未约定专利权的归属的，当专利权归属于总公司时，总公司是“被授予专利权的单位”，下属单位的雇员为完成涉案发明创造参与了研发工作，故总公司作为涉案专利权的初始权利人，在法律上负有在实施涉案专利后向职务发明人支付报酬的义务。[③] 职务发明创造专利权转让和许可中，由转让方或许可方一次性从转让费或许可使用费中提取一定比例向职务发明人支付奖励或报酬，而受让方和被许可方并没有支付义务。[④]

实务探讨

职务发明人的归属或实施涉及关联企业时，如何确定职务发明人的奖励报酬

根据《专利法》第15条的规定，只有被授予专利权的单位实施或许可他人实施专利并取得了经济效益，其才应给予职务发明人相应的报酬。在实践中，有的企业的职务发明

---

①② 最高人民法院（2018）最高法民申1069号民事裁定书。

③ 北京市高级人民法院（2016）京民再38号民事判决书。

④ 湖南省高级人民法院（2013）湘高法民三终字第74号民事判决书。

人直接归属了关联企业；有的将专利申请权或专利权转让给了关联企业，或由关联企业实施该专利。这时职务发明人的报酬应由谁来支付以及如何计算，是司法实践中经常遇到的问题。

在张某诉3M创新公司和3M中国公司职务发明人奖励报酬纠纷案中，3M创新公司和3M中国公司均为3M公司的全资子公司，3M中国公司的发明创造都由3M创新公司申请专利，再经3M创新公司许可给3M公司全球成员使用。张某作为3M中国公司的职工完成了发明创造，由3M创新公司申请并获得了发明专利。法院认为：3M中国公司本应享有该部分发明的专利申请权，但基于3M公司的知识产权管理模式，该专利申请权实际转移至3M创新公司，专利法关于对职务发明人给予报酬的规定，其立法本意是给予职务发明人应得的劳动报酬，该获得报酬的合法权利不应由于跨国企业内部的协议安排而受到损害，因此，3M中国公司虽并非涉案发明创造的专利权人，但其系张某的雇主，其仍应当向张某支付职务发明人报酬。3M创新公司并非张某的雇主，3M创新公司由于3M公司关联企业之间的协议而成为涉案发明专利权人，鉴于法院已认定3M中国公司应向张某支付职务发明人报酬，张某向3M创新公司请求支付职务发明人报酬，并无事实和法律依据。鉴于对3M中国公司将涉案发明创造的权利转移给3M创新公司所获得的对价、实施涉案发明专利所获取的利润、专利权人对外许可所收取的使用费等均难以查明，在双方关于职务发明人报酬计算的主张均难以获得支持的情形下，法院综合全案情况，酌情确定3M中国公司向张某支付20万元职务发明人报酬。①

在苟某诉北京路翔公司、广州路翔公司职务发明人奖励报酬纠纷案中，苟某是北京路翔公司的职工，其完成的发明创造由北京路翔公司申请了专利。苟某认为北京路翔公司和其关联企业广州路翔公司都实施了该专利，因此主张二公司都向其支付职务发明人报酬。法院支持了苟某对北京路翔公司的诉讼请求，并依据苟某对涉案专利所作出贡献的程度，涉案专利的经济价值，北京路翔公司制造和销售专利产品数量、销售价格及合理的制造成本等因素，确定了报酬的数额。但对于原告对广州路翔公司的主张，法院认为：本案二被告虽然曾存在投资与被投资关系，但由于均系彼此独立的企业法人，原告与广州路翔公司之间没有雇佣关系。而该公司也不是涉案专利的权利人，因此原告要求该公司支付奖励及报酬的诉讼主张及请求，缺乏事实及法律关系，不予支持。②

在邓某与天津市渤海无线电厂（以下简称渤海厂）、天津市神光新技术开发公司（以下简称神光公司）职务发明人报酬纠纷案中，邓某是渤海厂的职工，其职务发明由渤海厂申请专利后，渤海厂自身未直接使用涉案专利，而是将涉案专利指定交由自己出资成立的神光公司独家无偿使用，后其又将涉案专利权无偿转让给神光公司，使邓某作为发明人应当享有的获得报酬的权利不能实现。法院认为：这既不利于鼓励发明创造和推动创新，也不利于促进科学技术的进步和社会经济的发展，亦违反了我国专利法的立法宗旨和基本原则。鉴于神光公司与渤海厂的特定利害关系，神光公司无偿取得并使用涉案专利取得了较好的经济效益，渤海厂在此过程中亦获得了间接经济利益，在受益方面二者具有共同性。

① 上海市高级人民法院（2014）沪高民三（知）终字第120号民事判决书。

② 北京市第二中级人民法院（2005）二中民初字第82号民事判决书。

故实施涉案专利的行为，应被视为渤海厂与神光公司的共同行为，两者应承担连带支付职务发明人报酬的责任。[①]

上述案件都涉及职务发明人所在单位的关联企业。在第一个案件中，专利权直接归属于关联企业，法院判令职务发明人所在单位支付报酬，而报酬的计算考虑了专利权人因该专利获得的收益。在第二个案件中，虽然关联企业实施了涉案专利，但法院既未判令关联企业支付报酬，在计算职务发明人所在单位支付报酬的数额时，也未考虑关联企业实施的情况。在第三个案件中，职务发明人所在单位免费让关联企业实施涉案专利，后来其又将涉案专利转让给了关联企业，法院判令职务发明人所在单位与其关联企业对职务发明人的报酬承担连带责任。

获得奖励报酬是职务发明人的法定权利，立法的目的在于保护职务发明人的利益。当职务发明人所在单位与关联企业进行专利权属的分配或转让、许可专利时，职务发明人并没有决策权。在这种情况下，应当保障职务发明人的获得奖励报酬的权利。在处理有关职务发明人报酬纠纷案件时，法院既要考虑职务发明人所在单位与关联企业是独立法人，又要考虑二者具有一定的控制关系。如果二者之间的交易是公允的交易，其交易条件基本上属于正常交易条件，则可以不考虑关联企业的问题，只就职务发明人所在单位所获得的收益确定职务发明人的报酬；如果二者之间的交易并不是公允的交易，则要考虑关联企业通过专利所获得的收益。在上述三个案件中，关联企业之间的交易都是无偿的，都不能说是公允的交易。在这种情况下，第二个案件中，法院完全不考虑关联企业无偿实施了涉案专利，这对于职务发明人的保护有失全面。而在第三个案件中，由关联企业承担连带责任，保护了职务发明人的利益，但对关联企业过于苛刻，且在没有认定两个企业混同的情况下，判令二者承担连带责任的法律依据并不充分。在第一个案例中，法院突破了只有专利权人才有义务向职务发明人支付报酬的规定，基于企业集团对发明创造集中管理的事实，判令职务发明人所在单位向职务发明人发放报酬，并且对报酬的计算考虑了专利的实际实施情况。该判决兼顾了职务发明人和企业的利益。

（二）职务发明人奖励报酬的客体

如果单位将发明创造申请了外国专利，是否应按照《专利法》和《专利法实施细则》的规定给予发明人奖励和报酬呢？这涉及《专利法》和《专利法实施细则》规定的职务发明人奖励报酬，是适用于在中国完成的发明创造，还是适用于在中国申请专利的发明创造。《专利法》中的绝大部分规定，例如专利授权的条件、专利审查程序、专利权保护等，适用于在中国申请专利的发明创造。如果《专利法》中关于职务发明人奖励报酬的规定只适用于在中国申请专利的发明创造，则于单位申请国外专利的情形，就不能适用我国《专利法》的规定。笔者认为，《专利法》中关于职务发明人奖励报酬的规定，适用于在中国完成的发明创造，而不是适用于在中国申请专利的发明创造。在申请专利之前，首先要确定发明创造的归属。只要是在中国境内完成的发明创造，就应根据《专利法》中关于职务发明创造的规定确定其是否为职务发明创造。在被确定为职务发明创造后，不管申请国内

---

① 天津市高级人民法院（2015）津高民三终字第0023号民事判决书。

专利还是国外专利，职务发明人所得到的回报应是相同的，即按照《专利法》和《专利法实施细则》中关于职务发明人奖励报酬的规定，单位向职务发明人支付奖励报酬。

如果雇主没有申请专利，而是将职务发明创造作为商业秘密来保护，职务发明人是否有权要求按《专利法》的规定获得奖励和报酬？这是现实中遇到的问题。对此，日本法院认为仍可以适用日本《专利法》，推定由雇主发放奖励报酬。东京地方法院在“连续包层板”案件中指出：日本《专利法》第35条所规定的职务发明，不限于申请专利的发明。只要是完成了的职务发明，不管是否申请专利，都适用该条的规定，职务发明人享有相应对价请求权。[①] 但从我国《专利法》第15条的规定来看，奖励报酬发放的前提是“被授予专利权”。因此，对于技术秘密，职务发明人不能援引《专利法》主张奖励报酬。但职务发明人可以基于《促进科技成果转化法》第44条、第45条的规定，在其职务科技成果转化后，向单位要求奖励和报酬。

(三) 职务发明人奖励报酬的数额

对于职务发明人奖励报酬的数额，《专利法实施细则》规定了“约定优先”的计算方式，即“被授予专利权的单位可以与发明人、设计人约定或者在其依法制定的规章制度中规定专利法第16条规定的奖励、报酬的方式和数额”。只有“被授予专利权的单位未与发明人、设计人约定，也未在其依法制定的规章制度中规定专利法第16条规定的奖励的方式和数额的”，才按照《专利法实施细则》第77条、第78条的规定确定奖励、报酬的数额。

具有法律效力的应当是单位与发明人、设计人的合同约定或依法制定的规章制度中的规定。其他文件或材料并不具有法律效力。例如，大学学报上刊登的关于本校科研部门关于职务发明人奖励报酬的问答，对大学并不具有约束力，因为它只是一篇新闻稿，不是正式出台的学校文件，不能作为确定奖励数额的依据。[②]

对于单位制定的有关职务发明创造的规章制度，法院只进行合法性审查，而不进行合理性审查。因此，只要职务发明人未能举证证明规章制度有违反现行法律的情形，仅以计算标准明显低于《专利法实施细则》规定的计算标准为由主张无效的，法院不予支持。[③] 但是，单位的规章制度如果违反法律规定，则不能作为计算奖励报酬的依据。例如，对于公司的规章制度中关于“专利奖励与报酬不对已经离职的发明人、设计人发放”的规定，法院认为，这一规定不合理地排除和限制了已经离职的发明人、设计人获得奖励和报酬的法定权利，免除了公司对于离职发明人、设计人应当履行的强制性奖励义务，属于《劳动合同法》规定的应予无效的情形，应当认定无效。[④]

关于职务发明人奖励报酬约定优先，日本也有类似的规定，但日本的规定与我国的规定有明显不同的地方。根据日本《专利法》第35条第7款的规定，如果合同约定或规章制度规定的职务发明人报酬不合理时，应重新确定报酬的计算办法。这就是说，日本法院可以对合同和规章制度关于职务发明人奖励报酬的约定、规定进行合理性审查，而我国法院只进行合法性审查。相比而言，日本法院对于公司规章制度中计算职务发明人奖励报酬

---

① 东京地方法院1983年［昭和58.12.23］第1104号。
② 最高人民法院（2012）民申字第535号民事裁定书。
③ 最高人民法院（2015）民申字第3003号民事裁定书。
④ 最高人民法院（2017）最高法民申5030号民事裁定书。

的标准进行干预的程度更高。

（四）其他奖励或待遇

除了以职务发明人奖励报酬的名义发放奖励报酬，单位有时还会给职务发明人发放年终奖等其他奖励，或提高职务发明人的职位或待遇，使职务发明人的地位相对上升等。在涉及职务发明人奖励报酬争议时，这些奖励和待遇能否作为职务发明人的奖励被计算在内，是现实中经常会遇到的问题。

2005 年，日本《专利法》将“合理对价”改为“合理价值”，其主要理由是除了金钱奖励，发明人所得到的其他待遇都可以被考虑在内。对于因职务发明创造所得到的晋升及工资增加，日本法院在计算职务发明对价数额时会予以考虑。职务发明人所取得的待遇，只有与职务发明创造有关时，才作为认定职务发明创造对价时的考虑因素。例如，发明人退休后作为技术顾问所取得的报酬，因与职务发明创造没有关系，不是考虑的因素。

我国法院也在判决中认为绩效奖励 10 万元、1%的股权激励属于职务发明人奖励报酬的一部分。[①] 职务发明人因技术改进获得的奖励和因晋升工资而增加的收入，法院也认为属于因职务发明创造而获得的报酬。[②]

将其他待遇作为职务发明人奖励报酬的一部分，具有一定的合理性，也符合多数企业的实际做法。雇主为取得与职务发明创造相关的所有权利，给予雇员奖金、工资提高、职位提升等对价补偿。这些对价补偿一般来说不需要专门采取职务发明人奖励报酬的名义，雇主能够根据实际情况进行灵活选择。但无论以何种方式，都要针对特定的职务发明创造。当发生纠纷时，雇主有义务证明奖励报酬是针对何种职务发明创造而给予的，并需要提供相应的证据。除此之外，奖励报酬数额都要达到实质性补偿的程度。比如，需要因为职务发明创造而实质性将工资提升一个等级，职位从普通员工变为项目经理等。[③] 如果不能确认单位给发明人、设计人的待遇与职务发明创造有关，则不能认定其为职务发明人奖励报酬的一部分。例如，职务发明人离职时单位给予经济补偿的，即使单位并没有支付经济补偿的法定义务，但没有明确该补偿是因职务发明创造而发放的，则不能认定其为职务发明创造的奖励报酬。[④]

《专利法》第 15 条第 2 款的规定，进一步明确了对职务发明人的奖励报酬可以采用多种方式，给予产权、股权、期权、分红等方式，是国家鼓励的发放奖励报酬的方式。

典型案例

申请专利前的股权奖励不属于职务发明人奖励报酬

2004 年至 2006 年，黄某玮因为对氨氯吡啶酸的工业化生产技术作出了贡献，获得了利尔公司 1%的股权激励。在获得股权激励前，黄某玮年收入约 3 万元；在获得股权奖励

① 四川省高级人民法院（2015）川知民终字第 89 号民事判决书。

② 福建省厦门市中级人民法院（2004）厦民初字第 346 号民事判决书。

③ 刘强，蒋芷翌. 美国职务发明报酬充分对价研究——兼论对我国专利法的借鉴意义. 福建江夏学院学报，2017（4）：6－13.

④ 广东省高级人民法院（2007）粤高法民三终字第 222 号民事判决书。

后，2004 年至 2010 年，黄某玮获得股息红利共计 236 万余元。利尔公司上市后，黄某玮通过二级市场减持该公司股份，累计获得约 3 112.8 万元的收益。2006 年 9 月 22 日，利尔公司向国家知识产权局申请“一种新型除草剂（4－氨基－3，5，6－三氯吡啶－2－甲酸）的合成方法”的发明专利，该合成方法于 2008 年 12 月 17 日通过授权公告，发明人为黄某玮，专利权人为利尔公司。黄某玮向法院起诉，主张其应当获得上述专利实施奖励报酬 3 271.5 万元。在上诉时其又改为应获得奖励报酬 1 090.5 万元。

一审法院认为，利尔公司已经在专利申请前按照“研发合同书”和公司规定向黄某玮发放了奖励报酬，专利授权后，基于同一技术成果，利尔公司无须再支付奖励报酬。二审法院也以利尔公司已经向黄某玮支付了奖励和报酬为由，驳回了黄某玮的上诉。

四川省高级人民法院再审后认为：利尔公司对技术团队实施股权奖励，给予黄某玮1%的公司股权，发生在涉案专利获得授权之前，显然不属于利尔公司基于涉案专利对黄某玮的奖励或者报酬。根据《专利法》的规定，专利奖励请求权和专利实施报酬请求权是职务发明人依法享有的两项权利。法律、法规允许当事人对奖励和报酬的方式和数额进行约定，其目的在于以更灵活的手段更充分地保障职务发明人的合法权益，这不意味着被授权单位能够通过制定规章等方式来排除职务发明人的上述法定权益。最终，四川省高级人民法院酌情判定利尔公司向黄某玮一次性支付涉案专利实施报酬 150 万元。

本案的关键问题是利尔公司给黄某玮的股权奖励是否属于对涉案专利职务发明人的报酬。在涉案专利申请前，利尔公司已经按与黄某玮当时所在的研发部签订的合同及公司规定给予了其奖励。按公司规定，职务发明人应当获得的报酬最高为 10 万元，并且不重复激励。但是，上述约定和规定并没有涉及申请专利后职务发明人的奖励报酬。四川省高级人民法院再审认定申请专利前的奖励并不是专利法意义上的给职务发明人的报酬，并最终酌定利尔公司向黄某玮给付报酬 150 万元。

（五）共同发明人间奖励报酬的分配

法律规定的职务发明人奖励报酬应给予全体发明人。当职务发明人为多人时，就产生了每个发明人的奖励报酬如何计算的问题。多数案件中，法院并不确定每个职务发明人的贡献所占的份额。虽然有的案件中职务发明人提出不应平均分配奖励报酬，但法院因无法认定发明人的贡献，仍平均分配了奖励报酬。①

日本法院也审理了大量涉及共同发明人之间奖励报酬分配的案件，一般认定职务发明人的贡献度，并据此确定奖励报酬的比例。例如，在 2018 年的“缩酚酸衍生物”案件中，大阪地方法院认定全体发明人的贡献率为 7.5%，其中原告占 80%，其余两个发明人占 20%。② 但是，实际上在多数情况下，法院因无法认定各发明人贡献度的差异，最后仍按发明人的人数进行了平均分配。例如，在日本知识产权高等法院的“标签打火机”案中，发明人有 6 个，法院认定其贡献度各占 1/6。③

---

① 例如，陈宏远与上海交运股份有限公司案，参见闫文军. 我国职务发明奖励报酬纠纷分析研究. 专利法研究. 北京：知识产权出版社，2010。

② 大阪地方法院 2016 年［平成 28 年（ワ）］第 4107 号。

③ 日本知识产权高等法院 2009 年［平成 19 年（ネ）］第 10056 号。

虽然法律没有明确规定共同发明人之间奖励报酬的分配比例，但按发明人的贡献确定奖励报酬比例是公平的，也是符合职务发明人奖励报酬制度的立法本意的。在纠纷处理过程中，如果法院可以确定各职务发明人贡献度的大小，则应按贡献率确定奖励报酬的分配。然而，贡献度的确定是一件很复杂的工作，在事后发生纠纷时，各发明人所作贡献的事实更加难以认定。在这种情况下，平均分配奖励报酬是一种恰当的做法。

【思考题】

1. 认定发明人、设计人有什么意义？
2. 如何确定发明人或者设计人？
3. 如何确定职务发明人奖励和报酬的标准？

【推荐阅读文献】

1. 陶鑫良. 职务发明性质之约定和职务发明报酬及奖励——我国专利法第四次修订中有关职务发明若干问题的讨论. 知识产权，2016 (3).
2. 刘强，陈卉. 职务发明奖酬司法实证研究. 科技与法律，2017 (5).
3. 蒋舸. 职务发明奖酬管制的理论困境与现实出路. 中国法学，2016 (6).

第五章　发明和实用新型专利授权的实质条件

一个属于专利权保护客体的发明创造，要获得专利授权，必须符合专利授权的条件。专利授权的条件包括实质条件和形式条件。我国《专利法》第22条规定了发明和实用新型专利授权的三个条件：新颖性、创造性和实用性。上述条件，与专利申请文件的形式要求无关，与专利申请文件的撰写水平无关，属于专利授权的实质条件。

法条链接

《专利法》

第二十二条　授予专利权的发明和实用新型，应当具备新颖性、创造性和实用性。

新颖性，是指该发明或者实用新型不属于现有技术；也没有任何单位或者个人就同样的发明或者实用新型在申请日以前向国务院专利行政部门提出过申请，并记载在申请日以后公布的专利申请文件或者公告的专利文件中。

创造性，是指与现有技术相比，该发明具有突出的实质性特点和显著的进步，该实用新型具有实质性特点和进步。

实用性，是指该发明或者实用新型能够制造或者使用，并且能够产生积极效果。

本法所称现有技术，是指申请日以前在国内外为公众所知的技术。

第一节　新颖性

专利法的立法目的之一是鼓励创新。为了实现这一立法目的，专利只应被授予"新的"发明创造。我国《专利法》第2条关于发明和实用新型的定义中都有"新的"一词，这说明发明和实用新型受专利保护的前提是其与在先技术不同，即具有新颖性。新颖性是《专利法》规定的发明和实用新型专利授权的第一个实质性条件。根据我国《专利法》第22条第2款的规定，两种情况可以使专利申请丧失新颖性：一种情况是它属于现有技术，另一种情况是它与抵触申请相同。

一、现有技术

现有技术是指申请日以前在国内外为公众所知的技术，为公众所知的技术是不能获得专利的。确定一项专利申请是否属于现有技术，首先要认定某一对比文件中的技术是否属于现有技术，进而认定申请专利的技术是否与对比文件中的技术相同。认定是否为现有技术，最关键的有四个要素：公开时间、公开方式、公开范围和公知标准。

（一）公开时间

根据我国《专利法》的规定，现有技术是“申请日之前”公开的技术。判断某一对比文件中的技术是不是“现有技术”，需要确定该对比文件公开的时间。“申请日”是一个确定的日期，指申请人提交的专利申请被专利管理机关受理后核定的日期。① 申请日以前公开的技术内容都属于现有技术，但申请日当天公开的技术内容不在现有技术范围内。例如，一项优先权日为 2017 年 7 月 31 日的专利，对比文件的公开日期也为 2017 年 7 月 31 日，则该对比文件中的技术不属于专利法意义上的现有技术。②

（二）公开方式

一项技术只有通过一定的方式公开才能为人所知。导致专利申请丧失新颖性的技术，可能通过不同的方式被公开。现有技术的公开方式包括出版物公开、使用公开和以其他方式公开三种。③ 不管以哪种方式公开，公开的时间是确定是否为现有技术的关键。

1. 出版物公开

出版物公开是最常见的公开方式。专利法意义上的出版物是指记载了技术或设计内容的独立存在的传播载体，并且应当表明或者有其他证据证明其公开发表或出版的时间。符合上述含义的出版物可以是各种印刷的、打印的纸件，例如专利文献、科技杂志、科技书籍、学术论文、专业文献、教科书、技术手册、正式公布的会议记录或者技术报告、报纸、产品样本、产品目录、广告宣传册等，也可以是利用电、光、磁等制成的视听资料，例如缩微胶片、影片、照相底片、录像带、磁带、唱片、光盘等。④ 可见，专利法中“出版物公开”中的“出版”范围很广，与通常意义上的“出版”以及《出版管理条例》等行政法规中“出版”的含义并不相同。

随着网络技术的发展，很多技术首次通过网络公之于众。这种公开与传统的出版物公开相比，不存在有形的载体，并且在网络上随时可能被删除。但不可否认的是，这种公开与传统出版物公开具有相同的效果。因此，其他国家都陆续承认网络上的公开也为出版物公开。我国也将“存在于互联网或其他在线数据库中的资料等”作为出版物看待。⑤

在此出版物公开的情况下，出版物上载明的日期一般被视为公开日。载明日期只写明年月的，以所写月份的最后一日为公开日。例如，版权页上记载有“2017 年 7 月第 1 次印刷”，但没有记载其他与公开日期有关的信息的，则认定公开日期为 2017 年 7 月 31 日。⑥

---

① 如果该专利申请有优先权，则优先权日视为申请日。

②⑥ 改编自专利复审委员会第 17439 号无效审查决定。

③ 《专利审查指南（2010）》第二部分第三章 2.1.2。

④⑤ 《专利审查指南（2010）》第二部分第三章 2.1.2.1。

如果实际出版日期与出版物上载明的日期不一致，以实际出版日期作为公开日期。在出版物上没有载明日期时，则根据内容并结合其他证据确定公开日期。例如，对于《第 90 届中国文化用品商品交易会会刊》的公开时间，专利复审委员会认为，由于该交易会于 2002 年 12 月 23 日—25 日在广州举行，只有在展会开始前或开始时散发该会刊，才能保证拿到会刊的人根据会刊上的参展商的广告等信息进行咨询和交易，因此，该会刊最晚在 2002 年 12 月 25 日就已经公开了。[①] 有的材料虽属于出版物，但从性质上并不是印刷后就公开的，则不能将其载明日期确定为公开日期。例如，产品说明书只是附随产品销售而处于公开状态，公开日期并不是印刷日期，而是产品处于销售状态的日期。[②]

2. 使用公开

有些技术内容可以通过使用产品而被得知，在这种情况下，产品的使用可能导致技术的公开，从而使该产品中的技术成为现有技术。使用公开的方式包括能够使公众得知其技术内容的制造、使用、销售、进口、交换、馈赠、演示、展出等方式。这些行为并不必然导致相关技术被公开，但只要通过上述方式使有关技术内容处于公众想得知就能够得知的状态，就构成使用公开，是否构成使用公开不取决于是否有公众得知。但是，未给出任何有关技术内容的说明，以致所属技术领域的技术人员无法得知其结构和功能或材料成分的产品展示，不属于使用公开。[③]

如果使用公开的是一种产品，即使就所使用的产品或者装置需要进行破坏才能够得知其结构和功能，也仍然属于使用公开。此外，使用公开还包括将公众可以阅读的信息资料及直观资料，例如招贴画、图纸、照片、样本、样品等，放置在展台上、橱窗内。

使用公开是以公众能够得知该产品或者方法之日期为公开日期。例如，对于进口导致的公开，海关盖章放行后，货物已经脱离了海关的监管，收货人可以随时提取货物，因此，海关在报告单上签发放行的日期为进口产品的使用公开日期。[④] 尽管有证据证明负有保密义务的人违反规定泄露技术秘密，但是如果没有证据证明这种对技术秘密的泄露行为导致所述技术方案处于公众想要得知就能够得知的状态，则此尚不足以证明时所述技术方案构成了使用公开。[⑤] 要处于公众想得知就能够得知的状态，必须以实际销售的日期作为公开日期，产品上标明的生产日期不能等同于公开日期。[⑥]

3. 以其他方式公开

除了出版物公开和使用公开，为公众所知的其他方式还有口头公开等。口头交谈、报告、讨论会上发言，在广播、电视、电影等媒体上公布，能够使公众得知技术内容，也可以导致技术内容公开。例如，在学术年会上作口头报告，其中的技术内容从报告之日起就成为现有技术。[⑦]

---

① 专利复审委员会第 10928 号无效审查决定。
② 专利复审委员会第 6490 号无效审查决定。
③ 专利复审委员会第 2154 号复审决定。
④ 专利复审委员会第 5972 号无效审查决定。
⑤ 专利复审委员会第 9850 号无效审查决定。
⑥ 专利复审委员会第 12865 号无效审查决定。
⑦ 专利复审委员会第 207 号无效审查决定。

以其他方式公开时，公开行为发生的日期就是公开日期。口头交谈、报告、讨论会上发言以其发生之日期为公开日期。对于公众可接收的广播、电视或电影等媒体的报道，以其播放日期为公开日期。

与出版物公开不同的是，使用公开和以其他方式公开在专利审查过程中很难被审查员获知。因此，对于使用公开和以其他方式公开，一般在审查过程中并没有涉及，而是在请求宣告专利无效的过程中无效宣告请求人将其作为专利无效的一项理由提出来。无效宣告请求人负有举证责任。若其证据不能组成完整的证据链证明在申请日之前所述专利的技术内容已由于使用公开或其他方式公开而处于公众想得知就能得知的状态，则其未完成举证责任，应承担举证不能的后果。仅以发票作为使用公开的证据，但无法通过该证据确认产品的结构形状的，在没有其他证据予以佐证的情况下，以这样的凭证作为证据是不充分的。[①]

典型案例

企业标准备案是否意味着相关内容已经公开

“清洁器吸棉管废棉截留装置”实用新型专利申请日为1998年11月9日，专利权人为王某山。如皋市爱吉科纺织机械有限公司（以下简称爱吉科公司）向专利复审委员会提出无效宣告请求。其中的一份证据是江苏昌升集团如皋市纺织机械制造厂于1998年7月1日发布，于7月10日实施的“AJQ型系列吹吸清洁机”的企业标准。该标准记载了有关AJQ－II型吹吸清洁机的技术参数和附图，其附图2与涉案专利权利要求10相同。该企业标准已在如皋市技术监督局进行了备案。

专利复审委员会认为，企业内部标准，不是公开出版物，即没有处于公众中任何人想得知就能得知的状态。北京市第一中级人民法院的认定与专利复审委员会的认定一致。而北京市高级人民法院认为，企业生产执行国家标准、行业标准、地方标准或企业标准，应当在其产品或者说明书、包装物上标注所执行标准的代号、编号、名称。企业的产品标准须在规定的时间内，按规定的要求报当地政府标准化行政主管部门和有关行政主管部门备案。因此，作为交货依据的企业标准在规定的时间、在规定的部门备案本身就意味着公众可以根据该标准备案的时间，通过相关的部门获知该企业标准的备案信息。该企业标准在专利申请日前已经备案，可以作为评判本专利新颖性的对比文件。由于该证据已经公开了本专利权利要求10的全部技术特征，因此，本专利不具备新颖性。

最高人民法院认为，国家标准、行业标准和地方标准作为民用标准一旦发布，有关内容即构成专利法意义上的公开。企业标准备案的含义是指，负责制定标准的单位在规定的时间内按规定的要求向规定的部门备案；如果企业标准作为交货依据，则必须备案，同时该标准也是监督检查的依据。企业标准作为一种技术要求，属于企业的科技成果，虽并非必然但绝不排除可以包含企业的技术秘密。对于备案的企业标准，备案管理机关以及其他有机会接触该企业标准的执法机关（如解决产品质量争议的执法机关）和检验、鉴定机构等中介组织，应当注意到其中可能包含企业的技术秘密，对其应当依法予以保护，除非具

① 专利复审委员会第12083号无效审查决定。

有明确的法律依据，任何人不得擅自予以公开。企业标准的发布实质上是指企业标准在制定完成后在企业内部发布实施，不同于国家标准、行业标准、地方标准向社会发布，企业标准是否向社会公开发布属于企业自主行为；对于备案的企业标准，备案管理机关一般只公告标准的代号、编号、名称和备案企业名称，并不公告标准的具体内容。法律既不要求将企业产品标准具体内容向社会公开，也未强制要求向交易相对人公开，交易相对人能否获知企业产品标准的具体内容取决于当事人的约定和实际的履约行为。即使交易相对人获知了企业产品标准，包括在解决有关争议的执法程序中获知，其对标准中包含的有关技术秘密也依法负有相应的保密义务。[①]

标准是对重复性事物和概念所作的统一规定。对于产品而言，标准有时就是技术方案。因此，标准的内容对于一份专利申请而言，有可能构成现有技术。什么样的标准构成现有技术，应当根据现有技术的构成要件进行分析。国家标准、行业标准和地方标准都是向社会公开的，一旦公开即成为现有技术。而企业标准有的备案，有的不备案。即使备案的企业标准，也并不一定向社会公开。因此，企业标准备案本身并不构成公开。最高人民法院通过这一案件，明确了企业标准备案与现有技术的关系。

实务探讨

试验是否构成公开

在技术方案完成或基本完成后，为了验证技术效果或性能，完成人往往要进行实地验证或试生产等（以下简称试验），这种试验有时实质上构成对之后申请专利的技术的使用。这种试验是否属于“公开使用”而使在后的申请丧失新颖性，是一个值得研究的问题。

美国最高法院早在1833年就在Shaw v. Cooper[②]案中指出，发明人为完善发明，自己或指示他人以实验的方式使用发明，则从不会被认为是公开使用。在City of Elizabeth v. Pavement Company[③]案中，美国最高法院又详细论述了这个问题。该案中涉及的专利是一种新型木质地板专利。发明人早在申请日6年前就在波士顿大街上铺设了这种地板。法院认为：专利权人以试验的形式铺设了涉案地板，以观察马车对地板的影响，确定其持久性和耐腐蚀性。只要发明人出于善意，并以测试机器运行情况为目的，那么无论哪种情况都不能构成公开使用。只要其目的是改进，不管最终是否真正找到了改进之处，这种使用都属于试验。对于这种为测试机器的性能而进行的善意使用，只要他没有自愿地允许他人制造或使用机器，只要没有为了一般性使用而出售机器，机器仍处于他的掌握之下，他也就不会丧失取得专利的权利。即使试验不在发明人的营业场所进行，也不影响试验的性质。但如果发明人普遍地允许他人使用机器，或在他的同意下，为了用途将机器出售，则就属于公开使用。本案中，发明人在大街上铺设地板的目的是试验，是在发明人的意志下以试验的形式使用的，而使用的方法是允许公众在地板上经过。因此，美国最高法院认为，该案中的使用不属于公开使用。通过上述判例，美国最高法院确立了新颖性判断中试

① 最高人民法院（2007）行提字第3号行政裁定书。
② 32 U.S. 292（1833）.
③ 97 U.S. 126（1877）.

验使用的例外：只要是以试验为目的所从事的行为，不管是在发明人的营业场所，还是在公共场所，都不构成公开使用，不会破坏专利申请的新颖性。

对于试验使用是否属于公开使用，我国法律法规及审查指南中均没有明确的规定。我国专利管理机关往往从保密角度出发，认为试验使用不属于公开使用。例如：医疗设备在医院的临床试验，不构成公开使用。① 将发明的瓶盖交付给其他厂家作为“试样品”，不构成公开销售。② 将发明的鞋交给部队试穿，不是商业性的公开使用。③ 将消防用品交给消防队员试用，不属于公开出售。但在试用结束后，消防队员将该产品留用，在消防救火中使用的，构成公开使用。④ 将玻璃窗组合件交给 5 个城市 24 个工程点“试用”，并不是真正的试用，因为这超出了试用的范围，并且发明人没有提供试用单位都是协作单位、试用之后提供了试用报告的证据。⑤

可见，虽然我国法律法规和审查指南对此没有明确规定，但专利管理机关对试验使用所采取的态度与美国的态度是一致的：真正的试验使用并不构成公开使用，不破坏专利的新颖性。当然，美国是通过判例的形式确定了有约束力的规则，而我国是通过对“公知”的解释和对“保密”义务的认定对个案争议进行解决。

试验是发明创造过程中的一个重要步骤。完成和改进发明创造都离不开试验。有的试验可以在秘密状态下进行，而有的则必须在公开场合进行。如果在公开场合进行的试验被认定为公开使用，则会影响发明创造的完成，也不利于专利质量的提高。因此，我国和美国都采取了试验不破坏新颖性的做法。然而，如果在试验过程中，发明创造的内容确定处于社会公众想得到就能得到的状态，则发明人就不能以试验作为发明仍具有新颖性的理由。在试验中，试验的合作方是特定人，对发明创造负有保密的义务。试验的合作方知悉发明创造内容并不是向社会公众公开。但是，如果试验方的公开使用使其他社会公众都可以得知该发明创造，则该发明创造就已经向社会公开。如果属于“他人未经申请人同意而泄露其内容的”，则在 6 个月宽限期后发明人不能申请专利；如果不属于这种情况，则在公开后发明人就不能申请专利。

（三）公开范围

我国《专利法》第 22 条规定的现有技术公知的地域范围是“国内外”，并且没有限制公开的方式。在我国专利制度建立之初，对现有技术的范围因公开方式的不同而采用不同的标准，其中出版物公开的范围是国内外，而使用公开和以其他方式公开的范围只限于中国境内。⑥ 2008 年《专利法》关于公开范围的修改，扩大了现有技术的范围，提高了专利授权的难度。

---

① 专利复审委员会第 304 号无效审查决定。

② 专利复审委员会第 1399 号无效审查决定。

③ 专利复审委员会第 1958 号无效审查决定。

④ 专利复审委员会第 2563 号无效审查决定。

⑤ 专利复审委员会第 1005 号无效审查决定。

⑥ 我国 1984 年制定的《专利法》第 22 条第 2 款规定：“新颖性，是指在申请日以前没有同样的发明或者实用新型在国内外出版物上公开发表过、在国内公开使用过或者以其他方式为公众所知，也没有同样的发明或者实用新型由他人向专利局提出过申请并且记载在申请日以后公布的专利申请文件中。”这一规定一直沿用到 2009 年 9 月 30 日。

理论延伸

三种新颖性标准

我国现行《专利法》规定的新颖性标准被称为“绝对新颖性”标准，而 2009 年 9 月 30 日之前所采用的标准被称为“混合新颖性”标准。除此之外，还有一种“相对新颖性标准”。因此，在公开范围方面，新颖性的标准有相对新颖性、混合新颖性和绝对新颖性标准三种。

相对新颖性又称为本国新颖性。相对新颖性标准认为只有在国内公开过的技术才算“现有技术”，而不管其在国外是否已经公开。外国已有新产品或公开出版物上记载的技术，自到达本国时起，成为现有技术的一部分。英国自 1624 年开始就采用这种标准，至 1977 年才放弃。澳大利亚也曾采用这种标准，到 1990 年才放弃。现在采用相对新颖性标准和混合新颖性标准的国家已经非常少见。绝对新颖性标准成为绝大多数国家采用的标准。

我国专利制度在建立之初采用混合新颖性标准的主要原因是：限于当时的技术条件，对于一项发明是否已经在国外公开使用或者以其他方式为公众所知是很难查清的，即使查清了也面临艰难的举证工作。2008 年《专利法》将混合新颖性标准修改为绝对新颖性标准。随着经济全球化趋势日益明显和科学技术的迅猛发展，尤其是网络技术的突飞猛进，出版物公开与非出版物公开之间的界限已经越来越模糊，将非出版物公开的现有技术和现有设计限制在我国地域之内已逐渐变得没有实际意义，且缺乏可操作性。更为重要的是，容许在国外已通过公开使用、公开销售等方式为公众所知的技术在我国被授予专利权，不利于鼓励真正的发明创造；让在国外已经能够为公众自由使用的现有技术和现有设计在我国受到专利权的控制，会损害中国公众的合法利益，也不利于企业之间的公平竞争。随着专利制度的国际协调，现在绝大多数国家的专利法对现有技术和现有设计的地域范围都没有加以区分。①

将混合新颖性标准修改为绝对新颖性标准，意味着专利授权标准的提高。在混合新颖性标准下具有新颖性的专利申请，在绝对新颖性标准下可能丧失新颖性。

（四）公知标准

公知的含义是“为公众所知”，即公众能够得知。现有技术应当在申请日以前处于能够为公众获得的状态，并且公众能从中得知实质性技术知识。

1. 公众的含义

公众一般指不受特定条件限制的人。如果只是特定的人获知了技术内容，即使这些人不负有保密义务，也不能认为该技术为公众所知。例如，学位论文虽然被提交评阅和答辩，但只是被提交给评阅和答辩的专家，故其在被提交评阅和答辩时并不处于公众能够获知的状态，因此不能认为论文提交的时候已经公开。② 而某些技术手册虽然一般只由专业人士使用，但其发行的对象是公众，而不是特定人，则公开发行后，该手册处于为公众所

---

① 国家知识产权局条法司编.《专利法》第三次修改导读. 北京：知识产权出版社，2009：50.

② 专利复审委员会第 25532 号无效审查决定。

知的状态。[①] 招标文件虽然对投标人的资质、信誉、能力有要求，且需要履行相关手续并购买才能获得，但这并不妨碍社会公众通过正常渠道来获知招标文件的内容。因此，招标文件向社会公开发布后，即属于为公众所知的内容。[②]

2. 保密的技术处于不公开状态

现有技术是公众所知的技术，通过一定方式被公开后，它应当处于公众想得知就可以得知的状态。因此，如果某一技术方案在一定的范围内被披露，但接触该技术的人仍负有保密的义务，就不能说该技术处于公知的状态，也就不属于现有技术。

在出版物公开的情况下，出版物一般都是公开发行的，出版社一旦发行出版物就意味着其中内容的公开。一般情况下，印有“保密”“秘密”字样的出版物属于要保密的内容，即使在一定的范围内公开也不能认为其中的内容已被公知。有的虽然没有作为“秘密”，但其发行的范围是有限的，只有特定范围的人能够得到或阅读其中的内容，并且要求保密，故这种出版物不能被视为公开出版物。但是，如果只是印有“内部刊物”“内部发行”“内部资料”等字样，并没有限定发行的范围，或没有要求保密，则属于公开出版物。例如，《中文科技资料目录——中草药》期刊的封底上明确印有“内部发行”的字样，但是，专利复审委员会和法院都认为，该期刊是在国内以内部资料形式发行的国内期刊，其发行范围限于国内，但不是限于国内的特定对象，故是公开出版物。[③] 而有些情况下，虽然出版物本身并没有标记“保密”或“内部发行”字样，但如果出版物本身的性质决定了其属于保密的资料，则也不能被视为公开出版物。例如，对于科技成果鉴定会上印发的资料，尽管该鉴定会没有要求与会者保密，但根据国家有关规定，参加评审的成员对被评审的内容负有保密的义务，故在没有证据证明该资料已被参与人员公开的情况下，该资料不属于公开出版物。[④]

除了明示的保密，默示的或依商业习惯确立的保密义务也影响技术的公开。例如，专利申请人在申请日前将专利产品交付他人使用，或将专利技术交给他人实施，这种使用是否导致技术的公开，主要看使用人有没有保密义务。如果使用人有保密义务，即使有多个使用人，也不能被认定为公开使用。如果使用人违反了保密义务，导致专利技术公开，则属于“他人未经申请人同意而泄露其内容”的情形，专利技术在 6 个月的宽限期内不丧失新颖性。有些情况下，虽然双方没有保密协议，但根据一般的商业习惯，一方负有保密义务的，则此时也应当认为负有保密义务，其使用不构成公开使用。例如，在委托加工关系中，尽管合同没有约定加工方的保密义务，但加工方对于相关技术信息负有默示的保密义务，加工产品完成后被交付给委托方，相关技术内容也没有处于公众想知就能够得知其技术内容的状态。因此，委托加工中的使用行为，如果没有证据证明加工方已将相关技术内容透露给其他公众，或者所加工的产品已公开销售，则使用行为不导致技术内容的公开。[⑤] 但是，如果将作为专利技术载体的产品转让给他人，并且双方没有签保密协议，则很难认

---

① 专利复审委员会第 28737 号无效审查决定。

② 专利复审委员会第 32123 号无效审查决定。

③ 专利复审委员会第 1393 号无效审查决定，北京市高级人民法院（2000）高知终字第 43 号民事判决书。

④ 专利复审委员会第 2154 号无效审查决定。

⑤ 专利复审委员会第 690 号、第 1762 号无效审查决定。

定受让方负有保密义务。[①]

关于QQ空间、微信朋友圈等需经授权访问的网络空间中的信息是否构成现有技术，应当综合分析该网络空间的主要用途、信息上传的时间及公开情况等因素，以专利申请日前该信息是否处于公众想获得就能够获得的状态为标准作出判断。需经授权访问的网络空间以商业用途为主的，可以推定其对所有人公开，但有相反证据证明该网络空间未公开或者仅针对特定人公开的除外。[②]

3. 技术内容的知悉

在涉及使用公开和以其他方式公开时，只有相关技术人员能够从公开的内容获得技术内容，才能认定该技术处于为公众所知的状态。即使某一化学品已经通过使用而公开，但相关技术人员并不能从中得到配方或工艺的，则不能认定其配方和工艺已经被公开。向特定公众作口头报告，如果特定公众是不懂技术的人，无法理解所讲内容，也没有通过技术手段固定讲授的内容，无法转达给其他技术人员，则这种公开并不能使其中的技术内容处于公众想获得就能够获得的状态，相关技术不应属于现有技术。[③]

二、抵触申请

除了现有技术，还有另一种影响专利申请新颖性的技术，即“在申请日以前向国务院专利行政部门提出过申请，并记载在申请日以后公布的专利申请文件或者公告的专利文件中”的技术。该专利文件被称为“抵触申请”。在专利申请日，抵触申请尚未公开，其中的技术不属于现有技术。但是，如果抵触申请中的技术与在后申请的技术属于同样的发明创造，则后一申请也不应获得专利，否则就会出现重复授权。但是，如果前一申请由于申请人撤回等原因后来并没有被公开，前一申请就不可能获得授权，这样对后一申请授予专利权并不会导致重复授权。认定是否为抵触申请时，应当从主体、时间、地域和内容四个方面进行考虑。

（一）主体

2008年《专利法》修改前，能够构成抵触申请的，仅限于“他人”在先提交的发明或者实用新型专利申请。这样，同一申请人在先提交的发明或者实用新型专利申请，就不能构成该申请人随后提交的另一份发明或者实用新型专利申请的抵触申请。现行《专利法》将“他人”改为“任何单位或者个人”，使同一申请人的在先申请也成了其在后申请的抵触申请。

（二）时间

抵触申请作为在先申请，其申请日应当在在后申请的申请日之前。抵触申请不包括与在后申请具有相同申请日的申请。另外，抵触申请还应当在在后申请的申请日后公布。如果因为各种原因在先申请并没有被公布，其也不能作为抵触申请。例如，在先申请人撤回了专利申请，使该专利申请没有被公布，则其不构成在后申请的抵触申请。

---

① 北京市高级人民法院（2008）高行终字第718号行政判决书。

② 最高人民法院（2020）最高法知行终422号民事判决书。

③ Case T-877/90，OJ，1993，TBA.

（三）地域

对于向我国提出的专利申请而言，构成抵触申请的专利申请应当是向国家知识产权局提出的申请，向外国提出的申请都不能作为破坏在后申请新颖性的抵触申请。PCT 国际专利申请进入中国国家阶段后，与直接在我国提出的专利申请具有同等效力。国际申请日在在后申请的申请日之前，在中国国家阶段公开日在在后申请的申请日之后的 PCT 国际专利申请可以作为在后申请的抵触申请。例如，在后申请的申请日为 2020 年 6 月 15 日，对比文件 1 的国际申请日为 2020 年 6 月 2 日，进入我国国家阶段后的公开日为 2021 年 9 月 19 日，则该国际专利申请可以作为评价在后申请新颖性的抵触申请。①

（四）内容

在确定抵触申请以判断在后申请的新颖性时，我国采用的是“全文内容制”，即“确定是否存在抵触申请，不仅要查阅在先专利或专利申请的权利要求书，而且要查阅其说明书（包括附图），应当以其全文内容为准”②。与“全文内容制”相对的是“权利要求制”。权利要求制指的是只以在先专利或专利申请的权利要求书作为判断是否构成抵触申请的依据。我国在防止重复授权时采用的是“权利要求制”。在确定抵触申请时，按“全文内容制”确定的范围要比按“权利要求制”确定的范围大。例如，在先专利申请的实施例中披露了某一技术方案，但其权利要求中并没有要求保护该技术方案，如果按“权利要求制”，则该专利申请不会构成抵触申请；但若按“全文内容制”，则其可以作为抵触申请，破坏在后申请的新颖性。③

理论延伸

确定抵触申请为什么采用“全文内容制”

采用“权利要求制”就可以防止重复授权，为什么在确定抵触申请时采用“全文内容制”呢？笔者认为，这主要是因为在专利审查过程中申请人可以修改权利要求并且可以提出分案申请，甚至在被授权以后还可以提出分案申请。因此，最终申请人获得授权的权利要求与其最初申请时的权利要求可能是不同的，如果只以最初申请时的权利要求作为确定抵触申请的依据，仍然会出现重复授权的现象。当然，我们还可以有另外一种选择，即在在先申请人权利要求书的范围不能再扩大时，采用“权利要求制”来确定抵触申请。但是，这样做与采用“全文内容制”相比，审查效率降低，故也不宜采用。

但采用“全文内容制”就有可能会出现“权利空白”的现象，其中一种情形是，在先申请中的权利要求并没有覆盖其所披露的全部内容，该申请人也没有通过修改或分案而增加权利要求，但在后的申请人恰恰就在先申请人没有要求的部分提出了权利要求。如果按照“权利要求制”进行审查，在后申请能够获得授权，并且也不会与在先申请的权利要求重复；但按照“全文内容制”进行审查，在先申请构成抵触申请，在后申请丧失新颖性。这样，就在先申请中披露但没有记载在权利要求书中的内容，在先申请人没有要求保护，

① 改编自专利复审委员会第 4527 号无效审查决定。

② 《专利审查指南（2010）》第二部分第三章 2.2。

③ 专利复审委员会第 16120 号无效审查决定。

在后申请人不能获得保护，就产生了“权利空白”，这一部分内容处于不受专利保护的公知领域。这是不是说明“全文内容制”也有不合理之处呢？笔者认为，这并不能说明“全文内容制”有不合理的地方。在上述情形下，受益的是社会公众，因为这一技术方案被在先申请人捐献给了社会；而受损的是在后申请人。但这并不是说对在后申请人不公平。因为在后申请人本来就申请在后，绝大多数情况下也不是在先完成人。在后完成人不能取得专利，本来就是正常的，所以不存在不公平。相反，因为在先申请人的失误（权利要求书要求保护的范围太小，或者没有正确修改权利要求，或者没有正确提出分案申请等），使在后申请人获得专利，显然也是不公平的。如果在先申请人不存在失误，而是故意将某些技术内容贡献给社会，不纳入专利权利要求保护的范围，则更不应该使在后申请人获得专利，否则，这显然不符合在先申请人的意思。因此，不管在先申请人基于什么原因没有将某些技术方案写入权利要求中，在后申请人不能就此获得专利都是公平合理的。

三、新颖性的判断

我国《专利法》第22条第2款规定的“新颖性”的条件是，专利申请不属于现有技术，也没有同样的抵触申请。在确定了现有技术或可能构成抵触申请的文件后，就要判断文件中的技术与申请专利的发明创造是不是相同的。

（一）同样发明或者实用新型的判断

长期以来，我国专利审查部门采用的是“四要素”的判断方法，即将专利申请与现有技术或者有可能构成抵触申请的相关内容相比，如果两者在技术领域、所解决的技术问题、技术方案和预期效果上实质相同，则认为两者为同样的发明或者实用新型。[①] 实际上，上述四个要素不是并重的。在绝大多数情况下，只要技术方案相同，一般就可以被视为相同的发明创造。其前提是，所属技术领域的技术人员根据两者的技术方案可以确定两者能够适用于相同的技术领域，解决相同的技术问题，并具有相同的预期效果。

在技术方案相同的情况下，为什么还要对技术领域、解决的技术问题以及预期效果进行判断？这主要是因为，即使在技术方案相同的情况下，也可能因为其他因素的不同而成为一个新的发明创造。例如，将一个领域的技术应用到不同的技术领域，可能成为转用发明；发现一个技术方案的新用途，可能成为新用途发明。如果只因为技术方案相同就认定两者为相同的发明创造，就不可能出现转用发明和新用途发明了。

（二）单独对比

新颖性的判断原则是单独对比，这是我国及其他国家在判断新颖性时共同遵循的原则。判断新颖性时，应当将发明或者实用新型专利申请的各项权利要求分别与每一项现有技术或者申请在先但公布或公告在后的发明或实用新型的相关技术内容单独比较，不得将其与几项现有技术或者申请在先但公布或公告在后的发明或者实用新型的内容的组合，或者与一份对比文件中的多项技术方案的组合进行对比。[②] 同一对比文件中的技术特征，如果属于不同的技术方案，也不能将其组合起来评价某一专利的新颖性。

---

① 《专利审查指南（2010）》第二部分第三章 3.1（1）。

② 《专利审查指南（2010）》第二部分第三章 3.1（2）。

（三）相同内容的发明或者实用新型的认定

如果要求专利保护的发明或者实用新型专利与对比文件所公开的技术内容完全相同，或者仅仅进行了简单的文字变换，则该发明或者实用新型不具备新颖性。另外，上述相同的内容应该被理解为包括可以从对比文件中直接地、毫无疑义地确定的技术内容。例如，申请权利要求 1 记载的技术方案是使用螺钉或螺丝进行螺接固定，对比文件 1 公开的是使用螺钉进行螺接固定，而根据本领域所属技术人员的知识水平，使用螺丝与使用螺钉属于本领域惯用手段的直接置换，因此，本申请权利要求 1 记载的技术方案 1 与对比文件 1 公开的上述技术方案实质上相同，即本申请权利要求 1 记载的技术方案 1 与对比文件 1 公开的上述技术方案相比，不具备新颖性。①

实务探讨

选择发明的新颖性

从现有技术公开的较大范围中，有目的地选出现有技术未提到的小范围的发明，仍可能成为一种新的发明创造。这种发明被称为选择发明。

选择发明有时能从现有的大范围的技术方案中找到一种更优的技术方案，这种技术方案比起其他技术方案，具有意想不到的技术效果，因此也有明显的技术进步。这样的活动，从行为本身来说是发明创造行为，并且是符合专利法的目的的。因此，专利法也应当对这种发明创造给予专利保护。

对选择发明进行专利保护时的一个问题是其是否具有新颖性。专利法保护的是新的技术方案，该技术方案不属于现有技术。现有技术的范围比较大，比如某公开产品的一个技术特征是“用金属制成的”；而选择发明要求保护的范围比较小，比如专利申请要求保护的一个技术特征是“用铜制成的”，而其他技术特征与前述现有技术相同。如果单纯从逻辑上讲，“铜”属于“金属”，后一发明应“属于”前面的现有技术。但不能因此说该专利申请不具有新颖性。对选择发明的新颖性进行判断时，不是采用前面所说的标准，而是采用特殊的判断规则。

如果要求专利保护的发明或者实用新型与对比文件相比，其区别仅在于前者采用一般（上位）概念，而后者采用具体（下位）概念来限定同类性质的技术特征，则具体（下位）概念的公开使得采用一般（上位）概念来限定的发明或者实用新型丧失了新颖性。反之，一般（上位）概念的公开并不影响采用具体（下位）概念来限定的发明或者实用新型的新颖性。对比文件公开的数值或者数值范围落在专利申请限定的技术特征的数值范围内，或有共同的端点，将破坏要求专利保护的发明或者实用新型的新颖性。而当专利申请的技术特征的数值或者数值范围落在对比文件公开的数值范围内，并且与对比文件公开的数值范围没有共同的端点时，对比文件不会破坏要求专利保护的发明或者实用新型的新颖性。②将上述规则进行概括，就是一个大的范围的公开并不使其中一个特定情形失去新颖性，而

---

① 最高人民法院（2013）知行字第 12 号民事裁定书。

② 《专利审查指南（2010）》第二部分第三章 3.2.2。

特定情形的披露使包括该情形的一般权利要求失去新颖性。

如何理解上述标准与专利法所要求的新颖性之间的关系呢？笔者认为，这属于新颖性的特例。应当认为，现有技术所保护的内容以及说明书所披露的内容，都属于现有技术已经公开的内容。如果现有技术的权利要求书中使用了上位概念，在该权利要求有效的情况下，专利的保护范围应包括上位概念所包括的具体概念。这就是说，所有具体概念构成的技术方案，均属于现有技术的范围。选择发明既然是其中的具体技术方案，也应是属于现有技术的范围的。因此，从某种意义上说选择发明属于现有技术，也是正确的。但是，为了鼓励选择发明，为了使选择发明能够获得专利权，在审查实践中确立了特殊的新颖性判断规则。

典型案例

权利要求的技术特征被图公开的认定标准

北京市捷瑞特弹性阻尼体技术研究中心拥有一项名称为“快进慢出型弹性阻尼体缓冲器”的实用新型专利。该专利权利要求中的一项技术特征是“沿活塞圆周部位设置有单向限流装置”。在针对该专利提起的无效宣告中，有一份现有技术的证据是《国外铁道车辆》（证据 1）的图 1（a），该图示出弹性胶泥缓冲器的相关部件，但未示出其中单向阀的具体形状和位置。国家知识产权局专利复审委员会作出的第 14603 号决定认为，证据 1 隐含公开了涉案专利权利要求 1 的技术特征“沿活塞圆周部位设置有单向限流装置”。

专利权人提起行政诉讼后，北京市第一中级人民法院撤销了专利复审委员会的决定。北京市高级人民法院和最高人民法院均维持了该判决。三级法院的认定是一致的：涉案专利“单向阀的位置”这一技术特征不能够从证据 1 附图中直接地、毫无疑义地确定。证据 1 文字部分仅仅提到了图 1（a）所示为带单向阀的缓冲器，但没有说明此处的单向阀是否为本专利相同位置和作用的单向阀，因此国家知识产权局专利复审委员会认为证据 1 隐含公开了沿活塞圆周部位设置有单向限流装置的技术特征，缺乏事实依据。①

本案涉及现有技术中的图是否导致专利申请丧失新颖性的问题。本案中，证据 1 中的图公开了涉案权利要求 1 中的大部分内容，但是并没有示出单向阀的具体形状和位置。在确定图所公开的内容时，我国《专利审查指南》中的标准是：只有能够从附图中直接地、毫无疑义地确定的技术特征才属于公开的内容。由附图中推测的内容，或者无文字说明、仅仅是从附图中测量得出的尺寸及其关系，不应当作为已公开的内容。这一标准是客观的，也是与新颖性标准相符的。但问题在于，这一标准的适用有很大的不确定性。对于某些技术特征是否可以“从附图中直接地、毫无疑义地确定”，不同人可能会有不同认识。本案中专利复审委员会和法院的认识就不一致。

本案反映了新颖性判断中的一个问题，即如何认定权利要求的技术特征是否在图中被公开。认定的标准不能过于宽松，不能将推测的内容作为图公开的内容。当然，标准也不能过于严苛，否则图在判断新颖性时就失去了意义。如果本领域技术人员通过图可以直

---

① 北京市第一中级人民法院（2010）一中知行初第 2005 号行政判决书，北京市高级人民法院（2011）高行终字第 213 号行政判决书，最高人民法院（2012）知行字第 3 号行政判决书。

接、毫无疑义地得出争议的技术特征，就不能以没有文字记载为由否定图所披露的内容。

四、不丧失新颖性的宽限期

法条链接

《专利法》

第二十四条 申请专利的发明创造在申请日以前六个月内，有下列情形之一的，不丧失新颖性：

（一）在国家出现紧急状态或者非常情况时，为公共利益目的首次公开的；

（二）在中国政府主办或者承认的国际展览会上首次展出的；

（三）在规定的学术会议或者技术会议上首次发表的；

（四）他人未经申请人同意而泄露其内容的。

（一）不丧失新颖性的宽限期的含义

原则上讲，申请日前公知的技术都属于现有技术，将使专利申请丧失新颖性。但是，在特殊情况下，申请日前的公开并不破坏专利申请的新颖性。我国《专利法》第 24 条规定了不丧失新颖性的宽限期的效力和情形。

《专利法》第 24 条的规定，虽然使用了“新颖性”一词，但同时使用的是“发明创造”一词，说明其效力不仅仅针对发明和实用新型专利，也包括外观设计专利。

这些不丧失新颖性的公开情形是有时间限制的，只有在专利申请日前 6 个月内发生才符合条件。这 6 个月的时间，实质上为宽限期。如果已经超过 6 个月宽限期，该技术就会成为现有技术，破坏在后专利申请的新颖性。

宽限期和优先权的效力是不同的，它仅仅是把申请人（包括发明人）的某些公开，或者第三人从申请人或发明人那里以合法手段或者不合法手段得来的发明创造的某些公开，认为是不损害该专利申请新颖性的公开。实际上，发明创造公开以后已经成为现有技术，只是这种公开在一定期限内不影响申请人的专利申请的新颖性和创造性，但并不是把发明创造的公开日看作是专利申请的申请日。所以，在从公开之日至提出申请的期间，如果第三人独立地作出了同样的发明创造，而且在申请人提出专利申请以前提出了专利申请，那么根据先申请原则，申请人就不能取得专利权。当然，由于申请人（包括发明人）的公开，该发明创造成为现有技术，故第三人的申请没有新颖性，其也不能取得专利权。同样，如果除了具有《专利法》第 24 条规定的公开，申请人在申请专利前还有其他公开行为的，该行为也会影响专利申请的新颖性。例如，专利权人在“中国国际茶叶展览会”上展出过外观设计产品，而同月也将产品投放市场，4 个月后其申请专利并获得了授权。专利复审委员会认定，专利权人在申请日前的公开行为使涉案专利不符合授权条件。[①]

（二）不丧失新颖性的公开的主要情形

我国《专利法》第 24 条规定了不丧失新颖性的公开的四种情形。

① 专利复审委员会第 2615 号无效审查决定。

1. 在国家出现紧急状态或者非常情况时，为公共利益目的首次公开的

这是2020年《专利法》第四次修改时增加的一种情形。增加这种情形的目的在于鼓励为了公共利益而早日公开发明创造，减少发明人对因公开而丧失新颖性的顾虑，从而使发明创造尽早地被人知悉和利用。

2. 在中国政府主办或者承认的国际展览会上首次展出的

在国际展览会上首次展出发明创造，有利于鼓励国际交流。但是，如果在国际展览会展出后就不能在本国申请专利，则会严重阻碍国际展览会的举办。1873年，奥匈帝国政府在维也纳举办了一场国际发明博览会，邀请了许多国家的厂商，但很多厂商因为担心发明创造得不到保护而不愿意参加。这一事件促成奥地利制定了一项对展览会产品的发明创造给予临时性保护的特别法令，也促成了《巴黎公约》的制定。《巴黎公约》第11条规定，缔约国应该对展出的物品中可以取得专利的发明和实用新型等给予临时保护。《巴黎公约》只是规定应给予临时保护，却没有规定各国应当给予什么临时保护。大部分国家采用了“宽限期制度”来进行保护。我国也对在国际展览会上展出的发明创造给予了宽限期保护。

我国《专利法》第24条第2项规定的“中国政府主办或者承认的国际展览会”，包括中国政府主办的国际展览会和中国政府承认的国际展览会。中国政府主办的国际展览会，包括国务院、各部委主办或者国务院批准、由其他机关或地方政府举办的国际展览会。中国政府承认的国际展览会，是指《国际展览会公约》规定的由国际展览局注册或者认可的国际展览会。所谓国际展览会，即其展品中除举办国的产品以外，还应当有来自外国的产品。

另外，有关发明创造只有“首次”在国际展览会上展出，才能得到宽限期保护。如果发明创造被公开之后再在国际展览会上展出，就不能获得宽限期保护。

如果展出的场合不符合我国《专利法》第24条规定的“中国政府主办或者承认的国际展览会”的标准，则该发明创造不能享有宽限期待遇。例如，在“书报架”在中国百货商业协会主办的“秋季全国文化用品交易会”上展出后一个月，发明人申请了专利。专利复审委员会认为，首先，“秋季全国文化用品交易会”是由中国百货商业协会主办的，其主办者（或举办者）不符合“中国政府主办”的条件；其次，主办的是“交易会”而不是“展览会”。所以，本案实用新型所送展的场所不属于上述“中国政府主办或者承认的国际展览会”的范畴。本案实用新型由于在申请日以前已为公众所知而不具有《专利法》第22条所规定的新颖性。[①]

3. 在规定的学术会议或者技术会议上首次发表

在学会会议或者技术会议上发表科研报告，有助于科技交流。从实行专利制度的目的出发，应当对这种及早发表研究成果的做法进行鼓励。因此，我国《专利法》第24条规定了“在规定的学术会议或者技术会议上首次发表”情形下的宽限期。规定的学术会议或者技术会议，是指国务院有关主管部门或者全国性学术团体组织召开的学术会议或者技术会议，不包括省以下或者受国务院各部委或者全国性学术团体委托或以其名义组织召开的

---

① 专利复审委员会第1449号无效审查决定。

学术会议或者技术会议。①

4. 他人未经申请人同意而泄露其内容

有时，在申请人完成了发明创造但未申请专利时，其他人违背了申请人的意志，将发明创造的内容泄露。为了不影响申请人获得专利的正当权利，专利法规定了未经申请人同意而泄露发明创造的内容属于丧失新颖性的例外。他人未经申请人同意而泄露其发明创造的内容所造成的公开，包括他人未遵守明示或者默示的保密信约而将发明创造的内容公开，也包括他人用威胁、欺诈或者从事间谍活动等手段得知发明创造的内容后造成的公开。② 在负有保密义务的情况下，相关主体违反保密义务将发明创造的内容泄露是常见的情形。例如，双方合作进行产品研发，约定对开发项目的技术秘密负有保密义务。一方未经对方同意将研发的产品销售，而该产品披露了另一方后来申请专利的技术。这一公开销售是未经申请人同意而进行的，不破坏专利申请的新颖性。③ 即使没有明示的保密约定，负有默示保密义务的人泄露发明创造的内容也属于未经申请人同意而泄露。例如，发明创造所属单位的职工将有关资料提供给他人，即使没有保密协议，单位职工也有义务为本单位研制的产品保密，单位未授权职工将有关技术内容告知他人，该职工在产品上市前将有关专利技术泄露给他人的，应被看作是未经申请人同意而泄露其内容。④

（三）主张不丧失新颖性的宽限期的手续

申请专利的发明创造有《专利法》第 24 条第 2 项或者第 3 项所列情形的，申请人应当在提出专利申请时声明，并自申请日起 2 个月内提交有关国际展览会或者学术会议、技术会议的组织单位出具的有关发明创造已经展出或者发表，以及展出或者发表日期的证明文件。申请专利的发明创造有《专利法》第 24 条第 4 项所列情形的，国务院专利行政部门认为必要时，可以要求申请人在指定期限内提交证明文件。⑤ 国际展览会的证明材料，应当由国际展览会主办单位出具。证明材料中应当注明国际展览会展出日期、地点，国际展览会的名称以及该发明创造展出的日期、形式和内容，并加盖公章。学术会议和技术会议的证明材料，应当由国务院有关主管部门或者组织会议的全国性学术团体出具。证明材料中应当注明会议召开的日期、地点，会议的名称以及该发明创造发表的日期、形式和内容，并加盖公章。

理论延伸

长宽限期与短宽限期

世界各国规定的不丧失新颖性的宽限期的期间并不相同，主要有 6 个月和 12 个月两种期间。12 个月被称为长宽限期，6 个月被称为短宽限期。我国实行 6 个月的短宽限期，欧洲国家也实行 6 个月的短宽限期；而美国、加拿大等则实行 12 个月的长宽限期。

---

① 《专利审查指南（2010）》第一部分第一章 6.3.2。

② 《专利审查指南（2010）》第一部分第一章 6.3.3。

③ 专利复审委员会第 1068 号无效审查决定。

④ 专利复审委员会第 319 号无效审查决定。

⑤ 《专利法实施细则》第 30 条第 3 款、第 4 款。

关于长宽限期和短宽限期的争议一直存在。世界知识产权组织从2001年开始制定的《实体专利法条约》草案（SPLT）中规定宽限期的期限为12个月，国际保护知识产权协会（AIPPI）也将宽限期从一开始规定的6个月调整到了12个月，12个月的规定是国际协调的多次讨论中反复确认的一个结果。有的国家的规定也逐渐从短宽限期向长宽限期变化，如日本，从2018年6月9日起，根据最新修订的日本《专利法》《实用新型及外观法》，不丧失新颖性的宽限期将从6个月扩展至12个月。

随着专利保护国际化的发展，实行统一的宽限期制度的呼声也越来越高。长宽限期有利于发明创造和技术交流，能为发明人、设计人创造更为宽松的技术交流环境，使不必因为担心有意或无意的技术泄露会造成自身技术新颖性的丧失。

理论延伸

广义宽限期与狭义宽限期

宽限期按适用范围的不同，可以分成两种类型：狭义宽限期和广义宽限期。

狭义宽限期主要适用于两种情形：第一种情形是申请人在申请日之前在政府主办或者承认的国际展览会上展出，第二种情形是第三人未经申请人同意或者违背其意愿而予以公开。其中，第二种情形并不是《巴黎公约》的规定，而是欧洲众多成员国统筹和博弈后的一个结果，后被其他国家和地区相继引用。广义宽限期除适用于前述狭义宽限期适用的两种情形外，还适用于申请人在公开出版物上发表其发明、使用公开以及其他可以援引宽限期的事由。广义宽限期和狭义宽限期最主要的区别在于，狭义宽限期不适用于发明人、设计人或专利申请人自己的披露，而广义宽限期可以适用于发明人、设计人或专利申请人自己的披露。

我国采用的是狭义的宽限期。另外，《欧洲专利公约》规定的宽限期也是狭义的宽限期。《欧洲专利公约》第55条第1款规定："1. 在适用公约第54条（新颖性）的规定时，不考虑一份欧洲专利申请的申请日之前6个月内对其发明的下列公开：(1) 该公开是明显滥用与申请人或者其合法继承人的关系而导致的。例如，在未获得发明人或者其他授权人同意和许可的情况下第三方予以公开。这种关于宽限期的规定，能够解决存在保密协议的情况下违反保密协议造成公开的问题，同时也适用于在违反雇主或者所在机构意愿或者未获得批准情况下受雇研究者造成的公开（例如大学、研究机构、中小企业等）。(2) 申请人或者其继承人在政府主办或者政府承认的国际展览会上展出了其发明，所述国际展览会应当属于1928年11月22日在巴黎签订、1972年11月30日修订的《国际展览会公约》的范围。"

美国采用的是广义宽限期。美国《专利法》第102条（b）规定的不影响新颖性的公开，包括在申请日前一年内，由发明人或共同发明人所进行对发明创造的任何形式的公开，以及从发明人或共同发明人处直接或者间接地获知该发明创造的他人所进行的任何形式的公开。而日本《专利法》中的宽限期制度从1959年以来就认可"出版社发表"为适用宽限期的情形。2011年，日本对宽限期规定作了大幅修改，进一步扩大了可以适用宽限期规定的情形，"因专利权利持有人自己的行为"导致的公开，都属于不丧失新颖性的宽限期的适用范围。[①]

广义宽限期和狭义宽限期是两种不同的制度，可能导致在一个国家可以获得专利的申请，在另一个国家丧失新颖性。这不便于发明创造的国际保护。宽限期制度的统一，一直是国际专利制度协调中的一个问题。我国自专利制度建立以来，一直适用狭义宽限期，虽有关于广义宽限期的讨论，但主张采用广义宽限期的呼声并不高。同样适用狭义宽限期的欧盟国家，对于是否改变现行的狭义宽限期，转而实行广义宽限期，曾有比较热烈的讨论。反对采用广义宽限期制度的理由，除了工作方面的不便，主要是广义宽限期影响法律的确定性，如果公众通过正常途径得知了发明创造，却无法确定在什么范围内能够予以应用，将会增大专利制度对于第三方的不确定性。而支持采用广义宽限期制度的理由是，狭义宽限期并未与科学研究的现实以最优的方式相匹配，同时也难以满足大学、公共科研机构及中小企业对于及时的技术交流、市场测试与分析、技术价值和商业价值评估等的需求。[②] 我国是否应当从狭义宽限期改为广义宽限期，一方面应基于我国的现实需求，另一方面要看其他国家宽限期制度的变化趋势。

第二节　创造性

专利法保护的发明和实用新型，不但要“新”，而且要“创”。一项技术方案，并不能因为具有新颖性就被认定具有专利保护的价值，它只有与现有技术相比具有明显差别时，才能够得到专利保护。这一条件就是专利的创造性。

一、创造性的含义

创造性这一要件，已经成为绝大多数国家专利法的一致要求。但是，它并不是在专利制度建立之初就有的要求，并且现在不同国家专利法中创造性的用语和含义并不完全相同。

美国《专利法》中的相应标准是“非显而易见性（nonobviousness）”。根据美国《专利法》第 103 条的规定，发明与现有技术的区别在于，如果在完成时从整体上看，对于所属领域的普通技术人员而言是显而易见的，则不应授予专利。在美国专利制度建立之初，授予专利权的条件只有新颖性和实用性，而没有非显而易见性这一要件。1951 年，美国最高法院在判决中指出，授予专利权的发明表现出的才能和技术要多于一个本行业的普通机械师所拥有的才能和技术。[③] 1952 年美国《专利法》修改时增加了 103 条“非显而易见性”这一要件。

《欧洲专利公约》使用了“创造性步骤（inventive step）”一词：如果考虑到现有技

---

① 日本《专利法》第 30 条第 2 款。

② 何苗. 美日欧新颖性宽限期规定新发展及比较研究//国家知识产权局条法司编. 专利法研究（2013）. 北京：知识产权出版社，2015：132-147.

③ Hotchkiss v. Greenwood，52 U. S. 248（1851）.

术，一项发明对于本专业技术人员不是显而易见的，应认为其是具有创造性步骤的发明。[①]《欧洲专利局审查指南》指出："关于界定发明的任何权利要求，要求考虑的问题是，是否在申请日或有效优先权日之前，就当时的已知技术而言，对于本领域普通技术人员来说达到权利要求中的某些内容是显而易见的。如果这样，这一权利要求因不具有创造性步骤，是不能被授权的。'显而易见'一词意味着，没有突破正常的技术进步，只是通常地、逻辑性地按现有技术发展。例如，不涉及任何超过本领域普通技术人员的技术或能力而得到的东西。"[②]

日本最初的《专利法》也只规定"新颖"和"实用"两个主要实质条件。1959 年，日本在参考了大量国外立法的基础上，全面修改了其《专利法》，其中一项修改是增加了《专利法》第 29 条第 2 项，即对"进步性"作出了规定：申请专利之前，具备该发明所属技术领域的普通知识的人根据现有技术，能容易实现时，不能获得专利权。

根据我国《专利法》第 22 条第 3 款的规定，发明专利的创造性是指该发明与现有技术相比具有突出的实质性特点和显著的进步；实用新型专利的创造性是指该实用新型与现有技术相比具有实质性特点和进步。可见，我国《专利法》中的创造性包括了"实质性特点"和"进步"两个方面，并且区分了发明专利和实用新型专利。发明专利的实质性特点必须是"突出的"，进步必须是"显著的"。实质性特点相当于其他国家专利法中的非显而易见性，是指对所属技术领域的技术人员来说，发明相对于现有技术是非显而易见的。如果发明是所属技术领域的技术人员在现有技术的基础上仅仅通过合乎逻辑的分析、推理或者有限的试验就可以得到的，则该发明是显而易见的，也就不具备突出的实质性特点。发明有显著的进步，是指发明与现有技术相比能够产生有益的技术效果。

可见，尽管各国专利法使用的术语不同，但核心点都是非显而易见性。非显而易见性的英文是"nonobviousness"，来自拉丁文"*via*"，而"*via*"的基本含义是道路，故我们可以把某一技术领域中的发明想象为一条道路，同时想象有关的技术人员在从事发明的道路上徐徐前行。如果有关的技术摆在道路上明显的地方，技术人员一眼就可以看到，或者不用费力就可以找到，则这项技术就是显而易见的。如果有关的技术不是摆放在道路上明显的地方，需要技术人员付出相当的努力才可以获得，则这项技术就是非显而易见的。[③]

在现代专利制度建立之初，授予"新的"技术专利时，并不要求其具有创造性。从美国和日本的专利法发展可以看出，创造性只是随着专利法的发展而增加的一个要件。创造性要件使专利的授权标准提高了，将那些轻易从现有技术中得到的技术方案排除在专利权保护范围之外，使专利保护只给予那些真正的发明创造。

二、创造性的判断主体

主体的知识水平和认知能力不同，会影响其技术方案是不是显而易见的判断。判断申请专利的技术方案是不是显而易见的，首先需要有一个统一的判断主体。

---

① 《欧洲专利公约》第 56 条。

② 《欧洲专利局审查指南》第 11.4 条。

③ 李明德. 知识产权法. 北京：法律出版社，2008：125.

我国《专利法》和《专利法实施细则》都没有明确规定创造性判断的主体。但我国《专利法》在关于专利申请的其他要件部分使用了“所属技术领域的技术人员”[①]。一词一般认为，创造性判断的主体与发明和实用新型其他要件的判断主体一样，都是所属技术领域的技术人员，或称本领域的技术人员、本领域的普通技术人员。

对于本领域普通技术人员，《专利审查指南（2010）》作了专门规定。首先，设定这一概念的目的在于统一审查标准，尽量避免审查员主观因素的影响，因此本领域普通技术人员是指一种假设的“人”。其次，这个假定的人知晓申请日或者优先权日之前发明所属技术领域所有的普通技术知识，能够获知该领域中所有的现有技术，并且具有应用该日期之前常规实验手段的能力，但他不具有创造能力。最后，如果所要解决的技术问题能够促使本领域的技术人员在其他技术领域寻找技术手段，他也应具有从该其他技术领域中获知该申请日或优先权日之前的相关现有技术、普通技术知识和常规实验手段的能力。[②]

在审查发明创造的创造性的意义上提及“所属技术领域的技术人员”时，是指审查员或法官应当基于该虚拟主体所应具备的知识、能力，去判断涉案发明创造是否具备创造性，而非一定要由现实中的“所属技术领域的技术人员”来进行评判。[③]

理论延伸

创造性判断主体的对比

“本领域普通技术人员”是各国在专利创造性判断中普遍使用的一个概念，其含义在各国专利法与实践中基本上相同，略有差异。

美国关于创造性判断主体的讨论，最早见于美国最高法院在 1850 年 Hotchkiss v. Greenwood 案[④]中提出的“普通技工”（ordinary mechanic）：要构成专利法意义上的发明，产生技术方案所需的创造性和技能，应当具有高于“普通技工”的能力。美国 1952 年《专利法》第 103 条“非显而易见性”规则首次将“本领域的普通技术人员”（person of ordinary skill in the art）规定为显而易见性的判断标准。美国法院指出：在判断非显而易见性时，作出决定的人必须从时间上退回去，穿上当有关发明尚无人知晓或即将完成时该人的鞋子。然后作出决定的人还必须基于所有的证据，确定专利权的挑战者是否令人信服地证明，专利要求所覆盖的发明作为一个整体，在那个时间对那个人来说是显而易见的。[⑤]

很长时间以来，美国法院认为专利法中本领域普通技术人员虽然只具有一般的技术水平，但却通晓所有相关的现有技术，只是没有创造力，即没有对现有技术组合提出改进的创造力。但美国最高法院在 KSR Int'l Co v. Teleflex，Inc. 案（以下简称 KSR 案）中改变了这一标准，指出：本领域普通技术人员是具有普通创造力的人，而不像一个机器，一点

---

① 《专利法》第 26 条第 3 款。

② 《专利审查指南（2010）》第二部分第四章 2.4。

③ 最高人民法院（2015）知行字第 362 号民事裁定书。

④ Hotchkiss v. Greenwood，52 U.S. 248（1851）.

⑤ Panduit Corp. v. Dennison Mfg. Co.，810 F. 2d 1561（Fed. Cir. 1986）.

创造力也没有。[①] 美国专利商标局根据该判决修改了审查指南。根据新审查指南的规定，本领域普通技术人员也是具有普通创造力的人，在许多情况下，也能够将多个专利技术组合，就像智力拼图一样。专利审查员也可以考虑该领域中的普通技术人员会采用的推论和创造性措施，可以基于他们自己的技术专家身份对本领域普通技术人员的知识和技能进行描述。

欧洲专利局认为创造性的判断主体为本领域普通技术人员（man skilled in the art）。"本领域普通技术人员被假定为一个普通的从业人员，他知道在相关日期本领域公知常识。并且还应当假定他了解技术状况的全部，特别是检索报告中提到的文献，具有熟练地使用各种工具并且进行通常的工作和实验的能力。如果问题使本领域普通技术人员在其他领域寻求解决方案，其他领域的专家是有能力解决这个问题的人。评价解决方案是否涉及创造性步骤时，必须基于专家的知识和能力。有时，从一组人的角度去考虑，比如一个研究和生产的团队，比从一个人的角度考虑更恰当。例如，这可能适用于某些尖端技术，比如计算机和通信系统，或者高度专业化的程序中，例如集成电路或复杂的化合物的商业生产等。"[②] 本领域普通技术人员被假定接触到了申请日前的现有技术，而不管现有技术的文献的读者是谁。本领域普通技术人员还被认为熟悉相近的技术领域，而不是特别远的技术领域。[③] 当两个技术领域存在接触点时，它们是相近的。接触点的确定应根据一个领域的技术人员是否可以想到另一领域特定问题的解决方案来判断。[④] 在判断显而易见性时，不一定所有的方面都基于同一个本领域普通技术人员。因此，如果一个特定领域的技术人员去请教相近领域的专家是显而易见的，这个专家就成为本领域普通技术人员。因此，当考虑是否用玻璃纤维替换运输带清洁装置中的一个部件时，本领域普通技术人员是材料专家，而不是运输带专家。[⑤] 同理，欧洲专利局技术上诉委员会认为，一个专利的权利要求 1 并不具有创造性，因为其权利要求 1 将三个要素组合在一起并没有相互配合的协同效果，由包括一个住宅专家（housing specialist）和插接专家（plugged connections specialist）组成的团队是可以解决这个问题的。[⑥] 在生物技术领域，本领域普通技术人员被认为是一个保守的人，他从不违背已有的偏见，也不会尝试探索不可预知的领域，不会承担不可测的风险。他可以将相近技术领域的技术转用于他感兴趣的特定领域，如果这种转用只涉及通常的试验，包括常规的尝试。[⑦] 当技术问题涉及在商业、保险精算、会计等领域的计算机应用时，本领域的技术人员应当是数据处理方面有丰富的经验的人，而不仅仅是商人、精算师或会计师。[⑧]

日本《专利法》第 29 条第 2 款关于"创造性"的规定，使用了"所属技术领域的普通知识的人"的用语，一般称之为本领域普通技术人员。根据日本特许厅《发明和实用新

---

① KSR Int'l Co. v. Teleflex，Inc.，550 U. S. 398（2007）.

② 《欧洲专利局审查指南》第 11.3 条。

③ Case T-176/84，OJ，1989，377.

④ Case T-01/85，OJ，1999，57.

⑤ Case T-32/81，OJ，1982，225.

⑥ Case T-141/87，OJ，1996，570.

⑦ Case T-455/91，OJ，1995.

⑧ Case T-641/00，OJ，2003.

型审查指南》的规定，本领域普通技术人员，为符合下述四个条件的假想的人：(1) 掌握要求保护的发明所属技术领域专利申请时的技术常识；(2) 能够使用通常技术手段进行研究开发（包括文献解析、实验、分析、制造等）；(3) 能够发挥材料选择、设计变更等通常的创作能力；(4) 具备要求保护的发明所属技术领域专利申请时技术水平的全部知识，以及为解决发明的技术问题所需要的有关技术领域的知识。[①] 本来“本领域普通技术人员”指的是某一技术领域的“单个的自然人”，2000 年日本特许厅《发明和实用新型审查指南》修改时，增加了“个人以外，在适当的场合考虑多个领域的专家团队”的规定，使本领域普通技术人员的范围扩大。这是因为随着技术的发展，技术应用领域的关联领域越来越广，技术人员的范围也出现了多元流动性。

可见，本领域普通技术人员是创造性判断中普遍使用的一个假定的人，在美国、欧洲、日本和我国，本领域普通技术人员的知识水平基本相同。但在其有没有创造力的问题上，各国的标准存在差异。我国审查实践按照传统的标准，认为本领域普通技术人员不具有创造能力。美国改变了假定其没有创造力的传统，认为他具有普通创造力，这样更容易认定显而易见。英国和日本没有在本领域普通技术人员的创造力上做文章，而是对本领域普通技术人员的组成进行了说明。本领域普通技术人员是一个团队，只要为了解决某一技术问题显而易见地将不同的技术人员组成一个团队，则认为该团队的认知水平和创造力就是创造性判断时“本领域普通技术人员”的标准。由此，美国、英国和日本都通过判例提高了“本领域普通技术人员”的水平，使创造性的标准相应提高。

三、创造性判断的对比文件

与新颖性判断“单独对比”的审查原则不同，审查判断创造性时，要将一份或者多份现有技术中的不同的技术内容组合在一起对要求保护的发明创造进行评价。[②] 这是各国在判断创造性时共同的遵循审查原则。

依我国《专利法》判断创造性时的对比对象是“现有技术”，而不包括抵触申请。只有在申请日前为公众所知的技术，才能用于评价涉案专利申请的创造性。抵触申请可以用于评价涉案专利的新颖性，但不能用于评价其创造性。欧洲和日本也采用这一做法，不将抵触申请用于评价创造性；而在美国则可以使用抵触申请来评价创造性。

四、发明专利的创造性判断

(一) 发明专利“突出的实质性特点”的判断

“突出的实质性特点”是发明专利之创造性的内容之一。判断发明是否具有突出的实质性特点，就是要判断对本领域的技术人员来说，要求保护的发明相对于现有技术是否显而易见。根据我国《专利审查指南》的规定和我国的专利审查实践，对“突出的实质性特点”的判断主要通过三个步骤：确定最接近的现有技术；确定发明的区别特征和发明实际

---

① 日本特许厅：《发明和实用新型审查指南》第三部分第二章第二节 2。

② 《专利审查指南（2010）》第二部分第四章 3.1。

解决的技术问题；判断要求专利保护的发明对本领域的技术人员来说是否显而易见。[①]

1. 确定最接近的现有技术

最接近的现有技术，是指现有技术中与要求专利保护的发明最密切相关的一个技术方案，它是判断发明是否具有突出的实质性特点的基础。最接近的现有技术，例如可以是，与要求专利保护的发明技术领域相同，所要解决的技术问题、实现的技术效果或者用途最接近，和/或具有公开发明的技术特征最多的现有技术；也可以是虽然与要求专利保护的发明技术领域不同，但能够实现发明的功能，并且具有公开发明的技术特征最多的现有技术。应当注意的是，在确定最接近的现有技术时，应首先考虑技术领域相同或相近的现有技术。[②] 最接近的现有技术应当是客观存在的一个技术方案，即本领域的技术人员在阅读或者知晓相应的对比文件后，应当能够确定无疑地认定该最接近的现有技术是该对比文件所公开的一个技术方案。如果对比文件公开了两个或者多个不同的技术方案，在判断发明的创造性时，通常不应当允许将该两个或者多个不同的技术方案重新解构后形成新的技术方案，并将该新的技术方案作为判断该发明是否具有创造性的最接近的现有技术。[③]

2. 确定发明的区别特征和发明实际解决的技术问题

区别特征的确定是通过将发明与最接近的现有技术进行对比得来的。首先应当将专利权利要求的技术方案划分为若干技术特征。为避免在对比过程中割裂发明所作的贡献，往往需要对权利要求涉及的技术特征或技术特征组合进行分析。通过分析技术方案各部分内容为解决技术问题采用的发明构思，以及与产生的技术效果之间的关系，准确划分发明的技术特征。然后将发明的技术特征与最接近的现有技术对比，确定发明的区别特征。

发明实际解决的技术问题，是指为获得更好的技术效果而需对最接近的现有技术进行改进的技术任务。对于发明实际解决的技术问题应进行客观分析。首先应当分析要求专利保护的发明与最接近的现有技术相比有哪些区别特征，然后根据该区别特征所能达到的技术效果确定发明实际解决的技术问题。确定发明实际解决的技术问题，通常要在发明相对于最接近的现有技术存在的区别技术特征的基础上，由本领域普通技术人员在阅读相关专利说明书后，根据该区别技术特征在权利要求请求保护的技术方案中所产生的作用、功能或者技术效果等来确定。

3. 判断要求专利保护的发明对本领域的技术人员来说是否显而易见

在该步骤中，要从最接近的现有技术和发明实际解决的技术问题出发，判断要求专利保护的发明对本领域的技术人员来说是否显而易见。是否显而易见的判断，主要是对技术启示的判断，即现有技术中是否给出将区别特征应用到该最接近的现有技术以解决其存在的技术问题的启示，这种启示会使本领域的技术人员在面对所述技术问题时，有动机改进该最接近的现有技术并获得要求专利保护的发明。如果最接近的现有技术存在这种技术启示，则发明是显而易见的。[④]

---

① 《专利审查指南（2010）》第二部分第四章 3.2.1。

②④ 《专利审查指南（2010）》第二部分第四章 3.2.1.1。

③ 北京市高级人民法院（2017）京行终 1418 号行政判决书。

典型案例

发明解决的技术问题的确定和创造性的判断方法

在埃意（廊坊）电子工程有限公司、王某、国家知识产权局专利复审委员会专利无效案中，涉案专利名称为“处于坐垫下表面或座椅骨架上的压力型安全带提醒传感器”实用新型专利。涉案专利原权利要求2与对比文件2的其中一个区别技术特征是：涉案专利中限定压力传感器包括设置在塑料薄膜层上的通孔，而证据2的薄膜开关中，是在黏合层18中形成小排气通道36，通道36连接至主排气通道38，通道38终止于薄膜20的边缘39，使其实际上被排气至空中。对于此区别技术特征解决的技术问题，以及创造性判断的方法，二审法院（北京市高级人民法院）和最高人民法院有不同的论述。最高人民法院的意见，对于发明和实用新型专利创造性判断具有指导意义。

对于区别技术特征解决的技术问题，二审法院认为：作为本领域的公知常识或生活常识，“通孔”必然具有“排气通气”的功能，由于涉案专利中的“通孔”与压力传感器是一体设计的，所以客观技术问题的认定不能仅以“通孔”本身具有的功能来确认，应将“通孔”置于压力传感器中来认定。涉案专利在仅有两页的说明书中，反复表述“传感器的各个传感单元可以重复测量”，因此，本领域普通技术人员基于涉案专利发明主题、发明目的，以及说明书对传感单元结构、具体实施方式的记载，可以明确地认识到，传感器单元的技术效果是“测量”汽车座椅上的载荷，故涉案专利实际解决的技术问题既非专利权人声称的“排气通气”，亦非一审法院归纳总结的“保持平衡”，而是“识别最低载荷”①。而最高人民法院认为：虽然涉案专利的说明书中没有记载区别技术特征中的“通孔”的作用、功能、技术效果，但本领域普通技术人员在阅读涉案专利说明书后，能够认识到“通孔”在原权利要求2中的作用是在受压载荷时便于中间层通道空腔中的空气排出，使原本并无接触的印刷电路产生接触；在受压载荷移除后，使空气可以通过通孔进入中间层通道中的空腔，隔绝印刷电路之间的电连接。故应当在此基础上，对现有技术是否整体上给出了有关区别技术特征的技术启示作出认定。二审法院将实际解决的技术问题认定为“确定最低载荷”，缺乏事实依据。②

关于创造性判断的方法，二审法院认为：判断创造性时采用的“三步法”基本上源于欧洲专利局的“问题—解决”方法，其精髓在于：重塑发明过程，即以最接近的现有技术为基础，立足本领域的普通技术人员的认知，分析最接近的现有技术中存在的缺陷，并据此提出发明要解决的技术问题，再进一步判断现有技术整体上是否给出了采用与发明一样的手段解决该技术问题的技术启示。虽然对个别案件而言，存在忽视“三步法”的现象，但“三步法”的判断思路适用于对绝大多数发明的创造性审查，是避免“事后诸葛亮”，客观判断发明的创造性所不可取代的有效方法。③而最高人民法院认为：“三步法”并非判断创造性的唯一方法。在准确、客观、全面地理解权利要求限定的技术方案和现有技术的基础上，不排除对创造性的判断也可以通过“三步法”以外的其他方法来完成。而且，无

①③　北京市高级人民法院（2015）高行（知）终字第3065号行政判决书。

②　最高人民法院（2018）最高法行再33号民事判决书。

论采用哪种方法，理应得到相同的结论。在《专利审查指南》中，有关“突出的实质性特点（显而易见）”的认定方法也只是规定了“三步法”，并没有明确记载其他的判断方法。且长期以来，在专利审查实践以及司法实践中，“三步法”始终是认定创造性最为重要、最为基本的方法。因此，在认定发明创造是否显而易见、是否具有创造性时，一般应当通过“三步法”来进行判断，但也有必要给其他判断方法留出适用、发展的空间。[①]

本案中二审法院和最高人民法院对于区别技术特征解决的技术问题，给出了不同的结论，最终导致二审判决被撤销。在专利审查或无效宣告的过程中，使用的最接近的现有技术可能不同于申请人在说明书中所描述的现有技术，这时应基于最接近的现有技术重新确定该发明实际解决的技术问题，该技术问题可能不同于说明书中所描述的技术问题。本案中的对比文件中的技术不同于说明书中描述的背景技术，因此法院基于区别技术特征重新确定要解决的技术问题。但二审法院在确定要解决的技术问题时，不仅考虑了所争议的区别技术特征，还考虑了其他技术特征，根据其所在的技术单元给整个技术方案带来的技术效果来认定要解决的技术问题。最高人民法院认为这是一种“刻意、主观地去抽象、概括一个实际解决的技术问题”，应予纠正；并认为确定区别技术特征解决的技术问题的方法是：以涉案专利说明书为依据，根据该区别技术特征在权利要求保护的技术方案中所实现的作用、功能、技术效果，来确定其实际解决的技术问题。

对于创造性判断的方法，二审法院和最高人民法院实质上都采用了“三步法”的判断方法。但对于该方法的适用范围，两级法院的态度并不完全相同。二审法院认为该方法适用于绝大多数案件，是不可取代的有效方法。但最高人民法院并没有把“三步法”放在如此重要的位置，认为它并非判断创造性的唯一方法，不能排除“三步法”以外的其他方法。

实务探讨

美国 KSR 案中创造性的判断方法

美国最高法院的 KSR 案[②]是美国关于专利创造性的典型案例，该案中的专利为“带有节气门电子控制装置的可调油门踏板”，专利权人依据授权时的权利要求 4 提起诉讼。权利要求 4 主要包括以下部件：(1) 安装在汽车上的支架；(2) 可调整的脚踏板装置，带有扶手，可以围绕 (1) 所述支架前后旋转；(3) 该踏板装置配备安装在 (1) 所述支架上的轴；(4) 在 (1) 所述支架上配备电子踏板位置元件。

涉案专利的技术背景是：20 世纪 70 年代以前，汽车司机通过脚踩油门踏板来控制速度，该踏板围绕轴点旋转。70 年代之后，汽车制造商开始设计可调节的踏板装置。20 世纪 90 年代开始制造商通过在踏板上安装传感器代替原有的机械装置。KSR 案中的 Teleflex 公司就将可调整的油门踏板装置进行改进并与传感器相结合，该电子元件被固定在支架上，从而能够测量踏板在轴心的位置。Teleflex 公司就该项改进和组合向美国专利商标局申请了涉案专利并获得批准。其专利说明书称，本技术的踏板装置可以是任何可调

① 最高人民法院（2018）最高法行再 33 号民事判决书。

② KSR Int'l Co. v. Teleflex, Inc., 550 U. S. 398 (2007).

整的踏板装置。

KSR公司是经营客车和轻型卡车脚控油门踏板装置的加拿大公司，KSR公司的产品同样将电子元件与油门踏板装置相结合。2002年11月8日Teleflex公司及其附属公司Technology Holding向美国密歇根州的联邦地方法院起诉KSR公司，称KSR公司的可调节油门踏板装置侵犯其专利权利要求4。

KSR公司提出专利无效的抗辩，并提交了现有技术作为对比文献。对比文献1披露了一种可调油门踏板，其油门踏板组件中的一个轴是固定的，这样，无论如何调整油门踏板的位置，踩动油门踏板所需要的压力都是恒定的。对比文献2披露了另一种其前后位置可调的油门踏板组件，但随着踏板位置的前后移动，油门踏板的轴也将前后移动。对比文献3采用电位计作为传感器，该电位计被固定安装在油门踏板组件的支撑件上，电位计转臂随油门踏板轴一起转动。对比文献4指出，为了防止传感器与电脑之间的连线因移动产生疲劳而受到损坏，同时为避免驾驶者的脚踩以及所带来的污垢使连线受到损坏，传感器应当被安装在油门踏板组件的固定位置上，而不是被安装在油门踏板组件的踏板中或者踏板上。对比文献5披露了一种模块化的油门踏板传感器，可从支撑件上取下以安装在各种不同类型的油门踏板上，从而将节气门开度的调节方式从机械方式改为电控方式。对比文献6披露了一种将传感器安装在油门踏板组件的踏板臂上的技术方案，其传感器随着踏板臂一起上下移动，因而会使传感器与电脑之间的连线受到磨损。

美国密歇根州的联邦地方法院认为，除了采用传感器来检测油门踏板的位置并将信号传给控制节气门开度的电脑，对比文献1披露了权利要求4其余的所有技术特征，而对比文献5披露了将模块式传感器安装在各种类型的油门踏板上的技术方案，权利要求4只是两份现有技术的简单组合。

美国联邦巡回上诉法院（CAFC）于2005年6月6日作出二审判决，撤销了一审判决。CAFC认为，一审法院对创造性的判断没有严格遵循上诉法院一直坚持的TSM检测方法，因为它没有找到关于所述领域的普通技术人员知识范畴内的特定理解或者原理之类的事实，能够促使一个事先不了解该案发明的人想到将电控装置安装在对比文献1所述的油门踏板组件的支撑件上。CAFC指出：一审法院认为该案发明所要解决的问题本身的性质就满足了TSM准则，这种分析是不正确的。所有对比文献都不会引导普通技术人员在对比文献1披露的可调油门踏板架构上以权利要求4表明的方式安装传感器。

美国最高法院进行了调卷审理并作出了判决。美国最高法院在判决中首先肯定了TSM检测方法，指出：当专利发明由若干要素组成时，不能仅仅通过举证证明这些要素单独来看都属于现有技术，就得出该发明显而易见的结论。尽管常识会导致人们谨慎地判断一份将两个已知装置根据它们的已知功能组合起来的专利申请是否构成一项创新，但重要的一点在于是否存在某种原因，促使本领域的普通技术人员能够想到将它们以专利申请的权利要求所述的方式组合起来。因此，CAFC以及其前身确立了TSM检测方法。但是，随后美国最高法院又对僵化地适用这一方法提出了批评："即使是有助于创造性判断的良策，也不应成为僵化和千篇一律的规则。如果以这种方式予以适用，TSM检测方法就不符合本法院的判例了。创造性的判断不能局限于表达教导、启示或者动机的文字的字面含义，也不能过分强调已公开文献和授权专利的字面内容的重要性。"CAFC的分析方式的缺点主要体现在其适用 TSM 检测方法时所反映出的对创造性的判断刻板上。其第一个错误是认为法院和专利审查员应当只看专利权人试图解决的问题，而将美国最高法院提出的上述分析方法排除在外；第二个错误在于其所作的一个假设，即试图解决某一技术问题的普通技术人员只会注意到现有技术中提及的那些用于解决相同问题的技术方案；第三个错误是认为只证明要素的组合方式是明显可以尝试的，但还不足以证明专利技术方案是显而易见的。

美国最高法院同意一审法院对相关现有技术以及对所属领域的普通技术人员的水准的认定，认为所属领域的普通技术人员能够想到以权利要求 4 所述的方式将对比文献 1 披露的可调油门踏板机构与踏板位置传感器结合起来，并且能够看到由此带来的好处。①

在创造性的判断标准和步骤上，我国与欧洲、美国是基本相同的，其中最关键的步骤是最后一步，即是否显而易见的判断。美国 CAFC 为了将判断标准客观化，提出了 TSM 检测方法。美国最高法院虽然认可该方法，但认为该方法不应被视作绝对的指导原则，也不是唯一的判断方法。另外，启发组合的来源不限于被援引的文献，还可包括设计潮流或者相关领域的知识。本领域普通技术人员也并不是没有任何创造力，而是具有普通创造力。总的来说，美国最高法院提高了创造性判断的标准。2007 年 10 月，美国专利商标局根据美国最高法院的判决，公布了针对创造性的新的审查指南。新指南列举了 7 条根据美国《专利法》第 103 条拒绝专利申请的理由，其中 TSM 只是理由之一。②

创造性是发明和实用新型专利授权条件中一个非常重要的条件。提出创造性要件的目的在于将发明授予与现有技术的差别达到一定高度的创造性劳动成果，从而刺激人们从事真正的发明创造。但如何判断创造性，特别是如何判断是否显而易见，是各国专利实践中的难题。美国 CAFC 提出的“教导、启示、动机”标准是一种比较典型的客观标准。该标准认为，只有当在先技术、问题的性质以及本领域的普通技术人员的知识反映了将在先技术的教导组合起来的动机或启示时，专利才是显而易见的。但是在适用该标准时，如果将在先技术中的教导以及解决的技术问题严格限于在先技术的文字所披露的内容，实质上会降低创造性，使一些显而易见的发明获得了专利或维持专利权有效。将专利授予那些按普通步骤就会产生的没有体现真正创新的改进，将会阻碍技术进步。同时，将已知技术组合起来成为专利，将剥夺在先发明的价值和效用。美国最高法院的判决，是对将专利创造性标准过度客观化的否定，同时也是对专利创造性标准的提高，对于我国制定创造性标准和正确判断创造性，具有借鉴意义。

---

① 对该案的介绍，参见尹新天. 美国专利政策的新近发展及对我国知识产权制度的有关思考//国家知识产权局条法司编. 专利法研究（2007）. 北京：知识产权出版社，2008。

② 美国新审查指南提出的 7 个驳回理由是：依照已知方法将现有技术中的元素进行组合，获得预期的效果；用一种已知的元件对另一元件进行简单替换，获得预期的效果；使用与已知技术相同的方式对相似设备（方法或产品）加以改进；将已知技术应用于有待改进的已知设备（方法或产品），获得预期效果；明显值得尝试——从有限数量的、确定的、可预期的解决方案中进行选择，而且具有合理的成功预期；在设计的激励或其他市场驱动下，某一研究领域的已知工作本身，会促使对该已知工作进行变更，以应用在相同或不同的领域中，如果该变更对本领域普通技术人员来说是可预期的；现有技术中的某些教导、启示或动机会引导本领域普通技术人员对现有技术文献进行修改，或者结合现有技术中的教导来实现所申请发明。方慧聪. KSR 案与美国专利审查指南的最新修改//国家知识产权局条法司编. 专利法研究（2007）. 北京：知识产权出版社，2008.

（二）发明专利“显著的进步”的判断

审查发明是否具备创造性，应当审查发明是否具有突出的实质性特点，同时还应当审查发明是否具有显著的进步。发明有显著的进步，是指与现有技术相比发明能够产生有益的技术效果。例如，发明克服了现有技术中存在的缺点和不足，或者为解决某一技术问题提供了一种不同构思的技术方案，或者代表某种新的技术发展趋势。[①]

从我国《专利法》的规定看，“突出的实质性特点”和“显著的进步”是两个并列的条件，必须同时具备才能得出具有创造性的结论。但是，从其他国家的规定和审查实践看，创造性的含义就是非显而易见性，“显著的进步”并不是一个独立的条件。在我国自《专利法》实施以来，在判断是否具备创造性时，实际上采取的是与国际标准基本相同的标准。[②] 实践中，在判断“突出的实质性特点”时，已经考虑到了专利的技术效果以及采用的技术方案。如果认定发明的区别技术特征解决了某一技术问题，或者发明专利申请本身提供了替代的技术方案，也就能够认定该发明具有显著的进步。

五、实用新型专利创造性的判断

实用新型又被称为“小发明”。建立实用新型专利制度的目的之一就是对于达不到发明专利授权条件的“小发明”也给予保护。因此，在理论上说，达不到发明专利的创造性标准，是有可能符合实用新型专利的创造性标准的。从我国《专利法》的规定看，发明专利要求具有“突出的实质性特点”，而实用新型专利要求具有“实质性特点”。这也就是一般所说的“发明的创造性标准比实用新型的高”。

实用新型专利较低的创造性标准如何体现在非显而易见性的判断中，是专利审查中的一个难题。

这种标准的差异，不能只体现在定义中“突出的”和“显著的”两个修饰词的有无，而是体现在具体的创造性判断中。对此，在我国在专利审查中是通过可使用的现有技术的文献数量来判断的。在具体判断一项发明创造是否显而易见时，是以本领域的普通技术人员所具有的专业知识为基础，将现有技术中的相关部分组合在一起而进行判断的。因此，现有技术文献的有无及多少，直接影响着非显而易见性的判断。我国国家知识产权局的《专利审查指南》正是从现有技术的使用方面来区分发明和实用新型的创造性判断标准的。两者在创造性判断标准上的不同，主要体现在现有技术中是否存在“技术启示”。在判断现有技术中是否存在技术启示时，发明专利与实用新型专利存在区别，这种区别体现在下述两个方面：一个方面是现有技术的领域。对于发明专利而言，不仅要考虑该发明专利所属的技术领域，还要考虑相近或者相关的技术领域，以及该发明所要解决的技术问题是否能够促使本领域的技术人员到其中去寻找技术手段的其他技术领域。对于实用新型专利而言，一般着重于考虑该实用新型专利所属的技术领域。但是现有技术中给出明确的启示，例如现有技术中有明确的记载，促使本领域的技术人员到相近或者相关的技术领域寻找有关技术手段的，可以考虑其相近或者相关的技术领域。另一方面是现有技术的数量。对于

---

① 《专利审查指南（2010）》第二部分第三章 2.3。

② 尹新天. 中国专利法详解. 北京：知识产权出版社，2011：263.

发明专利而言，可以引用一项、两项或者多项现有技术来评价其创造性。对于实用新型专利而言，一般情况下可以引用一项或者两项现有技术来评价其创造性，对于通过由现有技术“简单地叠加”而成的实用新型专利，可以根据情况引用多项现有技术来评价其创造性。①

尽管《专利审查指南》规定了上述具体标准，但在专利审查和行政诉讼过程中，如何区分发明专利的创造性和实用新型专利的创造性，在具体操作方面尚存在相当大的难度。

典型案例

判断实用新型创造性时的对比文件

在赵某与邹某、国家知识产权局专利复审委员会实用新型专利无效纠纷案中，法院以专利复审委员会使用的对比文件错误为由撤销了专利复审委员会的无效决定，显示了实用新型专利和发明专利在创造性判断标准方面的差异。

涉案专利是名为“握力计”的实用新型专利。在审查过程中，专利复审委员会使用了当事人提交的证据2，并作出了涉案专利全部无效的决定。在行政诉讼过程中，二审法院认为证据2与涉案专利属于不同的技术领域，被诉决定以该证据否定本专利的创造性，属认定事实错误，遂判决撤销专利复审委员会的决定。②

国家知识产权局专利复审委员会向最高人民法院申请再审，最高人民法院驳回了其再审申请。最高人民法院认为：专利法规定的实用新型专利的创造性标准低于发明专利的创造性标准。判断发明创造是否具有创造性，应当基于所属技术领域的技术人员的知识和能力，并通过将发明创造的技术方案与现有技术进行比对来判断。发明专利和实用新型专利的创造性标准不同，因此技术比对时所考虑的现有技术领域也应当有所不同，这是体现发明专利和实用新型专利创造性标准差别的一个重要方面。技术领域，应当是要求专利保护的发明或者实用新型技术方案所属或者应用的具体技术领域，而不是上位的或者相邻的技术领域，也不是发明或者实用新型本身。涉案专利是名称为“握力计”的实用新型专利，判断其是否具有创造性，首先应当确定“握力计”所属的技术领域以及相关和相近的技术领域。技术领域的确定，应当以权利要求所限定的内容为准，一般根据专利的主题名称，结合技术方案所实现的技术功能、用途加以确定。专利在国际专利分类表中的最低位置对其技术领域的确定具有参考作用。相近的技术领域一般指与实用新型专利的产品功能以及具体用途相近的领域，相关的技术领域一般指实用新型专利与最接近的现有技术的区别技术特征所应用的功能领域。涉案专利技术的功能属于测力装置，具体用途为测人手的握力。由于技术领域范围的划分与专利创造性要求的高低密切相关，考虑到实用新型专利创造性标准要求较低，在评价其创造性时所考虑的现有技术领域范围应当较窄，一般应当着重比对实用新型专利所属技术领域的现有技术。但是在现有技术已经给出明确的技术启示，促使本领域普通技术人员到相近或者相关的技术领域寻找有关技术手段的情形下，也

① 《专利审查指南（2010）》第四部分第六章。

② 北京市高级人民法院（2010）高行终字第811号行政判决书。

可以考虑相近或者相关技术领域的现有技术。所谓明确的技术启示是指明确记载在现有技术中的技术启示或者本领域普通技术人员能够从现有技术直接地、毫无疑义地确定的技术启示。本案中，涉案专利权利要求1的技术方案与最接近的现有技术证据7（一种体力测定器）公开的内容相比，区别技术特征在于测力传感器不同，故测力传感装置为涉案专利的相关技术领域。为了评价测力传感器的创造性，专利复审委员会考虑了证据2（手提式数字显示电子秤，用于测重力），将其测力传感器与涉案专利的传感器进行比对。虽然“握力计”和电子秤都是测力装置，但二者分别具有不同的特定用途。同时，重力和人手的握力相比较，施力对象不同，施力方向也不同，重力单纯向下，人手的握力不是单纯向下而是从四周向中心，所以二者不属于相同技术领域。但涉案专利与手提式数字显示电子秤功能相同、用途相近，二者之测力传感器的测力原理基本相同，可以将手提式数字显示电子秤视为涉案专利的相近技术领域。但是，由于现有技术并未给出明确的技术启示，专利复审委员会在评价涉案专利的创造性时考虑手提式数字显示电子秤的测力传感器属于适用法律错误。①

根据北京市高级人民法院和最高人民法院的判决，专利复审委员会重新作出了决定，认定涉案专利的权利要求全部有效。②

上述案例体现了实用新型专利和发明专利创造性标准的不同。如果涉案专利是发明专利，则证据2作为相近技术领域的技术，可以用于评价涉案专利的创造性，涉案专利就应当被宣告无效。但由于涉案专利为实用新型专利，只有在现有技术给出明确启示时，才能考虑相近领域的技术，但现有技术又没有给予考虑该相近领域的技术的明确启示，因此的北京市高级人民法院和最高人民法院认为证据2不能用于评价涉案专利的创造性，最终涉案专利被认定有效。

典型案例

德国实用新型创造性的判断标准

2006年6月20日，德国联邦法院就对德国联邦专利法院XZB27/05判决的上诉案作出终审判决，对实用新型专利的创造性判断提出了自己的标准。

本案涉及一个名称为“展示柜”的实用新型专利。在该实用新型专利到期前，有人向德国专利局提出撤销专利申请，理由是该实用新型不具备新颖性和创造性。德国专利局驳回了撤销申请，申请人又向德国联邦专利法院提了复审请求。在该实用新型专利到期后，申请人又向德国联邦专利法院请求认定专利无效，理由是该实用新型不具备创造性。

德国联邦专利法院指出：以前掌握的实用新型专利的创造性判断标准是只要超出技术人员日常活动的水平，就可以认定具有创造性。然而这种观点在某些情况下将导致无法令人信服的结果。因此，德国联邦专利法院在本案判决中对实用新型专利创造性的评价，甚至部分地与发明专利创造性的判断标准的非显而易见性相提并论。德国联邦专利法院表

① 最高人民法院（2011）知行字第19号行政判决书。

② 专利复审委员会第18884号无效审查决定。

示，希望德国联邦法院受理该上诉案，以便对发明专利“发明活动”与实用新型发明“发明步骤”之间的关系作出解释。

德国联邦法院受理该上诉案后，对实用新型发明与发明专利在创造性判断标准上的判别进行了详细的论述。德国联邦法院指出：在1986年8月15日修改的《实用新型法》，表达了立法者强调两者之创造性判断标准存在区别的意愿。该法至少在文字上采用了两个不同的词语——“发明步骤”和“发明活动”。这种表述顺应了以往德国法院的判决及在学术界长期沿袭的传统理论。德国最高司法判决在很长时期内都传达着这样的观点：可以获得实用新型专利保护的技术方案在创造性高度上可以低于获得发明专利保护的技术方案，因为发明专利的保护期长于实用新型专利的。

发明专利与实用新型专利在创造性判断标准上的差别是得到多数人承认的，但该差别始终没有确切的定义。德国联邦专利法院在本案之前的很长时间里一直持这一观点：一个技术方案即使相对于本领域的技术人员是显而易见的，但只要不是通过普通技术常识和对现有技术的惯常性理解就可以直接获得的，即可获得实用新型专利保护。而德国联邦法院对于在1986年《实用新型法》框架下如何解释该问题一直没有机会发表意见。在本案中，德国联邦法院指出：就保护的效力而言，发明专利与实用新型专利基本上是相同的，只是某些领域仅可被给予发明专利保护而不能获得实用新型专利保护。从立法者的角度看，二者的区别在于考虑的现有技术范围不同，这种区别不仅针对新颖性判断，也针对创造性判断。无论是“发明步骤”还是“发明活动”，都是定性的标准而不是定量的标准。人们经常的说法是，实用新型在发明贡献度上低于发明专利，甚至可以是显而易见的。这样一种衡量发明贡献度的方法无论在哪里都是不存在的。如果认为一个发明贡献度“较低的”，甚至显而易见的方案也可以获得排他权，则破坏了体系的完整性。这种方式可能使《实用新型法》走向一种危险，即成为容装所有不能获得发明专利保护的方案的收容器。本法庭不赞成这样的倾向，即在解释法律时不受联邦政府在立法时的立法宗旨的约束。从联邦立法的宗旨看，不应放弃对发明贡献的要求。因此，那些看起来显而易见但普通技术人员根据常识以及对现有技术惯常的理解而不能直接得到的方案不能被认为具备了“发明步骤”，否则，其结果是，除权利人外其他所有从事工商业活动的人都不得使用这样的方案。这样的权利扩充对于受宪法保护享有交易自由的第三人是不适当的。①

前述我国和德国法院的判决，使我们更进一步认识到区别发明专利与实用新型专利之创造性的困难。一方面，因为实用新型专利就是为了保护小发明而创设的，所以实用新型专利的创造性要比发明专利的低；另一方面，实用新型一旦获专利授权，就具有排他的效力，权利人可以禁止其他人实施。因此，虽然实用新型专利的创造性标准低，但也不能是显而易见的。德国联邦法院在前述“展示柜”案的判决中发表了对实用新型专利之创造性标准的意见，对法律规定的创造性标准进行了解释。虽然其没有创立新的判断标准，但对德国司法界和理论界的主流观点提出了批评，使实用新型专利的创造性标准更为严格。这

---

① 李永红. 如何定义实用新型创造性高度——从德国联邦法院近期的一份判决引发的思考. 中国专利与商标，2008 (1).

种提高实用新型专利授权标准的态度，与美国最高法院在KSR案中被提高发明专利创造性标准的态度不谋而合。在专利申请“泛滥”、专利丛林化的时代，专利应授予真正有创造性的发明，创造性的标准应当更加严格。

而实用新型专利创造性标准提高后离发明专利的创造性标准有多大距离，怎么量化发明专利与实用新型专利在创造性上的差异，是自实用新型专利制度实施以来各国都存在的问题。如前所述，在我国实用新型专利的创造性标准是通过限制对比文件的范围来实现的。除此之外，在是否显而易见的判断上，针对实用新型与发明所采的判断标准并无明显差别。在这一点上，德国联邦法院的上述观点与我国现行的做法有相似之处。

六、几种特殊类型发明的创造性判断

申请专利的发明的类型不同，在创造性判断时所遇到的问题不同，确定其是否具有创造性时也会有不同的考虑。以下是几种在创造性判断时具有特殊性的发明。

（1）组合发明。

组合发明是指将某些技术方案进行组合，构成一项新的技术方案，以解决现有技术客观存在的技术问题的发明。很多新的技术方案都是由旧的技术方案组合而成的，将旧的技术方案组合成新的技术方案后，可能是重大的技术突破，也可能是显而易见的简单组合。这就是说，有的组合是有创造性的，而有的组合是没有创造性的。因此，在进行组合发明创造性的判断时，通常需要考虑：组合后的各技术特征在功能上是否彼此相互支持、组合的难易程度、现有技术中是否存在组合的启示以及组合后的技术效果等。如果要求专利保护的发明仅仅是将某些已知产品或方法组合或连接在一起，各自以其常规的方式工作，而且总的技术效果是各组合部分效果之总和，组合后的各技术特征之间在功能上无相互作用关系，仅仅是一种简单的叠加，则这种组合发明不具备创造性。① 例如，将闪存盘和手表组合在一起的“闪存盘手表”，因手表和闪存盘仍旧各自具有自身原有的单一功能，并无二者组合后的新的技术效果，故其不具有创造性。② 如果组合的各技术特征在功能上彼此支持，并取得了新的技术效果；或者说组合后的技术效果比每个技术特征之效果的总和更优越，则这种组合具有突出的实质性特点和显著的进步，该发明具备创造性。

（2）选择发明。

选择发明是指从现有技术中公开的宽范围中，有目的地选出的现技术中未提到的窄范围或个体的发明。选择发明本来就是从大的范围中进行选择，因此，很难通过教导、启示、动机等来判断选择发明是不是显而易见的。因此，在进行选择发明创造性的判断时，选择所带来的预料不到的技术效果是考虑的主要因素。如果发明仅是从一些已知的可能性中进行选择；或者发明仅仅是从一些具有相同可能性的技术方案中选出一种，而选出的方案未能取得预料不到的技术效果，则该发明不具备创造性。如果发明是在可能的有限的范围内选择具体的尺寸、温度范围或者其他参数，而这些选择可以由本领域的技术人员通过

---

① 《专利审查指南（2010）》第二部分第四章4.2。

② 北京市高级人民法院（2005）高行终字第234号行政判决书，北京市第一中级人民法院（2004）一中行初字第951号行政判决书。

常规手段得到并且没有产生预料不到的技术效果，则该发明不具备创造性。如果发明是可以从现有技术中直接推导出来的选择，则该发明不具备创造性。如果选择使发明取得了预料不到的技术效果，则该发明具有突出的实质性特点和显著的进步，具备创造性。预料不到的技术效果，可以是解决了现有技术中存在的问题，例如，具有防止错误放电的技术效果[①]，可以是使用选择的材料与已公开但未被选择的其他材料相比，具有的实质效果的数值提高了数倍甚至数百倍。[②]

（3）转用发明。

转用发明是指将某一技术领域的现有技术转用到其他技术领域中的发明。在进行转用发明的创造性判断时，通常需要考虑：转用的技术领域的远近、是否存在相应的技术启示、转用的难易程度、是否需要克服技术上的困难、转用所带来的技术效果等。如果转用是在类似的或者相近的技术领域之间进行的，并且未产生预料不到的技术效果，则这种转用发明不具备创造性；如果这种转用能够产生预料不到的技术效果，或者克服了原技术领域中未曾遇到的困难，则这种转用发明具有突出的实质性特点和显著的进步，具备创造性。[③] 例如，某专利复审案中权利要求的主题是手表上发条旋钮，与对比文件1公开的技术方案相同，但后者的主题是陶瓷插件。专利复审委员会认为：由于领域相差较远，并且对比文件1也没有给出将其方案用于其他技术领域的启示，所以本领域的技术人员很难想到将对比文件1中的技术方案应用到手表领域，而且由于对比文件1中的陶瓷插件尺寸较大，精度要求相对较低，将其转用到本申请的手表发条旋钮上需要克服由尺寸的显著变化和精度上要求的提高所带来的技术问题，即需要花费创造性的劳动。[④] 再如，将现有技术中冰箱或衣物的保鲜和除异味的吸附材料应用到卫生纸上，并且克服了污水处理中难以从根本上克服的污水变臭的技术难题，产生了预料不到的技术效果，属于将现有技术中的该组合物转用到了其他完全不同的技术领域，属于有创造性的一种转用发明。[⑤] 但是，将电吹风的技术应用到带风塑料焊枪时，则由于电吹风与带风塑料焊枪属于相近领域，当本领域的普通技术人员欲对焊枪进行改进时，自然会借鉴电吹风的技术，故该发明创造不具有创造性。[⑥]

（4）已知产品新用途的发明。

已知产品的新用途发明是指将已知产品用于新的目的的发明。在对这种发明进行创造性判断时，通常需要考虑新用途与现有用途技术领域的远近、新用途所带来的技术效果等。如果新的用途仅仅是使用了已知材料的已知的性质，则该发明不具备创造性。如果新的用途是利用了已知产品新发现的性质，并且产生了预料不到的技术效果，则这发明具有突出的实质性特点和显著的进步，具备创造性。如果新用途仅仅是使用了该产品的公知性质，在技术上并没有对现有技术作出实质性改进，也未产生任何预料不到的技术效果，那

---

① 专利复审委员会第6159号复审决定。
② 专利复审委员会第20560号复审决定。
③ 《专利审查指南（2010）》第二部分第四章4.4。
④ 专利复审委员会第9419号复审决定。
⑤ 专利复审委员会第6128号复审决定。
⑥ 专利复审委员会第3491号无效审查决定。

么该权利要求所要求保护的技术方案不具有突出的实质性特点和显著的进步。[①] 例如，“一种家庭床用超小功率冷暖空调器”专利申请，将单冷空调的冷热端输气管接出后，根据需要选用相应的输气管，实现“单冷空调器的冷暖用途”或“单冷空调器的冷暖使用方法”。专利复审委员会认为：单冷空调在运行时从蒸发器排出冷气，从冷凝器排出热气，是单冷空调器的公知性质。单冷空调器作为热工系统的一个具体应用，其产生的冷热气是否利用、如何利用都是本领域普通技术人员在具体设计时根据需要进行选择的结果，并不存在复审请求人所认为的所谓单冷空调器排放的热气是废气、无法被利用的技术偏见。因此复审请求人提出的单冷空调器的使用方法仅仅是利用了单冷空调器的公知性质，这种使用方法在技术上并没有对现有技术作出实质性改进，也未产生任何预料不到的技术效果，其所要求保护的技术方案不具有突出的实质性特点和显著的进步。[②]

(5) 要素变更的发明。

要素变更的发明包括要素关系改变的发明、要素替代的发明和要素省略的发明。在进行要素变更发明的创造性判断时通常需要考虑：要素关系的改变、要素替代和省略是否存在技术启示、其技术效果是否可以预料等。1) 要素关系改变的发明，是指发明与现有技术相比，其形状、尺寸、比例、位置及作用关系等发生了变化。如果要素关系的改变没有导致发明效果、功能及用途的变化，或者发明效果、功能及用途的变化是可预料到的，则发明不具备创造性。如果要素关系的改变导致发明产生了预料不到的技术效果，则发明具有突出的实质性特点和显著的进步，具备创造性。2) 要素替代的发明，是指已知产品或方法的某一要素由其他已知要素替代的发明。如果发明是相同功能的已知手段的等效替代，或者是为解决同一技术问题，用已知最新研制出的具有相同功能的材料替代公知产品中的相应材料，或者是用某一公知材料替代公知产品中的某材料，而这种公知材料的类似应用是已知的，且没有产生预料不到的技术效果，则该发明不具备创造性。如果要素的替代能使发明产生预料不到的技术效果，则该发明具有突出的实质性特点和显著的进步，具备创造性。3) 要素省略的发明，是指省去已知产品或者方法中的某一项或多项要素的发明。省略了现有技术中的要素，可能构成一项有创造性的发明，其前提是发明省去一项或多项要素后，依然保持原有的全部功能，或者带来预料不到的技术效果。如果发明省去一项或多项要素后其功能也相应地消失，则该发明不具备创造性。[③]

七、用于判断创造性的其他辅助性因素

创造性的判断是对已经完成的技术方案进行事后判断，尽管人们在判断主体和判断标准等方面在进行不断的探索，试图寻找一个客观公正的判断方法，但找到一个“准确”的判断方法是不可能的。这由此出现了在按照一定的标准进行创造性判断时辅以考虑其他因素的做法。

美国法院在司法实践中确立了非显而易见性的辅助性测试标准，包括商业性成功、长

---

① 《专利审查指南（2010）》第二部分第四章4.5。

② 专利复审委员会第7688号复审决定。

③ 《专利审查指南（2010）》第二部分第四章4.6。

期存在但未能解决的需求、商业性默认等。[①] 在欧洲专利局的实践中，有无真实可期待的成功、技术偏见、商业成功等也都是需要考虑的因素。[②] 在日本专利审查中，也把有利的技术效果、商业上成功、相反的技术启示作为有利于认定有创造性的参考因素。[③] 我国《专利审查指南》中也规定了判断创造性的辅助性测试标准，包括以下几个方面。[④]

（1）发明解决了人们一直渴望解决但始终未能获得成功的技术难题。如果发明解决了人们一直渴望解决但始终未能获得成功的技术难题，这种发明具有突出的实质性特点和显著的进步，具备创造性。

（2）发明克服了技术偏见。技术偏见是指在某段时间内、某个技术领域中，技术人员对某个技术问题普遍存在的偏离客观事实的认识，它引导人们不去考虑其他方面的可能性，阻碍人们对该技术领域的研究和开发。进行创造性判断时，不能仅仅由于权利要求界定的技术方案与现有技术公开的技术方案之间存在的区别技术特征是人们没有采用的，就认为整个技术方案克服了技术偏见，具备创造性。[⑤] 仅仅以人们以往没有采用某种技术手段为由说明采用该技术手段就是克服了技术偏见是不充分的。可被称为偏见的认识至少应当是具有指导意义的认识，其是某段时间内某个技术领域的技术人员形成的某种普遍存在的偏离客观事实的认识，它引导人们不考虑或舍弃使用该技术手段去解决相关的技术问题。[⑥]

（3）发明取得了预料不到的技术效果。发明取得了预料不到的技术效果是指发明同现有技术相比，其技术效果产生“质”的变化，具有新的性能；或者产生“量”的变化，超出人们预期的想象。这种“质”的或者“量”的变化，对所属技术领域的技术人员来说，事先无法预测或者推理出来。例如，在考虑结构上相近的化合物的创造性时，如果有试验数据或对比试验结果证实申请化合物较已知化合物具有优异的预料不到的技术效果，则说明该发明具有显著的进步，同时也反映出该发明的技术方案是非显而易见的，具有突出的实质性特点。[⑦]

（4）发明在商业上获得成功。当发明的产品在商业上获得成功时，如果这种成功是发明的技术特征直接导致的，则既反映了发明具有有益效果，同时也说明了发明是非显而易见的，因而这类发明具有突出的实质性特点和显著的进步，具备创造性。例如，在“带灯饰的单元式空气调节机”专利无效案中，专利复审委员会就将商业上的成功作为创造性判断的参考因素：“这种结合使原单元式空调机除实现空调的功能外，还具有装饰、照明和广告宣传的作用，深受市场欢迎，特别适于家居客厅、会议室、餐厅等，年销售量较高，在商业上取得了成功。”[⑧]

这些因素在创造性判断时只起到“辅助”作用。在按照一般的创造性标准予以判断难

---

① 李明德. 美国知识产权法. 2版. 北京：法律出版社，2014：56.

② 李明德，闫文军，等. 欧盟知识产权法. 北京：法律出版社，2010：350.

③ 李明德，闫文军. 日本知识产权法. 北京：法律出版社，2020：306.

④ 《专利审查指南（2010）》第二部分第四章5。

⑤ 专利复审委员会第18738号复审决定。

⑥ 专利复审委员会第18707号复审决定。

⑦ 专利复审委员会第19947号复审决定。

⑧ 专利复审委员会第3321号无效审查决定。

以作出决定时，如果有这些因素的存在，一般就可以认定发明具有创造性，因为这些因素的存在，说明发明的完成需要付出创造性劳动。但是，如果按照一般的判断标准，某一技术方案是明显缺乏创造性的，则不能因这些辅助因素的存在而认定其具有创造性。例如，在“翡翠玉石表”专利复审案中，专利复审委员会指出，单纯的商业成功仅是创造性判断的辅助性审查标准，即仅是判断创造性的参考因素而非唯一依据；在请求保护的技术方案于对比后不具有创造性的情况下，即使能够证明该技术方案取得了商业成功，也不能认定该技术方案相对于所述对比文件具有创造性。①

典型案例

商业上成功的判断

“女性计划生育手术B型超声监测仪”实用新型专利无效案，涉及商业上的成功在创造性判断中的应用。专利复审委员会和一审法院均认定涉案专利缺乏创造性。二审中专利权人提出本专利获得了商业上的成功，并提交了相关证据。二审法院认为：涉案专利的提出，克服了现有技术中的缺点与不足。涉案专利已经取得商业上的成功，而且这种成功是其技术特征直接导致的，故涉案专利具备创造性。

最高人民法院提审后认为：关于涉案专利产品是否获得商业上的成功，当采取“三步法”难以判断技术方案的创造性或者得出技术方案无创造性的评价时，从社会经济的激励作用角度出发，商业上的成功被纳入创造性判断的考量因素。当一项技术方案的产品在商业上获得成功时，如果这种成功是其技术特征直接导致的，则该技术方案即具有创造性。但是，如果商业上的成功是其他原因，例如销售技术的改进或者广告宣传等所致，则其不能作为判断创造性的依据。因此，商业上的成功是当技术方案本身与现有技术的区别在构成可授予专利权的程度上有所欠缺时，如有证据能够证明该区别技术特征在市场上取得了成功，则从经济激励的层面对其予以肯定。商业成功是创造性判断的辅助性因素。与相对客观的“三步法”而言，对于商业上的成功是否确实导致技术方案达到被授予专利权的程度，应当持相对严格的标准。当申请人或专利权人主张其发明或者实用新型获得了商业上的成功时，应当审查：（1）发明或者实用新型的技术方案是否真正取得了商业上的成功；（2）该商业上的成功是否源于发明或者实用新型的技术方案相比现有技术作出改进的技术特征，而非该技术特征以外的其他因素。该案中，专利权人在二审阶段提交的证据并不足以证明其专利获得了商业上的成功。②

商业上的成功是很多国家进行专利创造性判断时考虑的因素。在我国专利权人或专利申请人经常会援引这一理由，但最终因商业上的成功而被认定具有创造性的案例非常少见。本案中，最高人民法院明确了商业上的成功影响创造性的前提是，这种成功是其技术特征直接导致的；同时明确对于商业上的成功是否确实导致技术方案达到被授予专利权的程度，应当持相对严格的标准。这一判决，澄清了商业上的成功影响创造性认定的准则。

---

① 专利复审委员会第12359号复审决定。

② 最高人民法院（2012）行提字第8号行政判决书。

当然，本案中由于商业上的成功这一基本事实因证据不足而无法认定，最高人民法院否定了二审法院关于商业上的成功的认定。

第三节　实用性

根据我国《专利法》第 22 条第 1 款的规定，申请专利的发明和实用新型具备实用性是授予其专利权的必要条件之一。

一、实用性的含义

根据我国《专利法》第 22 条第 4 款的规定，实用性包括两个方面的内容：一个方面是能够制造或者使用，能够制造主要是针对产品专利，能够使用主要是针对方法专利。能够制造或者使用是指在产业上的制造或者使用，而产业的范围是很广的，包括工业、农业、林业、水产业、畜牧业、交通运输业以及文化体育、生活用品和医疗器械等行业。在产业上能够制造或者使用的技术方案，是指符合自然规律、具有技术特征的任何可实施的技术方案。另一方面是能够产生积极效果。能够产生积极效果，是指发明或者实用新型专利申请在提出申请之日，其产生的经济、技术和社会的效果是所属技术领域的技术人员可以预料到的。这些效果应当是积极的和有益的。

二、实用性与其他要件的关系

授予专利的实用性要件，与授予专利的其他要件有相似之处。例如，发明和实用新型之定义中的技术性、不授予专利权的客体、创造性中的“进步”，都与实用性具有一定的联系。

（一）实用性与技术性

从我国《专利法》第 2 条对发明和实用新型的定义看，发明和实用新型都应是“技术方案”，即对要解决的技术问题所采取的利用了自然规律的技术手段的集合。技术手段通常是由技术特征来体现的。未采用技术手段解决技术问题，从而获得符合自然规律的技术效果的方案，就不是技术方案，也就不符合专利法关于发明和实用新型的定义。

实用性中的“能够制造或者使用”，用于在确定了专利申请属于“技术方案”后，进一步考察该技术方案的可行性。发明和实用新型之定义中的技术性，主要是从是否采用了“技术手段”的角度而言的；而实用性主要是从可行性角度而言的。对于一个不属于技术方案的申请，因为不符合发明和实用新型的定义，不用再审查新颖性、创造性和实用性，就可以确定不授予其专利权。即使一项看起来属于技术方案的专利申请，也有可能是不能制造或者使用的，因而不具有实用性。当然，有些情况下，实用性和技术性是有交叉的。例如，一项专利申请包括违背自然规律的设计，也包含利用了自然规律的技术手段。这种情形下一般不能说它不是技术方案，而只能说它不具有实用性。如果专利申请不包括利用了自然规律的技术手段，但包括了违背自然规律的设计，则该专利申请不符合技术方案的要求，不具有技术性；同时，该专利申请也不可能制造或使用，因而也不具有实用性。

（二）实用性与不授予专利权的客体

我国《专利法》第5条第1款明确规定了一些不授予专利权的客体："对违反法律、社会公德或者妨害公共利益的发明创造，不授予专利权。"实质上，这些客体一般也不具有实用性。在我国专利具有实用性的一方面内容就是能够产生积极的效果。一般而言，违反法律、社会公德或者妨害公共利益的发明创造，其效果肯定不是积极的。我国《专利法》将这些明显没有积极效果的发明创造直接规定为不授予专利权的客体，不需要对其再进行实用性的判断。

有些性质基本上相同的发明主题中，有的本身是不授予专利权的主题，而有的则因没有实用性不能授予专利权。我国《专利法》第25条将"疾病的诊断和治疗方法"作为不授予专利权的主题，因此，以治疗为目的的外科手术方法，属于不授予专利权的主题。但非以治疗为目的的外科手术方法，不在上述范围内。但根据我国《专利审查指南》的规定，非治疗目的的外科手术方法，以有生命的人或者动物为实施对象，无法在产业上使用，因此不具备实用性。①

（三）实用性与创造性

我国《专利法》规定的创造性的内容之一是"显著的进步"或"进步"，而实用性的内容之一是有积极的效果，这两者之间具有一定的联系。一般而言，技术进步是指与现有技术相比，能够产生有益的技术效果。创造性是与现有技术对比而言的，而实用性判断的一个基本原则是只审视申请的整体内容，与现有技术无关。实用性的概念就应是"实"和"用"的结合。"实"代表实践的一面，以确信申请的技术方案能够达到基本发明目的为原则；"用"表示可以利用或具有功用，代表有益的一面。② 虽然创造性与实用性对比的对象不同、对内容的表述各异，但实质上二者具有重合之处。

三、实用性的判断

（一）审查实用性的时间

在专利审查过程中，应当在新颖性和创造性审查之前进行实用性判断。③ 这是因为实用性判断相对新颖性和创造性审查来说更简便，不用检索现有技术。

（二）不具备实用性的情形

满足实用性要求的技术方案不能违背自然规律并且应当具有再现性。因不能制造或者使用而不具备实用性是由技术方案本身固有的缺陷引起的，与说明书公开的程度无关。根据我国《专利审查指南》的规定，不具有实用性的典型情形有如下几种。④

（1）无再现性。可再现性，是指所属技术领域的技术人员根据公开的技术内容，能够重复实施专利申请中为解决技术问题所采用的技术方案。这种重复实施不得依赖任何随机的因素，并且实施结果应该是相同的。具有实用性的发明或者实用新型专利申请主题，应当具有可再现性。反之，无再现性的发明或者实用新型专利申请主题不具备实用性。例

① 《专利审查指南（2010）》第二部分第五章3.2.4。

② 张晓都. 专利实质条件. 北京：法律出版社，2002：10.

③ 《专利审查指南（2010）》第二部分第五章3。

④ 《专利审查指南（2010）》第二部分第五章3.2。

如，利用经过挑选的气功大师感应雄性哺乳动物生物场判断其生育后代的方法，因明显缺乏科学依据并且没有证据证明其可以再现而不具有实用性。[①]

（2）违背自然规律。违背自然规律的发明或者实用新型专利申请是不能实施的，因此，不具备实用性。

典型案例

违背能量守恒定律的专利申请不具有实用性

在王某与国家知识产权局专利复审委员会专利复审行政诉讼案中，王某申请的“一种磁动力机”发明专利申请被专利复审委员会和法院认定不具有实用性。

案中专利申请说明书记载了一种磁动力机：它在活塞传动机构的缸盖上设有电磁铁，对应活塞上设有永久磁铁。电磁铁通过电瓶启动，通过电流换向器，电磁铁N、S级交替变换，而活塞上的磁铁为永久磁铁，极性固定不变，利用磁铁同性相斥、异性相吸的原理，实现活塞往复运动。活塞动力输出可以接发电机发电等。专利复审委员会认为：本申请说明书和权利要求1中的磁动力机的实质是将永磁体磁能转换为机械动能的设备，它无须连续补充能源而持续地输出动能，这一系统能量的增加值远大于与其发生能量交换的外界的能量的减少值，显然违反了“能量守恒定律”这一自然规律，因而不具备实用性。[②]

专利申请人王某不服该复审决定，向法院提起行政诉讼。一审、二审法院和最高人民法院均驳回其请求。最高人民法院在判决中指出：如果申请专利的发明或者实用新型违背公认的经过实践证明的能量守恒定律，不能制造或者使用，则不属于《专利法》第22条规定的能授予专利权的发明或者实用新型。本申请的磁动力机的实质是将永久磁铁磁能转换为机械动能。但对于由电磁铁、永久磁铁、电流换向器和发电机组成的封闭系统来说，磁动力机在电瓶启动后，没有任何能量的输入，但该系统还能为外界持续输出能量，磁动力机实质上实现了能量的凭空产生，显然违反了能量守恒定律。[③]

违背能量守恒定律，从而不具备实用性，是比较常见的专利申请不具备实用性的情形。本案就属于典型的违背能量守恒定律的情形。

（3）利用独一无二的自然条件。具备实用性的发明或者实用新型专利申请不得是由自然条件限定的独一无二的产品。利用特定的自然条件建造的自始至终都是不可移动的唯一产品，不具备实用性。例如，在“大洋暖流循环工程”专利申请中，请求保护的工程在各大洋之间已有海峡的基础上，彻底打通太平洋—印度洋—红海—地中海—大西洋—北冰洋之间的海峡，构成暖流循环道，形成大洋间暖流的循环。专利复审委员会认为，该申请技术方案中所利用的各大洋之间已有的海峡属于地球上独一无二的自然条件，实施的工程自始至终都是不可移动的唯一产品，故其不具有实用性。[④]

（4）对人体或者动物体的非治疗目的的外科手术方法。非治疗目的的外科手术方法，

---

① 专利复审委员会30572号复审决定。
② 专利复审委员会第66342号复审决定。
③ 最高人民法院（2015）知行字第53号民事裁定书。
④ 专利复审委员会第35623号复审决定。

由于是以有生命的人或者动物为实施对象，无法在产业上使用，因此不具备实用性。

（5）测量人体或者动物体在极限情况下的生理参数的方法。测量人体或动物体在极限情况下的生理参数时需要将被测对象置于极限环境中，这会对人或动物的生命构成威胁。不同的人或动物个体可以耐受的极限条件是不同的，需要有经验的测试人员根据被测对象的情况来确定其耐受的极限条件，因此这类方法无法在产业上使用，不具备实用性。

（6）无积极效果。明显无益、脱离社会需要的发明或者实用新型专利申请的技术方案不具备实用性。但实际上，是否明显无益和脱离社会需求，并不是容易作出判断的。有的发明创造当时被认为是脱离社会需求的，但历史发展证明，该发明创造可能是具有实用性的。[①] 但有些专利申请明显没有积极效果，例如“消除大中城市的空气污染和大气污染”专利申请中的技术方案是在城市周边建立几个大型产气厂，将产气厂产生的气通过管路通到路灯杆根部，从路灯杆根部喷出，来清除空气中的污染物。专利复审委员会认为，该技术方案以把空气中的病毒、细菌和污染物吹散，清除空气中的所有垃圾为目的，不能产生预期的积极效果，明显无益，脱离社会需要，不具有实用性。[②]

四、实用性作为专利授权条件的原因

不具备实用性的方案必然没有市场价值，正常情况下专利申请人是不会就此申请专利的。即使申请人申请并获得了专利，也不会出现专利权人不正当地垄断技术的情形，因为这一所谓的技术根本就无法实施，或者无法再次实施。即使授予它专利权，也不会对他人构成威胁，不会妨碍技术的进步；专利权人也无法行使这一专利权。但是，如果没有实用性这一要件，使违背自然规律和无再现性的内容都获得专利，会使人认为这是一种得到国家认可的、可行的技术方案，影响社会公众对专利制度的信任，误导公众的科研活动。因此，实用性成为各国专利制度的共同要求。实践中，对实用性的审查主要体现在专利审查过程中。在专利授权之后，即使该专利不符合授权的条件，他人去申请宣告该专利无效的情形并不多见。

【思考题】

1. 新颖性的标准和判断方法是什么？
2. 创造性的标准和判断方法是什么？
3. 实用性的判断标准是什么？
4. 李某研究开发了一建筑机械，于 2019 年 11 月 5 日向国家知识产权局提出了发明专利申请。王某在此之前已独立开发了与之相同的建筑机械，于 2019 年 6 月 6 日在科技部举办的技术会议上首次发表，并于 2019 年 11 月 6 日向国家知识产权局提出了发明专利申请。美国人托马斯将其在美国研制的与李某、王某相同的机械于 2019 年 11 月 4 日向美国专利商标局提出发明专利申请，后又于 2020 年 11 月 3 日向中国国家知识产权局提出发明

---

① 例如，贝尔发明电话后于 1876 年申请了 174456 号美国专利，但被当时第一流的电气技术专家欧尔顿贬低为“无用的专利，连玩具都不如”。吉藤幸树. 专利法概论. 魏启学，译. 北京：专利文献出版社，1990：92.

② 专利复审委员会第 110431 号复审决定。

专利申请，并提出优先权要求。李某的专利申请于 2021 年 3 月 5 日被国家知识产权局公开。请分析李某、王某、托马斯三人之专利申请的新颖性。

【推荐阅读文献】

1. 和育东，甫玉龙. 专利授权规范的完善——以防止低质量发明与实用新型专利为目的. 知识产权，2017（5）.

2. 管荣齐. 对实用新型实质条件改革的思考. 知识产权，2015（9）.

3. 杨勤之. 新形势下专利审查中的创造性判断相关问题分析. 知识产权，2019（10）.

4. 石必胜. 美国专利创造性制度的司法变迁. 比较法研究，2012（9）.

5. 黎华献. 专利实用性要件之适用标准的反思与重构. 清华法学，2020（11）.

第六章　外观设计专利授权的实质条件

外观设计专利的授权条件与发明和实用新型专利的授权条件既有相似之处，也有明显的区别。我国《专利法》第 23 条规定了授予外观设计专利的条件。虽然外观设计专利不经过实质审查就可以被授权，但如果外观设计专利的授权不符合《专利法》第 23 条规定的条件，该外观设计专利有可能被认定为无效。

法条链接

《专利法》

第二十三条　授予专利权的外观设计，应当不属于现有设计；也没有任何单位或者个人就同样的外观设计在申请日以前向国务院专利行政部门提出过申请，并记载在申请日以后公告的专利文件中。

授予专利权的外观设计与现有设计或者现有设计特征的组合相比，应当具有明显区别。

授予专利权的外观设计不得与他人在申请日以前已经取得的合法权利相冲突。

本法所称现有设计，是指申请日以前在国内外为公众所知的设计。

第一节　专利法规定的外观设计专利授权条件

一、“新颖性”

我国《专利法》针对外观设计专利，没有使用“新颖性”一词。但《专利法》第 23 条第 1 款的规定实质上相当于发明和实用新型专利所要求的“新颖性”。

《专利法》第 23 条第 1 款和第 4 款规定外观设计专利申请应与现有设计和抵触申请不同，这一规定与《专利法》第 22 条第 2 款规定的发明和实用新型专利的新颖性如出一辙，只不过是把《专利法》第 22 条第 3 款中的“技术”改为了“设计”。因此，《专利法》第 23 条第 1 款和第 4 款所规定的外观设计专利授权的条件，相当于发明和实用新型专利授权的新颖性条件。关于发明和实用新型专利所要求的新颖性中对现有技术、抵触申请认定的标准和方法，一般都可以适用于外观设计专利申请。

《专利法》第24条规定的“不丧失新颖性的公开”，也可以适用于外观设计专利申请。

二、“创造性”

我国《专利法》针对外观设计专利，没有使用“创造性”一词。但《专利法》第23条第2款的规定，实质上相当于发明和实用新型专利所要求的“创造性”。

《专利法》第23条第2款规定了两种情形：一种是外观设计专利申请与现有设计相比没有明显区别。这是一种一对一对比。另一种情形是外观设计专利申请与现有设计之特征的组合相比没有明显区别。这是一种一对多的对比，它排除将惯常设计特征、知名产品的设计特征组合而成的设计，也排除对多项现有设计的特征进行简单组合而成的设计。

三、合法性

根据《专利法》第23条第3款的规定，授予专利权的外观设计不得与他人在申请日以前已经取得的合法权利相冲突。该条件实质上是外观设计合法性条件，即设计人对该外观设计拥有合法的权利。

“合法权利”，是指依照中华人民共和国法律享有并且在涉案专利申请日仍然有效的权利或者权益，包括就作品、商标、地理标志、姓名、企业名称、肖像，以及有一定影响的商品名称、包装、装潢等享有的合法权利或者权益。“在申请日以前已经取得”，是指在先合法权利的取得日在涉案专利申请日之前。“相冲突”，是指未经权利人许可，涉案外观设计使用了在先合法权利的客体，从而导致其实施将会损害在先权利人的相关合法权利或者权益。

外观设计的要素是产品的形状、图案和色彩，而这些要素又可以成为著作权、商标权等其他知识产权的客体。外观设计专利申请中的形状、图案、色彩等，可能与他人已享有合法权利之主题的形状、图案、色彩相同或近似。如果申请人就这种设计获得专利权，就会导致专利权的行使将会损害在先权利人的相关合法权利或者权益，则属于与他人所享有的合法权利相冲突。

为了制止对他人享有合法权利的标志申请外观设计的行为，同时为对类似专利宣告无效提供法律依据，2000年《专利法》修改时增加了“不得与他人在先取得的合法权利相冲突”的规定。2008年的《专利法》修改更准确地界定了“在先取得”应为“在申请日以前已经取得的”。

典型案例

外观设计专利与商标权冲突

关于名为“酒瓶（白牛二白酒）”的外观设计专利（见下页左图）是否与在先注册的、使用在酒类产品上的“白牛”商标（见下页右图）冲突，当事人曾产生激烈争议，并经过了专利复审委员会的无效宣告程序和一、二审行政诉讼。

主视图

涉案外观设计附图

白牛

在先注册的商标

专利复审委员会和一、二审法院均认为二者冲突，外观设计专利无效。二审法院北京市高级人民法院认为：由本专利附图可以看出，“白牛二”文字属于本专利酒瓶整体设计的较为显著部分，而在先商标为中文“白牛”，二者在文字构成、排列方式及表达形式等方面相近，可以认定本专利使用了与在先商标相似的设计。而且，本专利的产品名称为“酒瓶（白牛二白酒）”，该产品与在先商标核定使用的“果酒（含酒精）、清酒、烧酒”等商品在功能用途、消费对象、销售渠道等方面相近或具有较强的关联性。综合考虑上述因素，本专利的实施客观上容易造成相关公众认为本专利产品与使用在先商标的商品是同一主体提供的，或其提供者之间存在特定联系，从而对产品的来源产生混淆、误认，损害在先商标所有人的合法权利。本专利与都星公司对在先商标享有的注册商标专用权相冲突，本专利不符合《专利法》第 23 条第 3 款的规定。[①]

理论延伸

域外判断外观设计新颖性和创造性的标准

TRIPS 协议第 25 条第 1 款规定：“各成员可规定，如工业设计不能显著区别于已知的设计或已知设计特征的组合，则不属新的或原创性设计。”

① 北京市高级人民法院（2016）京行终 160 号行政判决书。

美国对外观设计专利申请也有新颖性和非显而易见性的要求。在判定一件专利申请是否具有新颖性时，审查员或者法官应当参照的是一件在先的外观设计。如果二者大体相同，则申请中的外观设计不具有新颖性。申请专利权的外观设计必须具有非显而易见性，系美国《专利法》第271条第2款推出，并且在美国的审查和审判实践中被运用。①

依照欧盟外观设计条例的规定，申请专利的外观设计应具有新颖性和独特性。其新颖性的含义是：如果“相同”的设计在申请日或优先日前已经被公开，则不具有新颖性。如果设计只是在不重要的细节上有差异，则是相同的。其独特性的含义是：对于一个知情的使用者而言，如果得到的整体印象与对申请日以前已经公开的设计的整体印象不同，则认为设计具有独特性。②

在日本外观设计专利授权的条件包括新颖性和不容易创作性：新颖性是指与公知设计不同；不容易创作性是指该设计所属领域具有普通知识的人基于现有设计的形状、图案、色彩或其结合，不能够容易地完成外观设计创作。③

可以看出，TRIPS协议关于外观设计获专利授权要件的规定，实质上包含了新颖性和创造性。美国、欧盟和日本关于外观设计专利授权条件的规定中都有新颖性和创造性的要求。我国的规定，符合TRIPS协议的要求，与其他国家和地区规定的要求相似，但也有差异。这些国家和地区规定的新颖性条件都只是与现有设计进行对比，不包括抵触申请。但由于禁止重复授权的规定，在后申请也不可能获得重复授权。关于创造性条件，美国与我国的规定一样，允许与外观设计特征的组合进行对比，但欧盟和日本都没有明确规定可以与外观设计特征的组合进行对比。

第二节　外观设计新颖性和创造性的判断

在外观设计专利授权的实质要件中，关键是“新颖性”和“创造性”要件。以谁作为判断的主体，依什么标准进行判断，是其中的核心问题。

一、判断主体

我国《专利法》没有对外观设计之新颖性的判断主体作出规定。在实践中，我国国家知识产权局一直以“一般消费者”作为判断主体，基于涉案专利产品的一般消费者的知识水平和认知能力进行评价。具体而言，不同种类的产品具有不同的消费者群体，某种类外观设计专利产品的一般消费者应当具备下列特点：(1) 对涉案专利申请日之前同种类或者相近种类产品的外观设计及其常用设计手法具有常识性的了解。例如，对于汽车，其一般消费者应当对市场上销售的汽车以及诸如大众媒体中常见的汽车广告中所披露的信息等有

① 李明德．美国知识产权法．北京：法律出版社，2014：805-806.

② 李明德，闫文军，等．欧盟知识产权法．北京：法律出版社，2010：407.

③ 李明德，闫文军，等．日本知识产权法．北京：法律出版社，2020：613-616.

所了解。常用设计手法的类型包括设计的转用、位置和比例变换、拼合、替换等。(2) 对外观设计所涉产品之间在形状、图案以及色彩上的区别具有一定的分辨力，但不会注意到产品的形状、图案以及色彩的微小变化。①

在美国，法院对于外观设计专利申请，对于新颖性的判断，以“一般观察者”作为判断主体；在进行创造性判断时，使用了专利法第 103 条规定的“本领域一般水平技术人员”的规定，并将其具体化为“一般技术水平的设计者”。后来，关税与专利上诉法院提出了“一般智力的人”或“一般观察者”的概念。但后来又回到“一般水平的设计者”，即该技术领域中具有一般技术水平的人，在外观设计专利申请案件中是指具有一般能力的、设计与申请案中同类外观设计的设计者。②

在欧盟根据其外观设计条例的规定，一个外观设计是否具有“独特性”的判断主体是知情的使用者。知情的使用者与没有经验的使用者相比，所具有的知识更多。他应当为消费者或购买者，或者是在工作中因为使用而熟悉标的物的人，且需要有对产品趋势、来源以及基本技术因素知识的认识。③

在日本，外观设计“不容易创作”的判断主体是“设计所属领域具有普通知识的人”④。

可以看出，对于外观设计的判断主体，我国与美国、欧盟、日本的标准是不同的。相比而言，在美国和日本，判断主体是设计者，该设计者具有一般技术水平；在欧盟和我国，判断主体是消费者：在欧盟作为判断主体的消费者是知情的消费者，对于产品趋势、来源以及对基本技术因素知识有基本的了解；在我国作为判断主体的消费者是一般消费者，对涉案专利申请日之前同种类或者相近种类产品的外观设计及其常用设计手法具有常识性的了解。从字面上讲，在美国、日本，判断主体是设计者，设计者在本领域的知识水平一般比消费者的高，更容易发现外观设计之间的区别；欧盟的“知情的消费者”比我国的“一般消费者”，从字面上讲知识水平更高，但我国的“一般消费者”并不是对该领域产品的设计没有任何知识，而是具有常识性了解。比如，最高人民法院在判决中指出，作为 SUV 外观设计判断主体的一般消费者，基于其对申请日前申请的专利、市场上销售的汽车、汽车广告中披露的信息以及汽车类书籍中公开的在先设计等现有设计状况和对该类汽车常用设计手法的了解，应当知晓该类汽车的产品结构组成、主要部件的功能和设计特点，以及车身三维立体形状、各组成部分的比例和位置关系以及车身表面装饰件的形状、布局等，均会对整体视觉效果产生不同程度的影响。⑤ 可见，我国与欧盟的判断主体在所具有的知识水平方面差别不大，我国的判断主体的知识水平比欧盟的稍低。但是，从外观设计授权的实践看，判断主体的差异并没有导致我国与美国、欧盟、日本等在实际判断中的差异。

---

① 《专利审查指南（2010）》第四部分第五章。

② 李明德. 美国知识产权法. 2 版. 北京：法律出版社，2014：807.

③ 李明德，闫文军，等. 欧盟知识产权法. 北京：法律出版社，2010：407.

④ 日本《外观设计法》第 3 条第 2 款。

⑤ 最高人民法院（2019）最高法行申 7406 号行政裁定书。

典型案例

其外观设计获专利的路灯的一般消费者是谁

宁波燎原工业股份有限公司（以下简称燎原公司）是申请日为2003年12月31日、名称为“路灯（白玉兰）”、专利号为200330120733.1的外观设计专利（本部分以下简称本专利）的权利人。2007年1月23日，陆某请求专利复审委员会宣告本专利无效，并提交了对比外观设计（本部分以下简称在先设计）。专利复审委员会作出第10771号无效宣告请求审查决定（本部分以下简称第10771号决定），以本专利与在先设计属于相近似的外观设计为由，宣告本专利全部无效。

北京市第一中级人民法院认为：本案中被比对的外观设计产品是路灯，属于市政公共设施产品，其一般消费者主要是专门从事路灯的制造、销售、购买、安装及维修的人员，他们对路灯产品的外观有着常识性的了解，对于不同外观的路灯产品具有相应的认知能力。将本专利与对比文件相比，二者存在不同之处。对于关注路灯产品、对路灯产品具有一定知识水平和认知能力的上述一般消费者而言，其显然会注意到两者存在的上述不同，尤其是本专利存在高差的两个斜形套及两者整体形状和风格的不同，会对二者的整体视觉效果产生显著的影响，因此本专利与在先设计不相同也不相近似。因此，北京市第一中级人民法院判决撤销第10771号决定。①

北京市高级人民法院认为：在判断外观设计是否相同或相近似时，应当基于被比对的外观设计产品的一般消费者的知识水平和认知能力进行评价，不同种类的产品有不同的消费群体。本案专利产品是路灯，属于公共服务设施，消费者是对在使用状态下的路灯进行观察和欣赏的人。在界定路灯类产品的一般消费者时，应当注重该类产品的使用状态。路灯的使用者及路灯功能的享用者包括不特定的过往行人，而并非仅仅指专门从事路灯的制造、销售、购买、安装及维修的人员。原审法院将路灯类产品的一般消费者仅仅界定为从事路灯制造、销售、购买、安装及维修的人员明显不当。将本专利与在先设计相比，路灯类产品的一般消费者很容易注意到两者存在的上述差别，且这种差别对二者的整体视觉效果具有显著影响，因此本专利与在先设计不相同也不相近似。原审法院虽然对路灯类产品的判断主体的认定有误，但其判决结果正确。②

虽然本案中一、二审法院的判决结果是相同的，但在对“一般消费者”的界定上，一、二审法院的观点截然不同。本案中外观设计产品是“路灯”，路灯的“一般消费者”是购买、安装人员还是过往行人，是一、二审法院的根本分歧所在。过往行人只能在一定距离内大致观察，形成视觉印象，而购买、安装人员在视觉上能观察得清楚、细致，两者可能得出不同的结论。当然，在本案中，由于对比设计与本专利的区别比较明显，无论是从购买、安装人员还是从过往行人的角度，所得出的结论是一样的，因此一、二审法院作出了方法不同但结论一致的判决。但是，本案中所提出的外观设计专利申请中判断主体的问题，仍然是现实中需要解决的问题。有专家认为，本案在判断主体的认定方面陷入应当

---

① 北京市第二中级人民法院（2008）一中行初字第435号行政判决书。

② 北京市高级人民法院（2008）高行终字第684号行政判决书。

是过往行人还是从事产品制造、销售、购买、安装的人员之争，已经偏离了设定判断主体的本意。设立判断主体的目的，主要在于使判断更为统一、客观和合理，避免以每个具体判断者自己的知识水平和认知能力为标准进行判断，导致判断结果因人而异。因此，被设定的主体应当具有适中的知识水平和认知能力，他既不是所属领域的资深专家，也不是门外汉。从这一点出发，无论以现实中的何人作为判断主体的样板都不合适，所以应当将判断主体定位成一种假想的人，其水准是可调的。[①] 笔者同意上述观点。但上述观点没有区分发明和实用新型专利申请创造性判断中的主体和外观设计专利申请判断中的主体。在发明和实用新型专利申请创造性判断中，在确定“所属领域”后，就容易确定普通技术人员的知识水平和认知能力。但在外观设计专利申请创造性判断中，需要确定“一般消费者”的人群，才能确定这一假想的人的知识水平和认知能力。所以，确定外观设计产品的“一般消费者”的范围是有必要的。当然，“一般消费者”的范围不能过于具体。

二、外观设计新颖性的判断

（一）外观设计具有新颖性的标准

根据《专利法》第23条第1款的规定，能授予专利权的外观设计须不属于现有设计，也与抵触申请不同。属于现有设计，是指外观设计与相同或者相近种类产品的一项现有设计相比，整体视觉效果相同或者属于仅具有局部细微区别的实质相同。与抵触申请不同，是指与抵触申请不相同或实质不相同。因此，外观设计有无新颖性的判断，就是判断申请专利的外观设计与现有设计或抵触申请是否相同或实质相同。

判断对比设计是否构成涉案外观设计的抵触申请时，应当以对比设计所公告的专利文件的全部内容为判断依据。与涉案外观设计进行比较时，要判断对比设计是否与涉案外观设计相同或者实质相同。[②]

（二）外观设计相同的含义和对比对象

外观设计相同，是指申请专利的外观设计与对比设计是相同种类产品的外观设计，并且申请专利的外观设计的全部设计要素与对比设计的相应设计要素相同，其中的设计要素是指形状、图案以及色彩。如果申请专利的外观设计与对比设计相比仅属于常用材料的替换，或者仅存在产品功能、内部结构、技术性能或者尺寸的不同，而且该不同未导致产品外观设计的变化，则二者仍属于相同的外观设计。认定产品种类是否相同或者相近的根据是外观设计产品的用途。产品的用途，参考外观设计的简要说明、外观设计产品分类表、产品的功能以及产品销售、实际使用的情况等因素确定。例如，机械表和电子表尽管内部结构不同，但是它们的用途是相同的，所以属于相同种类的产品。[③]

（三）外观设计实质相同的含义和对比对象

外观设计实质相同是指申请专利的外观设计与对比设计在整体视觉效果上基本相同。外观设计实质相同应符合以下两个条件：一是对比设计与申请专利的设计属于相同或相近

① 尹新天．中国专利法详解．北京：知识产权出版社，2011：297－298．

② 《专利审查指南（2010）》第四部分第五章5。

③ 《专利审查指南（2010）》第四部分第五章5.1.1。

的产品的设计。对于产品种类不相同也不相近的外观设计，不进行此类比较和判断，即可认定此类外观设计与对比设计不构成实质相同。二是对比设计与申请专利的设计属于实质相同的设计。一般消费者经过对此类外观设计与对比设计的整体观察可以看出，二者的区别仅属于下列情形的，则此类外观设计与对比设计实质相同：（1）其区别在于施以一般注意力不能察觉到的局部的细微差异；（2）其区别在于使用时不容易看到或者看不到的部位，但有证据表明在不容易看到部位的特定设计对于一般消费者能够产生引人瞩目的视觉效果的情况除外；（3）其区别在于将某一设计要素整体置换为该类产品的惯常设计的相应设计要素，例如，将带有图案和色彩的饼干桶的形状由正方体置换为长方体；（4）其区别在于将对比设计作为设计单元按照该种类产品的常规排列方式作重复排列或者将其排列的数量作增减变化，例如，将影院座椅成排重复排列或者将其成排座椅的数量作增减；（5）其区别在于互为镜像对称。①

（四）外观设计新颖性的判断方式

根据我国《专利审查指南（2010）》的规定，判断申请专利的外观设计与对比设计是否相同或实质相同，应采用以下对比方式：（1）单独对比。一般应当用一项对比设计与申请专利的外观设计进行单独对比，而不能将两项或者两项以上对比设计结合起来与申请专利的外观设计进行对比。（2）直接观察。在对比时应当通过视觉进行直接观察，不能借助放大镜、显微镜、化学分析等其他工具或者手段进行比较，不能由视觉直接分辨的部分或者要素不能作为判断的依据。（3）仅以产品的外观作为判断的对象。在对比时应当仅以产品的外观作为判断的对象，考虑产品的形状、图案、色彩这三个要素产生的视觉效果。（4）整体观察、综合判断。对比时应当采用整体观察、综合判断的方式。所谓整体观察、综合判断是指由申请专利的外观设计与对比设计的整体来判断，而不从外观设计的部分或者局部出发得出判断结论。②

典型案例

外观设计的实质相同

在国家知识产权局专利复审委员会与吴某外观设计专利无效案中，涉及涉案外观设计与对比设计是否实质相同的认定。

案中外观设计的名称为“沙发（三人A）”，申请日为2010年2月9日。该外观设计获专利授权后，吴某提出宣告无效申请。对比设计（证据2）为专利权人申请专利的另一外观设计，其申请日为2010年2月2日。

专利复审委员会认为，涉案外观设计与证据2的主要区别在于：涉案外观设计为三人位沙发而证据2为单人位沙发，涉案外观设计的坐垫及靠垫数量均为三个而证据2的均为一个，涉案外观设计的靠背中间部分的长度较证据2的长，其靠背上部的装饰也较证据2的多一段波浪形的装饰条，坐垫下方的装饰条等也较长。单人沙发与三人沙发的长度变化

① 《专利审查指南（2010）》第四部分第五章5.1.2。

② 《专利审查指南（2010）》第四部分第五章5.2。

中所涉及的坐垫及靠垫的数量变化属于单纯数量的增加，但涉案外观设计靠背的长度、靠背顶部的装饰以及坐垫下方的装饰的变化，均不属于将设计单元的常规排列方式作重复排列得到的，且上述区别也不属于实质相同的情形，因此，涉案外观设计与证据 2 不属于实质相同的外观设计，涉案外观设计有效。①

立体图

涉案外观设计立体图

主视图

对比设计（证据 2）主视图

北京市第一中级人民法院认为：单人沙发与三人沙发的长度变化所涉及的坐垫及靠垫的数量变化属于单纯数量的增加，涉案外观设计靠背的长度、靠背顶部的装饰以及坐垫下方的装饰的变化虽不属于将设计单元的常规排列方式作重复排列得到的，但这些区别施以一般注意力不易察觉，属于细微的差异，其对于外观设计产品的整体视觉效果不具有显著影响，因此，涉案外观设计与证据 2 已经构成了实质相同的外观设计。②

北京市高级人民法院维持了一审判决。同时北京市高级人民法院在判决中还指出：《专利审查指南》关于涉案外观设计与现有设计是否实质相同的判断标准并非唯一正确的判断标准，也并不能当然地作为法院必须适用的标准，因此专利复审委员会和第三人戴某华关于原审法院在本案中适用的判断标准与《专利审查指南》中规定的判断标准不一致即属错误的上诉理由不能成立。

本案中的对比设计是专利权人自己申请的外观设计，属于抵触申请。涉案外观设计为三人沙发，而对比设计为一人沙发，关于二者的差别是否属于一般消费者施以一般注意力不易察觉的细微变化，专利复审委员会和法院持不同的观点。从本案也可以看出外观设计判断中主观性较强的特点。外观设计专利授权的条件除了新颖性，还有创造性。如果按创造性的标准，对比涉案外观设计与对比设计是否具有明显的区别，可能得到的结论分歧会小一些。

三、外观设计创造性的判断

（一）外观设计创造性的判决标准和对比对象

根据《专利法》第 23 条第 2 款的规定，授予专利权的外观设计与现有设计或者现有

① 专利复审委员会第 20904 号无效审查决定。

② 北京市第一中级人民法院（2013）一中知行初字第 2964 号行政判决书。

设计特征的组合相比，应当具有明显区别。可见，判断外观设计创造性时的对比对象有两种情况：一种情况是现有设计，另一种情况是现有设计特征的组合。现有设计特征，是指现有设计的部分设计要素或者其结合，如现有设计的形状、图案、色彩要素或者其结合，或者现有设计的某组成部分的设计。

（二）外观设计与现有设计

如果一般消费者经过对涉案外观设计与现有设计的整体观察可以看出，二者的差别对于产品外观设计的整体视觉效果不具有显著影响，则涉案外观设计与现有设计相比不具有明显区别。是否有显著影响的判断仅限于相同或者相近种类的产品外观设计。例如，某外观设计专利产品和对比设计产品都是壁灯，其外观设计图如下。

申请专利的外观设计立体图

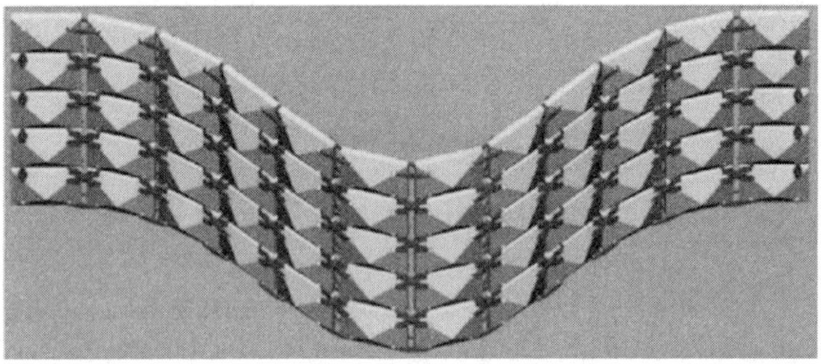

对比设计立体图

专利复审委员会和北京知识产权法院、北京市高级人民法院均认定二者没有明显区别，涉案外观设计专利被宣告无效。[①]

（三）外观设计与现有设计特征的组合

法条链接

最高人民法院《关于审理专利授权确权行政案件适用法律若干问题的规定（一）》

第二十条 根据现有设计整体上给出的设计启示，以一般消费者容易想到的设计特征转用、拼合或者替换等方式，获得与外观设计专利的整体视觉效果相同或者仅具有局部细微区别等实质相同的外观设计，且不具有独特视觉效果的，人民法院应当认定该外观设计专利与现有设计特征的组合相比不具有专利法第二十三条第二款规定的“明显区别”。

具有下列情形之一的，人民法院可以认定存在前款所称的设计启示：（一）将相同种类产品上不同部分的设计特征进行拼合或者替换的；（二）现有设计公开了将特定种类产品的设计特征转用于外观设计专利产品的；（三）现有设计公开了将不同的特定种类产品的外观设计特征进行拼合的；（四）将现有设计中的图案直接或者仅做细微改变后用于外观设计专利产品的；（五）将单一自然物的特征转用于外观设计专利产品的；（六）单纯采用基本几何形状或者仅做细微改变后得到外观设计的；（七）使用一般消费者公知的建筑

① 北京市高级人民法院（2016）京行终2699号行政判决书。

物、作品、标识等的全部或者部分设计的。

第二十一条　人民法院在认定本规定第二十条所称的独特视觉效果时，可以综合考虑下列因素：（一）外观设计专利产品的设计空间；（二）产品种类的关联度；（三）转用、拼合、替换的设计特征的数量和难易程度；（四）需要考虑的其他因素。

外观设计专利与现有设计特征的组合相比不具有明显区别，最常见的是以下两种情形。

（1）外观设计专利是由现有设计转用得到的。转用，是指将产品的外观设计应用于其他种类的产品。如果将外观设计专利与现有设计相比，二者的设计特征相同或者仅有细微差别，且该具体的转用手法在相同或者相近种类产品的现有设计中存在启示，则可以认定外观设计专利是由现有设计转用得到的。例如，某外观设计专利为“灯饰配件（茶壶）”，证据1公开的是一种茶壶的外观设计，证据2公开的是茶壶形状的灯饰，三者的设计图如下。

外观设计专利：“灯饰配件（茶壶）”

证据1：茶壶

证据2：茶壶形状的灯饰

专利复审委员会认为：该外观设计专利与证据1产品形状近似，但二者产品种类不相同也不相近。证据2公开了将茶壶的外观形状应用于与外观设计专利相同产品种类的灯饰产品的设计手法。该外观设计专利与证据1所示的外观设计和证据2所示已有转用手法得到的外观设计相比不具有明显区别。①

（2）外观设计专利是由现有设计或者现有设计特征组合得到的。组合包括拼合和替换，是指将两项或者两项以上设计或者设计特征拼合成一项外观设计，或者将一项外观设计中的设计特征替换为其他设计特征。以一项设计或者设计特征为单元重复排列而得到的外观设计属于组合设计。如果现有设计与外观设计专利的相应设计部分相同或者仅有细微差别，且该具体的组合手法在相同或者相近种类产品的现有设计中存在启示，则外观设计专利是由现有设计或者现有设计特征组合得到的。例如，某外观设计专利为“LED软管夹灯”，对比设计1为“台灯（带夹子底座的蛋形LED台灯）”，对比文件2为“两用紫外线消毒台灯”。三外观设计的图形如下页上图所示。

北京市高级人民法院认为：对比设计1、对比设计2的相关设计特征经过细微变化组合后即可形成该外观设计专利的外观设计，且组合后也未产生独特的视觉效果，该外观设

---

① 专利复审委员会第28647号无效审查决定。

计专利与现有设计特征的组合相比不具有明显区别。[①]

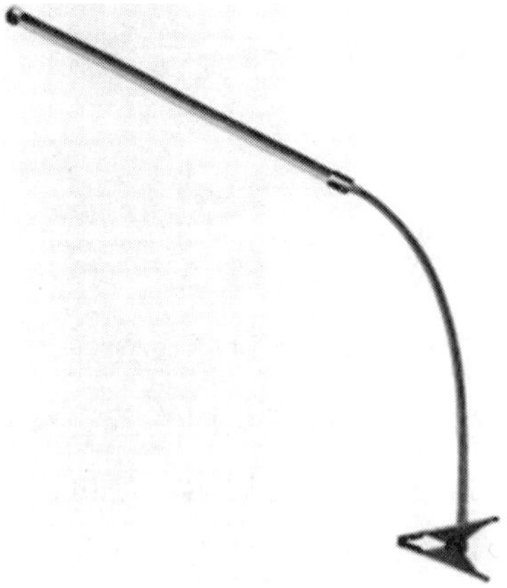

某外观设计专利

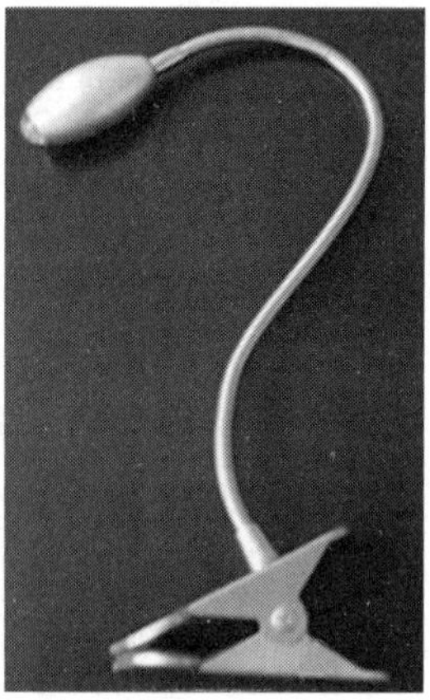

对比设计 1

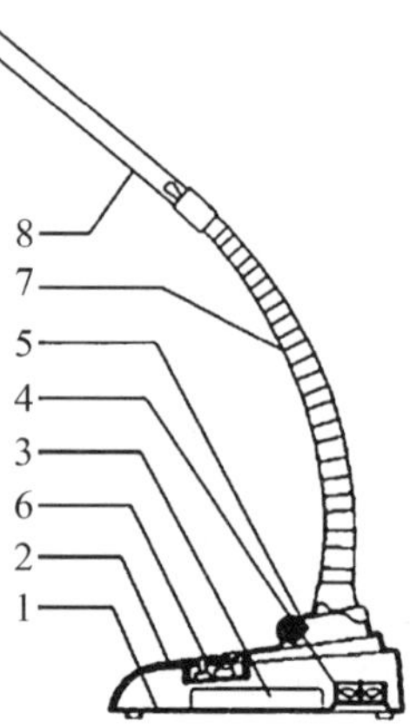

对比设计 2

典型案例

设计空间在外观设计专利授权中的作用

在武义丰源矿山机械制造有限公司等与王某、国家知识产权局外观设计专利无效行政诉讼案中，设计空间在认定外观设计专利是否有效时起到了关键作用。

涉案外观设计专利名称为"免充气轮胎（1004）"，对比设计名称为"电动平衡扭扭车（S2）"。二外观设计的图如下。

涉案外观设计

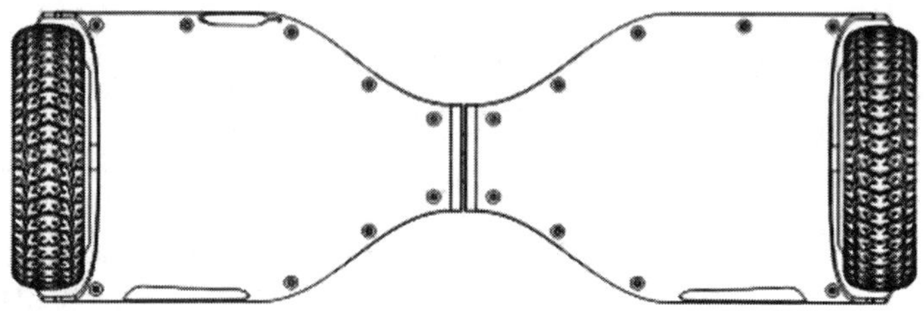

对比设计

专利复审委员会认为涉案外观设计与对比设计属于实质相同的外观设计，故宣告本专利全部无效。北京知识产权法院认为涉案外观设计与对比设计并不属于实质相同的外观设计。

北京市高级人民法院认为：在判断外观设计是否"属于现有设计"时，通常应当考虑产品的设计空间，对于存在较大设计空间的外观设计，在相同近似性判断上应当持较为严

① 北京市高级人民法院（2017）京行终 2129 号行政判决书。

格的标准；而对于存在较小设计空间的外观设计，在是否“属于现有设计”的判断上应当持较为宽松的标准。本专利为轮胎的外观设计，其设计空间较大，故在判断本专利是否“属于现有技术”时应当持相对严格的标准。而由查明的事实可知，本专利与对比设计在V形长弧形槽、十字星槽、轮胎边缘的短横槽、斜槽的位置及倾斜的方向等设计特征方面基本相同，区别点仅在于斜槽是否贯通。依据整体观察、综合判断的原则，该区别点占整体的比例很小，属于一般消费者施以一般注意力不能察觉到的局部的细微差异，并未对胎面花纹的整体视觉效果产生显著影响，故本专利与对比设计属于实质相同的外观设计，违反了《专利法》第23条第1款的规定。①

设计空间是指设计者在创作特定产品外观设计时的自由度。设计者在特定产品领域中的设计自由度通常要受到现有设计、技术、法律以及观念等多种因素的制约和影响。特定产品的设计空间的大小与认定该外观设计产品的一般消费者对同类或者相近类产品之外观设计的知识水平和认知能力具有密切关联。对于设计空间极大的产品领域而言，由于设计者的创作自由度较高，该产品领域内的外观设计必然形式多样、风格迥异、异彩纷呈，该外观设计产品的一般消费者就更不容易注意到比较细小的设计差别。相反，在设计空间受到很大限制的领域，由于创作自由度较低，该产品领域内的外观设计必然存在较多的相同或者相似之处，该外观设计产品的一般消费者通常会注意到不同设计之间的较小区别。可见，设计空间对于确定相关设计产品的一般消费者的知识水平和认知能力具有重要意义。在外观设计专利与在先设计是否相同或相近似的判断中，可以考虑设计空间或者说设计者的创作自由度，以便准确确定该一般消费者的知识水平和认知能力。②

本案中一、二审法院作出了不同的认定。二审法院撤销一审判决主要是考虑了涉案专利的设计空间。本案充分说明了设计空间在确定外观设计专利授权时的作用。而最高人民法院在判决中，对设计空间在外观设计与现有设计对比中的作用进行了详细的阐述。在判断外观设计的新颖性和创造性时，涉案外观设计的设计空间是一个考虑的因素。但并不是说在每一个案件中都必须考虑设计空间，只有在设计空间较大或较小的特殊情况下，设计空间才起作用。当然，正如最高人民法院在判决中指出的：设计空间的大小是一个相对的概念。在设计空间极大的产品领域和设计空间受到极大限制的产品领域这两个极端之间，存在着设计空间由大到小的过渡状态。同时，对于同一产品的设计空间而言，设计空间的大小也是可以变化的。随着现有设计增多、技术进步、法律变迁以及观念变化等，设计空间既可能由大变小，也可能由小变大。因此，在专利无效宣告程序中考量外观设计产品的设计空间时，要以专利申请日时的状态为准。③

【思考题】

1. 外观设计的授权条件与发明、实用新型授权的条件有哪些异同？
2. 如何理解外观设计新颖性、创造性的判断主体？

---

① 北京市高级人民法院（2019）京行终2605号行政判决书。

②③ 最高人民法院（2010）行提字第6号行政判决书。

3. 如何理解外观设计与在先设计之间的“明显区别”?

【推荐阅读文献】

1. 张晓都. 论完善我国外观设计专利授权条件判断主体. 科技与法律，2011：4.

2. 朱理. 相对无效理由与外观设计专利无效制度的优化：以权利冲突为中心. 中国专利与商标，2018：4.

3. 管荣齐，李爱霞. 外观设计创造性的判断——“陆风越野车”外观设计专利无效案. 中国发明与专利，2019：12.

第七章　专利申请

专利权是经过申请、审查后被授予的权利。发明创造完成后，有权申请专利的人如欲取得专利权，应当准备专利申请文件，向专利管理机关提出申请。专利申请是取得专利权的第一步。我国《专利法》和《专利法实施细则》等对专利申请文件的格式和内容作了明确的规定，也对专利申请手续作了严格的规定。本章主要介绍专利申请文件和申请手续的相关内容。

第一节　专利申请文件

一、发明和实用新型专利申请文件

我国《专利法》第26条规定了发明和实用新型专利申请需要提交的文件及要求。

法条链接

《专利法》

第二十六条　申请发明或者实用新型专利的，应当提交请求书、说明书及其摘要和权利要求书等文件。

请求书应当写明发明或者实用新型的名称，发明人的姓名，申请人姓名或者名称、地址，以及其他事项。

说明书应当对发明或者实用新型作出清楚、完整的说明，以所属技术领域的技术人员能够实现为准；必要的时候，应当有附图。摘要应当简要说明发明或者实用新型的技术要点。

权利要求书应当以说明书为依据，清楚、简要地限定要求专利保护的范围。

依赖遗传资源完成的发明创造，申请人应当在专利申请文件中说明该遗传资源的直接来源和原始来源；申请人无法说明原始来源的，应当陈述理由。

（一）请求书

请求书应当写明发明或者实用新型的名称，发明人的姓名，申请人姓名或者名称、地址，以及其他事项。[①]

在我国，根据国家知识产权局的相关规定，请求书是申请发明或实用新型专利时提交的申请表，格式是固定的。请求书包括以下内容：(1) 发明、实用新型的名称；(2) 申请人是中国单位或者个人的，其名称或者姓名、地址、邮政编码、组织机构代码或者居民身份证件号码；申请人是外国人、外国企业或者外国其他组织的，其姓名或者名称、国籍或者注册的国家或者地区；(3) 发明人的姓名；(4) 申请人委托专利代理机构的，受托机构的名称、机构代码以及该机构指定的专利代理人的姓名、执业证号码、联系电话；(5) 要求优先权的，申请人第一次提出专利申请的申请日、申请号以及原受理机构的名称；(6) 申请人或者专利代理机构的签字或者盖章；(7) 申请文件清单；(8) 附加文件清单；(9) 其他需要写明的有关事项。[②]

(二) 说明书

1. 说明书的含义

专利说明书是对发明和实用新型的内容进行介绍和说明的文件。公开与独占构成了现代专利制度的本质，专利的公开主要是通过专利说明书来完成的。

从世界范围看，在专利制度建立之初，专利法主要考虑国家如何向申请人授予专利权，并没有要求申请人将发明向社会公开。例如，英国 1624 年的《垄断法案》规定了发明专利权的主体、客体、可以取得专利的发明主题、取得专利的条件、专利有效期以及在什么情况下专利权将被判定无效，但并没有要求将发明向社会公开。从 18 世纪开始，专利法开始要求发明人必须充分地陈述其发内容并予以公布，以此作为取得专利权的对价。按照法律的这种要求，“专利说明书”出现了。它的出现标志着现代专利制度的最终形成。[③] 说明书是我国发明和实用新型专利申请中必不可少的一项文件，并且是衡量专利是否充分公开的最主要文件。

2. 说明书的主要内容

发明或者实用新型专利申请的说明书应当写明发明或者实用新型的名称，该名称应当与请求书中的名称一致。说明书应当包括下列内容：(1) 技术领域。写明要求保护的技术方案所属的技术领域。(2) 背景技术。写明对发明或者实用新型的理解、检索、审查有用的背景技术；有可能的，并引证反映这些背景技术的文件。(3) 发明内容。写明发明或者实用新型所要解决的技术问题以及解决其技术问题采用的技术方案，并对照现有技术写明发明或者实用新型的有益效果。(4) 附图说明。说明书有附图的，对各幅附图作简略说明。(5) 具体实施方式。详细写明申请人认为实现发明或者实用新型的优选方式；必要时，举例说明；有附图的，对照附图。[④]

3. 说明书的撰写要求

我国《专利法》对说明书的要求是，“应当对发明或者实用新型作出清楚、完整的说

---

① 《专利法》第 26 条第 2 款。

② 《专利法实施细则》第 16 条。

③ 郑成思. 知识产权论. 修订本. 北京：法律出版社，2001：7－8.

④ 《专利法实施细则》第 17 条第 1 款。

明，以所属技术领域的技术人员能够实现为准”①。

首先，说明书的内容应当清楚。具体应满足下述要求：(1) 主题明确。说明书应当从现有技术出发，明确地反映出发明或者实用新型想要做什么和如何去做，使所属技术领域的技术人员能够确切地理解该发明或者实用新型要求保护的主题。(2) 表述准确。说明书应当使用发明或者实用新型所属技术领域的技术术语。说明书的表述应当准确地表达发明或者实用新型的技术内容，不得含糊不清或者模棱两可，以致所属技术领域的技术人员不能清楚、正确地理解该发明或者实用新型。

其次，说明书应当完整。完整的说明书应当包括有关理解、实现发明或者实用新型所需的全部技术内容，例如，帮助理解发明或者实用新型不可缺少的内容，确定发明或者实用新型具有新颖性、创造性和实用性所需的内容，实现发明或者实用新型所需的内容等。凡是所属技术领域的技术人员不能从现有技术中直接、唯一地得出的有关内容，均应当在说明书中描述。

最后，说明书要充分公开，达到所属技术领域的技术人员能够实现的程度。说明书充分公开，是指所属技术领域的技术人员按照说明书记载的内容，就能够实现该发明或者实用新型的技术方案，解决其技术问题，并且产生预期的技术效果。说明书应当清楚地记载发明或者实用新型的技术方案，详细地描述实现发明或者实用新型的具体实施方式，完整地公开为理解和实现发明或者实用新型所必要的技术内容，达到所属技术领域的技术人员能够实现该发明或者实用新型的程度。对说明书充分公开的要求，保证了社会公众能够从专利申请文件中获得有用的技术信息，也为对专利申请的新颖性、创造性和实用性的审查提供了事实基础。

如果说明书公开不充分，可以成为驳回专利申请的理由，也可以成为宣告专利无效的理由。

典型案例

小i机器人公开是否充分

上海智臻智能网络科技股份有限公司（以下简称智臻公司）与苹果电脑贸易（上海）有限公司（以下简称苹果公司）就“一种聊天机器人系统”（俗称“小i机器人”，以下简称本专利）专利效力的争议，历经八年，结论几经反复，最终由最高人民法院作出了认定。其中争议的问题之一是专利公开是否充分的问题。

智臻公司是专利号为20041005××××.9、名称为“一种聊天机器人系统”的发明专利的专利权人。针对本专利，苹果公司于2012年11月19日向国家知识产权局专利复审委员会（以下简称专利复审委员会）提出无效宣告请求。专利复审委员会于2013年9月3日作出第21307号无效宣告请求审查决定（以下简称被诉决定），维持本专利有效。针对苹果公司提出的本专利实施例没有给出如何利用游戏服务器5来实现游戏功能的无效理由，专利复审委员会认为，本专利说明书第3页第11～14行记载了“聊天机器人9本质

① 《专利法》第26条第3款。

上是一个或若干个机器人服务器 2，其中设置有通讯模块 21、过滤器 22、对话模块 23、查询模块 24，其一端连接用户 1，另一端连接人工智能服务器 3 和/或查询服务器 4 和/或游戏服务器 5”，如本专利附图 1 所示，即实施例中公开了用户通过机器人服务器 2 连接到游戏服务器 5。另外，本专利说明书第 5 页第 7～9 行记载了“在机器人中我们特别倡导互动性，机器人可以实现以下互动游戏（智力闯关、智力问答、24 点、猜数字等）”。本领域普通技术人员由上述记载内容能够实现，用户通过即时通信平台与聊天机器人进行对话，该聊天机器人的另一端连接游戏服务器，根据聊天机器人识别的对话内容，用户就可以利用游戏服务器实现以文字互动为基础的游戏功能，因此本领域普通技术人员根据说明书的上述记载能够实现本发明利用聊天机器人系统的游戏服务器互动游戏的功能。

苹果公司不服被诉决定，向北京市第一中级人民法院（以下简称一审法院）提起行政诉讼，请求撤销被诉决定。一审法院维持了专利复审委员会的决定。

苹果公司向北京市高级人民法院提起上诉。北京市高级人民法院认为：如何实现游戏功能是实现本专利必不可少的技术特征。然而，说明书仅仅记载了一个游戏服务器以及提到实现互动游戏的设想，而对于游戏服务器与聊天机器人的其他部件如何连接，例如，对什么样的用户输入的什么内容传送到游戏服务器以及如何将用户的指令传送到游戏服务器中，完全没有记载。此外，根据说明书的记载和教导，过滤器对用户输入语句进行判断，判断为格式化语句的则通过查询模块 24 输出到查询服务器 4，而判断为自然语句的则通过对话模块 23 输出到人工智能服务器 3。因此，根据本专利说明书的记载，本专利的聊天机器人系统中，如果用户输入的是和游戏相关的语句，即使其能够由过滤器分析处理，其也只是被过滤器判断为自然语句或格式化语句，而送到人工智能服务器 3 或查询服务器 4 中，根本不可能送到游戏服务器 5 中。由此可见，本专利说明书未充分公开如何实现本专利权利要求 1 所限定的游戏功能，违反了《专利法》第 26 条第 3 款的内容，本专利权应当被宣告无效。[①]

智臻公司向最高人民法院申请再审。最高人民法院提审并撤销了二审判决，维持了一审判决。最高人民法院首先认定了游戏服务器并不是本专利与现有技术的区别技术特征，在此基础上，给出了判断专利公开是否充分的标准：在判断说明书是否公开充分时，应当站在本领域普通技术人员的角度。本领域普通技术人员是指一种假设的“人”，假定他知晓申请日或者优先权日之前发明所属领域所有的普通技术知识，能够获知该领域中所有的现有技术，并且具有应用该日期之前常规实验手段的能力，但他不具有创造能力。在本专利申请日前，在聊天服务系统中设置游戏服务器是本领域常规设置，包括美国专利在内的现有技术也已经公开了在聊天服务系统中设置游戏服务器的技术内容。本领域普通技术人员具有获知本领域现有技术的能力，即通过检索现有技术可以实现在聊天机器人系统连接游戏服务器并进行游戏，无须由说明书给出如何连接游戏服务器并进行游戏的具体指引。本案中，本领域普通技术人员根据本专利说明书的相关记载内容可以实现，聊天机器人的一端连接用户、另一端连接游戏服务器，用户通过即时通信平台或短信平台与聊天机器人进行对话，可以使用格式化的命令语句与机器人做互动游戏。因此，本专利涉及游戏服务

---

① 北京市高级人民法院（2014）高行（知）终字第 2935 号行政判决书。

器的技术方案符合《专利法》第26条第3款的规定。[①]

本案涉及我国计算机人工智能领域的基础专利，公开是否充分是争议的核心问题。本领域使用技术人员是否能够实现发明技术方案是判断说明书公开是否充分的根本落脚点。我国《专利审查指南》对于现有技术中的技术特征和区别技术特征的公开充分要求是不一样的。对最接近的现有技术或者与最接近的现有技术共有的技术特征，一般来说可以不作详细描述，但对发明或者实用新型区别于现有技术的技术特征以及从属权利要求中的附加技术特征应当足够详细地描述，以所属技术领域的技术人员能够实现该技术方案为准。上述规定对于本专利与现有技术的共有技术特征和区别技术特征的公开提出不同的要求，是因为公开是以本领域使用技术人员能够实现为准，对于本领域使用技术人员知识和能力范围以内的技术特征要求较低，而对于本领域使用技术人员知识和能力范围以外的、区别于现有技术的技术特征要求较高。判断作为专利申请的技术方案是否已经充分公开，不仅是人工智能领域专利审查和诉讼中的疑难问题，也直接决定了专利申请人能否对有关技术方案享有独占权。本案再审判决明确了涉及计算机程序的专利说明书充分公开的判断标准，充分保护了企业的自主创新成果，在确保公共利益和激励创新兼得的同时，助力加强关键领域自主知识产权的创造和储备。

（三）权利要求书

1. 权利要求书的含义

专利权利要求在英语中称为“claim”，在日语中称为“特許請求の範囲”[②]。从上述用语可以看出，专利权利要求的基本含义是专利申请人自己主张的其专利所应当包括的范围。形象地说，就是专利申请人划定了一个圈，宣称这个圈是他的权利范围，他人不得随意进入。划定这个圈所使用的语言就是专利权利要求。

从历史的角度看，最初的专利制度并没有专利权利要求。使用权利要求界定专利的范围是经过不断的探索后而采用的。欧洲在对专利保护的过程中，曾经采用了多种不同的办法来界定发明和确定专利权人排他权的范围。例如，通过禁止模仿发明人的装置对发明提供保护，或者通过用功能性用语描述发明，禁止他人从事具有相同功能或后果的行为等。[③]英国、德国、美国和日本分别是从1883年、1891年、1836年和1959年开始强制性要求每一项专利申请都必须有至少一项权利要求，用来确定专利申请人希望获得的专利的保护范围。

2. 权利要求的类型

（1）产品权利要求和方法权利要求。

按照性质划分，权利要求有两种基本类型，即物的权利要求和活动的权利要求，或者简单地称为产品权利要求和方法权利要求。产品权利要求包括人类技术生产的物（产品、设备）；方法权利要求包括有时间过程要素的活动（方法、用途）。属于物的权利要求的有

---

① 最高人民法院（2017）最高法行再34号行政判决书。

② 在日本学者的论述中，也有的使用claim的音译“クリーム”来指称专利权利要求。

③ Robert C. Kahrl, *Patent Claim Construction*, Aspen Publishers (2003), pp. 2-3.

物品、物质、材料、工具、装置、设备等权利要求；属于活动的权利要求的有制造方法、使用方法、通信方法、处理方法以及将产品用于特定用途的方法等权利要求。

（2）独立权利要求和从属权利要求。

按保护范围和撰写方式划分，权利要求可以分为独立权利要求和从属权利要求。一份专利申请的权利要求书中应当至少包括一项独立权利要求，也可以有两项或两项以上的独立权利要求。除了独立权利要求，权利要求书中还可以包括从属权利要求。独立权利要求应当从整体上反映发明或者实用新型的技术方案，记载解决技术问题的必要技术特征。从属权利要求应当用附加的技术特征，对引用的权利要求作进一步限定。[①] 从属权利要求中的附加技术特征，可以是对所引用的权利要求的技术特征作进一步限定的技术特征，也可以是增加的技术特征。从属权利要求可以引用独立权利要求，也可以引用在前的从属权利要求。

独立权利要求的保护范围最大，从属权利要求由于增加了附加技术特征，其保护范围比所引用的独立权利要求或在前的从属权利要求的保护范围小。在因引用的权利要求不符合新颖性、创造性等授权条件而使发明创造不能被授权或无效时，从属权利要求由于增加了技术特征，仍可能获得授权或维持有效。多项从属权利要求，相当于为专利的授权或维持有效构筑了多道防线。

3. 权利要求的撰写方式

为了便于专利审查部门进行审查和社会公众对发明创造的理解，我国《专利法实施细则》对权利要求的撰写方式作了规定。

发明或者实用新型的独立权利要求应当包括前序部分和特征部分，按照下列规定撰写：（1）前序部分。写明要求保护的发明或者实用新型技术方案的主题名称和发明或者实用新型主题与最接近的现有技术共有的必要技术特征。（2）特征部分。使用“其特征是……”或者类似的用语，写明发明或者实用新型区别于最接近的现有技术的技术特征。这些特征和前序部分写明的特征合在一起，限定发明或者实用新型要求保护的范围。由于发明或者实用新型的性质不适于采用上述表达方式的，独立权利要求可以用其他方式撰写。一项发明或者实用新型应当只有一个独立权利要求，并写在同一发明或者实用新型的从属权利要求之前。[②]

发明或者实用新型的从属权利要求应当包括引用部分和限定部分，按照下列规定撰写：（1）引用部分。写明引用的权利要求的编号及主题名称。（2）限定部分。写明发明或者实用新型附加的技术特征。从属权利要求只能引用在前的权利要求。引用两项以上权利要求的多项从属权利要求，只能以择一方式引用在前的权利要求，并不得作为另一项多项从属权利要求的基础。[③]

4. 权利要求书的撰写要求

根据我国《专利法》和《专利法实施细则》的规定，权利要求书应当符合以下要求。

---

① 《专利法实施细则》第20条。

② 《专利法实施细则》第21条。

③ 《专利法实施细则》第22条。

（1）以说明书为依据。

根据《专利法》第 26 条第 4 款的规定，权利要求书应当以说明书为依据。权利要求书应当以说明书为依据，是指权利要求应当得到说明书的支持。权利要求书中的每一项权利要求所要求保护的技术方案应当是所属技术领域的技术人员能够从说明书充分公开的内容中得到或概括得出的技术方案，并且不得超出说明书公开的范围。[①]

如果权利要求书超出了说明书的范围，在审查过程中申请人应当对权利要求书进行修改，否则，在专利被授权后，这有可能成为专利被宣告无效的理由。

理论延伸

权利要求书以说明书为依据的原因

公开与独占构成专利制度的本质，也是专利合同理论中互为对价的两个方面。说明书是“公开”的载体，而权利要求书是“独占”的证书，二者必须对应起来。权利要求书应当以说明书为依据，即应当得到说明书的支持。权利要求书中的每一项权利要求所要求保护的技术方案应当是所属技术领域的技术人员能够从说明书充分公开的内容中得到或概括得出的技术方案，并且不得超出说明书公开的范围。

发明人总是想使发明受保护的范围尽量大，于是在申请专利时就会在权利要求中使用含义较宽的词语，以使其覆盖的范围变大。但是，从理论上说，只有发明人将这些内容全部通过说明书公开了，发明才能得到保护。说明书中公开的往往是具体的实施方式，但有时又不可能将权利要求书范围内的所有实施方式都公开，因此应当允许权利要求书对实施例进行适当的概括，但权利要求的概括应当不超出说明书公开的范围。如果所属技术领域的技术人员可以合理预测说明书给出的实施方式的所有等同替代方式或明显变形方式都具备相同的性能或用途，则应当允许申请人将权利要求的保护范围概括至其所有的等同替代或明显变形的方式。

典型案例

权利要求书应得到说明书的支持

许某庆是“一种钢管束内外壁防腐方法”的发明专利（专利号为 88103519. X）的专利权人。该发明专利的权利要求 1 有下列用语：“一种对冷却器、换热器设备钢管束的内外壁进行防腐的方法，即为使冷却器、换热器钢管束的内外壁表面先形成磷化层，然后再进行涂料涂装。”该说明书公开了一个实施例，该实施例公开了对冷却器管内壁的防腐工艺步骤，还公开了管外壁防腐处理与内壁处理四个方面的区别。

邢某万向专利复审委员会提出无效宣告请求，其中一项理由是权利要求书得不到说明书的支持。专利复审委员会认为：在说明书实施例中公开的是对冷却器钢管束内、外壁进行防腐的两种不同的技术方案。权利要求 1 将对冷却器、换热器钢管束内壁防腐的技术方案与对冷却器、换热器钢管束外壁防腐的技术方案概括成对冷却器、换热器钢管束内外壁

① 《专利审查指南（2010）》第二部分第二章 3. 2. 1。

防腐的技术方案，是不恰当的。权利要求1没有以说明书为依据，未得到说明书的支持，许某庆的专利无效。[①] 许某庆向法院起诉后，北京市第一中级人民法院和北京市高级人民法院以同样的理由维持了专利复审委员会的决定。[②]

最高人民法院提审后对本案进行了改判。最高人民法院认为：判断权利要求书是否以说明书为依据，主要应当考察权利要求书中的每一项权利要求所要求保护的技术方案，是否为所属技术领域的技术人员能够从说明书中公开的内容直接获得或者概括得出的技术方案，以及权利要求的范围是否超出说明书记载的内容。权利要求1所要求保护的技术方案为三项技术特征的集合。这三个技术特征集合在一起，恰好公开了权利要求1所要求保护的技术方案，并且没有超出说明书记载的内容。因此，权利要求1得到了说明书的支持。[③]

本案中最高人民法院作出了与专利复审委员会和北京市第一中级人民法院、北京市高级人民法院不同的认定。最高人民法院在判决中明确了以下几个方面的问题：第一，对于是不是一种技术方案的认定，只要技术方案之间具有权利要求中的全部共性特征，就能将其概括在一起构成一个权利要求，并将其视为一种技术方案。由于一项权利要求只能要求保护一种技术方案，即使采用概括的方式，也只能对一种技术方案的不同实施方式进行概括，而不能将两种不同的技术方案概括到一个权利要求中。应允许权利要求进行较大范围的概括，将具有共性特征的实施方式概括为一种技术方案。第二，说明书的"充分公开"，应当包括对权利要求所要求保护的技术方案在说明书中直接描述过和所属技术领域的技术人员能够从说明书中公开的内容概括得出或者识别出来两种情况。有关法律法规并没有规定必须以"技术人员"是否能够从说明书中识别出权利要求书记载的技术方案，作为判断权利要求是否得到说明书支持的依据。但是，权利要求书和说明书是给本领域使用技术人员看的，应当以本领域使用技术人员的理解为准。即使说明书中没有明确记载，本领域使用技术人员可以识别的内容也应当被认为是已经公开的内容。这些内容出现在说明书中也应当被认为是得到说明书支持的。第三，即使权利要求书存在缺陷，如果本领域使用技术人员可以克服这些缺陷，就不应当因此而影响专利的效力。最高人民法院在判决中指出，本案专利权利要求书和说明书的撰写确实存在一定的缺陷。但是，这些缺陷，通过本技术领域的技术人员仔细阅读说明书和借助于现有技术知识，是可以克服的，不至于严重到权利要求书得不到说明书的支持，将专利权宣告无效的程度。最高人民法院的上述观点，反映了在专利效力问题上不能因申请人撰写权利要求书的瑕疵而轻易否定专利效力的态度。这种以本领域使用技术人员的理解为准，确定权利要求书是否得到说明书支持的做法，也是专利法对权利要求书和说明书之间的关系的要求。

司法适用

权利要求书以说明书为依据与其他授权条件的关系

第一，权利说明书以说明书为依据与涉案专利所要解决的技术问题的确定。

① 专利复审委员会第1372号无效审查决定。

② 北京市高级人民法院（2000）高知终字第72号行政判决书。

③ 最高人民法院（2005）民三提字第2号行政判决书。

正确认定涉案专利所要解决的技术问题和所要实现的技术效果，对于认定涉案专利权利要求是否以说明书依据具有重要意义。涉案专利所解决的技术问题是以说明书中的描述为准，还是以创造性判断时重新确定的技术问题为准，最高人民法院在判决中指出不能直接以创造性判断中确立的技术问题作为认定权利要求是否以说明书为依据的基础。最高人民法院指出：在认定权利要求书是否以说明书为依据时，人民法院可以结合说明书中记载的背景技术及其存在的缺陷，发明内容中记载的“发明目的”“所要解决的技术问题”“有益效果”，以及具体实施方式中与“技术问题”“有益效果”相关的内容等，对涉案专利所要解决的技术问题和实现的技术效果进行认定。根据权利要求与“最接近的现有技术”的区别技术特征重新确定“实际解决的技术问题”。该“实际解决的技术问题”可能并不同于涉案专利要解决的技术问题，不能直接作为认定权利要求是否以说明书为依据的基础。①

第二，权利要求书以说明书为依据与涉案专利的创造性。

在涉案专利具有创造性的情况下，是否可以认定其权利要求书符合以说明书为依据的要求？对此，最高人民法院在判决中给出了否定的答案。最高人民法院指出：专利法中有关创造性、权利要求以说明书为依据的规定分别从不同角度，对权利要求的合法性进行规范和调整，共同保障专利制度的运行符合立法目的。创造性和以说明书为依据均属于权利要求应当满足的法律规定，应当分别进行认定。即使权利要求具备创造性，对于其中记载的包括区别技术特征在内的各项技术特征是否概括适当，以及对于权利要求限定的技术方案整体上是否概括适当，仍然需要通过《专利法》第 26 条第 4 款的规定来进行认定。②

第三，从属权利要求是否得到说明书支持的判断。

一般情况下，如果独立权利要求得不到说明书支持，从属于该权利要求的从属权利要求的附加技术特征也没有克服独立权利要求得不到说明书支持的缺陷，则从属权利要求也得不到说明书支持。但是，个别情况下，如果该权利要求形式上是从属权利要求，但实质上相当于独立权利要求，则应视为独立权利要求判断其是否得到说明书的支持。最高人民法院在判决中指出：对于形式上从属于某权利要求，但实质上替换了特定技术特征的权利要求，应当按照其限定的技术方案的实质内容来确定其保护范围，并在此基础上判断是否得到说明书的支持。③

第四，独立权利要求缺少必要技术特征与权利要求书应当以说明书为依据的关系。

独立权利要求缺少必要技术特征和权利要求书没有以说明书为依据，是导致权利要求无效的两个理由。对于这两个理由之间的关系，最高人民法院在判决中指出：缺少必要技术特征仅适用于独立权利要求，而得不到说明书支持不仅适用于独立权利要求，也适用于从属权利要求。独立权利要求缺少必要技术特征，不符合《专利法实施细则》第 20 条第 2 款的规定的，一般也不能得到说明书的支持，即不符合《专利法》第 26 条第 4 款的规定。④

---

①② 最高人民法院（2016）最高法行再 19 号行政判决书。

③ 最高人民法院（2014）行提字第 32 号行政判决书。

④ 最高人民法院（2014）行提字第 12 号行政判决书。

（2）权利要求书应当清楚、简要。

根据我国《专利法实施细则》第20条第1款的规定，权利要求书应当清楚、简要地表述请求保护的范围。权利要求书应当清楚、简要，一是指每一项权利要求应当清楚、简要，二是指构成权利要求书的所有权利要求作为一个整体也应当清楚、简要。如果权利要求书不清楚，以至于本领域普通技术人员无法理解其含义，就会导致该权利要求不能被授权或被宣告无效。

典型案例

"天线控制系统"专利的权利要求是否清楚

安德鲁公司为名称为"天线控制系统"的95196544.1号发明专利的专利权人。其中权利要求14中有一句话为"具有两个或两个以上的发射元件和用于移动至少一个相位移动元件的部件"。

专利复审委员会以权利要求14不清楚为由认定专利无效，主要理由是，参照说明书中的记载，相位移动元件和相位移动元件的部件均具有多个，根据说明书的记载不能够直接地、毫无疑义地导出本专利权利要求14中出现的"至少一个"是修饰相位移动元件而不是用来修饰相位移动元件的部件。①

北京市第一中级人民法院和北京市高级人民法院均认为权利要求14是清楚的。北京市高级人民法院认为：从语法结构上讲，"至少一个"修饰的是"元件"而非"部件"，因为"元件"和"部件"均为名词，"至少一个"紧邻"元件"，应当是就近修饰，这符合汉语语法习惯。此外，如果"至少一个"用于修饰"部件"，则应当表述为"用于移动相位移动元件的至少一个部件"，因此，"至少一个"应当被理解为用于修饰"相位移动元件"，该特征的描述是清楚的。从技术角度讲，本专利权利要求14提供的是一种机械驱动系统，它可用来调整机械移相器。虽然根据本专利说明书的记载可知，本专利权利要求14中的"相位移动元件"及其组成"部件"均为多个，但是，本领域普通技术人员通过阅读说明书，特别是说明书第7页关于"相对移动一个或几个相位移动元件的零件"的记载后可知，"至少一个"是用于限定"相位移动元件"而不应当是用于限定"部件"。根据本专利权利要求14记载的内容可知，机电装置"用于移动至少一个相位移动元件的部件"，由控制器"提供驱动信号给机电装置"。对上述特征的记载限定了机电装置的功能以及其与相位移动单元、控制器的相互作用关系，结合说明书记载的内容，本领域普通技术人员可以清楚地确定权利要求14保护的技术方案。②

本案专利权利要求书中有两个术语引起了争议，一个是"至少一个"，另一个是"机电装置"。关于"至少一个"的争议主要是它是修饰"元件"的还是修饰"部件"的；关于"机电装置"的争议，主要是它指的是什么装置。如果这两点有一点不清楚，以至于本领域普通技术人员无法正确理解权利要求保护的范围，就会导致该权利要求无效。专利复

① 专利复审委员会第10009号无效审查决定。

② 北京市高级人民法院（2008）高行终字第682号行政判决书。

审委员会认为这两点都是不清楚的，而北京市第一中级人民法院和北京市高级人民法院的意见与专利复审委员会的意见相反，两级法院都认为这两点都是清楚的。权利要求是否清楚，不但取决于权利要求的用语本身，还要结合说明书中的描述，并且应当从本领域普通技术人员的角度进行分析。即使权利要求中的描述有可能存在多种解释，如果本领域普通技术人员不至于产生模糊的认识，也不能认定权利要求是不清楚的。最高人民法院在判决中也支持这种观点：判断权利要求书是否清楚应当站在本领域普通技术人员的角度，如果以本领域普通技术人员的认知水平，通过阅读权利要求的技术方案，能够清楚理解其含义，则权利要求清楚。①

（3）权利要求书应当记载解决技术问题的必要技术特征。

根据我国《专利法实施细则》第 20 条第 2 款的规定，独立权利要求应当记载解决技术问题的必要技术特征。必要技术特征是指，发明或者实用新型为解决其技术问题所不可缺少的技术特征，其总和足以构成发明或者实用新型的技术方案，使之区别于背景技术中所述的其他技术方案。如果独立权利要求缺少解决技术问题的必要技术特征，则该权利要求不能获得授权，或者被宣告无效。缺少必要技术特征仅适用于独立权利要求，不能直接适用于从属权利要求。但是，在专利无效宣告案件中，如果独立权利要求被认定无效，直接从属于该独立权利要求的从属权利要求将成为新的独立权利要求，也可以继续对有关从属权利要求是否缺少必要技术特征进行审查。②

典型案例

缺少必要技术特征的认定

在爱立信股份有限公司与中华人民共和国国家知识产权局专利复审委员会专利行政诉讼案中，涉及权利要求是否缺少必要技术特征的认定。

涉案专利名称为“在 SDH 网络中的数据传输”的发明专利，涉案专利权利要求 1 为“一种同步数字系列网络，用于在虚拟级联信息结构中运送数据，所述网络包括辅助接口，所述辅助接口被安排和被配置为处理从所述网络的外部接收的信号，以便将这些信号变换为虚拟级联形式，从而通过所述网络传送，其中所述虚拟级联信息结构包括多个帧，用于按顺序发送，并且包括多个虚拟容器，其中每个虚拟容器包括路径开销信息，其中所述接口被安排为通过使用路径开销的一部分指示所述帧的顺序来处理路径开销信息”。

专利复审委员会、北京市第一中级人民法院、北京市高级人民法院和最高人民法院均认定权利要求 1 因缺少必要技术特征而无效。主要理由是：涉案专利所要解决的技术问题是在一个本身不能传送接触级联信号的 SDH 网络上传输数据信号，因此，对接收信号的转换和处理是涉案专利不可缺少的必要的技术特征，否则，无法将接收的信号转为虚拟级联的形式而在 SDH 网络上进行传输。权利要求 1 要求保护一种同步数字系列网络，然而其仅记载了“所述接口被安排为通过使用路径开销的一部分指示所述帧的顺序来处理路径

① 最高人民法院（2018）最高法行申 1975 号行政裁定书。

② 最高人民法院（2014）行提字第 11 号行政判决书。

开销信息”，没有记载使用另一部分路径开销来指示每个虚拟容器在虚拟级联信息结构中的顺序的技术特征，缺少在将接收信号转换为虚拟级联形式时用于标志虚拟容器在虚拟级联信息结构中的顺序的内容，没有完整记载对接收信号进行转换、处理的技术方案，不能保证被传送的虚拟容器处于正确的顺序，也不能保证网络在接收侧将该虚拟级联形式的信号中的各个虚拟容器和帧之间的顺序恢复为其在最初发送时的设置顺序，从而将其恢复为原有的信号。因此，权利要求1缺少必要技术特征。①

独立权利要求是否缺少必要技术特征，是针对所要解决的技术问题而言的。技术问题是指专利说明书中记载的发明或实用新型所要解决的技术问题，是专利申请人基于其对说明书中记载的背景技术的主观认识在说明书中声称要解决的技术问题。当某一或某些技术特征与发明或实用新型要解决的技术问题之间存在紧密联系，以致所属领域技术人员能够确信，缺少所述特征将导致相应技术方案无法解决发明的技术问题时，则可以认定缺少该技术特征的权利要求不符合要求。本案中解决的技术问题是“在一个本身不能传送接触级联信号的SDH网络上传输数据信号”，为解决这一技术问题，需要对接收信号进行转换和处理。但专利权利要求中没有这一技术特征，这导致本领域普通技术人员无法解决所述技术问题。因此，本专利的权利要求1被宣告无效。

（四）说明书摘要

说明书摘要应当写明发明或者实用新型专利申请所公开内容的概要，即写明发明或者实用新型的名称和所属技术领域，并清楚地反映所要解决的技术问题、解决该问题的技术方案的要点以及主要用途。

说明书摘要可以包含最能说明发明的化学式；于有附图的专利申请，还应当提供一幅最能说明该发明或者实用新型技术特征的附图，附图的大小及清晰度应当保证在该图缩小到4厘米×6厘米时，仍能清晰地分辨出图中的各个细节。摘要文字部分不得超过300个字。摘要中不得使用商业性宣传用语。②

（五）遗传资源的来源

对于依赖遗传资源完成的发明创造，申请人应当在专利申请文件中说明该遗传资源的直接来源和原始来源；申请人无法说明原始来源的，应当陈述理由。③

专利法所称遗传资源的直接来源，是指获取遗传资源的直接渠道。申请人说明遗传资源的直接来源时，应当提供获取该遗传资源的时间、地点、方式、提供者等信息。专利法所称遗传资源的原始来源，是指遗传资源所属的生物体在原生环境中的采集地。遗传资源所属的生物体为自然生长的生物体的，原生环境是指该生物体的自然生长环境；遗传资源所属的生物体为培植或者驯化的生物体的，原生环境是指该生物体形成其特定性状或者特征的环境。申请人说明遗传资源的原始来源时，应当提供采集该遗传资源所属的生物体的时间、地点、采集者等信息。就依赖遗传资源完成的发明创造申请专利，申请人应当在请求书中予以说明，并且在国家知识产权局制定的遗传资源来源披露登记表中填写有关遗传

---

① 最高人民法院（2013）知行字第43号行政裁定书。

② 《专利法实施细则》第23条。

③ 《专利法》第26条第5款。

资源直接来源和原始来源的具体信息。[①]

二、外观设计专利申请文件

我国《专利法》第27条规定了申请外观设计专利需要提交的文件及要求。

法条链接

《专利法》

第二十七条　申请外观设计专利的，应当提交请求书、该外观设计的图片或者照片以及对该外观设计的简要说明等文件。

申请人提交的有关图片或者照片应当清楚地显示要求专利保护的产品的外观设计。

（一）请求书

外观设计专利申请书的内容与发明或实用新型专利申请书的内容基本相同，主要包括使用外观设计的产品名称、设计人、申请人、联系人、代理人、代理机构名称、地址等信息。其中，使用外观设计的产品名称对图片或者照片中表示的外观设计所应用的产品种类具有说明作用。使用外观设计的产品名称应当与外观设计图片或者照片中表示的外观设计相符合，准确、简明地表明要求保护的产品的外观设计。产品名称一般应当符合国际外观设计分类表中小类列举的名称。产品名称一般不得超过20个字。[②]

（二）附图或照片

申请人提交的有关图片或者照片应当清楚地显示要求专利保护的产品的外观设计。申请人应当就每件外观设计产品所需要保护的内容提交有关图片或者照片。申请人请求保护色彩的，应当提交彩色图片或者照片。

就立体产品的外观设计而言，产品设计要点涉及六个面的，应当提交六面正投影视图；产品设计要点仅涉及一个或几个面的，应当至少提交所涉及面的正投影视图和立体图，并应当在简要说明中写明省略视图的原因。就平面产品的外观设计而言，产品设计要点涉及一个面的，可以仅提交该面正投影视图；产品设计要点涉及两个面的，应当提交两面正投影视图。[③]

（三）简要说明

外观设计的简要说明应当写明外观设计产品的名称、用途，外观设计的设计要点；并指定一幅最能表明设计要点的图片或者照片。省略视图或者请求保护色彩的，应当在简要说明中写明。对同一产品的多项相似外观设计提出一件外观设计专利申请的，应当在简要说明中指定其中一项作为基本设计。简要说明不得使用商业性宣传用语，也不能用来说明产品的性能。[④]

---

① 《专利审查指南（2010）》第二部分第十章9.5。

② 《专利审查指南（2010）》第一部分第三章4.1.1。

③ 《专利审查指南（2010）》第一部分第三章4.2。

④ 《专利法实施细则》第28条。

第二节　专利申请的单一性

一件专利申请应当限于一项发明，这被称为专利单一性原则，是各国专利法都采用的原则。

法条链接

《专利法》

第三十一条　一件发明或者实用新型专利申请应当限于一项发明或者实用新型。属于一个总的发明构思的两项以上的发明或者实用新型，可以作为一件申请提出。

一件外观设计专利申请应当限于一项外观设计。同一产品两项以上的相似外观设计，或者用于同一类别并且成套出售或者使用的产品的两项以上外观设计，可以作为一件申请提出。

一、发明和实用新型专利申请的单一性

我国《专利法》第31条第1款对发明和实用新型专利的单一性提出了要求。一份专利申请中的权利要求书必须满足单一性要求，这是为了便于国家知识产权局进行审查和检索，也为了更准确地标识专利信息，同时也可以防止专利申请人为少缴费用而将不相关的发明创造在同一件申请中提出。申请人提出的权利要求缺乏单一性时，在审查过程中应根据审查员的要求进行修改，以克服缺乏单一性的缺陷。如果申请人拒绝答复或修改，则有可能被视为撤回专利申请。然而，在专利授权后，即使专利存在缺乏单一性的情形，他人也不能以此为由提出无效宣告请求。

单一性原则并不是绝对的。在某些情况下，将两项或两项以上密切相关的发明创造合案申请，更便于审查、检索和保护。因此，在符合法律规定的条件下，一件专利申请中可以包含两项以上的发明创造，并被视为符合单一性的要求。对于发明和实用新型，我国《专利法》规定的可以合案申请的条件是“属于一个总的发明构思”。可以作为一件专利申请提出的属于一个总的构思的两项以上的发明或者实用新型，应当在技术上相互关联，包含一个或者多个相同或者相应的特定技术特征，其中特定技术特征是指每一项发明或者实用新型作为整体，对现有技术作出贡献的技术特征。①

属于一个总的构思的两项以上的发明创造在技术上必须相互关联，这种相互关联是以相同或者相应的特定技术特征表示在它们的权利要求中的。特定技术特征是专门为评定专利申请的单一性而提出的一个概念，其含义是体现发明创造对现有技术作出贡献的技术特征，也就是使发明创造相对于现有技术具有新颖性和创造性的技术特征，并且应当在对每一项要求保护的发明创造进行整体上考虑后再加以确定。

---

① 《专利法实施细则》第34条。

具有相同特定技术特征的示例：权利要求 1 为一种灯丝 A。权利要求 2 为一种用灯丝 A 制成的灯泡 B。权利要求 3 为一种探照灯，装有用灯丝 A 制成的灯泡 B 和旋转装置 C。与现有技术公开的用于制成灯泡的灯丝相比，灯丝 A 是新的并具有创造性，则灯丝 A 是特定技术特征。该三项权利要求具有相同的特定技术特征灯丝 A，因此它们满足单一性的要求。

具有相应特定技术特征的示例：权利要求 1 为一种插头，特征为 A。权利要求 2 为一种插座，特征与 A 相应。现有技术中没有公开和暗示具有特征 A 的插头及相应的插座，特征 A 是特定技术特征。权利要求 1 与 2 具有相应的特定技术特征，其要求保护的插头和插座是相互关联且必须同时使用的两种产品，因此满足单一性的要求。

属于一个总的构思的两项以上发明创造的权利要求，可以按照以下六种方式之一撰写：不能包括在一项权利要求内的两项以上产品或者方法的同类独立权利要求；产品和专用于制造该产品的方法的独立权利要求；产品和该产品的用途的独立权利要求；产品、专用于制造该产品的方法和该产品的用途的独立权利要求；产品、专用于制造该产品的方法和为实施该方法而专门设计的设备的独立权利要求；方法和为实施该方法而专门设计的设备的独立权利要求。[①]

如果一项申请在一个权利要求中限定多个并列的可选择要素，则构成“马库什”权利要求。[②] 如果一项“马库什”权利要求中的可选择要素具有相类似的性质，则应当认为这些可选择要素在技术上相互关联，具有相同或相应的特定技术特征，该权利要求可被认为符合单一性的要求。例如，权利要求 1 为一种有色纺织品增色洗涤剂，包括以下组分：洗涤剂、增深剂、渗透剂、阳离子改性剂、纤维改性剂、溶纤剂……其中，所述增深剂选自改性聚丁二烯树脂、环氧树脂、氨基树脂、聚酯树脂、丙烯酸树脂或聚氨酯树脂。作为“马库什”要素的增深剂所选择的物质属于同一类化合物，因此该权利要求所要求保护的发明具有单一性。

二、外观设计专利申请的单一性

我国《专利法》第 31 条第 2 款对外观设计专利的单一性提出了要求。与发明和实用新型专利一样，外观设计专利也必须符合单一性的要求。

同样，外观设计专利申请单一性的要求也有例外，其中一项例外就是“用于同一类别并且成套出售或者使用的产品的两项以上外观设计”：各产品属于分类表中同一大类，习惯上同时出售或者同时使用，而且各产品的外观设计具有相同的设计构思。其中，同一类别，是指产品属于分类表中同一小类；成套出售或者使用，是指各产品的设计构思相同，并且习惯上是同时出售、同时使用。这种情形下的产品一般称为成套产品，指由两件以上（含两件）属于同一大类、各自独立的产品组成，各产品的设计构思相同，其中每一件产品具有独立的使用价值，而各件产品组合在一起又能体现出其组合使用价值的产品，例如

---

① 《专利审查指南（2010）》第二部分第六章 2.2.1。

② 1924 年，美国染料化学家马库什（Eugene A. Markush）申请了一件美国专利（US1506316），其中的权利要求中列举了多种可选择的化学物质。而在这之前，美国专利商标局规定权利要求书中不允许使用二者择一的选择性语句。由于该申请的批准，其后，限定多个并列的可选择要素的权利要求被称为“马库什”权利要求。

由咖啡杯、咖啡壶、牛奶壶和糖罐组成的咖啡器具（如下图）。

另一项例外是相似外观设计，即同一产品两项以上的相似外观设计，可以作为一件申请提出。一件申请中的各项外观设计应当为同一产品的外观设计。将同一产品的多项相似外观设计作为一件申请提出的，该产品的其他外观设计应当与简要说明中指定的基本外观设计相似。一件外观设计专利申请中的相似外观设计不得超过 10 项。判断是否为相似外观设计时，应当将其他外观设计与基本外观设计单独进行对比。例如下图：

基本设计主视图

设计 1 主视图

设计 2 主视图

第三节　申请的提出与专利申请日

一、专利申请的提出

申请人就一项发明创造要求获得专利权的，应当根据《专利法》及《专利法实施细则》的规定向国务院专利行政部门提出专利申请。

专利申请手续应当以书面形式（纸件形式）或者电子文件形式办理。以书面形式申请专利的，应当向国务院专利行政部门提交申请文件一式两份。申请人以书面形式提出专利申请并被受理的，在审批程序中应当以纸件形式提交相关文件。申请人以电子文件形式提出专利申请并被受理的，在审批程序中应当通过电子专利申请系统以电子文件形式提交相关文件，另有规定的除外。不符合规定的，相关文件视为未提交。

专利申请文件以及其他文件，除由外国政府部门出具的或者在外国形成的证明或者证据材料外，应当使用中文。

国务院专利行政部门的受理部门包括国家知识产权局专利局受理处和专利局各代办处。专利局受理处负责受理专利申请及其他有关文件，代办处按照相关规定受理专利申请及其他有关文件。

在中国没有经常居所或者营业所的外国人、外国企业或者外国其他组织在中国申请专利和办理其他专利事务的，应当委托依法设立的专利代理机构办理。其他申请人可以自行在国内申请专利和办理其他专利事务，也可以委托依法设立的专利代理机构办理。申请人委托专利代理机构向国务院专利行政部门申请专利和办理其他专利事务的，应当同时提交委托书，写明委托权限。

二、申请日和优先权日

（一）申请日

国务院专利行政部门收到专利申请文件之日为申请日。如果申请文件是邮寄的，以寄出的邮戳日为申请日。[①] 寄出的邮戳日不清晰，无法辨认的，以国家知识产权局专利局受理处或者代办处收到日为申请日。通过速递公司递交到专利局受理处或者代办处的专利申请，以收到日为申请日。[②]

申请日是一个用日期表示的时间点，对专利申请人具有以下重要意义：它确定了提交申请时间的先后，在有相同内容的多个申请时，申请的先后决定了授予谁专利权；它是判断专利申请是否具有新颖性、创造性的日期标准；它是专利保护期限的起算日期；它是发明专利请求实质审查的期限的起算点，是发明专利申请公布时间起算点；它是计算年费的起算日。[③]

（二）优先权制度

1.《巴黎公约》中的优先权制度

优先权制度是《巴黎公约》确立的一项制度，其目的是在遵循先申请原则下解决申请人向多国申请专利时确定申请日的问题。根据《巴黎公约》第 4 条的规定，如果有资格享有国民待遇的人，以一项发明创造或外观设计首先在任何一个《巴黎公约》成员国提出了发明专利、实用新型专利或外观设计专利的申请，自该申请提出之日起 12 个月（对发明专利和实用新型专利申请）或 6 个月（对外观设计专利申请）内，他如果在其他成员国再提出了同样申请，则这些成员国都必须承认该申请案在第一个国家递交的日期为优先权日。

2. 我国的优先权制度

我国《专利法》第 29 条规定了专利优先权制度。

---

① 《专利法》第 28 条。

② 《专利审查指南（2010）》第五部分第三章 2.3.1。

③ 需要注意的是，专利年费从申请日开始计算，但自授权当年开始缴纳，从申请日到授权日期间并不需要缴纳年费。

法条链接

《专利法》

第二十九条 申请人自发明或者实用新型在外国第一次提出专利申请之日起十二个月内，或者自外观设计在外国第一次提出专利申请之日起六个月内，又在中国就相同主题提出专利申请的，依照该外国同中国签订的协议或者共同参加的国际条约，或者依照相互承认优先权的原则，可以享有优先权。

申请人自发明或者实用新型在中国第一次提出专利申请之日起十二个月内，或者自外观设计在中国第一次提出专利申请之日起六个月内，又向国务院专利行政部门就相同主题提出专利申请的，可以享有优先权。

我国《专利法》第 29 条第 1 款规定了外国优先权制度。我国《专利法》中的外国优先权制度实质上是《巴黎公约》中的优先权制度在我国法中的体现。根据该款的规定，享有外国优先权的专利申请应当满足以下条件：第一，申请人就相同主题的发明创造在外国第一次提出专利申请后又在中国提出专利申请。第二，就发明和实用新型而言，在中国在后申请之日不得迟于在外国首次申请之日起 12 个月；就外观设计而言，在中国在后申请之日不得迟于在外国首次申请之日起 6 个月。第三，申请人提出首次申请的国家或政府间组织应当是同中国签有协议或者共同参加国际条约，或者相互承认优先权原则的国家或政府间组织。①

随着专利制度的发展，优先权制度的适用范围从外国优先权扩大到了本国优先权，即可以适用于首次在本国提出的申请。我国《专利法》第 29 条第 2 款是关于本国优先权的规定。既适用于发明和实用新型专利申请，也适用于外观设计专利申请。在先申请是发明专利申请的，可以就相同主题提出发明或者实用新型专利申请；在先申请是实用新型专利申请的，可以就相同主题提出实用新型或者发明专利申请。在先申请是外观设计的，只能提出外观设计申请。但是，提出后一申请时，在先申请的主题有以下情形之一的，不得作为要求本国优先权的基础：第一，已经要求外国优先权或者本国优先权的；第二，已经被授予专利权的；第三，属于按照规定提出的分案申请的。②

不管是外国优先权还是本国优先权，都要求后一申请与前一申请为“相同主题”。相同主题的发明或者实用新型，是指技术领域、所解决的技术问题、技术方案和预期的效果相同的发明或者实用新型。③ 此处相同并不意味着在文字记载或者叙述方式上完全一致。判断《专利法》第 29 条第 2 款规定的优先权是否成立，可以通过审查在后申请中各项权利要求所限定的技术方案是否清楚地记载在在先申请的文件中来判断。④ 例如，将在先申请文件中的“鸡蛋粉”修改为“蛋粉或蛋液”，法院认为这不属于相同主题，申请人不能主张优先权。⑤

对外观设计相同主题的认定应当根据在中国在后申请的外观设计与其在外国首次申请

---

① 《专利审查指南（2010）》第二部分第三章 4.1.1。

② 《专利法实施细则》第 32 条。

③ 《专利审查指南（2010）》第二部分第三章 4.1.2。

④ 最高人民法院（2015）知行字第 91 号行政裁定书。

⑤ 最高人民法院（2018）最高法行申 5848 号行政裁定书。

中表示的内容进行判断。属于相同主题的外观设计应当同时满足以下两个条件：第一，属于相同产品的外观设计；第二，在中国在后申请要求保护的外观设计清楚地表示在其在外国首次申请中。①

实务探讨

如何理解优先权制度中的“相同主题”

优先权制度与先申请原则以及《巴黎公约》规定的国民待遇原则有密切关系。国民待遇原则使成员国国民可以在其他成员国申请并获得专利，但由于绝大多数国家实行先申请原则，如果没有优先权制度，申请人向多个国家申请专利时，最好同时向多个国家提出专利申请，但是，这样做，工作任务艰巨，申请成本巨大，而申请质量却不高。优先权制度本质上要解决申请人向多国申请专利时确定申请日的问题，根据外国优先权制度，申请人在一个成员国提出申请后，其后一年内在其他成员国提出申请时都可以把第一次申请的申请日作为优先权日。

优先权制度解决的是就同一发明创造多次申请专利的问题，这就要求优先权成立的前提是多次申请之间必须具有同一性。但由于各国专利制度的要求不同，申请人就同一发明创造在不同国家申请专利的内容也不会完全相同。因此，优先权的成立不能要求前后申请完全相同。我国《专利法》要求前后申请为“相同主题”。我国《专利审查指南》规定：“专利法第二十九条所述的相同主题的发明或者实用新型，是指技术领域、所解决的技术问题、技术方案和预期的效果相同的发明或者实用新型。”② 可见，对于发明和实用新型专利而言，所谓“相同主题”的发明创造，不仅仅指“主题”相同，而是技术领域、技术问题、技术方案和技术效果相同。这里的相同，并不意味着在文字记载或者叙述方式上完全一致。如果二者的不同之处仅是记载或叙述方式不同，没有改变技术方案和技术效果，仍可以认定为相同主题。例如，在先申请中为“电缆部”，在后申请中为“导线部”，但相应部件的结构和功能相同，并不会影响优先权的成立。③ 但是，如果在先申请为下位概念，而在后申请为上位概念，一般认为二者不属于相同主题。例如，在先申请中为“光透射性材料”，而在后专利申请中为“加工对象物”，法院认为二者不属于相同主题。④

在判断方式上，“相同主题”的发明或者实用新型是以在后申请的权利要求所要求保护的技术方案与首次申请中的全部内容（包括权利要求书和说明书）进行对比。这与新颖性的判断方式基本相同。⑤

3. 主张优先权的程序

根据我国《专利法》第 30 条的规定，申请人要求发明、实用新型专利优先权的，应

① 《专利审查指南（2010）》第四部分第五章 9.2。

② 《专利审查指南（2010）》第二部分第三章 4.1.2。

③ 专利复审委员会第 22981 号无效审查决定。

④ 最高人民法院（2015）知行字第 82 号行政判决书。

⑤ 最高人民法院（2007）行提字第 4 号行政判决书。

当在申请的时候提出书面声明，并且在第一次提出申请之日起16个月内，提交第一次提出的专利申请文件的副本；申请人要求外观设计专利优先权的，应当在申请的时候提出书面声明，并且在3个月内提交第一次提出的专利申请文件的副本。未提出书面声明或者逾期未提交专利申请文件副本的，视为未要求优先权。

4. 主张优先权的申请与在先申请的关系

在主张外国优先权的情况下，主张优先权的申请和在先申请是两个独立的申请。两个申请都可能获得授权，获得授权后为同族专利。同时，两个申请又是独立的申请，享有外国优先权的发明创造或外观设计与外国首次申请审批的最终结果无关。

在主张本国优先权的情况下，两个申请不能同时存在。申请人要求本国优先权的，其在先申请自后一申请提出之日起即视为撤回。

5. 优先权的效力

申请人在外国或国内首次申请后，就相同主题的发明创造或外观设计在优先权期限内向中国提出的专利申请，都看作是在首次申请的申请日提出的，不会因为在优先权期间内，即首次申请的申请日与在后申请的申请日之间，任何单位和个人提出了相同主题的申请或者公布、利用这种发明创造或外观设计而失去效力。此外，在优先权期间内，任何单位和个人可能会就相同主题的发明创造或外观设计提出专利申请。由于优先权的效力，任何单位和个人提出的相同主题发明创造或外观设计的专利申请不能被授予专利权。[①]

6. 申请日和优先权日的关系

根据我国《专利法实施细则》第11条的规定，除《专利法》第28条和第42条规定的情形外，专利法所称申请日，有优先权的，指优先权日。

《专利法》第28条的规定，是关于申请日确定的规定。《专利法》第42条的规定，是关于专利权期限的规定。因此，实质上，除了专利权的期限，专利的优先权日就相当于专利申请日。

三、两个以上申请人就相同发明创造申请专利的处理

（一）禁止重复授权的原则

我国《专利法》第9条第1款规定："同样的发明创造只能授予一项专利权。"该款规定了禁止重复授予专利权的原则。禁止对同样的发明创造授予多项专利权，是为了防止权利之间存在冲突。"同样的发明创造"是指两件或两件以上申请（或专利）中存在的保护范围相同的权利要求。在判断是否为同样的发明创造时，应当将两件发明或者实用新型专利申请或专利的权利要求书的内容进行比较，而不是将权利要求书与专利申请或专利文件的全部内容进行比较。判断时，如果一件专利申请或专利的一项权利要求与另一件专利申请或专利的某一项权利要求保护范围相同，应当认为它们是同样的发明创造。

（二）不相同的申请人先后就相同发明创造申请专利的处理：先申请原则

我国《专利法》第9条第2款规定："两个以上的申请人分别就同样的发明创造申请专利的，专利权授予最先申请的人。"上述规定，确立了我国专利法的先申请原则。当两

① 《专利审查指南（2010）》第二部分第三章4.1.3和4.2.3。

个以上的人就同一发明创造分别提出申请时，不问其作出该项发明创造的时间的先后，而按提出专利申请时间的先后，把专利权授予最先提出申请的人。

美国曾长期实行先发明原则。当两个以上的申请人就同样的发明创造申请专利时，专利权授予最先发明的人，而非最先提出申请的人。按照先发明原则，破坏新颖性的现有技术一般是在申请人作出有关发明之前已经公开的技术，现有技术的时间点是申请专利的技术完成之日，而不是专利申请日。2011 年 9 月 16 日，美国总统奥巴马签署了“美国发明法案”，其中一项重大变革是将原来的先发明原则修改为先申请原则。

理论延伸

先申请原则与先发明原则

先申请原则与先发明原则是世界各国专利制度中确定专利授权和判断新颖性时的两个截然不同的原则。随着美国正式采用先申请原则，先申请原则已经成为全世界通行的专利授权原则。

实质上，在专利制度产生之初实行的是先发明原则。英国 1624 年的《垄断法案》规定专利权人必须是一项发明的“第一个真正发明人”。1790 年美国《专利法》、1791 年法国《发明专利法》、1885 年日本《专利法》相继规定将专利授予最先发明人。

从理论上讲，先发明原则具有一定的合理性：首先，最先作出发明的人对发明创造付出了努力，应当得到社会的认可。这也符合专利的自然权利说理论。其次，在先发明原则下，发明人完成发明创造后不必急于申请专利，可以有一定时间的宽限期（美国旧专利法规定为一年），发明人能够在这一期限内考虑是否申请专利或者出售其申请专利的权利，从而提高了专利申请的效率和质量。但是，先发明原则也具有自身的缺陷：首先，专利制度的目的之一是鼓励发明创造的公开，但在先发明原则下，发明人并不急于将发明申请专利，从而有可能造成公开迟滞，他人有可能进行重复研究开发。其次，在先发明原则下，必须要确定谁是首先完成人，就此存在举证的困难。在美国，法院创造出了一系列烦琐的规则来确认“先发明”。就确定在先发明的方法而言，法院不仅要考虑提出发明概念的时间和完成发明的时间，还要考虑先构想出发明后完成发明者是否致力于完成有关的发明。这不仅导致了专利审查时间的拖延，而且也让专利申请人陷入举证困难。

先申请原则的优缺点正好与先发明的原则相反，先发明原则与先申请原则，体现了公平与效率的冲突。先发明原则更侧重于公平，先申请原则更侧重于效率。专利制度产生之初，采用先发明原则较多。但随着科技的不断进步，各国的专利申请逐年增加，人们发现先发明原则复杂的认证、判定过程束缚了专利审查效率的提高，制约了专利技术尽早地公开。于是，一些国家开始陆续改用审查程序简便的先申请原则；1989 年 10 月 1 日，加拿大新的专利法将先发明原则改为先申请原则；1998 年 1 月 1 日，菲律宾新的专利法将先发明原则改为先申请原则；美国则于 2013 年 3 月 16 日开始实行先申请原则。

虽然从理论上讲先发明原则与先申请原则各有优劣，但实践已经证明，在目前的经济技术环境中，先申请原则比先发明原则更可行。在美国关于摈弃先发明原则而采用先申请原则的讨论过程中，对于两种原则都有不同的支持者。支持先申请原则的人认为，由于小发明的申请人更难提供在先发明的足够证据，因此，先发明制度不利于那些申请简单发明的小发明人。另外，先发明制度也耽误了专利审查的时间，造成了审查周期的延长。由于保持了自己技术秘密的发明人在这一制度下可以威胁专利权人的权利，这一制度也有专利权不确定的缺陷。而反对先申请原则的人认为，实行先发明制度能够保护发明人在一年的时间里避免发明公之于众的不利影响，同时也可以赋予发明人在这一期限内考虑是否申请专利或者出售其申请专利的权利。而先申请原则使很多发明人进行了无效率的申请，使他们丧失了评估发明的商业价值的机会，也提高了发明人，尤其是中小发明人的获得专利的费用。总的来说，主张采用先申请原则的呼声更高。美国发明法案确立的“发明人先申请制”虽然从现有技术认定的角度看属于先申请原则，但与我国的先申请原则还存在明显的不同，最主要的区别在于不丧失新颖性的宽限期的规定。

(三) 不相同的申请人同日就相同发明创造申请专利的处理

两个以上的申请人同日（指申请日，有优先权的指优先权日）分别就同样的发明创造申请专利的，应当在收到国务院专利行政部门的通知后自行协商确定申请人。[①] 申请人期满不答复的，其申请被视为撤回；协商不成，或者经申请人陈述意见或进行修改后仍不符合专利法第 9 条第 1 款规定的，两件申请均予以驳回。[②]

(四) 同一申请人就相同发明创造申请专利的处理

如果同一申请人先后就同样的发明创造提出两件专利申请，根据禁止重复授权的原则和有关新颖性的规定，在后的申请不能获得专利权。如果同一申请人同日（指申请日，有优先权的指优先权日）就同样的发明创造提出两件专利申请，并且这两件申请符合授予专利权的其他条件的，应当就这两件申请分别通知申请人进行选择或者修改。申请人期满不答复的，相应的申请被视为撤回。经申请人陈述意见或者进行修改后仍不符合专利法第 9 条第 1 款规定的，对两件申请均予以驳回。[③]

四、就在中国完成的发明创造向外国申请专利

(一) 向外国申请专利前的保密审查

法条链接

《专利法》

第十九条 任何单位或者个人将在中国完成的发明或者实用新型向外国申请专利的，应当事先报经国务院专利行政部门进行保密审查。保密审查的程序、期限等按照国务院的规定执行。

中国单位或者个人可以根据中华人民共和国参加的有关国际条约提出专利国际申请。申请人提出专利国际申请的，应当遵守前款规定。

---

① 《专利法实施细则》第 41 条。

② 《专利审查指南（2010）》第二部分第三章 6.2.1.2。

③ 《专利审查指南（2010）》第二部分第三章 6.2.1.1。

国务院专利行政部门依照中华人民共和国参加的有关国际条约、本法和国务院有关规定处理专利国际申请。

对违反本条第一款规定向外国申请专利的发明或者实用新型，在中国申请专利的，不授予专利权。

在中国完成发明创造后，有权申请专利的人有时需要向外国申请专利。向外国申请专利就意味着发明创造申请向外国公开。为了保护国家安全或公共利益，需要对向外国申请专利的行为进行管理。我国 1984 年制定的《专利法》，就对在中国完成的发明创造向外国申请专利的行为作了专门规定。

依现行《专利法》第 20 条的规定，只要发明创造是在中国完成的，不管完成主体是不是中国单位或者个人，都在事先经过保密审查后，完成主体才能向外国申请专利。如果违反了这一规定，在中国的专利申请不能被授予专利权。

在中国完成的发明或者实用新型，是指技术方案的实质性内容在中国境内完成的发明或者实用新型。

保密审查的方式如下：第一，直接向外国申请专利或者向有关国际机构提交专利国际申请的，应当事先向国务院专利行政部门提出请求，并详细说明其技术方案；第二，向国务院专利行政部门申请专利后拟向外国申请专利或者向有关国际机构提交专利国际申请的，应当在向外国申请专利或者向有关国际机构提交专利国际申请前向国务院专利行政部门提出请求；第三，向国务院专利行政部门提交专利国际申请的，视为同时提出了保密审查请求。①

（二）向外国申请专利的主要途径

向外国申请专利的途径主要有以下两种。

1.《巴黎公约》途径

《巴黎公约》规定了国民待遇原则和优先权原则，包括我国在内的世界上绝大多数国家都是《巴黎公约》成员国。中国人可以根据《巴黎公约》的规定，向其他成员国申请专利。申请专利时，申请人可以在向中国提交专利申请后再按照优先权的规定向其他成员国申请专利，也可以直接向国外申请专利。

当申请人只准备在一个国家或者少数几个国家申请专利时，适合通过《巴黎公约》途径申请。

2. PCT 途径

按照《专利合作条约》（简称“PCT 条约”）的规定，其成员国国民可以向指定的受理局提交一份申请，然后申请进入指定的其他成员国并经审查获专利授权。在我国，采用 PCT 途径仅需向国家知识产权局提出一份国际申请，省去了分别向每一个国家提出申请的麻烦，申请人会有更多时间来考虑专利申请要进入哪些国家。

一般认为，当申请人希望一项发明创造得到多国（一般为 5 个以上）专利法的保护时，通过 PCT 途径是很适宜的。

---

① 《专利法实施细则》第 8 条。

第四节 分案申请

一、分案申请的含义

分案申请指专利申请人将包含两个或两个以上发明创造的专利申请中的某一部分或某几部分分割出来，另外提出专利申请。

分案申请是一类特殊的专利申请，是为了保证专利申请人的正当利益不受到损害，允许专利申请人就其在申请日提交的，母案申请文件中已经披露，但因单一性等原因不能在母案中获得保护的发明创造另行提出专利申请，同时保留原申请日的一种制度。在一件申请不符合单一性要求的情况下，申请人可以主动或应审查员的要求进行分案申请。除此之外，如果一件专利申请披露了两项以上发明或实用新型，即使原申请的权利要求中只要求保护一种，申请人也可以主动提出分案申请。

二、分案申请的期限

法条链接

《专利法实施细则》

第四十二条 一件专利申请包括两项以上发明、实用新型或者外观设计的，申请人可以在本细则第五十四条第一款规定的期限届满前，向国务院专利行政部门提出分案申请；但是，专利申请已经被驳回、撤回或者视为撤回的，不能提出分案申请。

国务院专利行政部门认为一件专利申请不符合专利法第三十一条和本细则第三十四条或者第三十五条的规定的，应当通知申请人在指定期限内对其申请进行修改；申请人期满未答复的，该申请视为撤回。

分案的申请不得改变原申请的类别。

分案申请分两种情形：一种情形是主动分案。申请人最迟应当在收到国务院专利行政部门对原申请作出授予专利权通知书之日起两个月期限（即办理登记手续的期限）届满之前提出分案申请。但若原申请已被驳回，或者原申请已撤回，或者原申请被视为撤回且未恢复权利的，一般不得再提出分案申请。对于审查员已发出驳回决定的原申请，自申请人收到驳回决定之日起三个月内，不论是否提出复审请求，申请人均可以提出分案申请；在提出复审请求以后以及对复审决定不服而提起行政诉讼期间，申请人也可以提出分案申请。[①] 另一种情形是被动分案，即应国务院专利行政部门的通知进行的分案，申请人应当在通知书指定的期限内进行分案。如果期满未答复，则专利申请被视为撤回。

三、分案申请的限制

分案申请应当符合以下条件。

---

① 《专利审查指南（2010）》第一部分第一章 5.1.1。

第一，分案申请应当以原申请（第一次提出的申请）为基础提出。针对一件申请，可以提出一件或者一件以上的分案申请；针对一件分案申请，还可以以原申请为依据再提出一件或者一件以上的分案申请。

第二，分案申请的类别应当与原申请的类别一致。根据原申请是发明专利申请、实用新型专利申请还是外观设计专利申请，申请人仅可以提出相应类别的专利申请，而不能改变原申请的类别，否则该分案申请将被国务院专利行政部门作为新申请处理。

第三，分案申请的内容不得超出原申请记载的范围。原申请记载的范围，即原说明书和权利要求书记载的范围，包括原说明书和权利要求书文字记载的内容以及根据原说明书和权利要求书文字记载的内容和说明书附图能直接地、毫无疑义地确定的内容。

第四，分案申请的申请人和发明人符合要求。分案申请的申请人应当与原申请的申请人相同；不相同的，应当提交有关申请人变更的证明材料。分案申请的发明人也应当是原申请的发明人或者是其中的部分成员。

四、分案申请的效果

分案申请是一个新的专利申请，与原申请有密切联系，又有一定的独立性。

分案申请与原申请的联系表现在，除了内容不得超出原申请记载的范围，可以保留原申请日，享有优先权的，可以保留优先权日。分案申请的各种法定期限，应当从原申请日起算。这就是说，分案申请的保护期限是从原申请日开始计算，而不是从分案申请之日起计算。在审查过程中，对于保留原申请日的分案申请，可以与原申请一起审查。

分案申请的独立性表现在，在审查和无效宣告过程中，分案申请并不依附于原申请，即使原申请不能获得授权或者授权后被宣告无效，分案申请仍有可能获得授权或维持有效。另外，对于分案申请，应当视为一件新申请来收取各种费用。

第五节　专利申请的撤回

一、专利申请撤回的含义

专利申请撤回是指专利申请人在提出申请后、被授予专利权以前将专利申请收回。专利申请撤回分为主动撤回和被视为撤回。

二、专利申请主动撤回

根据我国《专利法》第 32 条的规定，申请人可以在被授予专利权之前随时撤回其专利申请。

申请人撤回专利申请的，应当向国务院专利行政部门提出声明，写明发明创造的名称、申请号和申请日，并附具全体申请人签字或者盖章同意撤回专利申请的证明材料，或者仅提交由全体申请人签字或者盖章的撤回专利申请声明。另外，撤回专利申请不得附有任何条件。

三、专利申请被视为撤回

除了申请人主动撤回，还有大量被视为撤回的情形，例如，没有按期缴纳专利申请费和印刷费，没有按期答复专利审查员的补正通知书、审查意见通知书，没有按期缴纳第一次的申请维持费和滞纳金，没有按期提交实质审查请求书并缴纳实质审查费，无正当理由逾期不请求实质审查，没有按期缴纳申请维持费和滞纳金等。

四、专利申请撤回的后果

在申请人主动撤回的情况下，撤回专利申请的声明不符合规定的，审查员应当发出视为未提出通知书；符合规定的，审查员应当发出手续合格通知书。撤回专利申请的生效日为手续合格通知书的发文日。撤回专利申请生效后，审查程序终止，如果专利申请尚未公布，则不再公布。撤回专利申请的声明在国务院专利行政部门做好公布专利申请文件的印刷准备工作后提出的，仍公布申请文件；但是，应当在以后出版的专利公报上公告撤回专利申请的声明。如果发明专利申请已经公布，还应当在专利公报上公告撤回专利申请。

在被视为撤回的情况下，视为撤回通知书作出后，在视为撤回通知书推定收到日（自发文日起满十五日）起两个月内，申请人可以提出恢复权利的请求，期满未提出恢复权利的请求或者恢复权利的请求不符合规定的，自视为撤回通知书发出之日起四个月后分别按照以下情形处理：（1）视为撤回通知书处分决定涉及尚未公开的专利申请的，应当对视为撤回通知书再次复核，确定无误的，对专利申请进行失效处理。（2）视为撤回通知书涉及已公布的发明专利申请的，应当对视为撤回通知书再次复核，确定无误的，在专利公报上公告视为撤回通知书，对专利申请进行失效处理。①

【思考题】

1. 专利说明书应符合什么条件？
2. 专利权利要求书应符合什么条件？
3. 发明和实用新型专利的权利要求书与说明书是什么关系？
4. 专利从属权利要求有什么意义？
5. 专利单一性的例外情形有哪些？
6. 简述国内优先权与国外优先权的异同。
7. 向外国申请专利的途径有哪些？

【推荐阅读文献】

1. 李雨. 论专利公开与排他利益的动态平衡. 知识产权，2019（9）.

2. 刘刚仿. 英国旭化成案对专利优先权实质条件的认定及对我国的启示——兼论我国《专利法》第二十九条的修订. 知识产权，2010（6）.

3. 傅琦. 分案申请制度研究. 科技与法律，2015（6）.

---

① 《专利审查指南（2010）》第五部分第七章 5.3。

第八章　专利审查、复审和无效

专利申请提交后经过审查程序才可能获得授权。我国专利法对三类专利规定了两种审查程序。在专利申请过程中，对于专利审查部门所作出的驳回决定，专利申请人可以请求复审。在专利被授权后，任何单位或个人可以通过无效宣告程序对专利的效力要求进一步审查。对于复审和无效宣告决定，当事人还可以提起行政诉讼。

第一节　专利审查

一、专利审批制度

申请人提交专利申请后，经过审查才可能获得授权。从申请到授权的过程就是专利审查的程序，而审查采取的方式就是专利审查制度。

从历史上看，专利审批制度有以下类型：一是登记制，又称形式审查制，指国家对申请人提出的专利申请只审查其形式上是否符合规定，在形式审查合格后就直接授予专利权。二是审查制，又称实质审查制，指国家在批准专利之前，除对专利申请进行形式审查外，还需对专利申请进行实质审查，包括新颖性、创造性和实用性的审查。只有在实质审查合格后才授予专利权。三是早期公布、请求审查制，指专利申请提交到国家专利主管部门后，国家专利主管部门应首先对其进行形式审查，对于符合形式审查要求的，国家专利主管部门将在自申请日起 18 个月期满时在专利公报上公布。只有申请人按照规定时间提出实质审查要求后才进行实质审查。申请人未在规定期限内提出实质审查请求的，其申请将被视为撤回。

登记制的优点是节省人力和物力，授权快；缺点是专利稳定性差，很多不符合专利授权条件的申请也被授予了专利权。而审查制与登记制正好相反：审查制需要大量的审查人员，授权慢，而优点是专利比较稳定。早期公布、请求审查制是审查制的改良，由于有些申请人会放弃提出实质审查请求，这样可以有效地降低审查工作量。根据我国《专利法》的规定，我国对发明专利采取的就是早期公布、请求审查制，而对实用新型和外观设计专利采取的是形式审查制。这种审查制度自 1985 年专利制度实施以来一直没有变化。

二、专利申请的受理

专利申请提交到国务院专利行政部门以后，国务院专利行政部门首先要受理才能进行以后的程序。对于专利申请材料符合受理条件的，国务院专利行政部门应当明确申请日、给予申请号，并通知申请人。

专利申请文件有以下情形之一的，国务院专利行政部门不予受理，并通知申请人：发明或者实用新型专利申请缺少请求书、说明书（实用新型无附图）或者权利要求书的，或者外观设计专利申请缺少请求书、图片或者照片、简要说明的；未使用中文的；不符合《专利法实施细则》第121条第1款规定的；请求书中缺少申请人的姓名或者名称，或者缺少地址的；明显不符合《专利法》第17条或者第18条第1款的规定的；专利申请类别（发明、实用新型或者外观设计）不明确或者难以确定的。①

说明书中写有对附图的说明但无附图或者缺少部分附图的，申请人应当在国务院专利行政部门指定的期限内补交附图或者声明取消对附图的说明。申请人补交附图的，以向国务院专利行政部门提交或者邮寄附图之日为申请日；取消对附图的说明的，保留原申请日。②

法条链接

《专利法实施细则》

第一百二十一条第一款 各类申请文件应当打字或者印刷，字迹呈黑色，整齐清晰，并不得涂改。附图应当用制图工具和黑色墨水绘制，线条应当均匀清晰，并不得涂改。

《专利法》

第十七条 在中国没有经常居所或者营业所的外国人、外国企业或者外国其他组织在中国申请专利的，依照其所属国同中国签订的协议或者共同参加的国际条约，或者依照互惠原则，根据本法办理。

第十八条第一款 在中国没有经常居所或者营业所的外国人、外国企业或者外国其他组织在中国申请专利和办理其他专利事务的，应当委托依法设立的专利代理机构办理。

三、发明专利的审查程序

在我国，对发明专利申请的审批程序除受理程序外，还包括初审、公布、实质审查以及授权四个程序。

（一）初审

在申请人按照规定缴纳申请费后，专利申请自动进入初审阶段。发明专利申请初审的主要任务是：（1）审查申请人提交的申请文件是否符合专利法及其实施细则的规定；（2）审查申请人在提出专利申请的同时或者随后提交的与专利申请有关的其他文件是否符合专利法及其实施细则的规定；（3）审查申请人提交的与专利申请有关的其他文件是否在专利

---

① 《专利法实施细则》第39条。

② 《专利法实施细则》第40条。

法及其实施细则规定的期限内或者专利局指定的期限内提交；（4）审查申请人缴纳的有关费用的金额和期限是否符合专利法及其实施细则的规定。对发明专利申请初审的范围是：对申请文件的形式审查、对申请文件明显实质性缺陷的审查、对其他文件的形式审查、对专利有关费用的审查。[①]

经初审，对于申请文件符合专利法及其实施细则有关规定并且不存在明显实质性缺陷的专利申请，包括经过补正符合初步审查要求的专利申请，应当认为初审合格。审查员应当发出初审合格通知书，指明公布所依据的申请文本，之后进入公布程序。

（二）公布

国务院专利行政部门收到发明专利申请后，经初审认为符合专利法要求的，自申请日起满 18 个月，即行公布。国务院专利行政部门可以根据申请人的请求早日公布其申请。[②]申请人请求早日公布其发明专利申请的，应当向国务院专利行政部门声明。国务院专利行政部门对该申请进行初审后，除予以驳回的外，应当立即将申请予以公布。[③] 我国相关法律法规并没有规定提前公开的条件，只要申请人希望提前公开，就可以提出声明，但声明不能附有任何条件。

发明专利申请的公布内容包括：著录事项、摘要和摘要附图，但说明书没有附图的，可以没有摘要附图。著录事项主要包括：国际专利分类号、申请号、公布号（出版号）、公布日、申请日、优先权事项、申请人事项、发明人事项、专利代理事项、发明名称等。[④]

法条链接

《专利法》

第十三条　发明专利申请公布后，申请人可以要求实施其发明的单位或者个人支付适当的费用。

发明专利申请公布后，申请人就获得了临时保护的权利，也就是说自申请公布之日起，申请人就可要求实施其发明的单位或者个人支付费用。发明专利申请公布以后，申请记载的内容就成了现有技术的一部分。

实务探讨

发明专利临时保护的相关问题

我国《专利法》第 13 条在原则上确立了我国专利法中的临时保护制度。在采用审查制的情况下，从专利申请公布之日到授权还有一段时间差。这时候专利申请的技术方案已经向社会公开，但尚未被授权，专利申请人还不能行使专利权。这时需要给专利申请人一

---

① 《专利审查指南（2010）》第一部分第一章 1。

② 《专利法》第 34 条。

③ 《专利法实施细则》第 46 条。

④ 《专利审查指南（2010）》第五部分第八章 1.2.1.1。

定的保护，如有人使用其申请专利的发明，则申请人有权要求获得报酬，或保留在被授予专利权后补收专利使用费的权利。这种保护一般被称为临时保护。从公开日到授权日这段时间，被称为临时保护期。

关于发明专利的临时保护，在国际公约中并没有相应的规定，但已经成为国际上通行的做法。例如，美国《专利法》第 154 条（d）、《欧洲专利公约》第 67 条第 2 款、日本《特许法》第 65 条之三，都有关于专利临时保护的规定，其内容，与我国《专利法》第 13 条的规定也基本相同。

我国《专利法》第 13 条关于发明专利临时保护的规定，内容比较简单，导致在实践中还有一些需要探讨的问题：第一，申请人主张使用费的诉讼时效和期限。我国《专利法》第 74 条第 2 款规定："发明专利申请公布后至专利权授予前使用该发明未支付适当使用费的，专利权人要求支付使用费的诉讼时效为三年，自专利权人知道或者应当知道他人使用其发明之日起计算，但是，专利权人于专利权授予之日前即已知道或者应当知道的，自专利权授予之日起计算。"这里明确规定了要求支付临时保护期使用费的诉讼时效是三年，同时明确了如果申请人在授权前就知道或应当知道他人的使用行为的，则诉讼时效从专利权授予之日起计算。这里没有明确规定对于临时保护期使用费主张应当在专利权被授予后提出，但隐含了这一意思。而对于向行政机关申请调解纠纷的时间，《专利法实施细则》第 85 条第 2 款作了明确规定。对于在发明专利申请公布后专利权被授予前使用发明而未支付适当费用的纠纷，"当事人请求管理专利工作的部门调解的，应当在专利权被授予之后提出"。同理，专利权人只有在被授权之后才能提起临时保护期使用费诉讼。第二，专利申请人对于临时保护期内的行为是否有禁用权。《专利法》第 13 条并没有规定专利申请人可以禁止他人使用公开的技术方案，最高人民法院在判决中也明确提出："专利法虽然规定了申请人可以要求在发明专利申请公布后至专利权授予之前（专利临时保护期内）实施其发明的单位或者个人支付适当的费用，即享有请求给付发明专利临时保护期使用费的权利，但对于专利临时保护期内实施其发明的行为并不享有请求停止实施的权利。"[①] 第三，临时保护期内保护范围的确定。有时专利申请人在审查过程中对权利要求进行了修改，导致公开时的保护范围与授权时的保护范围不同。对于临时保护期内的保护范围应如何确定的问题，最高人民法院《关于审理侵犯专利权纠纷案件应用法律若干问题的解释（二）》（2020 年修正）第 18 条第 2 款规定："发明专利申请公布时申请人请求保护的范围与发明专利公告授权时的专利权保护范围不一致，被诉技术方案均落入上述两种范围的，人民法院应当认定被告在前款所称期间内实施了该发明；被诉技术方案仅落入其中一种范围的，人民法院应当认定被告在前款所称期间内未实施该发明。"根据上述规定，临时保护期内的保护范围，要看公开时的范围和授权时的范围哪个更小，以小的范围为准。第四，临时保护期内使用费数额的计算。对此，最高人民法院《关于审理侵犯专利权纠纷案件应用法律若干问题的解释（二）》（2020 年修正）第 18 条第 1 款规定："权利人依据专利法第十三条诉请在发明专利申请公布日至授权公告日期间实施该发明的单位或者个人支付适当费用的，人民法院可以参照有关专利许可使用费合理确定。"可见，临时保护期内

---

① 最高人民法院（2011）民提字第 259 号民事判决书。

的使用费与专利侵权赔偿虽然性质不同，但其计算方法和数额基本相同。第五，临时保护期内制造的产品在专利被授权后能否销售或使用。最高人民法院曾经在判决中认定：在发明专利申请公布后至专利权被授予前的临时保护期内制造、销售、进口的被诉专利侵权产品不为专利法禁止的情况下，其后续的使用、许诺销售、销售，即使未经专利权人许可，也不视为侵害专利权，但专利权人可以依法要求临时保护期内实施其发明的单位或者个人支付适当的费用。[①] 最高人民法院《关于审理侵犯专利权纠纷案件应用法律若干问题的解释（二）》（2020 年修正）并未完全采纳上述判决中的意见，其第 18 条第 3 款规定："发明专利公告授权后，未经专利权人许可，为生产经营目的使用、许诺销售、销售在本条第一款所称期间内已由他人制造、销售、进口的产品，且该他人已支付或者书面承诺支付专利法第十三条规定的适当费用的，对于权利人关于上述使用、许诺销售、销售行为侵犯专利权的主张，人民法院不予支持。"按判决中的意见，专利权人不能针对使用和销售者提出主张，只能要求临时保护期内的制造者支付使用费。而按上述司法解释的规定，专利权人可以主张使用者和销售者停止使用和销售，但如果制造者已经支付或承诺支付适当费用的，则专利权人不能再针对使用者和销售者提出主张。相比而言，上述司法解释的规定对专利权人的保护力度更大。按照判决中的意见，如果制造者无法找到或已经破产，则专利权人无法从制造者那里收取使用费，但又不能阻止产品的使用和销售，因而专利权人的利益得不到充分的保护。而上述司法解释的规定，不仅没有加重销售者和使用者的责任，而且赋予了他们要求制造者出具一份承诺的权利，从而避免于受到侵权指控。这也为专利权人针对制造者、销售者、进口者可能提起的费用之诉提供了依据。

（三）实质审查

于发明专利申请自申请日起 3 年内，国务院专利行政部门可以根据申请人随时提出的请求，对其申请进行实质审查；申请人无正当理由逾期不请求实质审查的，该申请即被视为撤回。[②] 发明专利的申请人请求实质审查的时候，应当提交在申请日前与其发明有关的参考资料。必要的时候，国务院专利行政部门可以自行对发明专利申请进行实质审查。进入实质审查程序的申请将按照进入实质审查程序的先后等待实质审查。

对发明专利申请进行实质审查的目的在于确定发明专利申请是否应当被授予专利权，特别是确定其是否符合《专利法》中有关新颖性、创造性和实用性的规定。在实质审查中，审查员将在对现有技术检索的基础上对专利申请是否具备新颖性、创造性、实用性以及专利法规定的其他实质性条件进行全面审查。

国务院专利行政部门对发明专利申请进行实质审查后，认为不符合专利法规定的，应当通知申请人，要求其在指定的期限内陈述意见，或者对其申请进行修改；申请人无正当理由逾期不答复的，该申请即被视为撤回。发明专利申请经申请人陈述意见或者进行修改后，国务院专利行政部门仍然认为不符合专利法规定的，应当予以驳回。[③] 驳回的情形包

---

① 最高人民法院（2011）民提字第 259 号判决。上述判决曾被确定为最高人民法院第 20 号指导案例，但后来明确不再作为指导案例。

② 《专利法》第 35 条。

③ 《专利法》第 37 条、第 38 条。

括：申请属于《专利法》第5条、第25条规定的情形，或者依照《专利法》第9条的规定不能取得专利权的；申请不符合《专利法》第2条第2款，第19条第1款，第22条，第26条第3款、第4款、第5款，第31条第1款或者《专利法实施细则》第20条第2款规定的；申请的修改不符合《专利法》第33条规定，或者分案的申请不符合《专利法实施细则》第43条第1款的规定的。[①]

（四）授权

一般来说，专利申请经过审查，可能有四种不同的结局：申请被主动撤回、申请被视为撤回、申请被驳回和申请被授予专利权。发明专利申请经实质审查没有发现驳回理由的，由国务院专利行政部门作出授予发明专利权的决定，发给发明专利证书，同时予以登记和公告。发明专利权自公告之日起生效。[②] 在授权过程中，仍需要申请人的参与和配合：国务院专利行政部门发出授予专利权的通知后，申请人应当自收到通知之日起2个月内办理登记手续。申请人按期办理登记手续的，国务院专利行政部门应当授予专利权，颁发专利证书，并予以公告。期满未办理登记手续的，视为放弃取得专利权的权利。[③]

四、实用新型和外观设计专利的审查程序

对实用新型或者外观设计专利申请在审查时不进行早期公布和实质审查，因而其审查程序除受理程序外仅有初审和授权两个程序。

法条链接

《专利法》

第四十条 实用新型和外观设计专利申请经初步审查没有发现驳回理由的，由国务院专利行政部门作出授予实用新型专利权或者外观设计专利权的决定，发给相应的专利证书，同时予以登记和公告。实用新型专利权和外观设计专利权自公告之日起生效。

虽然对实用新型和外观设计专利申请不进行实质审查，但这并不意味着只审查申请文件的形式和格式，也要进行是否具有明显实质性缺陷的审查。例如，对实用新型专利申请文件的明显实质性缺陷审查，包括专利申请是否明显属于《专利法》第5条（违反法律、社会公德或者妨碍公共利益以及遗传资源发明创造违反规定）、第25条（不授予专利权的客体）规定的情形，是否不符合《专利法》第17条（有权在我国申请获得专利权）、第18条第1款（外国人申请符合规定）、第19条第1款（保密审查）的规定，是否明显不符合《专利法》第2条第3款（实用新型定义）、第22条第2款（新颖性）或第4款（实用性）、第26条第3款（说明书符合要求）或第4款（权利要求书符合要求）、第31条第1款（符合单一性要求）、第33条（修改不超范围），或《专利法实施细则》第17条（说明书符合撰写要求）、第18条（说明书附图符合要求）、第19条（权利要求书符合撰写要

---

① 《专利法实施细则》第53条。

② 《专利法》第39条。

③ 《专利法实施细则》第54条。

求)、第 20 条（权利要求书符合撰写要求)、第 22 条（独立权利要求符合撰写要求)、第 22 条（从属权利要求符合撰写要求)、第 43 条第 1 款（分案申请符合要求）的规定，是否依照《专利法》第 9 条（禁止重复授权）的规定不能取得专利权。[①] 对外观设计专利申请文件的明显实质性缺陷审查，包括专利申请是否明显属于《专利法》第 5 条第 1 款（违反法律、社会公德或者妨碍公共利益)、第 25 条第 1 款第 6 项（主要起标识作用的平面印刷品的设计）规定的情形，或者不符合专利法第 17 条（有权在我国申请获得专利权)、第 18 条第 1 款（外国人申请符合规定）的规定，或者明显不符合《专利法》第 2 条第 4 款（外观设计定义)、第 23 条第 1 款（外观设计的新颖性)、第 27 条第 2 款（外观设计的图片或照片符合要求)、第 31 条第 2 款（单一性要求)、第 33 条（修改不超范围)，以及《专利法实施细则》第 43 条第 1 款（分案申请符合要求）的规定，或者依照专利法第 9 条（禁止重复授权）的规定不能取得专利权。[②]

虽然对发明专利的初审中也有对明显实质性缺陷的审查，但由于对发明专利申请还有实质审查的程序，所以对明显实质性缺陷一般在实质审查阶段发现和解决。对实用新型专利申请和外观设计专利申请没有实质审查程序，故从严掌握初审中的标准，特别是明显实质性缺陷的判断标准，对于排除不符合授权条件的实用新型和外观设计专利申请，提高专利授权质量，具有一定的意义。

理论延伸

专利审查中的异议程序和撤销程序

在我国现行发明专利审查程序中，没有异议程序和撤销程序。但我国曾经使用过异议程序和撤销程序。

1984 年制定《专利法》时，为了发挥公众的监督作用，在专利审查程序中规定了异议程序。当专利局初步审查认为实用新型和外观设计专利申请符合有关规定，或发明专利申请经过实质审查程序符合有关规定的，先予以公告。自公告之日起三个月内，任何人都可以依照《专利法》和《专利法实施细则》的规定提出异议。在异议不成立或没有人提出异议时，专利局才作出授予专利权的决定。

由于提出异议的比例很低，为了使专利申请人快速获得授权，1992 年《专利法》修改时将授予专利权之前的异议程序改为了授予专利权之后的撤销程序。专利局经初步审查认为实用新型和外观设计专利已经符合有关规定，或者经过实质审查认为发明专利申请已经符合有关规定，直接作出授予专利权的决定，发给专利证书并予以登记和公告。自专利局公告授予专利权之日起六个月内，任何单位或者个人认为该专利权的授予不符合专利法有关规定的，都可以请求专利局撤销该专利权。

由于撤销程序与无效程序性质上相似又相互干扰，2000 年《专利法》修改时删除了撤销程序，仅保留了无效程序。在我国现行《专利法》规定的审查程序中，专利被授权前没有异议程序，公众可以提出意见供审查员参考，但这不是法定的程序。专利被授权后没

①② 《专利审查指南（2010）》第一部分第二章 1。

有撤销程序，只有无效程序。

从其他国家的专利审查程序看，授权前的异议程序已经越来越少，但有很多国家仍使用授权后的异议程序，实质上相当于我国 1992 年《专利法》中的撤销程序。比如，日本 1994 年将授权前的异议改为授权后的异议，虽然 2003 年将其取消，但 2014 年又重新恢复。美国《专利法》中“授权后复审”，相当于授权后 9 个月内的撤销程序。而欧洲专利局的异议程序，也是授权后 9 个月内的撤销程序。

五、优先审查和延迟审查

除了前述一般的审查程序，我国审查实践中还有优先审查和延迟审查的做法。

（一）优先审查

优先审查又称快速审查，是指专利审查中较一般审查程序更为快速的做法。针对部分专利申请人快速审查的需求，我国专利审查中有优先审查的做法。2017 年国家知识产权局公布了《专利优先审查管理办法》。优先审查适用于实质审查阶段的发明专利申请、实用新型和外观设计专利申请，也适用于该三类专利的复审和宣告无效程序。2019 年《专利审查指南》修改时增加了“优先审查”的规定：“对涉及国家、地方政府重点发展或鼓励的产业，对国家利益或者公共利益具有重大意义的申请，或者在市场活动中具有一定需求的申请等，由申请人提出请求，经批准后，可以优先审查，并在随后的审查过程中予以优先处理。按照规定由其他相关主体提出优先审查请求的，依照规定处理。适用优先审查的具体情形由《专利优先审查管理办法》规定。但是，同一申请人同日（仅指申请日）对同样的发明创造既申请实用新型又申请发明的，对于其中的发明专利申请一般不予优先审查。”①

优先审查应依全体申请人的申请而进行。申请优先审查应符合一定的条件，《专利优先审查管理办法》规定的情形主要包括：涉及节能环保、新一代信息技术、生物、高端装备制造、新能源、新材料、新能源汽车、智能制造等国家重点发展产业的；涉及各省级和设区的市级人民政府重点鼓励的产业的；涉及互联网、大数据、云计算等领域且技术或者产品更新速度快的；专利申请人或者复审请求人已经做好实施准备或者已经开始实施，或者有证据证明他人正在实施其发明创造的；就相同主题首次在中国提出专利申请又向其他国家或者地区提出申请的该中国首次申请的；其他对国家利益或者公共利益具有重大意义需要优先审查的。

国家知识产权局同意进行优先审查的，自同意之日起，对发明专利申请在 45 日内发出第一次审查意见通知书，并在 1 年内结案；对实用新型和外观设计专利申请在 2 个月内结案。

（二）延迟审查

延迟审查是指专利审查中较一般审查程序更慢的一种做法。2019 年《专利审查指南》修改时增加了申请人可以对发明和外观设计专利申请提出延迟审查请求的规定。发明专利延迟审查请求，应当由申请人在提出实质审查请求的同时提出，但发明专利申请延迟审查请求自实质审查请求生效之日起生效；外观设计专利申请延迟审查请求，应当由申请人在提交外观设计申请的同时提出。延迟期限为自延迟审查请求生效之日起 1 年、2 年或 3 年。

① 《专利审查指南（2010）》第五部分第七章 8.2。

延迟审查期限届满后，该申请将按顺序待审。必要时，国家知识产权局可以自行启动审查程序并通知申请人，申请人请求的延迟审查期限终止。

延迟审查制度的引入给予申请人请求推迟审查的机会，申请人将有更多的时间来考虑其申请的保护范围、是否继续维持该专利申请以及是否提交更多的分案申请等问题。

第二节　专利复审

一、专利申请的驳回和专利复审

申请人提交专利申请后，国家知识产权局有可能作出不利于申请人的决定或处理结果。例如，如果申请文件不符合要求，国家知识产权局有可能会作出驳回申请的决定。另外，国家知识产权局在很多情形下会作出专利申请视为撤回的通知。这些决定或通知，并没有对专利申请人的实体权利进行处分，《专利法》没有规定不服这些决定和通知时的复议程序。但是，在审查过程中，国家知识产权局作出的驳回决定涉及申请人的实体权利。在对三种专利申请的初审过程中，国家知识产权局认为专利申请不符合《专利法》或《专利法实施细则》的规定，经申请人陈述意见或补正、修改后，国家知识产权局认为仍不符合授权条件的，应当予以驳回。在发明专利申请实质审查过程中，经申请人陈述意见或者进行修改后，国家知识产权局仍然认为不符合有关规定的，应当予以驳回。另外，如果申请人同时申请了发明和实用新型专利，在发明专利申请审查过程中，申请人不同意放弃已经授权的实用新型专利的，国家知识产权局应当驳回该发明专利申请。

驳回专利申请意味着申请人不可能获得专利权，但是该决定有可能是错误的，因此，有必要设置适当的程序纠正审查部门的错误。根据《专利法》第 41 条的规定，专利申请人对国家知识产权局驳回申请的决定不服的，可以自收到通知之日起 3 个月内以请求复审。

专利复审类似于行政复议，实质上是一种行政监督程序。专利复审程序，可以对审查部门的驳回决定进行再次审议，对于存在错误的驳回决定进行纠正，对于不存在错误的驳回决定进一步向申请人说明理由。

法条链接

《专利法》

第四十一条　专利申请人对国务院专利行政部门驳回申请的决定不服的，可以自收到通知之日起三个月内向国务院专利行政部门请求复审。国务院专利行政部门复审后，作出决定，并通知专利申请人。

专利申请人对国务院专利行政部门的复审决定不服的，可以自收到通知之日起三个月内向人民法院起诉。

二、专利复审机构

根据我国《专利法》第 41 条的规定，负责专利复审的机构是国务院专利行政部门。

在我国专利制度实施后很长一段时间内，负责专利复审的机构是专利复审委员会。2019年2月，专利复审委员会更名为国家知识产权局专利局复审和无效审理部，为国家知识产权局专利局内设机构，以国家知识产权局的名义作出复审决定。

三、复审请求的提出

专利申请人对驳回申请的决定不服的，应当自收到通知之日起三个月内申请复审，并缴纳复审费。提出复审请求的期限不符合上述规定的，国家知识产权局对复审请求不予受理。请求复审时，专利申请人应当提交复审请求书，说明理由，必要时还应当附具有关证据。

提出复审请求的人应是被驳回申请的申请人。复审请求人不是被驳回申请的申请人的，对其复审请求不予受理。被驳回申请的申请人属于共同申请人的，复审请求人应是全部共同申请人。

四、专利复审的程序

国家知识产权局收到专利申请人的复审请求后，对复审请求进行审查。经查，复审请求不符合《专利法》第18条第1款或者第41条第1款规定的，国家知识产权局不予受理，书面通知复审请求人并说明理由。复审请求书不符合规定格式的，复审请求人应当在国家知识产权局指定的期限内补正；期满未补正的，该复审请求视为未提出。[①]

国家知识产权局复审部门应当将受理的复审请求书转交原审查部门进行审查。原审查部门根据复审请求人的请求，同意撤销原决定的，复审部门应当据此作出复审决定，并通知复审请求人。[②] 原审查部门坚持原来作出的驳回决定的，国家知识产权局复审部门成立合议组对复审请求进行审查。

国家知识产权局复审部门进行复审后，认为复审请求不符合《专利法》和《专利法实施细则》有关规定的，应当通知复审请求人，要求其在指定期限内陈述意见。期满未答复的，该复审请求视为撤回；经陈述意见或者进行修改后，国家知识产权局复审部门认为仍不符合《专利法》和《专利法实施细则》有关规定的，应当作出维持驳回决定的复审决定。国家知识产权局复审部门进行复审后，认为驳回决定不符合《专利法》和《专利法实施细则》有关规定的，或者认为经过修改的专利申请文件消除了驳回决定指出的缺陷的，应当撤销驳回决定，由原审查部门继续进行审查程序。[③]

典型案例

专利复审部门依职权审查并以新理由维持驳回决定的争议

赢创德固赛有限责任公司（以下简称德固赛公司）与国家知识产权局专利复审委员会专利行政诉讼案，涉及专利复审部门依职权审查并以新的理由维持原驳回决定的问题。

原审查部门以德固赛公司“表面改性的沉淀二氧化硅”的发明专利申请权利要求

① 《专利法实施细则》第60条。
② 《专利法实施细则》第62条。
③ 《专利法实施细则》第63条。

1—31修改超范围为由，驳回了申请。德固赛公司申请复审时修改了权利要求书。专利复审委员会以修改后的权利要求1不具备创造性为由，维持了驳回决定。[①]

北京市第一中级人民法院认为：虽然专利复审委员会可以对所审查的案件依职权进行审查，而不受当事人提出的理由、证据的限制，但这并不意味着其对案件进行审查不受法律、法规及规章之规定的约束。作为专利复审案件，专利复审委员会是基于德固赛公司的请求对驳回决定进行审查，专利复审委员会适用依职权原则，引入新理由进行评审缺乏法律依据。对此不予支持。[②]

北京市高级人民法院认为：复审程序系因专利申请人对驳回决定不服而启动的行政救济程序，即基于专利申请人提出而启动，专利复审委员会以驳回决定的合法性为其基本审查范围。在复审程序中，专利复审委员会一般应仅针对驳回决定所依据的理由和证据进行审查，而不能超出驳回决定所依据的理由和证据范围进行审查；但是，为了提高授权专利的质量，提升行政效率，节约成本，避免不合理地延长审查程序，专利复审委员会可以在特定情况下依职权对驳回决定未提及的明显实质性缺陷等进行相应审查。因此，复审程序中专利复审委员会以驳回决定所依据的事实和理由为其审查的基本范围，以依职权引入新的理由进行审查为其例外情形。这样才能有效保障行政相对方即专利申请人的合法权益。同时，根据专利法和实施细则对专利文本修改的相关规定，专利申请人可能因专利复审委员会审查范围的不当扩大而丧失通过修改专利文本克服申请文本中缺陷的机会，从而导致专利申请人的合法权利被直接损害。专利复审委员会在本案中直接引入创造性标准显然不属于其可以适用依职权原则的范围。[③]

最高人民法院认为：依据《专利审查指南》，专利复审委员会一般仅针对驳回决定所依据的理由和证据进行审查，但也可以不受当事人请求的范围和提出的理由、证据的限制而依职权审查。《专利审查指南》同时明确规定了可以依职权审查的情形，即审查文本存在足以用在驳回决定作出前已告知过申请人的其他理由及其证据予以驳回的缺陷；审查文本存在驳回决定未指出的明显实质性缺陷或者与驳回决定所指出的缺陷性质相同的缺陷。可见，专利复审委员会依职权审查专利申请属于例外，故应当严格依据法律、法规及规章的相关规定进行。涉案申请的创造性评价在此前的驳回决定中并未涉及，同时也不属于“明显实质性缺陷”，因此本案显然不属于专利复审委员会可以依职权审查的情形。[④]

本案反映了法院和国家知识产权局关于在复审中依职权审查的观点的差异，也确立了复审程序中依职权审查的范围。《专利审查指南》规定了专利复审的原则之一是依职权审查：专利复审委员会可以对所审查的案件依职权进行审查，而不受当事人请求的范围和提出的理由、证据的限制。[⑤]《专利审查指南》还在同时明确规定了可以依职权审查的情形：审查文本存在足以用在驳回决定作出前已告知过申请人的其他理由及其证据予以驳回的缺陷；审查文本存在驳回决定未指出的明显实质性缺陷或者与驳回决定所指出的缺陷性质相

① 专利复审委员会第30895号专利复审决定。

② 北京市第一中级人民法院（2011）一中知行初字第2876号行政判决书。

③ 北京市高级人民法院（2012）高行终字第1486号行政判决书。

④ 最高人民法院（2014）知行字第2号行政裁定书。

⑤ 《专利审查指南（2010）》第四部分第一章2.4。

同的缺陷。实践中，专利复审委员会作出了很多依职权审查并以新的理由维持驳回决定的决定。专利复审委员会作出的这些决定分两种情形：一种情形是新的理由属于《专利审查指南》中列举的两种缺陷之一，特别是“驳回决定未指出的明显实质性缺陷”；另一种情形是新的理由并不属于《专利审查指南》中列举的两种缺陷之一，而是属于专利审查中的其他理由，例如本案中的创造性。

这导致了关于专利复审部门依职权审查并以新理由维持驳回决定的争议，争议的理论基础在于专利复审程序的性质。专利国家知识产权局强调复审程序是专利审批程序的延续，在专利复审中突破了《专利审查指南》规定的依职权审查的范围。而法院则主张专利复审是行政救济程序，要求专利复审程序中的依职权审查只限于《专利审查指南》规定的情形。本案判决之后，关于专利复审部门依职权审查范围的争议基本解决，国家知识产权局严格按照《专利审查指南》的规定行使职权。按目前的做法，专利复审程序既不完全是审批程序的延续，也不完全是一般的行政救济程序，兼顾了审查效率和对申请人的公平。

本案还涉及专利复审中经常出现的对“明显实质性缺陷”的界定。北京市高级人民法院指出：一审判决将发明专利申请初审与实质审查中的“明显实质性缺陷的审查”范围进行等同界定缺乏依据，也就是说，“明显实质性缺陷的审查”在初审和实质审查中具有不同的含义。但后来北京市高级人民法院的判决否定了这一观点。该院在后来的判决中指出：虽驳回复审程序与前述初审程序、无效宣告程序的功能定位、审查重点并不完全相同，但有关“明显实质性缺陷”的深层次内涵应当是趋于一致的，即：本领域普通技术人员在对专利申请文件进行阅读后，无须进行深入调查证实，无须对现有技术进行检索比对，无须通过实验或计算等方式进一步验证即能容易发现的缺陷，属于“明显实质性缺陷”[①]。

五、不服复审决定的行政诉讼

国家知识产权局复审后，作出决定，并通知专利申请人。专利申请人对复审决定不服的，可以自收到通知之日起 3 个月内向人民法院起诉。[②] 目前受理国家知识产权局复审决定行政诉讼的法院是北京知识产权法院。针对北京知识产权法院的一审判决，当事人可以上诉到最高人民法院知识产权法庭。

1984 年的《专利法》规定，针对发明专利的复审决定，可以向人民法院提起诉讼；针对实用新型和外观设计的复审决定为终局决定。2000 年《专利法》修改后的现行法的规定，为所有复审请求人提供了获得司法救济的机会。

第三节 专利无效

一、专利无效程序的含义和作用

专利权被授予，并不说明该专利申请一定符合专利授权的条件。特别是实用新型和外

---

① 北京市高级人民法院（2019）京行终 1774 号行政判决书。

② 《专利法》第 41 条。

观设计专利申请，在审查过程中，对其是否符合授权的实质条件并没有进行审查。因此，实质上，大量已获授权的专利是不符合授权条件的。否定已经被授权的专利的效力，要通过专利无效宣告程序。我国现行的专利制度取消了异议程序和撤销程序，无效宣告程序成为否定专利之效力的唯一途径。我国《专利法》第45条对专利无效宣告的提出作了规定。

法条链接

《专利法》

第四十五条　自国务院专利行政部门公告授予专利权之日起，任何单位或者个人认为该专利权的授予不符合本法有关规定的，可以请求国务院专利行政部门宣告该专利权无效。

专利无效宣告程序是专利制度中的一个重要程序。对于没有经过实质审查的实用新型和外观设计专利来说，无效宣告程序更为重要。实用新型和外观设计专利的授权条件，只有在无效宣告程序中才真正起作用。对于发明专利来说，无效宣告程序也是重新审查专利是否符合授权条件的重要步骤。在专利申请审查阶段，只有申请人参与。除了公众意见，审查人员很少得到第三人关于专利申请是否符合授权条件的资料和意见。至于通过使用和其他方式公开的现有技术，审查员在审查时是很难得到的。只有通过第三人参与，审查员才会更充分地了解现有技术的范围，也才会对专利申请是否符合授权条件进行更深入的探讨，并最终对专利申请是否符合授权条件作出更准确的判断。

二、无效宣告请求的提出

（一）提出无效宣告请求的时间

根据《专利法》第45条的规定，提出专利无效宣告请求的时间应在专利被授权之后。在专利被授权之前，即使他人认为正在审查中的专利申请不符合授权条件，也不能提出异议或无效宣告请求，但可以提交公众意见。《专利法》没有规定提出无效宣告请求的截止时间，对即使已经终止或者被放弃（自申请日起放弃的除外）的专利，仍可以提出无效宣告请求。对于已经终止或者放弃的专利，虽然专利权已经不存在，但有时请求宣告该专利无效仍具有重要意义。虽然专利已经终止或被放弃，但专利权人仍可以主张专利有效期内的权利，如主张专利有效期内的侵权责任，收取专利有效期内的许可使用费。如果专利被宣告无效，则专利权自始无效，不存在可以主张的权利。

（二）无效宣告请求人

我国《专利法》第45条没有限定提出无效宣告请求的人的资格，提出无效宣告请求的人可以是任何单位或个人。但根据《专利审查指南》的规定，请求人属于下列情形之一的，对其无效宣告请求不予受理：（1）请求人不具备民事诉讼主体资格的。（2）以授予专利权的外观设计与他人在申请日以前已经取得的合法权利相冲突为理由请求宣告外观设计专利权无效，但请求人不能证明是在先权利人或者利害关系人的。其中，利害关系人是指有权根据相关法律规定就侵犯在先权利的纠纷向人民法院起诉或者请求相关行政管理部门处理的人。（3）专利权人针对其专利权提出无效宣告请求且请求宣告专利权全部无效、所提交的证据不是公开出版物或者请求人不是共有专利权的所有专利权人的。（4）多个请求人共同提出一件无效宣告请求的，但属于所有专利权人针对其共有的专利权提出的除外。①

（三）无效宣告的理由

《专利法》第45条规定的无效理由是“不符合本法有关规定”。具体来说，包括以下理由：（1）被授予专利权的发明专利申请或实用新型专利申请不是新的技术方案，被授予专利权的外观设计专利申请不具有美感或者不是适于工业应用的新设计（《专利法》第2条）；（2）被授予专利权的发明专利申请或实用新型专利申请没有经过保密审查即向外国申请专利（《专利法》第19条第1款）；（3）被授予专利权的发明专利申请或实用新型专利申请不具有新颖性、创造性或实用性（《专利法》第22条）；（4）被授予专利权的外观设计专利申请为现有设计、与现有设计或者现有设计的组合相比不具有明显区别或与在先取得的合法权利相冲突（《专利法》第23条）；（5）被授予专利权的发明申请或实用新型的申请文件不清楚、不完整、所属技术领域的技术人员不能实现（《专利法》第26条第3款）；（6）权利要求书没有以说明书为依据，不清楚、不简要（《专利法》第26条第4款）；（7）被授予专利权的外观设计专利申请没有清楚显示要求保护的产品（《专利法》第27条第2款）；（8）对专利申请文件的修改超出原始申请文件记载的范围（《专利法》第33条）；（9）独立权利要求没有从整体上反映发明专利申请或实用新型申请的技术方案，没有记载解决技术问题的必要技术特征（《专利法实施细则》第20条第2款）；（10）分案申请的文件超出原申请记载的范围（《专利法实施细则》第43条第1款）；（11）发明创造违反国家法律、社会公德或妨害公共利益（《专利法》第5条）；（12）属于《专利法》第25条规定的不授予专利权的客体（《专利法》第25条）；（13）属于重复授权的情形（《专利法》第9条）。

（四）无效宣告请求的文件

请求宣告专利权无效，首先由请求人向国家知识产权局提交专利无效宣告请求书和必要的证据（一式两份）。无效宣告请求书应当结合提交的所有证据，具体说明无效宣告请求的理由，并指明每项理由所依据的证据。

三、专利无效宣告审查程序

（一）无效宣告请求的形式审查

国家知识产权局收到无效宣告请求书后，应当进行形式审查。形式审查主要审查无效宣告请求客体、无效宣告请求人资格、无效宣告请求范围以及理由和证据、文件形式、申请费的缴纳、委托手续等是否符合要求。无效宣告请求经形式审查符合有关规定的，国家知识产权局应当向请求人和专利权人发出无效宣告请求受理通知书，并将无效宣告请求书和有关文件副本转送专利权人，要求其在指定的期限内陈述意见。专利权人和无效宣告请求人应当在指定期限内答复国家知识产权局发出的转送文件通知书或者无效宣告请求审查

---

① 《专利审查指南（2010）》第四部分第三章3.2。

通知书；期满未答复的，不影响国家知识产权局审理。[①]

（二）无效宣告请求的合议审查

在无效宣告程序中，国家知识产权局通常仅针对当事人提出的无效宣告请求的范围、理由，以及提交的证据进行审查，其并不承担全面审查专利有效性的义务，但在个别情形下可以依职权进行审查。

在审理过程中，国家知识产权局根据当事人的请求或者案情需要，可以决定对无效宣告请求进行口头审理，也可以不进行口头审理而直接作出审查决定。

（三）无效宣告审查决定

国家知识产权局经审理作出决定后，应通知请求人和专利权人。该决定主要有三种情形：宣告专利权全部无效；宣告专利权部分无效；维持专利权有效。

国家知识产权局作出宣告专利权无效的审查决定后，当事人未在收到该审查决定之日起三个月内向人民法院起诉或者人民法院生效判决维持该审查决定的，由专利局予以登记和公告。

四、专利无效宣告行政诉讼

对国家知识产权局宣告专利权无效或者维持专利权的决定不服者，可以自收到通知之日起三个月内向人民法院起诉。目前受理国家知识产权局复审决定行政诉讼的法院是北京知识产权法院。针对北京知识产权法院的一审判决，当事人可以上诉到最高人民法院知识产权法庭。

在针对专利无效宣告审查决定的行政诉讼中，原告是不服决定而提起诉讼的一方，被告是国家知识产权局，无效宣告请求程序的对方当事人作为第三人参加诉讼。如法院经审理认为国家知识产权局作出的决定存在错误，可以撤销无效宣告审查决定，责令国家知识产权局重新作出审查决定。

实务探讨

专利无效宣告及行政诉讼制度的改革争议

在我国，自专利制度建立以来，专利无效宣告只有通过国家知识产权局审查这一条途径。在专利侵权诉讼中，被控侵权人不能就专利无效提出抗辩，法院也无权对专利效力进行判断。如果法院认为专利被宣告无效的可能性较大，而被控侵权人又向国家知识产权局提出了无效宣告请求，则法院可以中止诉讼，待国家知识产权局对专利效力作出决定后依其决定进行判决。这种专利确权程序会使相关联的专利侵权纠纷案件久拖不决，出现“循环诉讼”“拖延诉讼”现象，同时也使国家知识产权局不得不付出高额时间成本、金钱成本来应对专利行政诉讼。鉴于此，对于如何优化专利无效宣告和行政诉讼制度，理论界和实务界多年来进行了一些探讨和尝试，主要涉及以下几个方面的内容。

---

① 《专利法实施细则》第68条。

1. 在行政诉讼中法院直接就专利的效力作出判决

为了解决“循环诉讼”的问题，北京市第一中级人民法院和北京市高级人民法院曾尝试在行政诉讼中直接就专利的效力作出判决。例如，在专利复审委员会与如皋市爱吉科纺织机械有限公司实用新型专利无效宣告行政纠纷案中，北京市高级人民法院判决涉案实用新型专利无效。[①] 最高人民法院在再审中认定：法院在判决主文中直接对涉案专利的效力作出宣告判决，超出了《行政诉讼法》及其司法解释有关裁判方式的规定，缺乏充分的法律依据。在现行的行政诉讼法律框架下，人民法院审理专利无效宣告纠纷案件，应当依法按照合法性审查原则，对所争议专利是否符合专利法规定的专利授权实质性条件等问题作出判断。但对于宣告专利有效性问题，仍应遵循现行法律规定的裁判方式。[②] 此后，法院就不再就专利效力作出判决。

法院直接就专利效力作出判决，对于解决“循环诉讼”的问题具有一定的意义。但在法律作出相应修改前，法院这样做的法律依据不充分。

2. 国家知识产权局的诉讼地位

在我国最初的专利无效宣告行政诉讼中，被告是国家知识产权局，对方当事人并不参加诉讼。后来，随着我国《行政诉讼法》的颁布和实施，对方当事人才作为当事人参加诉讼。这种做法最初规定在 1993 年修改的《专利法》中，并沿袭至今。最高人民法院原副院长罗东川认为，这一模式将带来三个问题：第一，真正有争议的双方当事人在后续诉讼程序中的地位失衡。原争议的双方当事人变成了原告和第三人，而国家知识产权局由争议裁判者变成被告，其不仅在诉讼中地位尴尬，而且事实上会成为一方当事人的强势“代理人”。其在诉讼程序中的不作为或者失误还可能会导致当事人的利益受损，如国家知识产权局未按期答辩即可被判决败诉。第二，受制于行政诉讼的模式和规则，当事人在诉讼程序中不能引入新证据，原则上也不能和解，人民法院只能维持或撤销国家知识产权局的决定，不能直接决定专利权的效力。第三，国家知识产权局在大量专利无效宣告案件中作为被告，疲于应诉，其难以将有限的行政资源集中用于处理快速增长的专利无效宣告请求，这会造成公共资源的巨大浪费。[③]

我国学者此前也注意到这一问题，并不断提出改革国家知识产权局在诉讼中的地位的提议，一种提议是在不改变诉讼性质的前提下，明确国家知识产权局在专利无效宣告诉讼中不再作为被告，可以作为第三人；明确国家知识产权局在必要时或根据人民法院要求可以出庭就特定问题发表意见。另一种提议是把诉讼的性质由行政诉讼改变为民事诉讼，国家知识产权局的角色是准司法机构。针对国家知识产权局的决定，当事人上诉到法院后，只有争议双方是当事人，法院在一定情况下有权在案件中直接宣告权利的效力，从而节约了诉讼成本和争议解决的时间，提高了审理的效率。[④]

上述两种提议均需要通过修改现行的法律才能实现。相对而言，第一种提议更容易实

---

① 北京市高级人民法院（2004）高行终字第 95 号行政判决书。

② 最高人民法院（2007）行提字第 3 号行政判决书。

③ 罗东川. 修改完善专利无效程序. 中国审判，2019.

④ 管育鹰. 我国知识产权执法体系相关问题的探讨//中国社会科学院知识产权研究中心. 中国知识产权保护体系改革研究. 北京：知识产权出版社，2008：93 - 95.

现，对现行的做法不需要进行根本性变革。而第二种做法需要改变国家知识产权局的身份和诉讼的性质，这需要对现行的做法进行根本性变革。但这种做法已经被日本等国家采用多年，是一种比较成熟的做法。

3. 侵权诉讼中的无效抗辩

在我国，只通过行政途径处理专利无效宣告事宜，但很多国家采用行政和司法两种途径。例如，在美国，面对专利侵权，除了行政途径，被控侵权事人可以向联邦法院提起确认专利权无效之诉、专利权无效之反诉以及专利权无效抗辩的诉讼，法院对专利无效的认定具有对世效力。而日本模仿美国的做法，在 2004 年修改日本《专利法》时增订第 104 条之 3，赋予法院对专利有效性的判定权。在专利侵权诉讼中，被控侵权人可以提出专利权无效进行抗辩。与美国不同的是，在日本，如果法院认定专利权无效，仅针对个案有效，不具有对世效力。

近年来，在我国对于在专利侵权诉讼中增加专利无效抗辩的呼声越越高。因为经过三十多年的改革与实践，我国的知识产权司法制度已逐渐完善，与审判相关的机构设置、案件管辖范围、技术人才培养与运用等方面都在不断优化。在国家层面知识产权案件上诉审理机制的建立使知识产权审判标准逐渐统一。知识产权审判的技术认定机制不断完善，使法院在专利权效力的判断上也更加专业和权威。由此，赋予审理专利侵权诉讼的法院判定专利权之效力的职权，条件越来越成熟。

五、专利权被宣告无效的法律后果

法条链接

《专利法》

第四十七条　宣告无效的专利权视为自始即不存在。

宣告专利权无效的决定，对在宣告专利权无效前人民法院作出并已执行的专利侵权的判决、调解书，已经履行或者强制执行的专利侵权纠纷处理决定，以及已经履行的专利实施许可合同和专利权转让合同，不具有追溯力。但是因专利权人的恶意给他人造成的损失，应当给予赔偿。

依照前款规定不返还专利侵权赔偿金、专利使用费、专利权转让费，明显违反公平原则的，应当全部或者部分返还。

专利权被宣告无效，并不是专利权终止，而是专利权被视为自始即不存在，即该专利权从被授权之日起就不产生法律上的约束力，不仅对专利权人、请求人是无效的，而且对整个社会来讲也是无效的；不仅在宣告后不再具有效力，而且在宣告前已经存在的效力也归于消灭。

宣告专利权无效的决定，对在宣告专利权无效前人民法院作出并已执行的专利侵权的判决、调解书，已经履行或者强制执行的专利侵权纠纷处理决定，以及已经履行的专利实施许可合同和专利权转让合同，不具有追溯力。因此，如果在专利权无效宣告决定作出时，法院的专利侵权判决书、调解书已经执行完毕，但被控侵权人对判决书、调解书申请再审的，法院应予驳回。[①] 但是，如果该判决书、调解书虽已生效但尚未执行完毕，则被控侵权人可以申请再审，法院应当进行再审，撤销原审判决并驳回专利权人的诉讼请求。[②]

但在上述情况下，还有两种例外：一是因专利权人的恶意给他人造成的损失，应由专利权人赔偿。例如，专利权人曾就同样的外观设计，在同一日申请了包括涉案专利在内的两项外观设计专利，而被控侵权人已经向国家知识产权局提出无效宣告请求。在专利侵权判决生效后，专利权人申请强制执行，在执行完毕后专利复审委员会宣告该专利无效。法院认为，专利权人在明知上述事实的前提下，仍然申请执行，具有恶意。因此，法院经过再审，撤销了原认定侵权的判决。[③]

二是当专利权人或者专利权转让人不向被许可实施专利者或者专利权受让人返还专利使用费或者专利权转让费明显违反公平原则时，专利权人或者专利权转让人应当向被许可实施专利者或者专利权受让人全部或者部分返还上述使用费或转让费。

司法适用

专利无效宣告决定的生效时间及溯及力

案例一：深圳万虹科技发展有限公司与深圳市平治东方科技发展有限公司专利侵权纠纷案

本案涉及专利无效宣告决定的生效时间问题。

2009 年 6 月 24 日专利复审委员会作出第 13590 号无效宣告请求审查决定，宣告涉案专利（专利号为 200420003299.8 的电子发音书装置实用新型专利）全部无效。专利权人深圳万虹科技发展有限公司在法定期限内提起行政诉讼，起诉到北京市第一中级人民法院。而在此之前，深圳市中级人民法院已经在 2009 年 2 月 25 日认定侵权成立。深圳市平治东方科技发展有限公司上诉到广东省高级人民法院。在行政诉讼期间，广东省高级人民法院以该专利已经被专利复审委员宣告全部无效为由，判决撤销原判，驳回深圳万虹科技发展有限公司的全部诉讼请求。专利权人深圳万虹科技发展有限公司向最高人民法院申请再审。最高人民法院经审查认为：《专利法》第 47 条第一款规定："宣告无效的专利权视为自始即不存在。"这里"宣告无效的专利权"应当是指专利复审委员会作出的发生法律效力的无效宣告请求审查决定所宣告无效的专利权。对于专利复审委员会作出的宣告专利权无效的决定，如果当事人自收到通知之日起三个月期满仍未向人民法院起诉的，该决定即发生法律效力；如果当事人依法提起了行政诉讼，该决定只有被生效的行政裁判维持合法有效后才能发生法律效力。[④] 据此，最高人民法院认定，二审法院以涉案专利已经被第 13590 号无效宣告请求审查决定宣告全部无效为由直接判决驳回申请再审人的全部诉讼请求，属于适用法律错误。

案例二：陕西东明农业科技有限公司与陕西秦丰农机（集团）有限公司专利侵权纠纷案

本案涉及法院的执行是在无效决定之前还是之后的问题。

---

① 最高人民法院（2018）最高法民申 3803 号民事裁定书。

② 最高人民法院（2018）最高法民再 357 号民事判决书。

③ 最高人民法院（2017）最高法民再 95 号民事判决书。

④ 最高人民法院（2009）民申字第 1573 号民事裁定书。

一审法院认定侵权成立，并作出被告赔偿原告15万元损失的判决。二审法院维持了一审判决。2011年3月16日原审判决执行完毕。而与此同时，陕西秦丰农机（集团）有限公司还向专利复审委员会申请宣告陕西东明农业科技有限公司的专利权无效。专利复审委员会作出了宣告专利权全部无效的决定。决定的作出日为2011年3月15日，发文日为3月25日，送达日是2011年4月3日。

陕西秦丰农机（集团）有限公司向最高人民法院申请再审，申请撤销原一审、二审判决。最高人民法院审查的重点在于，专利权宣告无效的时间点以及原审判决已执行的时间点的确定。如果将2011年3月15日作为专利权宣告无效的时间点，则执行完毕在专利无效宣告决定作出之后，无效宣告决定就具有追溯力。如果将3月25日或4月3日作为决定作出日，则因其均在3月16日之后，无效宣告决定就没有追溯力。对此，最高人民法院认为：《专利法》第47条第2款的规定以专利无效宣告请求审查决定有追溯力为原则，以无追溯力为例外。基于上述原因，在确定宣告无效的时间点时，应该考虑如下因素：一是该时间点应有对世性，应是社会公众均可公开得知并明确知晓的；二是该时间点应有确定性，应是一个确定的时点，原则上不宜随当事人的具体情况或者其他人为因素发生变动；三是该时间点应是较早的具有法律意义的时间点，尽量增加无效宣告请求审查决定具有追溯力的机会。无效宣告请求审查决定作出后，无论是发文日还是送达日均可能由于人为因素发生变动，有时大大迟于决定作出日。如果以发文日或者送达日作为专利权被宣告无效的时间点，则决定作出日至发文日或者送达日这一时间间隔可能被当事人利用，其能够通过恶意加快或者拖延执行或履行来影响无效宣告请求审查决定的追溯力，从而获得有利于自己的追溯力结果。可见，无论是以无效宣告请求审查决定的发文日还是送达日作为宣告专利权无效的时间点，均可能造成不合理的结果。相反，以无效宣告请求审查决定的决定日（作出日）作为确定专利权被宣告无效的时间点，不仅具有对世性和确定性，还可以在一定程度上增加无效宣告请求审查决定具有追溯力的机会，实现结果公正。因此，宣告专利权无效的时间点应以无效宣告请求审查决定的决定日（作出日）为准。据此，原一、二审判决执行完毕日是2011年3月16日。根据前述理由，本案专利权被宣告无效的时间应为2011年3月15日。在宣告无效日之前，原一、二审人民法院作出的专利侵权判决并未执行完毕，故本案不属于2008年修正的《专利法》第47条第2款规定的不具有追溯力的情形。因此，判决撤销原一、二审判决，驳回原告的诉讼请求。①

最高人民法院的这两个判决，都涉及专利权无效宣告的时间问题。两个判决看似存在矛盾和冲突（前一判决确定的时间是无效宣告决定作出后三个月期满之日或行政诉讼判决生效之日，而后一判决确定的时间则是无效宣告请求审查决定的作出日），但其实两个判决并不存在矛盾。

第一个判决针对的是专利复审委员会的无效宣告决定发生法律效力的时间问题。专利复审委员会的无效宣告决定的生效时间，与一般行政决定的生效时间并不相同。一般的行政决定，在行政诉讼期间不停止执行。但专利复审委员会所作出的宣告专利权无效的决定作出后并不立即发生法律效力。专利无效宣告决定的生效，不但涉及专利权人的利益，还涉及广大

① 最高人民法院（2012）民提字第110号民事判决书。

社会公众的利益。如果无效宣告决定作出后立即发生法律效力，则社会公众可以随意使用该技术。如果其后无效宣告决定被判决撤销，并专利效力最终被维持，则会产生专利死而复活的现象。对于专利“被死亡”那段时间内社会公众使用该专利的行为应该如何处理，将是一个难题。最高人民法院的第一个判决，明确了专利复审委员会的无效宣告决定发生法律效力的时间：如果没有行政诉讼，无效宣告决定在当事人接到无效宣告决定之日起三个月届满时生效；如果有行政诉讼，该决定只有被生效的裁判维持合法有效后才能发生法律效力。

第二个判决涉及的是如果专利最终被确定无效，“宣告专利权无效”的“宣告时间”，也就是宣告专利权无效的决定的作出时间。由于无效宣告决定作出后并不立即生效，“宣告时间”肯定早于决定生效时间。以宣告时间判断判决执行时间的先后，不仅有利于社会公众，同时对于专利权人也并非不公平。专利权最终被确认无效，说明本来就不应该存在专利权，只是出于对维护社会秩序稳定等因素的考虑，《专利法》第47条才规定了无追溯力的情形。以“宣告时间”作为《专利法》第47条判断的时间点，可以防止专利权人在无效宣告决定作出后恶意行使权利，损害对方当事人的利益。

第四节 专利申请审查、复审和无效宣告中的修改

一、专利申请审查中的修改

（一）专利申请审查中修改专利申请文件的原则要求

申请人在申请专利时，难免会出现申请文件撰写失误或不准确的情况。特别是在实行先申请原则的情况下，申请人为了尽早提交专利申请，出现失误的可能性会更大。在专利申请提交以后，应当给申请人修改专利申请文件的机会，否则，如果因申请文件撰写中的瑕疵而使发明创造得不到保护，这对申请人是不公平的。另一方面，申请人修改申请文件必须受到限制，否则，申请人通过修改将原来申请文件中没有的内容增加到专利申请中，也是不符合专利授权的原则的。

我国《专利法》第33条对专利申请文件的修改作了原则性规定。

法条链接

《专利法》

第三十三条 申请人可以对其专利申请文件进行修改，但是，对发明和实用新型专利申请文件的修改不得超出原说明书和权利要求书记载的范围，对外观设计专利申请文件的修改不得超出原图片或者照片表示的范围。

（二）专利申请审查中修改的模式

在专利申请审查过程中，专利申请文件的修改模式主要有以下三种。

第一种是专利申请人主动修改。主动修改的时间是：发明专利申请人在提出实质审查请求时以及在收到国务院专利行政部门发出的发明专利申请进入实质审查阶段通知书之日

起的三个月内：实用新型或者外观设计专利申请人自申请日起两个月内，申请人可以对专利申请主动提出修改。对于超过时间的修改，如果修改的文件消除了原申请文件存在的缺陷，并且具有被授权的前景，则该修改文件可以被接受。对于不予接受的修改文件，审查员应当发出视为未提出通知书。

第二种是应审查意见通知的修改。在专利审查过程中，不管是初审还是实质审查，审查员都可能发出审查意见通知书，要求申请人在指定的期限内陈述意见或者补正、修改。审查意见通知书往往指出申请文件存在的影响专利授权的缺陷。专利申请人的答复可以仅仅是意见陈述书，也可以进一步包括经修改的申请文件。申请人应审查意见通知进行修改，应针对通知书指出的缺陷。如果申请人的修改不是针对通知书指出的缺陷，则应视为申请人的主动修改。

第三种是审查部门自行修改。这种修改只针对专利申请文件中文字和符号的明显错误，并且审查部门修改后要通知申请人。

法条链接

《专利法实施细则》

第五十一条　发明专利申请人在提出实质审查请求时以及在收到国务院专利行政部门发出的发明专利申请进入实质审查阶段通知书之日起的3个月内，可以对发明专利申请主动提出修改。

实用新型或者外观设计专利申请人自申请日起2个月内，可以对实用新型或者外观设计专利申请主动提出修改。

申请人在收到国务院专利行政部门发出的审查意见通知书后对专利申请文件进行修改的，应当针对通知书指出的缺陷进行修改。

国务院专利行政部门可以自行修改专利申请文件中文字和符号的明显错误。国务院专利行政部门自行修改的，应当通知申请人。

（三）专利申请审查中修改的方式

专利申请审查中的修改可以针对所有申请文件，包括请求书、说明书、权利要求书和摘要，以及外观设计的图片、照片或简要说明等。

申请人对专利申请进行补正的，应当提交补正书和相应修改文件替换页。申请文件的修改替换页应当一式两份，其他文件只需提交一份。

（四）专利申请审查中修改的限制

不管是申请人主动修改，还是应审查意见通知书的要求进行修改，都不能超出范围。对发明和实用新型专利申请文件的修改不得超出原说明书和权利要求书记载的范围，原说明书和权利要求书记载的范围包括原说明书和权利要求书文字记载的内容，以及根据原说明书和权利要求书文字记载的内容和说明书附图能直接地、毫无疑义地确定的内容。[1] 对

---

① 《专利审查指南（2010）》第二部分第八章5.2.1.1。

外观设计专利申请文件的修改不得超出原图片或者照片表示的范围。修改超出原图片或者照片表示的范围，是指修改后的外观设计与原始申请文件中表示的相应的外观设计相比，属于不相同的设计。在判断申请人对其外观设计专利申请文件的修改是否超出原图片或者照片表示的范围时，如果修改后的内容在原图片或者照片中已有表示，或者可以直接地、毫无疑义地确定，则认为所述修改符合《专利法》第 33 条的规定。①

如果专利申请人的修改超范围，则有可能导致专利不能授权，或者授权后被宣告无效。对于“修改超范围”适用的对象，我国《专利法》第 33 条并没有区分发明点和非发明点。但最高人民法院在判决中指出：“修改超范围”应主要适用于对发明点的修改。这是因为，《专利法》第 33 条的立法本意之一是尽可能保证确有创造性的发明创造取得专利权，实现专利申请人所获得的权利与其技术贡献相匹配。如果仅仅因为对专利申请文件中“非发明点”的修改超出原说明书和权利要求书记载的范围而无视整个发明创造对现有技术的贡献，并最终使确有创造性的发明创造难以取得专利权，专利申请人获得的利益与其对社会作出的贡献明显不相适应，这不仅有违实质公平，也有悖于《专利法》第 33 条的立法本意，不利于创新激励和科技发展。②

典型案例

如何判断专利申请审查中的修改是否超范围

精工爱普生是名称为“墨盒”的 00131800.4 号发明专利（以下称本案专利）的申请人和权利人。本案专利是 99800780.3 号发明专利申请的分案申请。99800780.3 号发明专利申请公开文本的权利要求书中并未出现独立使用的“存储装置”用语，而是使用了“半导体存储装置”或者指代“半导体存储装置”的“所述外部存储装置”的概念。精工爱普生对 99800780.3 号发明专利申请提出分案申请，并提交了修改文件。修改文件的权利要求书中未再出现“半导体存储装置”，而是使用了“存储装置”的术语。

郑某俐等向专利复审委员会提出无效宣告请求。专利复审委员会以精工爱普生有关存储装置的修改以及其他修改均超出原说明书和权利要求书记载的范围，违反《专利法》《2008 年》第 33 条的规定为由，宣告本案专利全部无效。

精工爱普生不服，提起行政诉讼。北京市第一中级人民法院一审判决维持了专利复审委员会的上述决定。精工爱普生不服，提起上诉。北京市高级人民法院认为，本领域普通技术人员通过阅读原权利要求书及说明书，可以毫无疑义地确定本案专利申请人在说明书中是在“半导体存储装置”意义上使用“存储装置”，精工爱普生关于“存储装置”的修改符合《专利法》（2008 年）第 33 条的规定，遂判决撤销一审判决，责令专利复审委员会就此重新作出审查决定。

郑某俐不服，向最高人民法院申请再审。最高人民法院于 2011 年 12 月 25 日裁定驳回了郑某俐的再审申请。最高人民法院认为：对于“原说明书和权利要求书记载的范围”，应该

---

① 《专利审查指南（2010）》第一部分第三章 10。

② 最高人民法院（2013）行提字第 21 号民事判决书。

从所属领域普通技术人员角度出发，以原说明书和权利要求书所公开的技术内容来确定。凡是原说明书和权利要求书已经披露的技术内容，都应被理解为属于原说明书和权利要求书记载的范围。既要防止对记载的范围作过宽解释，乃至涵盖了申请人在原说明书和权利要求书中未公开的技术内容，又要防止对记载的范围作过窄解释，对申请人在原说明书和权利要求书中已披露的技术内容置之不顾。从这一角度出发，原说明书和权利要求书记载的范围应该包括如下内容：一是原说明书及其附图和权利要求书以文字或者图形等明确表达的内容，二是所属领域普通技术人员通过综合原说明书及其附图和权利要求书可以直接、明确推导出的内容。只要所推导出的内容对于所属领域普通技术人员是显而易见的，就可认定该内容属于原说明书和权利要求书记载的范围。与上述内容相比，如果修改后的专利申请文件未引入新的技术内容，则可认定对该专利申请文件的修改未超出原说明书和权利要求书记载的范围。由此可见，判断对专利申请文件的修改是否超出原说明书和权利要求书记载的范围，不仅应考虑原说明书及其附图和权利要求书以文字或者图形表达的内容，还应考虑所属领域普通技术人员综合上述内容后显而易见的内容。在这个过程中，不能仅仅注重前者，对修改前后的文字进行字面对比即轻易得出结论；也不能对后者作机械理解，将所属领域普通技术人员可以直接、明确推导出的内容理解为数理逻辑上唯一确定的内容。①

在发明专利申请审查过程中，常常会出现申请人对专利申请文件进行修改的情况。专利申请人在对专利申请文件进行修改时，如何适用《专利法》第 33 条的规定，作出既能被授权又不超范围的修改，是一个棘手的问题。而在专利无效宣告审查过程中，无效宣告请求人申请宣告专利无效的一个常用理由就是“修改超范围”。而“修改超范围”也成为宣告专利无效的常见原因。最高人民法院的上述判决，澄清了“修改超范围”的判断方式，界定了“原说明书和权利要求书记载的范围”，提出了所属领域普通技术人员通过综合原说明书及其附图和权利要求书可以直接、明确推导出的内容就属于“原说明书和权利要求书记载的范围”的观点。另外，最高人民法院在 2013 年裁判的“后换挡器支架”发明专利侵权纠纷案件中指出：“原说明书和权利要求书记载的范围”应当被理解为原说明书和权利要求书所呈现的发明创造的全部信息，是对发明创造的全部信息的固定。“原说明书和权利要求书记载的范围”具体可以表现为：原说明书及其附图和权利要求书以文字和图形直接记载的内容，以及所属领域普通技术人员根据原说明书及其附图和权利要求书能够确定的内容。② 从文字来看，最高人民法院的两个判决中，第一个是使用了“直接、明确推导出的内容”，第二个是使用了“根据原说明书及其附图和权利要求书能够确定的内容”；而《专利审查指南（2010）》使用的是“直接地、毫无疑义地确定的内容”，二者含义有一定的区别。最高人民法院的观点，使“原说明书和权利要求书记载的范围”更大，随之而来的是“修改超范围”的适用余地会变小。

二、专利复审中的修改

我国《专利法》没有对专利复审中的修改作出规定，但《专利法实施细则》对此作了规定。

---

① 最高人民法院（2010）知行字第 53 号行政裁定书。

② 最高人民法院（2013）行提字第 21 号行政判决书。

法条链接

《专利法实施细则》

第六十一条 请求人在提出复审请求或者在对专利复审委员会的复审通知书作出答复时，可以修改专利申请文件；但是，修改应当仅限于消除驳回决定或者复审通知书指出的缺陷。

修改的专利申请文件应当提交一式两份。

在提出复审请求、答复复审通知书（包括复审请求口头审理通知书）或者参加口头审理时，复审请求人可以对申请文件进行修改。复审中的修改与申请审查中应审查意见通知书的修改有相似之处，但比审查中应审查意见通知书的修改更严格。复审中的修改仅限于消除驳回决定或者复审通知书指出的缺陷。如果修改不符合这一要求，复审合议组一般不予接受。另外，复审中的修改也应当符合《专利法》第33条的规定，即修改不能超范围。

三、专利无效宣告审查中的修改

在专利被授权后，美国、日本等国家都允许专利权人主动提出修改专利，其修改既包括对权利要求书的修改，又包括对说明书的修改。在我国《专利法》并没有规定专利权人可以主动订正其专利的程序，因此，在专利被授权后，专利权人不能主动修改专利。但是，我国《专利法实施细则》规定了在无效宣告程序中专利权人可以修改权利要求书。

法条链接

《专利法实施细则》

第六十九条 在无效宣告请求的审查过程中，发明或者实用新型专利的专利权人可以修改其权利要求书，但是不得扩大原专利的保护范围。

发明或者实用新型专利的专利权人不得修改专利说明书和附图，外观设计专利的专利权人不得修改图片、照片和简要说明。

无效宣告中的修改与申请审查和复审中的修改明显不同。首先，从修改的文件来看，无效宣告中可修改的文件非常少。无效宣告中的修改只限于修改发明和实用新型专利的权利要求书，而不能修改说明书等其他文件。而外观设计专利在无效宣告过程中无法进行修改。其次，从修改的限制来看，无效宣告中的修改更严格，无效宣告中的修改不得扩大原专利的保护范围。

如果无人提出无效宣告请求，专利权人不能对已经被授予的专利进行修改。如果他人提出了无效宣告请求，发明或者实用新型专利的专利权人可以修改其权利要求书，但是不得扩大原专利的保护范围，即发明或者实用新型专利的专利权人不得修改专利说明书和附图，外观设计专利的专利权人不得修改图片、照片和简要说明。①

---

① 《专利实施细则》第69条。

根据我国《专利审查指南》的规定，在无效宣告程序中，发明或者实用新型专利文件的修改对象仅限于权利要求书，其原则是：不得改变原权利要求的主题名称；与授权的权利要求相比，不得扩大原专利的保护范围；不得超出原说明书和权利要求书记载的范围；一般不得增加未包含在授权的权利要求书中的技术特征。

在满足上述修改原则的前提下，修改权利要求书的具体方式一般限于权利要求的删除、技术方案的删除、权利要求的进一步限定、明显错误的修正。①

典型案例

专利权人是否可以使用《专利审查指南》未列举的修改方式

江苏先声药物研究有限公司、南京先声药物研究有限公司是“氨氯地平、厄贝沙坦复方制剂”发明专利的专利权人。在专利无效宣告请求审查过程中，专利权人提交了权利要求书的修改文本，其中将本专利权利要求1中的比例“1∶10—1∶30”修改为“1∶30”。专利复审委员会认定专利无效。北京市第一中级人民法院维持了该无效宣告请求审查决定，主要理由是，本专利授权文本中“1∶10—1∶30”是一个技术方案，并非“并列的两种以上技术方案”，在无效宣告请求审查阶段将其修改为“1∶30”不符合无效宣告程序中关于修改方式的规定。北京市高级人民法院推翻了北京市第一中级人民法院的判决，认为这种修改没有扩大本专利的保护范围，也没有超出原权利要求书记载的范围，更没有增加未包含在本专利授权的权利要求中的技术特征。

专利复审委员会向最高人民法院申请再审。最高人民法院认为：本案中应认为1∶30的比值关系在说明书已有记载，该修改没有超出原说明书和权利要求书的范围。关于修改方式，1∶30这一具体比值在原说明书中有明确记载，且是其推荐的最佳剂量比，本领域普通技术人员在阅读原说明书后会得出本专利包含1∶30的技术方案这一结论，且本专利权利要求仅有该一个变量，此种修改使本专利权保护范围更加明确，不会造成其他诸如有若干变量的情况下修改可能造成的保护范围模糊不清等不利后果，允许其进行修改更加公平。本案中，1∶30的比值是专利权人在原说明书中明确推荐的最佳剂量比，将权利要求修改为1∶30既未超出原说明书和权利要求书记载的范围，更未扩大原专利的保护范围，不属于相关法律对修改进行限制所考虑的要避免的情况。仅以不符合修改方式的要求而不允许此种修改，使得在本案中对修改的限制纯粹成为对专利权人权利要求撰写不当的惩罚，缺乏合理性。况且，《专利审查指南》规定在满足修改原则的前提下，修改方式一般情况下限于前述三种，并未绝对排除其他修改方式。②

对于无效宣告请求审查过程中的修改问题，我国《专利法实施细则》及《专利审查指南》都作了比较严格的规定。《专利审查指南》还规定了修改的原则和修改的方式。本案审理时，《专利审查指南》规定的三种修改方式是：权利要求的删除、合并和技术方案的删除。专利权人进行的修改，从表面上看违反了《专利审查指南》关于修改方式的规定。

---

① 《专利审查指南（2010）》第四部分第三章4.6.2。

② 最高人民法院（2011）知行字第17号行政裁定书。

但对于《专利审查指南》所列举的修改方式，最高人民法院认为这并未绝对排除其他修改方式。因此只要符合专利修改的原则，其修改方式并不限于《专利审查指南》规定的三种模式。最高人民法院的上述意见，对于无效宣告请求审查过程中的修改采取了比较宽松的态度，便于专利权人在无效宣告审查过程中修改其权利要求。

2017年，国家知识产权局修改了《专利审查指南》的规定，把原来的修改方式中的"权利要求的合并"修改为"权利要求的进一步限定"。这一修改可以说是对最高人民法院上述判决的回应，但《专利审查指南》对修改方式的限制仍比较严格。按照《专利审查指南》的规定，权利要求的进一步限定是指在权利要求中补入其他权利要求中记载的一个或者多个技术特征，以缩小保护范围。① 尽管如此，国家知识产权局也认可专利权人可以采用其他修改方式。例如：对于不属于《专利审查指南》所列举的方式的修改，专利复审委员会在无效审查决定中指出，修改后的具体化合物在专利说明书中已被作为专利核心内容公开并在其保护范围之内，允许上述修改也不会带来公示性方面的问题，因此，上述修改并不违背《专利审查指南》对修改方式进行限制的初衷，应可以作为例外情形而被接受。② 因此，《专利审查指南》列举的修改方式并不是绝对的。在例外的情形下，即使不符合列举的修改方式，只要其没有扩大专利权保护范围，也可能是被允许的。

【思考题】

1. 比较实质审查制和形式审查制的优劣。
2. 发明专利临时保护有什么意义？
3. 专利被宣告无效的法律后果是什么？
4. 专利法对于专利申请审查和无效宣告请求审查过程中修改专利文件有什么要求？

【推荐阅读文献】

1. 朱雪忠，余力焓. 专利审查高速路制度的成效、困境与对策. 知识产权，2015（6）.
2. 闫文军，邢瑞淼. 统一知识产权上诉审理机制背景下专利无效制度的改革路径分析. 中国专利与商标，2019（10）.
3. 管育鹰. 专利授权确权程序优化问题探讨. 知识产权，2017（11）.
4. 张新锋，孙燕. 专利无效宣告程序中的"依职权审查". 电子知识产权，2017（8）.

① 《关于修改〈专利审查指南〉的决定》第9条。
② 专利复审委员会第24591号无效审查决定。

第九章　专利权的保护期限和权利行使

第一节　专利权的保护期限

法条链接

《专利法》

第四十二条　发明专利权的期限为二十年，实用新型专利权的期限为十年，外观设计专利权的期限为十五年，均自申请日起计算。

自发明专利申请日起满四年，且自实质审查请求之日起满三年后授予发明专利权的，国务院专利行政部门应专利权人的请求，就发明专利在授权过程中的不合理延迟给予专利权期限补偿，但由申请人引起的不合理延迟除外。

为补偿新药上市审评审批占用时间，对在中国获得上市许可的新药发明专利，国务院专利行政部门应专利权人的请求给予期限补偿。补偿期限不超过五年，新药批准上市后总有效专利权期限不超过十四年。

一、我国对专利权的保护期限

我国《专利法》第42条规定了我国对专利权的保护期限：发明专利的保护期限为20年，实用新型专利的保护期限为10年，外观设计专利的保护期为15年。

专利权保护期限的起算日是申请日，指实际申请日，不包括优先权日。根据我国《专利法》第39条、第40条的规定，专利权自公告之日起生效。而根据《专利法》第11条的规定，专利权被授予后，专利权人才可以制止其他人的侵权行为。从专利申请日到授权公告日有一个时间差，这个时间差中的时间，在专利保护期限内，但又不在专利权人可以行使权利的时间内。因此，专利权人行使专利权的期限，短于专利保护期限。

将不能行使权利的期限，也计算在专利保护期限内，是各国计算专利保护期限的普遍做法，但这并不存在损害专利权人利益的问题。虽然在专利申请日后到授权日这段时间内专利申请人不享有专利权，但已经享有一种权利或利益：从申请日起，即使他人作出了同样的发明创造，也不再享有先用权，提交专利申请也不可能获得专利。可见，其他人就相同技术获得专利权的可能性被排除了。因此，在这段时间里，专利申请人已经享有了某种权利，只是这种权利并不是可以行使的权利。

TRIPS 协议对发明专利和外观设计专利的受保护期限作了规定：发明专利的保护期限不少于 20 年[①]，外观设计专利的保护期限不少于 10 年。[②] 我国对专利的保护期限是符合 TRIPS 协议的要求的。世界上绝大多数国家和地区规定专利保护期限时都是参照上述规定，自申请日起计算一个固定期限。但也有的国家采用自授权日起计算一个固定期限的做法。例如，在美国自 1860 年至 1995 年，专利保护期限是自授权之日起 17 年。虽然 1995 年美国根据 TRIPS 协议的要求修改为自申请日起 20 年，但其于 1999 年又规定，如果自申请日起 3 年内因专利局的原因没有授权，则每延误一天，保护期顺延一天。[③] 因此，美国的专利保护期为自申请日起 20 年，同时不低于自授权日起 17 年。

虽然 TRIPS 协议要求外观设计专利保护期为不少于 10 年，但《外观设计国际保护海牙协定》规定外观设计专利的保护期限为 15 年。为对加入《外观设计国际保护海牙协定》做好准备，我国 2020 年专利法修改时将外观设计专利权的保护期由 10 年延长至 15 年。

二、专利保护期补偿

我国《专利法》2020 年第四次修改时增加了专利保护期补偿的规定，即第 42 条第 2 款的规定。专利保护期补偿制度借鉴了美国的专利期限调整制度（Patent Term Adjustment）。根据我国《专利法》的规定，专利保护期补偿只适用于发明专利，补偿的时间是自提出实质审查请求之日起满三年后到授权日这段时间，但由申请人引起的不合理延迟除外。专利保护期补偿制度一方面弥补了专利申请审查对保护期限所造成的延误，另一方面也可以促使专利审查部门提高审查效率。

三、药品专利保护期延长

由于新药需要经过审批后才能上市，即使药品专利已经被授权，专利权人在新药批准上市前仍无法生产和销售药品，因此，有很多国家都规定了药品专利保护期延长制度。例如，美国《药品价格竞争和专利权期限补偿法》规定，人用药品、医疗器械、食品添加剂和色素添加剂发明的专利权人可补偿部分因其专利产品等待联邦售前批准而失去的专利权保护时间。美国的延长期一般不超过 5 年，实际的保护期不能超过 14 年。日本《专利法》规定，对药品、农药等产品可以延长专利权的存续期限，以 5 年为限。欧盟委员会也通过《补充保护证书条例》使新药专利权人拥有从获得市场批准之日起至少 15 年的专利保护期。

在我国很长时间以来没有药品专利保护期延长制度。但随着我国医药产业的发展，以及我国专利侵权诉讼中“Bolar”例外的确立，建立药品专利保护期延长制度的呼声越来

---

① TRIPS 协议第 33 条。
② TRIPS 协议第 26 条第 3 款。
③ 李明德 . 美国知识产权法 . 2 版 . 北京：法律出版社，2014：86.

越高。我国《专利法》2020 年修改时增加了药品专利保护期延长制度。根据我国《专利法》第 42 条第 3 款的规定，专利保护期延长适用于在中国获得上市许可的新药发明专利，补偿的时间为新药上市审评审批占用时间，补偿期限不超过 5 年，新药上市后总有效专利权期限不超过 14 年。

一方面，药品专利保护期补偿制度弥补了药品有效专利期的损失，增加了专利所带来的经济收益，因而可以促进新药的研发。另一方面，由于专利原药保护期限的延长，仿制药上市的时间相应推迟。

四、专利权在保护期限届满前终止

虽然《专利法》第 42 条规定了专利权的保护期限，但真正因法定保护期届满而终止的专利并不多，多数专利在保护期限届满前就终止了。我国《专利法》第 44 条规定了专利权在保护期限届满前终止的情形。

法条链接

《专利法》

第四十四条　有下列情形之一的，专利权在期限届满前终止：

（一）没有按照规定缴纳年费的；

（二）专利权人以书面声明放弃其专利权的。

专利权在期限届满前终止的，由国务院专利行政部门登记和公告。

（一）因没有按照规定缴纳年费而提前终止

缴纳年费是专利权人维持其专利权有效所应承担的义务，也是各国通行的做法。专利权人应当自被授予专利权的当年开始缴纳年费。[①] 我国目前的专利年费标准是 2017 年国家知识产权局公告第 244 号《关于执行新的行政事业性收费标准的公告》确定的，后来国家又陆续出台了多项关于费用减免的规定。按我国年费的标准，年费计算采用分段累进递增的方式，例如，发明专利的年费在第 1～3 年为每年 900 元，在第 4～6 年每年为 1 200 元，在第 7～9 年每年为 2 000 元，在第 10～12 年每年 4 000 元，在第 13～15 年每年为6 000 元，在第 16～20 年每年为 8 000 元。

在专利申请被授权后，专利申请人在办理登记手续时，除缴纳专利登记费外，还应缴纳授予专利权当年的年费。授予专利权当年以后的年费应当在上一年度期满前缴纳。专利权人未缴纳或者未缴足的，国务院专利行政部门应当通知专利权人自应当缴纳年费期满之日起 6 个月内补缴，同时缴纳滞纳金；期满未缴纳的，专利权自应当缴纳年费期满之日起终止。[②]

（二）专利权人书面声明放弃专利权

对于作为一种私权的专利权，专利权人除可以采用不缴纳年费的方式进行消极处分

---

① 《专利法》第 43 条。

② 《专利法实施细则》第 97 条、第 98 条。

外，还可以通过书面声明放弃的方式进行积极处分。

授予专利权后，专利权人随时可以主动要求放弃专利权。专利权人放弃专利权，并不是只要采用书面形式，自己发布声明就产生放弃专利权的效力，而是应当履行向国家知识产权局登记的程序。专利权人应当向国家知识产权局提交放弃专利权声明，并附具全体专利权人签字或者盖章同意放弃专利权的证明材料，或者仅提交由全体专利权人签字或者盖章的放弃专利权声明。委托专利代理机构的，放弃专利权的手续应当由专利代理机构办理，并附具全体申请人签字或者盖章的同意放弃专利权声明。主动放弃专利权的声明不得附有任何条件。放弃专利权只能放弃一件专利的全部，放弃部分专利权的声明视为未提出。放弃专利权声明经审查符合规定的，审查员应当发出手续合格通知书，并将有关事项分别在专利登记簿和专利公报上登记和公告。放弃专利权声明的生效日为手续合格通知书的发文日，放弃的专利权自该日起终止。①

除专利权人因自己原因主动放弃专利权外，还有一种情形是专利权人同时申请发明和实用新型专利时，需要在发明专利授权前按规定放弃已经被授权的实用新型专利。申请人声明放弃实用新型专利权的，国家知识产权局在公告授予发明专利权时对放弃实用新型专利权的声明予以登记和公告。在无效宣告程序中声明放弃实用新型专利权的，国家知识产权局及时登记和公告该声明。放弃实用新型专利权声明的生效日为发明专利权的授权公告日，放弃的实用新型专利权自该日起终止。② 这样，实用新型专利和发明专利的效力实现有效衔接，不存在权利真空期。

第二节　专利权行使的主要方式

专利权被授予后，专利权人除了有权制止他人未经许可以生产经营目的实施专利，还可以依法主动行使专利权。专利权人主动行使专利权包括自己实施、许可他人实施、转让专利权、以专利权投资、质押专利权等。

一、专利权人自己实施

专利权人自己实施是指专利权人自己制造专利产品、使用专利方法或者进口专利产品。如果专利权人是企业、其他经济组织或具备自己实施条件的个人，且该专利与其生产经营活动直接相关，则专利权人可以自己实施专利。专利权人采用定牌加工的方式，委托他人生产专利产品并在产品上标识专利权人的商标和名称等信息的，视为专利权人自己实施专利。

虽然专利权人有权自己实施自己的专利，但并不是说专利权人在任何时候都可以自由地实施其专利，至少在以下两种情况下，专利权人是不能自由实施自己的专利的：第一种情况是，实施专利的活动需要经过审批。如果实施专利的活动只有经过审批才能进行，则专利权人只有办理了审批手续后才可以实施专利。例如，虽然某企业获得某种武器的专利

---

①② 《专利审查指南（2010）》第五部分第九章 2.3。

权，但是不经过批准就实施专利制造武器仍是一种违法行为。第二种情况是，专利权人的专利是在他人专利的基础上获得的从属专利。如果专利权人的专利是从属专利，而基本专利掌握在他人手里，则只有取得基本专利专利权人的许可，专利权人才能够实施该从属专利，否则有可能侵犯他人的基本专利。

二、许可他人实施

法条链接

《专利法》

第十二条　任何单位或者个人实施他人专利的，应当与专利权人订立实施许可合同，向专利权人支付专利使用费。被许可人无权允许合同规定以外的任何单位或者个人实施该专利。

（一）专利实施许可的含义

专利实施许可是指专利权人许可他人实施其专利，并向被许可人收取专利许可使用费的行为。实施专利的行为，包括制造、使用、许诺销售、销售、进口专利产品，使用专利方法以及使用、许诺销售、销售、进口依照该专利方法直接获得的产品，制造、许诺销售、销售、进口外观设计专利产品等。一般情况下，专利实施许可通过签订许可合同的方式进行。许可合同一般只针对主要的实施行为，如制造专利产品或使用专利方法等。根据《中华人民共和国民法典》（以下简称《民法典》）的规定，专利许可合同是技术合同中的技术许可合同，故专利权人签订和履行专利许可合同，应适用《民法典》第三编第二十章的有关规定。

（二）专利实施许可的主要类型

按不同的标准划分，专利实施许可可以划分为不同的类型。

按专利被许可人的范围划分，专利实施许可可以分为独占许可、排他许可和普通许可。独占许可，是指专利权人在约定许可实施专利的范围内，将该专利仅许可一个被许可人实施，专利权人自己依约定也不得实施该专利。排他许可，是指专利权人在约定许可实施专利的范围内，将该专利仅许可一个被许可人实施，但专利权人保留自行实施该专利的权利。普通许可，是指专利权人在约定许可实施专利的范围内，许可他人实施该专利，并且专利权人许可的人数不受数量限制，同时专利权人也可以自行实施该专利。不同的许可方式下双方的权利义务不同，专利的许可使用费也不同。独占许可中被许可人数量最少，被许可人没有竞争者，当然许可使用费也一般比较高。普通许可中被许可人数量最多，被许可人的竞争者也较多，许可使用费也一般比较低。而排他许可则处于独占许可和普通许可之间。另外，在发现他人侵犯专利权时，不同被许可人向法院主张权利时的法律地位不同。独占使用许可的被许可人可以向人民法院起诉。排他许可的被许可人可以和专利权人共同起诉，也可以在专利权人不起诉的情况下自行起诉。普通许可的被许可人只有经专利权人明确授权，才可以提起诉讼。

按照许可是否自愿划分，专利实施许可可以分为自愿许可和非自愿许可。非自愿许可的主要形式是强制许可，本书下一章（第十章）将对此作专门介绍。一般所称的专利许可，仅指自愿许可。本章所称的专利许可，也仅指自愿许可。

按照被许可人是否可以进一步许可他人实施专利划分，专利实施许可可以分为基本许可和分许可。分许可又称再许可，是指在被许可人与专利权人订立实施许可合同的基础上，被许可人依照与专利权人的协议，作为许可人再许可第三人实施同一专利。也即被许可人以许可人的身份许可他人实施专利的行为。分许可依赖于基本许可，如果基本许可合同中约定被许可人可以再许可他人实施专利，则被许可人可以签订再许可合同。如果基本许可合同中没有此类约定，则被许可人不享有分许可的权利。被许可人采用定牌加工的方式，委托他人生产专利产品并在产品上标识被许可人的商标和名称等信息的，视为被许可人自己实施专利，不是被许可人的再许可。①

按许可是单向还是双向划分，专利实施许可可以分为单向许可和交叉许可。交叉许可，是指两个专利权人互相许可对方实施自己的专利。交叉许可可以是免费的，也可以一方当事人给予另一方当事人以适当的补偿。交叉许可的性质，既可以是普通许可，也可以是独占许可或排他许可。交叉许可只在特别场合适用，一般发生在两个大型企业之间。实践中绝大多数的许可是单向许可，即一方是许可人，另一方是被许可人。如无特别指明，本书中所称的许可仅指单向许可。

（三）专利实施许可合同的备案

根据我国《专利法实施细则》第 14 条第 2 款的规定，专利权人与他人订立专利实施许可合同的，应当自合同生效之日起 3 个月内向国务院专利行政部门备案。

国家知识产权局负责全国专利实施许可合同的备案工作。专利实施许可合同备案的有关内容由国家知识产权局在专利登记簿上登记，并在专利公报上公告以下内容：许可人、被许可人、主分类号、专利号、申请日、授权公告日、实施许可的种类和期限、备案日期。②

虽然《专利法实施细则》使用了“应当”一词，但专利实施许可合同备案并不是专利实施许可合同签订和履行的必要步骤，是否备案并不影响合同的效力，当事人可以自主决定是否备案。但专利实施许可合同备案后可以产生公示力。对于独占和排他许可合同而言，经过备案后他人不可能再与专利权人就同一专利签订许可合同。另外，经过备案的许可合同的证据效力更强：将经过备案的合同作为证据时，其真实性更容易得到确认。经过备案的专利实施许可合同约定的许可性质、范围、时间、许可使用费的数额等，可以作为人民法院、管理专利工作的部门进行调解或确定侵权纠纷赔偿数额时的参照。

三、转让专利权

法条链接

《专利法》

第十条 专利申请权和专利权可以转让。

---

① 广东省高级人民法院（2013）粤高法民三终字第 62 号民事判决书。

② 《专利实施许可合同备案办法》第 2 条、第 14 条。

中国单位或者个人向外国人、外国企业或者外国其他组织转让专利申请权或者专利权的，应当依照有关法律、行政法规的规定办理手续。

转让专利申请权或者专利权的，当事人应当订立书面合同，并向国务院专利行政部门登记，由国务院专利行政部门予以公告。专利申请权或者专利权的转让自登记之日起生效。

转让专利权指专利权人作为转让方，将其发明创造专利的所有权移转给受让方，受让人支付约定价款的行为。通过专利权转让合同取得专利权的当事人，成为新的专利权人。

专利权人转让专利权的，应当与受让人签订书面转让合同。中国单位或者个人向外国人、外国企业或者外国其他组织转让专利权的，属于技术出口，应当依照《中华人民共和国对外贸易法》和《中华人民共和国技术进出口管理条例》的规定，办理有关手续。按照专利技术内容的不同，专利技术分为自由出口的技术、限制出口的技术和禁止出口的技术。对属于自由出口的技术，实行合同登记管理。出口属于自由出口的技术的，合同自依法成立时生效，不以登记为合同生效的条件。对属于禁止出口的技术，不得出口。对于限制出口的技术，实行许可证管理。当事人应当向国务院外经贸主管部门提出申请，由国务院外经贸主管部门颁发技术出口许可证。技术出口合同自技术出口许可证颁发之日起生效。①

转让专利权，应当向国家知识产权局登记，由国家知识产权局予以公告。专利权的转让自登记之日起生效。只有经过登记和公告，专利权才产生变动的效力，受让人才成为新的专利权人。

四、以专利权出资

根据《中华人民共和国公司法》（以下简称《公司法》）的规定，股东投资设立公司时，应当出资。股东除了以货币出资，还能以知识产权等可用货币估价并可依法转让的非货币财产作价出资。② 专利权是可以作为出资的知识产权之一。

以专利权出资时，对作为出资的专利应当评估作价，核实财产，不得高估或者低估作价。③ 专利权人还应当依法办理专利权的转移手续。④ 因此，以专利权出资实质上是专利权人将专利权转让给了新设立的公司。公司成立后，公司成为新的专利权人，原专利权人成为股东，依法享有公司股权。

对于专利使用权是否可以出资，目前我国还没有明确的规定，但一般认为，以专利使用权出资，理论上没有障碍，实践中也是可行的。

典型案例

专利权在出资后被宣告无效，出资人是否应承担补缴出资的责任

青海威德生物技术有限公司（以下简称青海威德公司）与北京威德生物科技有限公司

---

① 《技术进出口管理条例》第29、30、31、35、36条。

②③ 《公司法》第27条。

④ 《公司法》第28条。

（以下简称北京威德公司）等增资纠纷案，涉及专利权在出资后被宣告无效的后果。

北京威德公司将其“一种以菊芋或菊苣为原料制造菊粉的新方法”发明专利第3项知识产权，作价1 300万元，于2010年增资投入青海威德公司。2016年，国家知识产权局专利复审委员会宣告上述专利无效。

对于北京威德公司等是否应向青海威德公司补足1 300万元出资并赔偿经营利益损失，最高人民法院认为：出资人以知识产权出资的，知识产权的价值由出资时所作评估确定，出资人不对其后因市场变化或其他客观因素导致的贬值承担责任，除非当事人另有约定。[①]

专利权在出资后被宣告无效，出资人是否承担补缴出资的责任是以专利权出资后可能遇到的问题。对此，有两种对立的观点。一种观点认为：以专利权出资相当于出资人将专利权转让给了投资的企业，专利权被宣告无效，对宣告无效前已经履行的专利权转让不具有追溯力，除非证明权利人存在主观恶意，因此，即使专利权在出资后被宣告无效，除出资人有恶意的情形外，其不用承担补缴出资的义务。而另一种观点认为：在用专利权出资和用专利申请权出资的情况下，涉及的不仅仅是权利人与其他股东的合同，还涉及社会公众的利益，需要遵守公司法的规定。如果专利权被宣告无效，或专利申请被驳回，作为出资标的的知识产权就不存在了，其价值会迅速降低甚至丧失，这将导致原来的评估价过高，会最终引起公司出资不实的情况。根据《公司法》第30条的规定，有限责任公司成立后，发现作为设立公司出资的非货币财产的实际价额显著低于公司章程所定价额的，应当由交付该出资的股东补足其差额。

最高人民法院的判决，采纳了上述第一种观点。这种观点减轻了以知识产权出资时出资人的负担。当然，其他股东为了避免因此影响公司的资本金充足性，以及保护自己的利益，可以在章程或出资协议中另行作出约定，例如：在出资的专利权被宣告无效时，该出资人以替代性知识产权或其他财产补足出资；公司减资，出资人减少股权甚至退股；解除出资协议，公司解散等。

五、质押专利权

根据我国《民法典》的规定，质押是担保的一种方式。质押分为动产质押和权利质押，其中权利质押的标的物包括依法可以转让的专利权。[②]

根据我国《民法典》第444条和《专利法实施细则》第14条的规定，以专利权出质的，由出质人和质权人共同向国家知识产权局办理出质登记。质押合同自登记之日起生效，质权自在国家知识产权局办理出质登记时设立。

质押专利权是部分科技型中小企业进行融资的有效方式。专利权质押的开展，需要金融机构对专利资产的认可，也有赖于评估体系和转让平台的完善。近年来，国家有关部门正在采取措施，大力推进专利权质押工作的进行。

---

① 最高人民法院（2019）最高法民终959号民事判决书。

② 《民法典》第440条。

第三节　共有专利权的行使

共有专利权是指一项获得专利权的发明创造由两个以上的单位、个人或者单位与个人共同所有。共有专利权的行使除遵循专利权行使的规则外，还要遵守一些特殊的规定。我国《专利法》第 14 条对共有专利权的行使规则作了规定。

法条链接

《专利法》

第十四条　专利申请权或者专利权的共有人对权利的行使有约定的，从其约定。没有约定的，共有人可以单独实施或者以普通许可方式许可他人实施该专利；许可他人实施该专利的，收取的使用费应当在共有人之间分配。

除前款规定的情形外，行使共有的专利申请权或者专利权应当取得全体共有人的同意。

一、专利权共有的形成

专利权共有的形成主要有两种情形：一种是基于共同申请而原始取得。基于法律的规定或者合同的约定，发明创造完成后申请专利的权利可归双方共有，双方共同申请专利，则形成共有专利权。另一种是基于转让、继承等而继受取得的。基于法人、非法人组织分立时两个以上的单位或个人承继原单位的专利权，产生专利权共有。公民可基于遗产继承而形成多个继承人共有专利权。专利权人可以将其专利权部分赠与或转让给他人，此时便会在赠与人和受赠人（转让人与受让人）之间产生专利权的共有；或者当受赠人（受让人）为二人以上时，便会在受赠人（受让人）之间产生专利权的共有。

基于原始取得而形成专利权共有的，专利权自授予之日起就归全体共有人；而基于继受取得形成专利权共有的，专利权只有在变更登记后才成为共有。

对于共有专利权在国家知识产权局的登记中并不登记各共有人的份额，但各共有人可以约定对共有专利享有不同的份额。各共有人可以按照约定的份额分配许可收益或侵权赔偿数额。除此之外，共有人也可以约定各共有人对不同的权利要求享有权利。

二、专利权共有的行使

根据我国《专利法》第 14 条的规定，共有专利权的行使有以下规则。

（一）约定优先

专利权的共有人对权利的行使有约定的，从其约定。专利作为各专利权人共有的一种私人财产，首先应当由共有人决定如何行使其权利。在共有人有约定时，按照共有人的约定行使。

（二）各共有人可以自行决定普通许可

在共有人没有约定的情况下，各共有人可以单独实施或者以普通许可方式许可他人实施该专利；许可他人实施该专利的，收取的使用费应当在共有人之间分配。我国《专利法》第14条的规定明确了各共有人可以自行决定普通许可，但取得的收益要与其他共有人分配。

另外，值得注意的是，按照最高人民法院相关司法解释的规定，共有的专利权普通许可和共有的技术秘密普通许可在收益分配上是有区别的。将共有的专利以普通许可的方式许可他人实施的，取得的收益要在共有人之间分配；将共有的技术秘密以普通许可的方式许可他人实施的，取得的收益归签订许可合同的共有人。

法条链接

最高人民法院《关于审理技术合同纠纷案件适用法律若干问题的解释》（2020年修正）

第二十条 民法典第八百六十一条所称“当事人均有使用和转让的权利”，包括当事人均有不经对方同意而自己使用或者以普通使用许可的方式许可他人使用技术秘密，并独占由此所获利益的权利。当事人一方将技术秘密成果的转让权让与他人，或者以独占或者排他使用许可的方式许可他人使用技术秘密，未经对方当事人同意或者追认的，应当认定该让与或者许可行为无效。

第二十一条 技术开发合同当事人依照民法典的规定或者约定自行实施专利或使用技术秘密，但因其不具备独立实施专利或者使用技术秘密的条件，以一个普通许可方式许可他人实施或者使用的，可以准许。

（三）以其他方式行使共有的专利权须全体共有人同意

除普通许可以外的其他方式，如独占和排他许可、转让、质押等，需要取得全体共有人的同意才可以进行。全体共有人同意意味着每个共有人都必须同意，而不是采用少数服从多数的规则。如果专利共有人约定按份共有，则共有人之一转让其享有的份额时，如果参照物权按份共有人处分自己份额的规则[①]，可以不取得其他共有人同意。但由于国家知识产权局并不登记专利共有的份额，而专利权变更的登记又需要全体共有人共同申请，如果不经过其他共有人同意，转让其份额的共有人其实无法完成权利变更登记，因此，现实中，即使按份共有人转让自己享有的份额，也需要取得其他共有人同意。

第四节 标准必要专利的许可

一、标准必要专利

（一）标准与专利的关系

标准（含标准样品）是指农业、工业、服务业以及社会事业等领域需要的统一的技术

---

① 《民法典》第305条规定：“按份共有人可以转让其享有的共有的不动产或者动产份额。其他共有人在同等条件下享有优先购买的权利。”

要求。我国标准包括国家标准、行业标准、地方标准和团体标准、企业标准。国家标准分为强制性标准、推荐性标准，行业标准、地方标准是推荐性标准。[①] 由于标准体现的是技术要求，而发明和实用新型专利是就技术方案授予的独占权利，因此制定标准的过程中可能会涉及受专利保护的技术方案。尽管为了推广的需要，标准应尽量不涉及专利，但在一些新兴技术领域，特别是信息通信领域，新的技术标准必然涉及专利。

（二）标准必要专利的含义

标准必要专利是指实施某项标准必不可少的专利。[②] 或者说，如果技术标准的实施必须以侵害专利权为前提，那么该专利对相关技术标准而言，就是必要的专利。标准必要专利相对于非标准必要专利而言，其重要性增强，潜在的使用范围扩大，专利权人在专利许可中的谈判地位也相应提高。

二、公平、合理、无歧视原则

为避免专利权人滥用专利标准化给自己带来的强势地位，拒绝向竞争对手许可实施专利技术，导致竞争对手因无法执行技术标准而被排除在市场之外，或者借助标准实施的强制性向被许可人索取高额专利许可使用费，有必要实现标准必要专利专利权人与标准实施者之间在专利许可谈判中的地位均衡。标准化组织在其相关知识产权政策中，不仅要求标准参与者及时向标准化组织披露其拥有或者实际控制的专利，而且要求其承诺以“公平、合理、无歧视（fair，reasonable and non-discriminatory，FRAND）”条件许可所有标准实施者利用其专利。这就是通常所说的标准必要专利许可中的“FRAND”原则。例如，我国国家标准委、国家知识产权局 2013 年 12 月 19 日发布的《国家标准涉及专利的管理规定（暂行）》第 9 条规定，国家标准在制、修订过程中涉及专利的，全国专业标准化技术委员会或者归口单位应当及时要求专利权人或者专利申请人作出专利实施许可声明。该声明选项之一是专利权人或者专利申请人同意在公平、合理、无歧视基础上，收费许可任何组织或者个人在实施该国家标准时实施其专利。

公平、合理、无歧视只是抽象的原则，对其具体含义的认识还不尽一致。对于“公平”原则，美国和欧洲存在着很大的认识差别。欧洲对这一原则比较重视，而美国则一般认为“公平”与“合理”的含义基本相同，从而“公平”（fair）可以被省略，因此其更多地适用“RAND”原则。一般认为，公平意味着专利权人不因其专利被纳入标准而索要高价，或附加其他不合理的条件。至于“合理”原则，这一原则主要考察标准必要专利许可使用费率是否合适，许可使用费中不能包含标准所带来的价值，而只能体现标准确立之前的竞争状况下专利本身的价值。对于“无歧视”原则，一般认为，这一原则是指标准必要专利持有人不能针对不同的专利使用人要求不同的许可使用费率，从而可以保证所有使用专利的企业可以在下游市场上公平地竞争。“无歧视”并不意味着对所有的专利使用人一视同仁。英国法院曾在判决中指出，“非歧视”并不等同于“最优惠许可方条款”，硬性解读“无歧视”的后果是标准必要专利的专利权人受制于低于其发明创造的真实价值的许可

---

① 《标准化法》第 2 条。

② 《国家标准涉及专利的管理规定（暂行）》第 4 条。

使用费率，这会危害技术标准的发展。[①]

三、"FRAND"原则下标准必要专利的许可

标准制定组织在制定标准时，会要求标准必要专利的专利权人按要求作出"FRAND"许可声明，声明其在标准实施过程中将按"FRAND"原则进行许可。

（一）标准必要专利使用专利权人的许可义务

专利权人本来享有充分的缔约自由。在法律允许的范围内，专利权人可以自由决定订立合同的主体及内容。而在作出"FRAND"承诺后，专利权人已不能行使其部分权能，如专利权人不能拒绝与他人订立专利许可合同，只能按照"FRAND"原则确定合同内容等。因此，在"FRAND"原则下，标准必要专利的专利权人不能拒绝许可。

（二）标准必要专利许可使用费纠纷

在不涉及标准的专利实施许可谈判中，如果双方就使用费的数额达成不协议，不能起诉到法院，让法院确定使用费率。但涉及标准必要专利时，当标准必要专利的专利权人与标准实施者无法达成协议时，标准实施者不能因未达成协议而不实施标准。因此，我国法院不断收到标准实施者的起诉，要求法院认定标准必要专利的许可使用费率。2011 年，深圳市中级人民法院受理了华为公司诉美国 IDC 公司案[②]，这是我国首例标准必要专利使用费纠纷，使用了"标准必要专利使用费纠纷"的案由。最高人民法院在 2016 年的司法解释中正式确立了此类案件的受理条件，即经充分协商，仍无法达成一致。

法条链接

最高人民法院《关于审理侵犯专利权纠纷案件应用法律若干问题的解释（二）》（2020 年修正）

第二十四条 推荐性国家、行业或者地方标准明示所涉必要专利的信息，被诉侵权人以实施该标准无需专利权人许可为由抗辩不侵犯该专利权的，人民法院一般不予支持。

推荐性国家、行业或者地方标准明示所涉必要专利的信息，专利权人、被诉侵权人协商该专利的实施许可条件时，专利权人故意违反其在标准制定中承诺的公平、合理、无歧视的许可义务，导致无法达成专利实施许可合同，且被诉侵权人在协商中无明显过错的，对于权利人请求停止标准实施行为的主张，人民法院一般不予支持。

本条第二款所称实施许可条件，应当由专利权人、被诉侵权人协商确定。经充分协商，仍无法达成一致的，可以请求人民法院确定。人民法院在确定上述实施许可条件时，应当根据公平、合理、无歧视的原则，综合考虑专利的创新程度及其在标准中的作用、标准所属的技术领域、标准的性质、标准实施的范围和相关的许可条件等因素。

法律、行政法规对实施标准中的专利另有规定的，从其规定。

---

① Unwired Planet International Ltd. v. Huawei Technology Co. Ltd. [2018] EWCA Civ. 2344.

② 广东省深圳市中级人民法院（2011）深中法知民初字第 857 号民事判决书。

（三）标准必要专利许可使用费的计算

当标准中涵盖专利技术时，可能出现三方面突出问题：一是专利挟持（patent holdup）问题，指专利权人凭借谈判优势收取明显高于专利本身价值的高昂许可使用费的情形。二是专利许可使用费堆积（patent royalty stacking，或称专利许可使用费累加）问题。当标准由许多不同权利人拥有的不同标准必要专利组成时，所有专利权人要求的标准必要专利的许可使用费之和，可能达到使实施该标准太过昂贵以至于无法实施的程度。三是歧视性许可对下游产品市场竞争秩序的干预问题。专利许可条件影响着商业成本。如果专利权人对同一产品市场中该标准的不同实施者要求明显有歧视性的许可条件，则会人为造成被许可人商业成本的不平等，妨碍、干预了下游产品市场的正常竞争秩序。①

在计算标准必要专利许可使用费时，应当按照“FRAND”原则，并考虑上述问题。一般认为，应考量以下因素：（1）许可使用费数额的高低应当考虑实施该专利或类似专利所获利润，以及该利润在被许可人相关产品销售利润或销售收入中所占比例。技术、资本、被许可人的经营劳动等因素共同创造了一项产品的最后利润，专利许可使用费只能是产品利润中的一部分而不应是全部，且单一专利权人并未提供产品全部技术，故该专利权人仅有权收取与其专利比例相对应的利润部分。（2）专利权人所作出的贡献是其创新的技术，专利权人仅能够就其专利权而不能因标准而获得额外利益。（3）许可使用费的数额高低应当考虑在技术标准中专利权人的有效专利占多少，要求标准实施者就非标准必要专利支付许可使用费是不合理的。（4）专利许可使用费不应超过产品利润的一定比例范围，应考虑专利许可使用费在专利权人之间的合理分配。② 最高人民法院《关于审理侵犯专利权纠纷案件应用法律若干问题的解释（二）》第 24 条要求，确定实施许可条件时“综合考虑专利的创新程度及其在标准中的作用、标准所属的技术领域、标准的性质、标准实施的范围和相关的许可条件等因素”。

司法适用

标准必要专利许可使用费的计算方法

虽然“FRAND”原则确立了标准必要专利许可使用费的计算准则，对于应当考虑的因素也基本没有争议，但如何计算使用费，仍是各国法院在审理涉标准必要专利纠纷时遇到的难题。对此，各国法院进行了不断的探索，使用费计算的方法也越来越明确。

在我国广东省深圳市中级人民法院审理的华为公司诉美国 IDC 公司案中，法院认为 IDC 公司与苹果公司、三星公司等之间的标准必要专利许可使用费率具有重要的参考价值，苹果公司与 IDC 公司之间的专利许可使用费率完全系双方平等、自愿、协商达成的。因此，法院主要参考 IDC 公司与苹果公司之间的专利许可使用费率，确定了许可使用费率以相关产品实际销售价格计算，不超过 0.019%。③

---

① 张吉豫．标准必要专利“合理无歧视”许可费计算的原则与方法．知识产权，2013（8）．

② 广东省高级人民法院（2013）粤高法民三终字第 305 号民事判决书。

③ 广东省深圳市中级人民法院（2011）深中法知民初字第 857 号民事判决书。

美国法院最初按照计算专利侵权赔偿的方法计算标准必要专利使用费，最常用的方法就是“假想谈判”的方法。该方法假设在侵权开始之时，专利权人与侵权人愿意就专利许可达成协议，在这一假想谈判中综合考虑各种影响许可使用费的因素所达成的许可使用费就是合理许可使用费。1970 年“Georgia-Pacific Corp. v. U. S. Plywood-ChampionPapers, Inc.”案[①]判决中总结了 15 项在假想谈判中应考虑的因素，被称为“Georgia-Pacific 因素”。戴维斯（Davis）法官在 Ericsson v. D-Link 案中按“Georgia-Pacific 因素”采用修正的“假想作出谈判”方法作出判决后，美国联邦巡回上诉法院在 2014 年撤销了该判决。美国联邦巡回上诉法院认为，在标准必要专利纠纷案件中，没有像“Georgia-Pacific 因素”那样的清单可以借用。任何专利使用费应基于发明增加的价值，而不是整个标准的价值或专利被纳入标准中而增加的价值。[②] 从此之后，采用“Georgia-Pacific 因素”计算标准必要专利许可使用费的做法被停止使用。

In re Innovatio IP Ventures 案[③]中，霍尔德曼（Holderman）法官设计了“自上而下分析法”规则（Top-down approach）。该方法以标准实施者因实施标准可能会获得的利润为基础，并将其中部分利润用于支付标准必要专利许可使用费，然后根据涉案专利在全部标准必要专利中的份额，计算出许可使用费的数额。在该案中，12.1%的利润率乘以 WiFi 芯片的平均价格 14.85 美元，得到每个芯片的平均利润为 1.8 美元。标准必要专利总数为 3 000，乘以前 10%的专利所贡献的价值占所有专利所贡献的价值的 84%，得到 1.51 美元，再乘以原告专利数 19 与前 300 件专利的比值，得到 9.56 美分。计算公式为：14.85 美元×12.1%×84%×19÷(3 000×10%)＝9.56 美分。

“自上而下分析法”虽然存在专利总许可使用费率、涉案专利贡献率等计算的困难，但由于在一定程度上能减轻许可使用费堆叠和专利挟持问题，理论上具有合理性，后来被美国法院以及其他国家的法院广泛采纳。例如，英国法院在无线星球公司诉华为公司案[④]中，日本法院在苹果公司诉三星公司案[⑤]中，我国法院在华为诉康文森案[⑥]中，都使用了“自上而下分析法”，同时也对该方法的使用进行了创新和改进。

虽然各国法院不断探索标准必要专利使用费的计算方法，但由于“FRAND 原则”的模糊性和案件事实的复杂性，使用费数额仍然是这类案件中争议的核心问题，需要法院及相关机构共同努力加以解决。

第五节　专利权滥用的法律规制

专利权是一种法定垄断权，专利权人正当行使专利权是合法的、受法律保护的行为。

① 318 F. Supp. 1116，1120（S. D. N. Y. 1970）.

② Ericsson，Inc. v. D-Link Sys.，Inc.，773 F. 3d 1201，1226（Fed. Cir. 2014）.

③ 2013 U. S. Dist. LEXIS 144061.

④ Unwired Planet International Ltd. v. Huawei Technology Co. Ltd. [2018] EWCA Civ. 2344.

⑤ 日本知识产权高等法院 2014 年［平成 25 年（ネ）］第 10043 号。

⑥ 江苏省南京市中级人民法院（2018）苏 01 民初 233、232、234 号民事判决书。

但是，如果专利权人行使专利权时超出了法律规定的范围，有可能构成专利权滥用，因而受到法律的禁止。我国民法和反垄断法框架下都有规制专利权滥用的内容。

一、民法规制

我国《民法典》规定了技术合同违反法律规定的情形。根据《民法典》第 850 条的规定，非法垄断技术或者侵害他人技术成果的技术合同无效。最高人民法院《关于审理技术合同纠纷案件适用法律若干问题的解释》（2020 年修正）第 10 条对“非法垄断技术”的具体情形作了界定。

法条链接

最高人民法院《关于审理技术合同纠纷案件适用法律若干问题的解释》（2020 年修正）

第十条 下列情形，属于民法典第八百五十条所称的“非法垄断技术”：（一）限制当事人一方在合同标的技术基础上进行新的研究开发或者限制其使用所改进的技术，或者双方交换改进技术的条件不对等，包括要求一方将其自行改进的技术无偿提供给对方、非互惠性转让给对方、无偿独占或者共享该改进技术的知识产权；（二）限制当事人一方从其他来源获得与技术提供方类似技术或者与其竞争的技术；（三）阻碍当事人一方根据市场需求，按照合理方式充分实施合同标的技术，包括明显不合理地限制技术接受方实施合同标的技术生产产品或者提供服务的数量、品种、价格、销售渠道和出口市场；（四）要求技术接受方接受并非实施技术必不可少的附带条件，包括购买非必需的技术、原材料、产品、设备、服务以及接收非必需的人员等；（五）不合理地限制技术接受方购买原材料、零部件、产品或者设备等的渠道或者来源；（六）禁止技术接受方对合同标的技术知识产权的有效性提出异议或者对提出异议附加条件。

例如，合同中约定被许可人不得通过其他方法获得具有靶浓度输注功能的单机芯片，法院认为它限制了被许可人从其他来源获得类似的技术，属于“非法垄断技术、妨碍技术进步”的情形，是无效的约定。①

需要注意的是，《民法典》中关于“非法垄断技术、妨碍技术进步”条款无效的规定，并不以认定构成垄断为前提，因此其成立的标准明显比反垄断法规定的标准低。《中华人民共和国技术进出口管理条例》也曾有对“限制性条款”的类似规定（第 29 条），但 2019 年修改时删除了这一条的规定。如何适用《民法典》的规定，规制专利权滥用的行为，并且与反垄断法的适用协调，是需要解决的问题。

二、反垄断法规制

知识产权与一般财产权一样，具有限制竞争的可能，从而要受到反垄断法的制约。一方面，权利人有权通过其发明创造在竞争中取得优势甚至垄断地位；另一方面，反垄断法

---

① 北京市第一中级人民法院（2005）一中民初字第 10224 号民事判决书，北京市高级人民法院（2007）高民终字第 592 号民事判决书。

不允许知识产权所有人凭其合法垄断地位而严重妨碍、限制或者扭曲市场竞争。[①]

我国《反垄断法》为规制滥用专利权，排除、限制竞争的行为提供了依据。根据我国《反垄断法》第55条的规定，滥用知识产权的行为，适用反垄断法。滥用专利权的行为，主要适用我国《反垄断法》第17条关于滥用市场支配地位的规定。

法条链接

《反垄断法》

第十七条 禁止具有市场支配地位的经营者从事下列滥用市场支配地位的行为：(一) 以不公平的高价销售商品或者以不公平的低价购买商品；(二) 没有正当理由，以低于成本的价格销售商品；(三) 没有正当理由，拒绝与交易相对人进行交易；(四) 没有正当理由，限定交易相对人只能与其进行交易或者只能与其指定的经营者进行交易；(五) 没有正当理由搭售商品，或者在交易时附加其他不合理的交易条件；(六) 没有正当理由，对条件相同的交易相对人在交易价格等交易条件上实行差别待遇；(七) 国务院反垄断执法机构认定的其他滥用市场支配地位的行为。

本法所称市场支配地位，是指经营者在相关市场内具有能够控制商品价格、数量或者其他交易条件，或者能够阻碍、影响其他经营者进入相关市场能力的市场地位。

第55条 经营者依照有关知识产权的法律、行政法规规定行使知识产权的行为，不适用本法；但是，经营者滥用知识产权，排除、限制竞争的行为，适用本法。

专利权人有可能具有市场支配地位，标准必要专利的专利权人，更容易被认定具有市场支配地位。具有市场支配地位的专利权人，如果从事了《反垄断法》第17条规定的行为，则应承担相应的法律责任。对于专利权人违反反垄断法的行为，受损害的经营者可以通过民事诉讼的途径寻求救济。例如，在华为公司诉美国IDC公司案中，法院认为IDC公司在中国和美国的3G无线通信技术标准中的每一个必要专利许可市场具有市场支配地位，IDC公司就涉案必要专利许可设定过高定价和搭售等垄断行为，对华为公司产生了排除或者限制竞争的影响，损害了华为公司的利益，依法应对其予以制止，IDC公司应承担赔偿责任。[②] 另外，反垄断执法机构针对专利权人违反反垄断法的行为，也可以进行行政处罚。例如，国家发改委2015年针对美国高通公司在标准必要专利许可中违反反垄断法的行为，作出了罚款60.88亿元人民币的处罚决定。[③]

典型案例

高通公司因标准必要专利许可中垄断行为受处罚案

2015年2月，国家发改委公布了针对美国高通公司的行政处罚决定，认定高通公司在

---

① 王晓晔．滥用知识产权限制竞争的法律问题．中国社会科学，2007 (7).

② 广东省深圳市中级人民法院 (2011) 深中法知民初字第858号民事判决书，广东省高级人民法院 (2013) 粤高法民三终字第306号民事判决书。

③ 国家发改委发改办价监处罚〔2015〕1号处罚决定书。

专利许可中滥用市场支配地位，决定对高通公司处2013年度在中华人民共和国境内销售额8%的罚款，共计60.88亿元人民币。国家发改委的上述决定，是基于其认定高通公司滥用在无线标准必要专利许可和基带芯片市场的支配地位。这里只介绍其对高通公司滥用在无线标准必要专利许可市场的支配地位的认定。

对于无线标准必要专利许可市场以及市场支配地位，国家发改委认定：CDMA、WCDMA和LTE技术标准当前均不存在现实可行的替代性标准。一项无线通信专利因被纳入CDMA、WCDMA和LTE技术标准而成为无线标准必要专利，该专利具有了唯一性和不可替代性，排除了其他竞争性的专利。每一项无线标准必要专利许可均单独构成一个独立的相关产品市场。在本案中，由于高通公司将持有的无线标准必要专利进行组合许可，相关产品市场为高通公司持有的各项无线标准必要专利许可单独构成的相关产品市场的集合。无线标准必要专利许可的相关地域市场为高通公司持有的各项无线标准必要专利的国家或者地区市场的集合。在CDMA、WCDMA和LTE无线通信技术标准中，高通公司均持有数量不等的无线标准必要专利，在相关市场占有100%的市场份额，具有控制无线标准必要专利许可市场的能力。无线通信终端制造商对高通公司的无线标准必要专利组合许可高度依赖，其他经营者进入相关市场难度较大。因此，高通公司在无线标准必要专利许可市场具有市场支配地位。

对于滥用无线标准必要专利许可市场中的市场支配地位的行为，国家发改委认定了两种：收取不公平的高价许可使用费和搭售。

关于收取不公平的高价许可使用费，具体表现为：对过期无线标准必要专利收取许可使用费；要求被许可人将专利进行免费反向许可。高通公司要求专利免费反向许可，抑制了被许可人进行技术创新的动力，阻碍了无线通信技术的创新和发展，排除、限制了无线通信技术市场的竞争。同时，要求专利免费反向许可使高通公司相对其他基带芯片生产商获得了不正当的竞争优势，无线通信终端制造商采购其他基带芯片生产商的产品将会负担更高的知识产权成本，这削弱了其他基带芯片生产商的竞争力，损害了市场竞争。高通公司收取不公平高价专利许可使用费增加了无线通信终端制造商的成本，并最终传导到消费终端，损害了消费者的利益，违反《反垄断法》第17条第1款第1项关于禁止具有市场支配地位的经营者以不公平的高价销售商品的规定。

关于搭售，高通公司利用在无线标准必要专利许可市场的支配地位，在无线标准必要专利许可中没有正当理由搭售非无线标准必要专利许可。这使与高通公司持有的非无线标准必要专利具有竞争关系的其他替代性技术失去了参与竞争的机会和可能，严重排除、限制了相关非无线标准必要专利许可市场的竞争，阻碍、抑制了技术创新，最终损害了消费者的利益，违反《反垄断法》第17条第1款第5项关于禁止具有市场支配地位的经营者没有正当理由搭售商品的规定。

上述处罚决定，对相关市场的界定、市场支配地位的认定、垄断行为的认定、垄断行为的危害、正当理由抗辩是否成立等进行了详细的论述，对于分析标准必要专利许可中的垄断行为具有重要的参考价值。

【思考题】

1. 药品专利保护期延长制度的内容和意义是什么?
2. 专利权行使的主要方式有哪些?
3. 共有专利权行使的规则是什么?
4. 标准必要专利许可的特殊性是什么?
5. 规制专利权滥用有什么意义?

【推荐阅读文献】

1. 王晓晔. 滥用知识产权限制竞争的法律问题. 中国社会科学，2007 (7).
2. 张吉豫. 标准必要专利“合理无歧视”许可费计算的原则与方法. 知识产权，2013 (8).
3. 崔国斌. 中国专利共有制度述评（上）. 电子知识产权，2010 (6).
4. 崔国斌. 中国专利共有制度述评（下）. 电子知识产权，2010 (7).

第十章　专利实施的特别许可

专利权属于私权。从私权属性来讲，专利权人有权实施自己的专利，也有权不实施。但是，私权也是受限制的，专利权更是如此。专利权授予的目的是鼓励发明创造，推动发明创造的应用，提高创新能力，促进科学技术进步和经济社会发展。[①] 专利权不实施就达不到上述目标。如果专利权人不自愿实施，而社会又有对该专利的需求，在专利权人非自愿的情况下，也可实现合法实施专利。这种情况在我国主要有两种：一种是指定实施，另一种是强制许可。除此之外，为了促进专利的实施和运用，我国专利法还规定了开放许可制度。

第一节　专利指定实施

一、专利指定实施概述

专利指定实施，是指除了强制许可，未经专利权人同意，由政府指定其他主体实施专利。指定实施只限于特定主体或特定专利。我国的专利指定实施有两种情形：一种情形是《专利法》规定的指定实施；另一种情形是《科学技术进步法》规定的指定实施。

二、《专利法》中的指定实施

（一）我国《专利法》中指定实施的规定及历史沿革

我国《专利法》第 49 条规定了针对国有企业事业单位发明专利的指定实施。

法条链接

《专利法》

第四十九条　国有企业事业单位的发明专利，对国家利益或者公共利益具有重大意义的，国务院有关主管部门和省、自治区、直辖市人民政府报经国务院批准，可以决定在批

① 《专利法》第 1 条。

准的范围内推广应用，允许指定的单位实施，由实施单位按照国家规定向专利权人支付使用费。

上述规定是2000年《专利法》修订后的内容，2000年的《专利法》是规定在第14条，2020年修改为第49条。2000年之前，1984年《专利法》第14条规定："国务院有关主管部门和省、自治区、直辖市人民政府根据国家计划，有权决定本系统内或者所管辖的全民所有制单位持有的重要发明创造专利允许指定的单位实施，由实施单位按照国家规定向持有专利权的单位支付使用费。中国集体所有制单位和个人的专利，对国家利益或者公共利益具有重大意义，需要推广应用的，由国务院有关主管部门报国务院批准后，参照上款规定办理。"这一规定具有强烈的计划经济的色彩。针对全民所有制单位的专利，根据国家计划就可以指定实施；针对集体所有制单位和个人的专利，基于国家利益或者公共利益可以指定实施。

2000年《专利法》修改时，考虑到我国社会主义市场经济体制与资本主义市场经济体制的区别，保留了指定实施的规定，但取消了对集体所有制单位和个人专利的指定实施，对国有企事业单位专利的指定实施也限制了条件和程序。

自1985年《专利法》施行以来，依据第14条的规定指定实施专利的实例非常少。自2000年《专利法》修改以来尚没有过对发明专利的指定实施。[①]

(二)《专利法》中指定实施的对象

专利指定实施只针对国有企业事业单位，不包括我国其他所有制的企业，当然也不包括外国企业。这里的国有企业，是指国务院和地方人民政府分别代表国家履行出资人职责的国有独资企业、国有独资公司以及国有资本控股公司，包括中央和地方国有资产监督管理机构和其他部门所监管的企业本级及其逐级投资形成的企业。

专利指定实施针对的只是发明专利，不包括实用新型专利和外观设计专利。

(三)《专利法》中指定实施的条件和程序

指定实施的条件是"对国家利益或者公共利益具有重大意义"，指发明对经济建设、科技进步、国家安全、环境保护、疫病防治等具有重要意义。指定实施并不要求专利权人未实施或未充分实施其专利，只要专利对国家利益或者公共利益具有重大意义，就可以指定实施该专利。

指定实施的程序是由国务院有关主管部门和省、自治区、直辖市人民政府报经国务院批准。和1984年《专利法》的规定相比，批准指定实施的权力已收归到国务院，体现了国家的审慎立场。

(四)《专利法》中指定实施的实施单位和使用费

国务院有关主管部门和省、自治区、直辖市人民政府在获得国务院批准后，可以允许指定的单位实施。对于被指定实施的单位，《专利法》并没有限定其性质，也不要求其提交实施专利的申请。当然，实施指定的专利，并不是被指定单位的义务，在指定该单位实施时应当征得其同意。

---

① 尹新天. 中国专利法详解. 北京：知识产权出版社，2011：183.

指定实施并不是免费实施，实施的单位应当按照国家规定向专利权人支付使用费。对于使用费的标准和确定使用费的程序，我国《专利法》并没有作出规定。

三、《科学技术进步法》中的指定实施

（一）我国《科学技术进步法》中指定实施的规定

除了《专利法》的规定，我国《科学技术进步法》第 32 条也规定了针对科技成果知识产权的指定实施。

法条链接

《科学技术进步法》（2021 年修订）

第三十二条 利用财政性资金设立的科学技术计划项目所形成的科技成果，在不损害国家安全、国家利益和重大社会公共利益的前提下，授权项目承担者依法取得相关知识产权，项目承担者可以依法自行投资实施转化、向他人转让、联合他人共同实施转化、许可他人使用或者作价投资等。

项目承担者应当依法实施前款规定的知识产权，同时采取保护措施，并就实施和保护情况向项目管理机构提交年度报告；在合理期限内没有实施且无正当理由的，国家可以无偿实施，也可以许可他人有偿实施或者无偿实施。

项目承担者依法取得的本条第一款规定的知识产权，为了国家安全、国家利益和重大社会公共利益的需要，国家可以无偿实施，也可以许可他人有偿实施或者无偿实施。

项目承担者因实施本条第一款规定的知识产权所产生的利益分配，依照有关法律法规规定执行；法律法规没有规定的，按照约定执行。

（二）《科学技术进步法》中指定实施的对象

根据《科学技术进步法》第 32 条的规定，指定实施的对象包括就“利用财政性资金设立的科学技术计划项目所形成的科技成果”。《科学技术进步法》使指定实施的对象不再限于发明专利，也包括实用新型专利。不管该专利的专利权人是谁，只要该发明专利是利用财政资助形成的，就属于《科学技术进步法》中指定实施的对象。

（三）《科学技术进步法》中指定实施的条件和程序

《科学技术进步法》规定的指定实施，有两种情况：一种是项目承担者在合理期限内没有实施且无正当理由，另一种是为了国家安全、国家利益和重大社会公共利益的需要。两种情况只要具备其一，就可以进行指定实施。

关于指定实施的程序，我国《科学技术进步法》没有明确规定，只规定了指定实施的主体是“国家”，它排除了地方政府指定实施的可能，但具体由国务院还是国务院的部委决定，《科学技术进步法》没有规定。

（四）《科学技术进步法》中指定实施的实施单位和使用费

我国《科学技术进步法》规定的实施单位，一是国家，二是接受国家许可的“他人”。这里的“他人”指专利权人之外的任何单位或个人。而国家作为实施主体，如何具体操

作？对此《科学技术进步法》中没有具体的规定。

关于指定实施时的使用费，如果国家是实施主体，则是免费的；如果他人是实施主体，则可以是免费的，也可以是有偿的。有偿许可时，关于使用费的标准和确定程序，《科学技术进步法》中没有具体的规定。

理论延伸

介入权与政府资助成果的转化

《专利法》中的指定实施，是我国特有的制度。而《科学技术进步法》中的指定实施，是我国借鉴美国等国家的做法而建立的，被称为介入权，指政府资助项目中国家或政府的一种专有权力，即政府资助项目所产生的发明之专利权归属于项目承担者时，政府有关主管机构在一定条件下，可以介入该专利的许可和授权，将其许可给适当的第三人实施。

为促进政府资助项目产生的科技成果的商业化，美国《拜杜法案》允许项目承担者取得政府资助发明的专利权，希望通过这种产权制度的改革来激励大学、非营利性机构和中小企业等积极进行技术转移和商业化。在将所有权授予项目承担者的同时，《拜杜法案》也规定了政府的介入权，以推动项目承担者积极转化项目成果，并且在达不到预期后果时由政府介入指定实施。美国《拜杜法案》及相关法规对介入权行使的条件、程序和后果等作出了较为详细的规定。虽然在《拜杜法案》颁布的 30 多年里，只发生过 6 起针对 5 个不同发明专利的介入申请案件，但介入权制度对于政府资助项目的专利权人具有威慑作用，有效地促进了政府资助项目知识产权的转化和应用。

我国《科学技术进步法》中关于指定实施的规定，还比较原则，至今没有适用这一规定的案例。我们需要进一步细化有关规则，以发挥介入权制度对于政府资助项目专利转化的促进作用。

第二节　专利开放许可

一、专利开放许可的含义

专利开放许可，是指专利权人向专利行政主管部门提出将其专利登记为“开放许可”的申请，经公告后任何企业或个人都可以按照开放许可声明的内容取得专利实施权的许可模式。

开放许可之外的专利许可，一般由专利需求方根据自身需要通过搜集相关专利信息找到自己所需的专利技术，然后专利需求方和专利权人进行磋商，直至双方达成合意，签订专利许可合同。但在某些情况下，虽然专利权人和专利需求方都有签订专利许可合同的意愿，但由于专利信息的不对称性，专利需求方对专利信息了解不够，难以找到符合自己需求的专利技术，或者即使发现了自己需求的技术，仍需要支出沟通和磋商谈判的成本。这种情况将会阻碍专利技术的实施。

为解决这一问题，英国、德国等国家引入了专利开放许可制度。为了促进专利实施运用，2020 年我国《专利法》第四次修改时增加了专利开放许可制度。

二、专利开放许可的提出和撤回

法条链接

《专利法》

第五十条　专利权人自愿以书面方式向国务院专利行政部门声明愿意许可任何单位或者个人实施其专利，并明确许可使用费支付方式、标准的，由国务院专利行政部门予以公告，实行开放许可。就实用新型、外观设计专利提出开放许可声明的，应当提供专利权评价报告。

专利权人撤回开放许可声明的，应当以书面方式提出，并由国务院专利行政部门予以公告。开放许可声明被公告撤回的，不影响在先给予的开放许可的效力。

根据我国《专利法》第50条的规定，提出专利开放许可的主体是专利权人，不包括专利申请人以及利害关系人。专利被授权前，专利申请人不能提出专利开放许可。即使获得再许可权的被许可人，也不能提出开放许可。共有专利的开放许可，应当由全体共有人共同提出。专利开放许可的声明以书面形式向国务院专利行政部门提出，许可声明中应载明许可使用费的支付方式和标准。如果就实用新型、外观设计专利提出开放许可声明，还应当提供专利权评价报告。国务院专利行政部门对符合条件的开放许可声明予以公告。公告后，该专利处于开放许可状态。

开放许可声明公告后，专利权人可以撤回许可声明。撤回许可声明不需要任何条件，但需要以书面方式向国务院专利行政部门提出，由国务院专利行政部门予以公告。公告后，该专利不再属于开放许可的专利，但在此之前给予的开放许可仍然有效。

三、开放许可期间的专利实施许可

法条链接

《专利法》

第五十一条第一款　任何单位或者个人有意愿实施开放许可的专利的，以书面方式通知专利权人，在依照公告的许可使用费支付方式、标准支付许可使用费后，即获得专利实施许可。

第三款　实行开放许可的专利权人可以与被许可人就许可使用费进行协商后给予普通许可，但不得就该专利给予独占或者排他许可。

开放许可声明公告后，专利实施许可有两种方式。第一种方式是通知方式的实施许可。公告后，有意愿实施该专利的单位或个人，可以书面通知专利权人，在依照公告的许可使用费支付方式、标准支付许可使用费后，就获得了专利实施许可。这种方式的实施许可，不需要征得专利权人同意，也不需要签订书面协议。双方之间的专利实施许可合同，按专利权人公告的条件执行。

第二种方式是协商方式的实施许可。即使公告后，专利权人仍然可以采用协商的方式与实施该专利的单位和个人签订专利实施许可合同。在采用协商方式订立专利实施许可合同时，合同条款可以不同于专利权人公告的条件。在开放许可期间，专利权人签订的实施许可合同只能是普通许可合同，不能是独占或排他许可合同。

四、开放许可期间的专利年费减免

法条链接

《专利法》

第五十一条第二款 开放许可实施期间，对专利权人缴纳专利年费相应给予减免。

为鼓励专利权人自愿实行开放许可，以促进专利实施和运用，我国《专利法》规定了激励措施：开放许可实施期间，对专利权人缴纳专利年费相应给予减免。

五、开放许可争议解决

法条链接

《专利法》

第五十二条 当事人就实施开放许可发生纠纷的，由当事人协商解决；不愿协商或者协商不成的，可以请求国务院专利行政部门进行调解，也可以向人民法院起诉。

专利权人通过国务院专利行政部门公告其开放许可的声明和条件，相当于向社会发出了许可实施其专利的要约。有意愿实施专利的人通知专利权人实施该专利，相当于向专利权人作出了承诺。专利权人与实施人之间形成了专利实施许可合同，在履行该合同的过程中，双方可能会产生争议，产生争议后，双方可以协商解决；不愿协商或者协商不成时，可以选择请求国务院专利行政部门调解或向人民法院起诉来解决争议。

第三节　专利强制许可

一、专利强制许可制度概况

(一) 国际条约中的专利强制许可制度

1. 《巴黎公约》

专利强制许可制度最早出现在《巴黎公约》第 5 条 A 款第 2 项：“本联盟各国都有权利采取立法措施规定授予强制许可，以防止由于行使专利所赋予的专有权而可能产生的滥用，例如，不实施。”该条 A 款第 4 项规定：“自提交专利申请之日起 4 年期间届满以前，或者自授予专利之日起 3 年期间届满以前，以届满在后的期间为准，不得以专利不实施或者不充分实施为理由申请强制许可。如果专利权人证明其不作为有正当理由，强制许可的申请应当予以拒绝。这种强制许可不应当是排他性的，而且除与利用该许可的企业部分或商誉一起转移外，不应当是可转移的，包括以授予分许可的形式。”可见，《巴黎公约》将强制许可作为防止权利滥用的手段，并将“不实施”作为权利滥用的一种表现形式，但是其并没有对“实施”作出界定。

2. TRIPS 协议

TRIPS 协议第 31 条对强制许可制度的使用权、使用费、条件限制、救济程序等作了规定。与《巴黎公约》相比，TRIPS 协议规定得更加详细具体。TRIPS 协议没有明确将“不实施”专利作为强制许可的理由，而是在第 31 条第 2 项规定了不许可他人实施的强制许可：“只有在使用前，意图使用之人已经努力向权利持有人要求依合理的商业条款及条件获得许可，但在合理期限内未获得成功，方可允许这类使用。”此外，TRIPS 协议第 31 条还规定了公共利益强制许可、针对反竞争行为的强制许可、政府非商业使用的强制许可和从属专利强制许可等情形，并作了详细的限制性规定。

3.《多哈宣言》

为了解决公共健康问题，2001 年年底，在卡塔尔首都多哈召开的世界贸易组织第四届部长级会议上，最终达成了《关于 TRIPS 协议与公共健康的多哈宣言》（以下简称《多哈宣言》），明确了世界贸易组织成员政府采取措施维护公共健康的主权权利。《多哈宣言》第 6 条规定：“认识到在制药领域生产能力不足或缺乏生产能力的世界贸易组织成员方在有效实施 TRIPS 协议下的强制许可方面可能面临的困难，我们指示 TRIPS 协议理事会在 2002 年年底前找出这一问题的迅捷解决办法，并向世界贸易组织总理事会报告。”

4.《总理事会决议》

由于发达国家与发展中国家在强制许可问题上存在较大分歧，《多哈宣言》达成后一直拖到 2003 年 8 月 30 日世界贸易组织成员政府才就这一问题达成协议，即《关于实施多哈宣言第 6 条款的理事会决议》（以下简称《总理事会决议》）。该文件规定，对于缺乏药品生产能力或药品生产能力有限的贫穷国家，可以进口其他成员方通过强制许可而生产的廉价仿制药品。这一规定实际上豁免了出口方实施强制许可只能主要满足国内市场需要的义务，从而有利于贫穷国家在必要时更容易进口用于治疗艾滋病等重大传染性疾病的廉价仿制药品。该文件的实质意义在于其突破了 TRIPS 协议第 31 条第 6 项的限制，至少在理论上解决了缺乏或没有药品生产能力的国家的公共健康危机。

5.《修改〈与贸易有关的知识产权协议〉议定书》

2005 年 12 月 6 日，世界贸易组织总理事会通过了《修改〈与贸易有关的知识产权协议〉议定书》，将上述《多哈宣言》和决定的有关内容纳入了 TRIPS 协议。该议定书在 TRIPS 协议中增加了两部分内容：一是增加了“第 31 条之二”，二是增加了说明“第 31 条之二”的两个附件。按照增加后的内容，TRIPS 协议规定，“在符合有关条件的前提下，世界贸易组织成员可以授予其国内企业生产并出口特定专利药品的强制许可，不再局限于供应国内市场”；“在出口成员和进口成员对同一产品授予强制许可的情况下，专利许可使用费应由出口成员支付，进口成员无须再行支付”。可见，该议定书允许世界贸易组织成员为向“有资格进口的成员”出口药品的目的而授予专利强制许可，从而突破了 TRIPS 协议关于专利强制许可只能为供应本国市场的规定。

（二）我国《专利法》中的强制许可制度

我国《专利法》从1984年制定之时就对强制许可制度作了明确的规定。为了与国际公约中强制许可制度的发展保持一致，我国《专利法》在1992年、2000年和2008年的三次修订中，都对强制许可制度进行了调整。

1984年制定的《专利法》中规定了两类强制许可：不实施的强制许可和从属专利的强制许可。1992年《专利法》修改，取消了1984年《专利法》中规定的专利权人的“实施义务”，同时也取消了不实施的强制许可；增加了拒绝许可的强制许可以及为了社会公共利益的强制许可。

2000年《专利法》修改时，关于强制许可的内容，主要是根据TRIPS协议的规定，进一步严格了从属专利的强制许可的条件，并将1992年《专利法实施细则》中有关强制许可的通知、范围、时间、终止的规定纳入了《专利法》的规定中，并增加了对有关强制许可使用费的裁决进行司法审查的规定。

2003年，国家知识产权局发布了《专利实施强制许可办法》，对强制许可的程序作了详细规定；2005年，国家知识产权局发布了《涉及公共健康问题的专利实施强制许可办法》，根据世界贸易组织有关宣言和决议，对涉及公共健康问题的专利强制许可作出了特别规定；2007年10月28日，全国人大常委会通过了《修改〈与贸易有关的知识产权协议〉议定书》；2008年《专利法》第三次修改，进一步完善了强制许可制度，特别是对涉及公共健康问题的强制许可作了明确的规定；2012年国家知识产权局修订并重新发布《专利实施强制许可办法》，并废止了《涉及公共健康问题的专利实施强制许可办法》。

二、专利强制许可的情形

我国《专利法》第53条至第56条规定了专利强制许可的四种情形。

（一）防止滥用的强制许可

法条链接

《专利法》

第五十三条 有下列情形之一的，国务院专利行政部门根据具备实施条件的单位或者个人的申请，可以给予实施发明专利或者实用新型专利的强制许可：

（一）专利权人自专利权被授予之日起满三年，且自提出专利申请之日起满四年，无正当理由未实施或者未充分实施其专利的；

（二）专利权人行使专利权的行为被依法认定为垄断行为，为消除或者减少该行为对竞争产生的不利影响的。

我国《专利法》第53条规定了为防止滥用专利权而授予强制许可的两种情形。

第一种情形是不实施专利的强制许可，即“专利权人自专利权被授予之日起满三年，且自提出专利申请之日起满四年，无正当理由未实施或者未充分实施其专利的”。实质上，这种情形的强制许可，是把1992年《专利法》修改时放弃了的规定又重新纳入了《专利法》中，只是规定的条件与1984年《专利法》的规定稍有差异。对于1992年《专利法》修改时为什么取消不实施专利强制许可的规定，学者有不同的解读，但基本都与TRIPS协议有关。TRIPS协议对专利强制许可作了详细的规定，但没有规定不实施专利为强制许可的理由。但是，1992年修改《专利法》时对不实施专利的强制许可的废除，并不是TRIPS协议本身的要求。《巴黎公约》第5条A款规定的不实施专利的强制许可的理由仍然是成立的[①]，并且不论发达国家还是发展中国家在TRIPS协议的框架下仍然都规定了不实施专利的强制许可，德国、法国、英国、加拿大、日本、印度、巴西等国家仍然有对不实施专利的强制许可的规定。因此，2008年《专利法》修改时依据《巴黎公约》的有关规定，明确专利权人自专利权被授予之日起满三年且自提出专利申请之日起满四年，无正当理由未实施或者未充分实施专利的，可以给予强制许可。从《专利法》的规定来看，这种强制许可的条件是：一是时间条件，自专利权被授予之日起满三年且自提出专利申请之日起满四年。二是专利权人未实施或者未充分实施专利。未充分实施其专利，是指专利权人及其被许可人实施其专利的方式或者规模不能满足国内对专利产品或者专利方法的需求。三是专利权人无正当理由。

第二种情形是因垄断导致的强制许可，即“专利权人行使专利权的行为被依法认定为垄断行为，为消除或者减少该行为对竞争产生的不利影响的”。我国《反垄断法》第17条规定了滥用市场支配地位的行为，同时第55条规定经营者滥用知识产权，排除、限制竞争的行为，适用《反垄断法》。当专利权人拒绝许可专利或从事其他滥用市场支配地位的行为时，就有可能违反《反垄断法》，专利权人可能承担相应的行政责任和民事责任。但是，即使从事垄断行为的专利权人受到惩罚，其他人仍不能实施其专利。因此，《专利法》规定，在专利权人行使其专利权的行为经司法程序或者行政程序被确定为排除、限制竞争行为的情况下，可以给予强制许可。国务院专利行政管理部门根据司法部门或反垄断执法机构的认定，作出强制许可的决定。

（二）为公共利益的强制许可

法条链接

《专利法》

第五十四条 在国家出现紧急状态或者非常情况时，或者为了公共利益的目的，国务院专利行政部门可以给予实施发明专利或者实用新型专利的强制许可。

我国《专利法》第54条规定了为了公共利益的强制许可。很多国家都有类似的规定，例如，德国、日本、英国、加拿大、印度、巴西等国家的专利法中都将公共利益需要作为实施强制许可的理由。TRIPS协议也认可了公共利益需要是颁发强制许可的理由，其第31条第2项规定：“一旦某成员进入国家紧急状态，或在其他特别紧急情况下，或在公共的非商业性场合”，成员可以就专利进行未经权利持有人许可的其他使用，

---

① 单晓光，等. 专利强制许可制度//国家知识产权局条法司编.《专利法》及《专利法实施细则》第三次修改专题研究报告. 北京：知识产权出版社，2006：1285.

并且这种情况下的强制许可，并不需要意图使用人与专利权人进行商业谈判，但需要意图使用人以合理条件在合理期限内未获得许可这样的先决条件。

我国《专利法》第 54 条规定了三种情形：国家出现紧急状态；有非常情况；为了公共利益。国家出现紧急状态是指因外敌入侵，内部动乱，危及国家安全而出现的紧急状态；非常情况是指国家紧急状态以外的其他特别紧迫的情况，如因公共健康危机、自然灾害产生的紧急情况；为了公共利益中的“公共利益”，是指除国家紧急状态和非常情况之外的，重大的公共利益。“国家出现紧急状态或者非常情况”下的强制许可，一般也是为了公共利益的目的，但将“为了公共利益的目的”与之并列，显示了“国家出现紧急状态或者非常情况”的重要性。“为了公共利益的目的”可以作为概括的兜底规定，涵盖将来可能出现的所有为了公共利益目的的强制许可的情形。

（三）为了公共健康而出口的强制许可

法条链接

《专利法》

第五十五条 为了公共健康目的，对取得专利权的药品，国务院专利行政部门可以给予制造并将其出口到符合中华人民共和国参加的有关国际条约规定的国家或者地区的强制许可。

我国《专利法》第 55 条规定为了公共健康而出口的强制许可。公共健康危机，包括与艾滋病、结核病、疟疾等流行病有关的危机，属于非常情况。

世界贸易组织总理事会的《总理事会决议》以及《修改 TRIPS 协议议定书》，允许成员为解决缺乏制药能力或者能力不足的其他成员面临的公共健康问题而给予强制许可，制造有关专利药品并将其出口到这些成员。为了与上述决议、议定书的立场相一致，帮助缺乏制药能力或者能力不足的发展中国家和最不发达国家解决其面临的公共健康问题，2008 年我国《专利法》修改时增加了为了公共健康而出口的强制许可，允许我国制药企业制造有关专利药品并将其出口到这些国家。这里的“取得专利权的药品”，是指解决公共健康问题所需的医药领域中的任何专利产品或者依照专利方法直接获得的产品，包括取得专利权的制造该产品所需的活性成分以及使用该产品所需的诊断用品。[①]

（四）从属专利的强制许可

法条链接

《专利法》

第五十六条 一项取得专利权的发明或者实用新型比前已经取得专利权的发明或者实用新型具有显著经济意义的重大技术进步，其实施又有赖于前一发明或者实用新型的实施的，国务院专利行政部门根据后一专利权人的申请，可以给予实施前一发明或者实用新型

① 《专利法实施细则》第 73 条第 2 款。

的强制许可。

在依照前款规定给予实施强制许可的情形下，国务院专利行政部门根据前一专利权人的申请，也可以给予实施后一发明或者实用新型的强制许可。

我国《专利法》第56条规定了从属专利的强制许可。从属专利又称为附属专利、改进专利，是指前后两个专利存在从属关系，在后专利的技术方案落在在先专利的保护范围之内。为了实施后一专利，就不能不侵犯前一专利。也就是说，实施后一专利要经过前一专利的专利权人的许可。一般情况下，后一专利比前一专利更先进，但两个专利权人有时存在竞争关系，前一专利的专利权人有可能不许可后一专利的专利权人实施其专利。这样就会阻碍先进技术的应用和推广，是与专利法的目的相悖的。

并不是所有的从属专利的专利权人都可以要求强制许可。从属专利强制许可的条件是“比前已经取得专利权的发明或者实用新型具有显著经济意义的重大技术进步”。另外，从属专利的强制许可是相互的：后一专利的专利权人获得了实施前一专利的强制许可时，前一专利的专利权人也可以申请就后一专利获得强制许可。

三、强制许可中对专利权人之利益的保护

专利强制许可并不是剥夺专利权人的权利，而是暂时有条件地限制其权利。因此，在专利强制许可过程中，需要保护专利权人的权益。我国《专利法》中对专利权人之利益的保护主要在于对强制许可条件的限制和对强制许可范围的限制。

（一）对强制许可条件的限制

我国《专利法》第57条、第58条、第59条规定了对强制许可条件的限制。

法条链接

《专利法》

第五十七条 强制许可涉及的发明创造为半导体技术的，其实施限于公共利益的目的和本法第五十三条第（二）项规定的情形。

第五十八条 除依照本法第五十三条第（二）项、第五十五条规定给予的强制许可外，强制许可的实施应当主要为了供应国内市场。

第五十九条 依照本法第五十三条第（一）项、第五十六条规定申请强制许可的单位或者个人应当提供证据，证明其以合理的条件请求专利权人许可其实施专利，但未能在合理的时间内获得许可。

《专利法》第57条是专门针对半导体技术的。对于半导体技术的强制许可而言，其条件更为严格，只有为了公共利益需要，或者专利权人违反了《反垄断法》，才可以给予强制许可。

《专利法》第58条是对强制许可条件的限制，而不是对强制许可范围的限制。在确定是否应当给予强制许可时，除因违反了《反垄断法》的规定，以及为了公共健康而出口以外，只有国内市场出现了应当实施强制许可的理由时，才能给予强制许可。在这种情况下

作出强制许可的决定后，一般强制许可的范围也会限制在国内市场。

《专利法》第59条是关于申请强制许可的条件的规定。有的强制许可因具备实施条件的人的申请而启动，包括防止滥用的强制许可和从属专利的强制许可。有的强制许可由政府主动启动，包括为了公共利益的强制许可和为了公共健康而出口的强制许可。因申请而启动强制许可的，申请强制许可的单位或者个人应当提供证据，证明其以合理的条件请求专利权人许可其实施专利，但未能在合理的时间内获得许可。因此，对于《专利法》第59条规定的这两类原因的强制许可，准备实施专利的人应当先请求专利权人许可其实施专利。只有准备实施的人提出的条件合理，而专利权人在合理的时间内仍未同意许可时，才能实施强制许可。

(二) 对强制许可范围的限制

强制许可被许可人实施许可的范围，主要涉及被许可人获得的是不是非独占的权利的问题。对此，从《巴黎公约》以来，国际条约中规定的被许可人的权利都是非独占的权利。尽管在1980年和1981年的两次《巴黎公约》修订外交会议上，发展中国家代表强烈要求确定强制许可的排他性，将“non-exclusive”中的“non-”去掉，但最终没有获得成功。

我国《专利法》第61条按照有关国际公约的要求，规定了取得实施强制许可的单位或者个人不享有独占的实施权，并且无权允许他人实施。

强制许可的性质为非独占许可，这极大地制约了实施强制许可的动力。因为即使通过申请获得强制许可后，强制许可人支付了专利使用费，按照专利进行生产仍需要花费大量投入，并且不像一般自愿许可那样能够取得专利权人的协助，而且，专利权人仍可以自己进行生产，也可以再自愿许可给他人进行生产。这种情况下，专利权人比强制许可被许可人具有技术优势，很容易通过竞争使强制许可被许可人的投入得不到回报。因此，在强制许可制度中，强制许可是不是必须是非独占的，关系到强制许可制度能否发挥其应有的作用。如果强制许可的被许可人可以获得独占的实施权，强制许可制度将会发挥更大的作用。

四、强制许可中的行政决定

在我国，负责专利强制许可事宜的行政机关是国家知识产权局。国家知识产权局针对专利强制许可可以作出行政决定。

(一) 强制许可的决定

具备实施条件的人请求给予强制许可的，应当向国家知识产权局提交强制许可请求书，说明理由并附具有关证明文件。国家知识产权局应当将强制许可请求书的副本送交专利权人，专利权人应当在指定的期限内陈述意见；期满未答复的，不影响国家知识产权局作出决定。

国家知识产权局在作出驳回强制许可请求的决定或者给予强制许可的决定前，应当通知请求人和专利权人拟作出的决定及其理由。

强制许可的决定作出后，国家知识产权局应当及时通知专利权人，并予以登记和公告。

（二）终止强制许可的决定

专利权人如果认为强制许可的理由已消除并不再发生，可以向国家知识产权局请求终止实施强制许可的决定。经审查认为请求终止强制许可的理由不成立的，国家知识产权局应当作出驳回终止强制许可请求的决定。经审查认为请求终止强制许可的理由成立的，国家知识产权局应当作出终止强制许可的决定。

（三）强制许可使用费的决定

强制许可不是免费许可，强制许可的被许可人仍有义务向专利权人支付专利使用费。而关于使用费的标准，我国《专利法》第 62 条只规定了“合理的使用费”，或“依照中华人民共和国参加的有关国际条约的规定处理使用费问题”。在具体确定使用费时，由双方协商；双方不能达成协议的，由国家知识产权局裁决。请求国家知识产权局裁决使用费数额的，当事人应当提出裁决请求书，并附具双方不能达成协议的证明文件。国家知识产权局应当自收到请求书之日起三个月内作出裁决，并通知当事人。

（四）对不服行政决定的行政诉讼

专利权人对国家知识产权局关于实施强制许可的决定不服的，专利权人和取得强制许可的单位或者个人对国家知识产权局关于实施强制许可的使用费的裁决不服的，可以自收到通知之日起三个月内向人民法院起诉。目前，这类案件的第一审由北京知识产权法院管辖[①]，第二审由北京市高级人民法院管辖。

理论延伸

专利强制许可的数量与专利强制许可制度的完善

虽然我国专利制度从实施以来一直都有强制许可制度，并且前三次修改《专利法》都涉及这一制度，但我国至今没有发布一份强制许可决定。从其他国家的经验看，也只有少数国家发放过专利强制许可，并且发放的数量也极少，例如：马来西亚于 2003 年 11 月颁布了强制许可令，允许一家药厂进口三种抗逆转录病毒仿制药品。2004 年 10 月 5 日，印度尼西亚为控制艾滋病疫情就艾滋病药品专利发放了强制许可。2006 年 12 月 6 日，泰国卫生部公布了一份针对美国 Merck 公司抗艾滋病药品专利的强制许可。2007 年 5 月 4 日，巴西也就这同一药品专利发布了强制许可命令。2012 年 3 月 9 日，印度专利局颁发了印度第一个强制许可，允许易瑞沙制药公司（Natco Pharma）生产拜耳集团（Bayer）的多吉美（Nexavar）仿制药品。2016 年 11 月，德国联邦专利法院针对艾滋病治疗药物专利向德国默克公司（Merck & Co.）的子公司默沙东公司（MSDSharp & DohmeGmbH）颁发了专利强制许可。

发放的数量非常少的现状，会让人产生专利强制许可制度到底起多大作用的疑问。由于我国没有发放过强制许可，有人对我国专利法中的强制许可制度到底起多大作用产生了疑问。

从一方面看，法律规范的作用不在于有多少人因违反其规定而受到惩罚，而在于它在

① 最高人民法院《关于北京、上海、广州知识产权法院案件管辖的规定》第 5 条第 2 项。

影响人们不违反其规定。专利中的强制许可制度，主要是起威慑和劝阻的作用，而这种威慑是必不可少的。专利制度使发明人对其发明创造享有一定期限内的垄断权，如果对这种垄断权不加限制，就有可能出现专利权人故意不实施或不充分实施专利，或者因专利权的存在而影响国家安全和社会公共利益的情形，而这是违背专利制度的初衷的。专利强制许可是伴随着专利制度的形成而出现的。《巴黎公约》是为了“保护”工业产权而制定的，而专利强制许可是《巴黎公约》中的重要内容。一百多年来，专利强制许可制度一直被有关国际公约所认可，也得到了大多数国家立法的确认，其威慑作用是不可忽视的。

但是，从另一方面看，专利强制许可数量畸少，也说明专利强制许可的门槛可能过高。国际公约，特别是TRIPS协议对专利强制许可设置了较高的条件，并且发达国家一直对专利强制许可持否定的态度。我国对专利强制许可的规定还比较原则，例如，对专利强制许可使用费如何确定，没有具体的规则，而被许可人所获得的也只是普通实施权。具备实施专利条件的人，对于申请专利强制许可后能否获得相应的收益很难预估，故其申请强制许可的积极性会受到影响。

专利制度通过授予专利权这个经济和法律杠杆，来促进技术的革新以及技术的实施，而强制许可制度作为特殊情形下的矫正手段，进一步保证专利制度目的的实现。为了防止专利权人不合理地行使其独占权，维护国家和公众的利益，我们需要在国际和国内范围内推动强制许可制度的完善，降低强制许可的门槛，增加其可操作性，使强制许可制度进一步发挥督促专利权人实施专利的作用，并且在必要时通过强制许可的实施使专利不至于成为保护社会公共利益的障碍。

【思考题】

1. 专利指定实施的含义和意义是什么?
2. 专利开放许可的含义和意义是什么?
3. 专利强制许可的含义和意义是什么?
4. 专利强制许可的类型有哪些?

【推荐阅读文献】

1. 尹锋林，罗先觉. 英国许可承诺制度及对我国的借鉴意义. 电子知识产权，2010(10).

2. 罗莉. 我国《专利法》修改草案中开放许可制度设计之完善. 政治与法律，2019(5).

3. 李阁霞. 对药品专利及其强制许可的研究——以“达拉斯买家俱乐部”的困境为视角. 知识产权，2015(6).

第十一章 专利侵权行为的构成要件及主要类型

专利侵权的前提是界定专利权人的权利范围。我国《专利法》第 11 条采取了排除式的规定方式，没有规定专利权人的权利，而是规定了他人不得从事的行为。该条的规定明确了专利直接侵权行为的要件以及专利侵权行为的主要类型。

法条链接

《专利法》

第十一条 发明和实用新型专利权被授予后，除本法另有规定的以外，任何单位或者个人未经专利权人许可，都不得实施其专利，即不得为生产经营目的制造、使用、许诺销售、销售、进口其专利产品，或者使用其专利方法以及使用、许诺销售、销售、进口依照该专利方法直接获得的产品。

外观设计专利权被授予后，任何单位或者个人未经专利权人许可，都不得实施其专利，即不得为生产经营目的制造、许诺销售、销售、进口其外观设计专利产品。

第一节 专利侵权行为的构成要件

根据《专利法》第 11 条的规定，专利侵权行为的构成要件是：未经专利权人许可；为生产经营目的；从事了实施专利的行为；实施专利的行为发生在专利有效期内；不属于《专利法》另有规定的情形。

一、未经专利权人许可

从《专利法》第 11 条的规定可以看出，法律禁止的行为是“未经专利权人许可”的行为。经过专利权人许可的行为不属于侵权行为。经过专利权人许可的行为，包括专利权人自愿许可后实施专利的行为，也包括指定实施或强制许可后实施专利的行为。

当专利权人自愿许可时，一般情况下专利权人应当与被许可人协商订立实施许可合同，或者被许可人具备开放许可声明中规定的实施专利的条件。在协商订立实施许可合同的情况下，虽然我国《民法典》要求专利实施许可合同应当采用书面形式，但书面形式并不是专利实施许可合同成立或生效的要件，未订立书面实施专利许可合同并不意味着必然不存在专利实施许可合同关系。即使没有采用书面形式，如果当事人可以证明双方确实就专利实施许可达成了合意，也应当认可双方的专利实施许可关系。

专利权人的实施许可除了明示的许可，还包括默示许可。即使专利权人没有就专利实施许可作出意思表示，但如果专利权人的其他行为足以让人相信专利权人默许他人实施其专利，也可以认定专利权人已经“默示许可”，“默示许可”同样会使专利侵权因不符合有关要件而不成立。默示许可亦是专利实施许可的方式之一。例如，如果某种物品的唯一合理的商业用途就是实施某项专利，则专利权人或者经专利权人许可的第三人将该物品销售给他人的行为本身就意味着默示许可购买人实施该项专利。①

如果被许可人超出了专利实施许可合同的范围实施专利，则超出部分应被视为“未经专利权人许可”，也会构成专利侵权。当被许可人超出专利实施许可的时间、地域、数量限制实施专利时，被许可人的行为在多数情况下属于违约与侵权的竞合，专利权人可以依据合同主张被许可人承担违约责任，也可以直接主张被许可人承担侵权责任。

实务探讨

专利实施许可合同被认定无效是否相当于“未经专利权人许可”

实践中可能会出现一种情形：专利权人与被许可人签订了专利实施许可合同，并且合同已经履行，但由于某种原因，该专利实施许可合同被宣告无效。对于合同期内被许可人实施专利的行为，是否可以认为相当于“未经专利权人许可”，从而认定其为侵权行为？对此还有不同的看法。

虽然还没有类似的案件被诉诸法院，但法院处理过商标使用许可合同被宣告无效后能否认定存在商标侵权的案件。在广药集团有限公司诉广东加多宝饮料食品有限公司等六公司商标侵权纠纷案中，广东省高级人民法院认为，广东加多宝饮料食品有限公司等六公司在商标使用许可合同期限内使用“王老吉”商标的行为，因该合同被宣告无效，属于商标侵权行为。② 该案件被上诉到最高人民法院后，最高人民法院撤销了一审判决，发回一审法院重审。最高人民法院在裁定中指出：“一审法院应当首先审查上述被诉侵权行为是否‘未经商标权人许可’，进而判断加多宝公司是否应当据此承担相应的法律责任。”③

上述案件虽然是涉商标案件，但其原理和涉专利案件是一样的。在上述案件中，最高人民法院虽然没有直接发表意见，但可以看出最高人民法院是不赞同“合同无效后视为未得到权利人许可”的观点的。笔者认为，即使专利实施许可合同被认定无效，被许可人也是基于专利权人同意其实施专利的意思而实施专利的，其在性质上不同于未经专利权人许可而实施专利，被许可人应按合同无效的规则承担合同无效的后果，但不应承担专利侵权

---

① 最高人民法院（2011）知行字第 99 号行政判决书。

② 广东省高级人民法院（2014）粤高法民三初字第 1 号民事判决书。

③ 最高人民法院（2018）最高法民终 1215 号民事裁定书。

的责任。

二、为生产经营目的

我国《专利法》第 11 条将“为生产经营目的”作为专利侵权的条件。虽然我国《专利法》自 1984 年制定以来已经历经四次修改，但是“为生产经营目的”的表述始终未改变，《专利法实施细则》以及相关司法解释也未对此作出解释。

从国际公约和其他国家专利法的规定看，一般都没有将“为生产经营目的”作为专利侵权的要件。例如，TRIPS 协议第 28 条规定，专利权人有权阻止未得到专利权人同意的第三方制造、使用、出卖、销售，或为这些目的而进口被授予专利的产品。再如，美国《专利法》第 271 条规定，任何人在美国境内，在专利期限内，未经许可而制造、使用或出售取得专利权的发明时，即为侵害专利权。上述规定，都没有区分第三方的行为是否“为生产经营目的”，没有将“为生产经营目的”作为专利侵权的要件。英国《专利法》第 60 条第 5 款、法国《知识产权法典》第 L. 613—5 条、德国《专利法》第 11 条均规定，未经专利权人许可而实施受专利权控制的行为，只有满足两方面的条件才能免责：一是以私人方式进行，二是非商业目的。可见，将“为生产经营目的”作为专利侵权的要件，是我国《专利法》中的特有规定。在解释“为生产经营目的”的含义时，应当考虑到我国的规定与国际公约和其他国家的规定的差异。

一方面，不能将“为生产经营目的”的含义，理解得过宽，否则，就会使我国的做法与其他国家的做法有明显差距。应严格限定因非“生产经营目的”而免责的范围。不能将“为生产经营目的”理解为“为营利目的”，更不能理解为“已经实际获利”。另一方面，也不能不顾“生产经营”的字面含义将其理解得过窄。如果将“为生产经营目的”理解为只限于私人非商业目的，虽然与其他国家的规定一致，但又与“为生产经营目的”的字面含义不符。“为生产经营目的”应被理解为包括与生产或经营活动的实现有直接或间接关系的行为。

司法适用

专利侵权纠纷案件中非生产经营目的的抗辩的认定

在专利侵权纠纷案件中，专利权人并不需要证明被控侵权人的行为“为生产经营目的”。被控侵权人如果认为自己的行为并非“为生产经营目的”，应将其作为抗辩提出来。法院在审查这一抗辩理由是否成立时，还存在一些不同的做法。

被控侵权人提出非生产经营目的抗辩的一种情形是单位是行政机关或事业单位。对此，有的法院以不属于私人消费目的为由不认可这一抗辩理由。例如，在弥勒市审计局与昆明市万变窗墙有限责任公司侵害实用新型专利权纠纷案中，弥勒市审计局主张其系国家行政机关，而非以生产、经营为目的的机构。法院认为：弥勒市审计局使用被控侵权玻璃窗墙并非出于私人消费目的，故其关于非生产经营目的的抗辩理由不能成立。《专利法》的立法目的之一就是保护专利权人的合法权益，鼓励发明创造。如果一个主体因具有公共服务、公益事业、慈善事业性质就可以随意实施他人专利的话，则将严重损害专利权人的合理权益，降低专利制度的作用。[①] 但是，针对类似的情况，有的法院认可此抗辩理由成立。例如，在杨某争与成都市公安局、成都市公安局青羊区分局侵害实用新型专利权纠纷案中，二审法院认为，成都市公安局、青羊区分局均属国家机关，其在辖区范围内使用被控侵权产品目的在于维护公共安全，即为了维护社会公众的共同利益，而非以生产经营为目的，故此种使用行为不属于《专利法》所指向的“实施专利行为”，成都市公安局、青羊区分局不应承担《专利法》所规定的侵害专利权的民事责任。[②] 最高人民法院支持了二审判决，认为成都市公安局、青羊区分局在辖区范围内使用被控侵权产品是为了维护公共安全，并非以生产经营为目的。[③] 而在焦某丽、中国农业科学院饲料研究所侵害发明专利权纠纷案中，最高人民法院认为，即使政府机关、事业单位等主体具有公共服务、公益事业等属性，其自身不以生产经营为目的，但其实施了市场活动，损害了专利权人的市场利益的，仍可认定具备“为生产经营目的”之要件。[④] 将“为生产经营目的”作为专利侵权的要件，是我国《专利法》中的特有规定，在解释“为生产经营目的”的含义时，应当考虑到我国的规定与国际公约和其他国家的规定的差异。根据《专利法》的规定，任何单位都可以以非生产经营目的抗辩，不能将其理解为只有私人使用才可以免责。同时，对于政府机关、事业单位实施专利的行为，一方面，不能因为实施主体是行政机关、事业单位就认定其行为不具有生产经营目的。行政机关、事业单位虽具有公共利益的性质，但公共利益不等于非生产经营目的，公共利益也不是专利侵权的例外。另一方面，不管有没有实际获利，行政机关、事业单位只要从事了市场活动，损害了专利权人的市场利益，就应当认定其具有生产经营目的。市场活动本来是企业以生产经营为目的的行为，但行政机关、事业单位有时也会从事市场活动。即使行政机关、事业单位没有获得经济利益，但这种行为本身会影响专利权人的市场利益。如果以不具有生产经营目的为由而免责，则会损害市场秩序。

另一种的情形是企业使用侵犯专利权的产品，但并不是直接用于生产或经营活动，故企业提出非生产经营目的抗辩。例如，企业将购买的被控侵权产品用于生活设施，或作为福利发放给职工等。对此，有的法院认可了此抗辩理由。例如，在佛山市南海金鸿星门业科技有限公司与北京华捷盛机电设备有限公司、玉林市自来水公司城北水厂、玉林市自来水公司侵害实用新型专利权纠纷案中，法院认为，玉林市自来水公司城北水厂安装被控侵权产品在大门上使用的行为，并非为生产经营目的，不构成侵权。[⑤] 但大多数法院否定了企业的此抗辩理由。例如，在北京吉祥大厦有限公司等与北京英特莱摩根热陶瓷纺织有限公司侵犯发明专利权纠纷案中，法院认为，虽然北京吉祥大厦有限公司使用防火卷帘系履行《中华人民共和国消防法》等法律规定的义务，具有维护社会公共安全的目的，但并不能由此排除该使用的生产经营目的。[⑥] 笔者认为，虽然企业没有将被控侵权产品直接用于

---

① 云南省高级人民法院（2014）云高民三终字第 94 号民事判决书。

② 四川省高级人民法院（2014）川知民终字第 27 号民事判决书。

③ 最高人民法院（2015）民申字第 609 号民事裁定书。

④ 最高人民法院（2020）最高法知民终 831 号民事判决书。

⑤ 广西壮族自治区高级人民法院（2014）桂立民终字第 100 号民事裁定书。

⑥ 北京市高级人民法院（2011）高民终字第 1174 号民事判决书。

生产经营，但该使用间接关系到企业的生产经营。是否直接用于生产经营不易区分，也无必要区分。如果将企业非直接用于生产经营的活动都认定为不具有“生产经营目的”，使企业实施专利的行为不受专利权的控制，将有违专利权的保护宗旨。因此，笔者认为，企业实施专利的行为，都不能被认定为以非生产经营为目的。当然，在这类案件中，企业提出的非生产经营目的抗辩一般是针对使用专利产品的行为，其目的是继续使用该产品。根据最高人民法院《关于审理侵犯专利权纠纷案件应用法律若干问题的解释（二）》（2020年修正）第25条的规定，即使为生产经营目的使用、许诺销售或者销售专利侵权产品，只要举证证明该产品合法来源且已支付该产品的合理对价，则可以不停止使用、许诺销售或者销售。这样，企业再主张其使用被控侵权产品属于非生产经营目的，必要性已不大。

三、从事了实施专利的行为

实施专利的行为，具体而言包括：制造、使用、许诺销售、销售、进口专利产品，或者使用专利方法以及使用、许诺销售、销售、进口依照该专利方法直接获得的产品，制造、许诺销售、销售、进口外观设计专利产品。对于专利侵权行为的类型，将在下节进行具体介绍。

四、实施专利的行为发生在专利有效期内

从我国《专利法》第11条的规定可以看出，只有在专利被授权之后，专利权人才有权制止其他人实施专利的行为。从提出专利申请到专利保护期限届满，实施专利的行为因时间段不同而性质各异。

在专利申请公开前实施申请中的技术或设计的行为，不属于专利侵权行为，实施人也不必支付使用费。专利的保护期从申请日开始计算，但并不是从申请日开始专利申请人就享有制止他人使用或收取使用费的权利。在专利申请公开前，他人实施是基于自己的发明创造，是合法行为。最高人民法院曾在案件中指出，在发明专利授权公告之前，由于专利权尚未生效，因此，专利权人并不享有《专利法》第11条规定的禁止他人实施其专利的合法权利，被控侵权人在发明专利授权公告以前实施其专利的，不属于专利侵权行为。[①]

在发明专利申请公开后至授权前实施专利的行为，不属于专利侵权行为，但实施人应支付适当的使用费。发明专利申请公开后，专利申请人获得了临时保护。虽然根据我国《专利法》第11条的规定，专利权人还不能制止他人实施申请专利的技术，但专利申请人可以要求支付适当的费用。关于临时保护期制度，参见本书第八章。

在专利授权后至终止前实施专利的行为，有可能属于专利侵权行为。我国《专利法》第11条的规定，就是针对这段时间内实施专利的行为。

在专利权终止后实施专利的行为，不属于专利侵权行为。专利权终止后，专利或设计进入公有领域，任何人都可以实施。专利权终止的情形，除了期限届满，还包括没有按照规定缴纳年费和以书面声明放弃其专利权两种情形。其中比较容易引起争议的是专利权因没有按照规定缴纳年费而终止的情形。对此，需要注意的是，因未缴纳年费而终止的时间

---

① 最高人民法院（2009）民申字第525号民事裁定书。

应以国家知识产权局的公告为准。专利年费缴纳期限届满后一个月，国家知识产权局对尚未缴纳相关费用的专利发出缴费通知书，通知专利权人自应当缴纳年费期届满之日起 6 个月内补缴，同时缴纳滞纳金。专利年费滞纳期届满仍未缴纳或者缴足专利年费或者滞纳金的，自滞纳期届满之日起两个月后审查员应当发出专利权终止通知书。专利权人未启动恢复程序或者恢复权利请求未被批准的，国家知识产权局应当在终止通知书发出四个月后，进行失效处理，并在专利公报上公告。可见，即使专利权人未按规定缴纳年费的，并不会导致专利权立即终止。如果专利权人补缴了年费和滞纳金，则不会产生专利权终止的后果。即使专利权人未按规定补缴年费和滞纳金，国家知识产权局发出专利权终止通知书，专利权也并不因此而终止。只有在专利权人未启动恢复程序或者恢复权利请求未被批准，专利权终止通知书发出四个月后，国家知识产权局才在专利公报上公告该专利终止的决定。但是，专利权并不是自公告时起终止，而是自应当缴纳年费期届满之日起终止。

五、不属于《专利法》另有规定的情形

我国《专利法》第 11 条规定的专利侵权行为成立，还要具备的一个条件是“除本法另有规定的以外”。在某些情况下，即使符合前面所说的四个要件，因为存在合法的抗辩事由，也可以认定侵权行为不构成。这些抗辩事由，主要是《专利法》第 62 条和第 75 条的规定。对此，将在第十三章进行具体介绍。

实务探讨

专利侵权行为是否以主观过错为要件

根据《民法典》第 1165 条和第 1166 条的规定，侵权责任分为过错责任和无过错责任。一般情况下，过错是行为人承担侵权责任的要件。特殊情况下，如果法律规定行为人没有过错也应当承担侵权责任的，行为人应当承担无过错责任。我国《专利法》并没有明确规定过错是不是承担侵权责任的要件，也没有规定行为人没有过错也应当承担侵权责任。关于专利侵权责任是属于过错责任还是无过错责任，有不同的说法。认为专利侵权责任是过错责任者认为：行为人的注意义务标准是知道自己行为可能涉及的所有专利，不得擅自实施他人专利。如果行为人没有发现所实施的技术已经被授予专利，就说明其主观上有过错。认为专利侵权责任是无过错责任者认为，专利法没有将过错规定为承担专利侵权责任的要件，而实际上行为人也不可能知道自己的行为可能涉及的所有专利，规定过高的注意义务是不符合实际的。

上述两种说法殊途同归，在认定专利侵权行为构成与否时所得到的结论是一样的。《专利法》规定了免除专利侵权责任的条件，只要不符合免责条件，相关行为人就应当承担侵权责任。当事人不会争论被控侵权人是不是具有主观过错，法院也不考虑被控侵权人的主观状态。从这一点来说，把专利侵权责任理解成无过错责任更合适。在广州瀚盈生物科技发展有限公司（以下简称瀚盈公司）、广东净霸科技有限公司侵害外观设计专利权纠纷案中，被控侵权人提出不具有主观过错的抗辩理由，法院从两个方面否定了这一主张。一方面，法院指出，只要未经专利权人许可，实施其专利的行为均构成专利侵权行为，

《专利法》并未明确规定专利侵权责任适用过错责任原则。瀚盈公司提出专利侵权责任应适用过错责任原则，没有依据。另一方面，法院还从过错责任的角度进行了分析：专利权是经国家有关机关授予而享有的独占性权利，权利的取得经过了公示程序，合法的同行业经营者理应尽合理的注意义务，在从事相关业务时注意审查、避让他人的合法权利，否则，权利公示即失去了其划界的作用。本案被诉侵权行为发生在本案专利授权公告之后，瀚盈公司应当知道实施该专利需要专利权人的许可，否则，其应承担专利侵权的民事责任。瀚盈公司实施本案专利，亦难谓没有过错。① 而在孙某义与唱某滨侵害实用新型专利权纠纷案中，最高人民法院指出：专利权是国家授予的一定期限内的独占性权利，其特点之一是以公开换保护，发明创造一旦被授予专利权，其技术方案就会向社会公开，据此可以推定公众对专利技术方案处于明知的主观状态。所以，专利侵权行为的构成不以过错为要件，只要行为人实施了《专利法》第 11 条规定的行为（除《专利法》第 75 条规定的不视为侵犯专利权的行为以外），无论其对专利技术方案实际是否知晓，均认为其构成专利侵权。②

另外，这里讨论的专利侵权行为仅指直接侵权行为，即《专利法》第 11 条规定的侵权行为，不包括帮助侵权和引诱侵权等间接侵权行为。即使对于直接侵权行为来说，不同的行为人承担责任的条件也是不同的，使用、许诺销售或者销售专利侵权产品者，如果主观上没有过错，且能证明该产品合法来源的，不承担赔偿责任。③

第二节　专利侵权行为的类型

这里所说的专利侵权行为的类型，指的是直接侵权行为。根据我国《专利法》第 11 条的规定，专利侵权行为可以分为五大类：（1）制造专利产品（针对发明专利、实用新型专利和外观设计专利）；（2）使用专利方法（针对发明专利）；（3）使用专利产品，包括发明专利产品、实用新型专利产品以及依照专利方法直接获得的产品（针对发明专利和实用新型专利）；（4）许诺销售和销售专利产品，包括发明专利产品、实用新型专利产品和外观设计专利产品，以及依照专利方法直接获得的产品（针对发明专利、实用新型专利和外观设计专利）；（5）进口专利产品，包括发明专利产品、实用新型专利产品和外观设计专利产品，以及依照专利方法直接获得的产品（针对发明专利、实用新型专利和外观设计专利）。

一、制造专利产品

制造专利产品是指通过机械或手工方式作出或者形成覆盖专利权利要求所记载的全部技术特征的产品，或者载有专利外观设计的产品。该行为的本质特征是变无为有，即行为主体使用工业原料，通过技术手段，制造出本不存在的产品。④ 大批量制造这种产品的过程，通常叫作生产。“制造”的对象是产品，可以是发明专利、实用新型专利所保护的客

① 广东省高级人民法院（2016）粤民终 681 号民事判决书。

② 最高人民法院（2014）民申字第 1044 号民事裁定书。

③ 《专利法》第 77 条。

④ 广东省高级人民法院（2017）粤民终 1392 号民事判决书。

体，也可以是外观设计专利的载体。但是，制造专利产品的行为，不涉及方法专利。

对于发明中的产品专利，以及实用新型专利、外观设计专利而言，制造行为是专利侵权行为的开始。产品被制造出来以后，才有后来的销售、使用等行为。在专利侵权行为中，制造行为是最重要的，也是责任最重的。不论制造者的主观状态如何，只要其从事了制造行为，除非有法定的免责事由，都应当承担侵权责任。

认定是否构成制造行为的关键，是看一个具有权利要求所记载的全部技术特征的产品，或载有专利外观设计的产品，是不是从无到有地产生了。如果制造了专利产品的大部分，甚至所有零部件，但此零部件无法和专利进行对比，也不能认定是制造行为。反之，即使没有任何工业生产，只是简单地把专利产品的零部件组装起来，从而形成了专利产品，也是制造行为。最高人民法院在某判决中指出，购自中乾公司的钢结构和不锈钢锁扣，虽然是由中南公司组装成被诉侵权产品进行使用，但作出或者形成覆盖涉案专利权利要求所记载的全部技术特征的完整技术方案是在中乾公司，中乾公司是被诉侵权产品的制造者。[①] 与组装容易混淆的行为是产品使用安装行为。使用安装行为属于使用专利产品的行为，而组装专利产品属于制造专利产品的行为，虽然都属于专利侵权行为，但使用专利产品的行为人所承担的法律后果较明显较轻。产品使用安装是由于产品体积较大或形状不规则，为便于产品包装运输，将产品的主要部件和附属配件设计成可拆卸结构进行包装，在产品售出后，使用时将其重新组合在一起的行为。产品组装一般需要使用专门的工具、设备在一定的生产场地进行，而产品使用安装只需简单的工具，有时甚至不需要借助工具。两者最大的区别在于：组装好的产品除非进行重大修理一般不可再拆分，而产品使用安装后其主要部件和附属配件随时可以拆分再重新组合安装，不影响其使用。[②]

很多企业通过委托加工或 OEM 代工的方式，将产品委托他人加工。受托人根据委托人的要求和指示进行生产。受托人将加工好的产品交付给委托人，由委托人作为自己的产品对外销售。如果该产品涉及侵权，就会出现是委托人还是受托人是产品制造者的问题。这时应根据具体情况认定委托人是不是制造者。如果委托人要求受托人根据其提供的技术方案制造专利产品，或者专利产品的形成中体现了委托人提出的技术要求，则可以认定是双方共同实施了制造专利产品的行为。[③] 反之，如果委托人没有提出技术方案和技术要求，则委托人不应被视为产品制造者。[④]

典型案例

回收旧墨盒再加工是修理还是制造行为

专利权人自己生产的或授权他人生产的专利产品被售出后，购买人可以使用该产品并可以为了使用而对该产品进行必要的维修，以恢复产品原有的性能。但如果在该专利产品报废以后，购买人利用该产品的部件重新制造了一个专利产品，则可能属于制造专利产品

① 最高人民法院（2017）最高法民申 5060 号民事裁定书。

② 广西壮族自治区高级人民法院（2017）桂民终 152 号民事判决书。

③ 最高人民法院（2012）民申字第 197 号民事裁定书。

④ 广东省高级人民法院（2017）粤民终 1392 号民事判决书。

的再造行为。修理和再造在专利侵权方面有质的区别。判定是修理还是再造，实质上是认定某种行为是否属于制造行为。其他国家出现过大量此方面案例，日本的佳能墨盒案就是一个典型的案件。[①]

日本佳能公司拥有 BCI－3e 喷墨墨盒专利。佳能公司利用专利方法生产专利产品墨盒，并在日本及其他国家进行销售。中国某公司收集由佳能公司及其许可的公司在北美洲、欧洲以及包含日本在内的亚洲市场上销售的已被消费者用完墨水的墨盒，清洗墨盒后，重新灌墨制成再生墨盒。Recycle Assist 公司（以下简称 RA 公司）从该公司进口再生墨盒并在日本销售。2004 年 4 月，佳能公司以 RA 公司进口、销售的再生墨盒侵犯其 JP3278410 号日本专利为由向东京地方法院提起诉讼。2004 年 12 月 8 日，东京地方法院作出一审判决，认为填充墨水的行为只是对专利产品进行修理，而不属于再造，遂驳回了原告的诉讼请求。二审法院日本知识产权高等法院认为，专利权不用尽有两种类型：一是专利产品寿命终结后再使用它，二是更换或者修理专利产品的本质部分，延续它的生命。本案中涉案墨盒仍然在使用寿命内，二审法院认为本案属于第二种专利权不用尽的类型——“修理或更换了本质部分”。因此，该法院判决 RA 公司侵犯了佳能公司的专利权。RA 公司不服二审判决，上诉至日本最高法院。2007 年 11 月 8 日，日本最高法院作出终审判决，维持了二审判决。

佳能墨盒案的二审和三审的结果虽然是相同的，但理由并不相同，其中一个明显的不同点在于：二审法院认为，更换或者修理专利产品的本质部分就属于再造行为。日本最高法院没有支持二审法院的这一观点，而是进一步明确了再造的认定条件，即正品的属性——功能、结构、材质和用途；正品专利技术内涵；正品被加工情况（被加工时的状态、加工程度）；再生品的销售情况。

美国法院很早就审理过涉及判断是修理还是再造的案件。美国最高法院在 Aro Manufacturing Co. v. Convertible Top Replacement Co.[②] 案中就确立了修理与再造的判断标准——再造只限于在专利产品作为一个整体报废以后，“实质上制造一个新产品”的重新制造；并指出了判断是修理还是再造时需要考虑的因素——更换部件的寿命与整个产品寿命的关系，更换的部件对于发明的重要性，更换部件的价值与整个产品价值的关系，专利权人和顾客对易损部件的通常认识和意图，购买部件是为了更换损坏的部件还是其他目的，以及其他相关因素。在此后的相关案件中，美国法院不断适用并发展修理和再造的判断标准。

从佳能墨盒案和美国的相关案例可以看出，合理地认定再造，是保护专利权所必要的。再造相当于制造新的专利产品，但是不能把所有回收再加工行为都认定为再造。对再造的认定，要结合具体的案件事实并参考相关因素作出综合判断。

二、使用专利方法

专利方法包括制造方法、使用方法、通信方法、处理方法以及将产品用于特定用途的

---

① 此案的一审法院为东京地方法院，二审法院为日本知识产权高等法院，三审法院为日本最高法院，案号为 2006 年［平 18（受）］第 826 号。

② Aro Manufacturing Co. v. Convertible Top Replacement Co.，365 U. S. 336（1961）.

方法等。方法专利用包括有时间过程要素的活动（方法、用途），通常用工艺过程、操作条件、步骤或者流程等技术特征来描述。使用专利方法，又称实施专利方法，一般情况下就是指按照专利权利要求书中描述的方法和步骤进行的行为。如果方法专利的全部技术特征均体现在被控侵权人的行为中，则被控侵权人的行为就是使用专利方法的行为。

用途专利虽然属于方法专利，但与一般方法专利不同的是，用途专利的权利要求比较简单，它并不是通过工艺过程、操作条件、步骤或者流程等技术特征来描述，而是只界定了产品的新用途。对于用途专利而言，使用专利方法应当指按照专利权利要求指明的用途使用某一产品。生产该商品并指明或教导使用人按照专利用途进行使用，也属于使用专利方法。

典型案例

多主体实施的方法专利中实施专利方法行为的认定

最高人民法院审理的深圳敦骏科技有限公司与深圳市吉祥腾达科技有限公司（以下简称腾达公司）等侵犯专利权纠纷案[①]，涉及多主体实施的方法专利中实施专利行为的认定问题。在该案中，最高人民法院提出了一种认定实施方法专利行为的新观点。

涉案专利的权利要求 1 为“一种简易访问网络运营商门户网站的方法”，该方法涉及门户业务用户、服务器、虚拟 Web 服务器等行为主体。腾达公司生产和销售了固化涉案方法专利实质内容的路由器，该产品具备了可直接实施方法专利的功能。网络用户只需要在正常网络环境下，利用具备上网功能的普通电脑，除必须借助被诉侵权产品之外，无须再借助其他专用装置或依赖其他特殊网络条件，就能完整地实施涉案专利方法。最高人民法院认定腾达公司的行为构成专利侵权，理由是：针对网络通信领域方法的专利侵权判定，应当充分考虑该领域的特点，充分尊重该领域的创新与发展规律，以确保专利权人的合法权利得到实质性保护，实现该行业的可持续创新和公平竞争。如果被诉侵权行为人以生产经营为目的，将方法专利的实质内容固化在被诉侵权产品中，该行为或者行为结果对专利权利要求的技术特征被全面覆盖起到了不可替代的实质性作用，也即终端用户在正常使用该被诉侵权产品时就能自然再现该方法专利过程的，则应认定被诉侵权行为人实施了该专利方法。

网络通信领域中的绝大多数发明专利的类型为方法专利，且往往只能撰写成为需要多个主体的参与才能实施的方法专利，或者采用此种撰写方式能更好地表达出发明创造的实质技术内容。对于这种多个主体分步骤实施的方法专利，在实施中没有任何一个主体单独实施了权利要求中的所有步骤，况且有的主体是个人，例如手机用户，在进行非营业性使用。这时如何认定实施方法专利的主体就成为难题。美国的 Akamai 案就涉及多主体实施方法专利的问题。美国联邦巡回上诉法院试图借助间接侵权对专利权进行保护，并认为专利间接侵权中的直接侵权并不要求必须由单一主体来实施。[②] 美国最高法院认为，若方法

---

① 最高人民法院（2019）最高法知民终 147 号民事判决书。

② Akamai Techs.，Inc. v. Limelight Networks，Inc.，692 F. 3d 1301（Fed. Cir. 2012）.

专利的全部步骤并非由单一主体实施，则不成立直接侵权。[①] 案件被发回重审后，美国联邦巡回上诉法院降低了有关被控侵权人对于专利方法其他实施方的“控制及指导”的标准要求，认为当被控侵权人决定了实施专利方法的步骤时的具体动作或是该动作的利益获得者，并且建立了实施动作的方式或时间点时，可以认定直接侵权。因此，美国联邦巡回上诉法院仍认定直接侵权成立。[②]

美国的上述案例，反映了如何保护多主体实施的专利方法的困境。美国联邦巡回上诉法院的未实施全部步骤也构成直接侵权的意见被美国最高法院否定后，又降低“控制及指导”标准，最终使专利得到保护。

而在我国最高人民法院另辟蹊径，通过让制造、销售使用了专利方法的硬件产品的主体承担侵权责任，实现保护专利权的目的。由于这些方法专利在实际应用中，往往都是以软件的形式被安装在某一硬件设备中，由终端用户在使用终端设备时触发软件在后台自动运行，因此，最高人民法院认为：专利方法早已在被诉侵权产品的制造过程中固化，终端用户在使用终端设备时再现专利方法的过程，仅仅是此前固化在被诉侵权产品内的方法专利的机械重演，因此，可以将方法专利的实质内容固化在被诉侵权产品中，认定为实施了专利方法。

三、使用专利产品

这里的专利产品，包括发明和实用新型专利产品以及依照专利方法直接获得的产品。使用专利产品是指专利产品被制造出来后，对专利产品加以利用的行为。多数情况下，使用专利产品是将专利产品作为用品、工具或器械而使用。然而，将侵犯发明或者实用新型专利权的产品作为零部件，制造另一产品的，也属于使用行为。[③] 值得注意的是，使用发明或实用新型专利产品的行为属于侵权行为，而使用外观设计专利产品的行为并不属于侵权行为。将侵犯外观设计专利权的产品作为零部件，制造另一产品并销售的，属于《专利法》第 11 条规定的销售行为，但侵犯外观设计专利权的产品在该另一产品中仅具有技术功能的除外。[④]

除使用发明、实用新型专利产品外，使用依照专利方法直接获得的产品也属于专利侵权行为。

实务探讨

方法专利保护延及产品及使用方法专利直接获得的产品的认定

方法专利的权利要求指向的是使用方法专利的行为。如果只授权方法专利的专利权人对使用方法专利的独占权，则对方法专利的保护力度非常小。专利权人即使发现市场上出售使用其专利方法制造的产品，也难以找出使用其专利方法的人。况且由于专利具有地域

---

① Limelight Networks, Inc. v. Akamai Technologies, Inc., 572 U.S. 915 (2014).

② Akamai Techs., Inc. v. Limelight Networks, Inc., 797 F.3d 1020, 1025 (Fed. Cir. 2015).

③ 最高人民法院《关于审理侵犯专利权纠纷案件应用法律若干问题的解释》第 12 条第 1 款。

④ 最高人民法院《关于审理侵犯专利权纠纷案件应用法律若干问题的解释》第 12 条第 2 款。

性，如果他人在域外使用专利方法生产出产品并进口到专利权人所在国销售，专利权人也无法制止。因此，大部分国家都对方法专利进行延伸保护，将对方法专利的保护延伸到使用专利方法获得的产品，一般称之为“依照专利方法直接获得的产品”。TRIPS 协议也采用了这种表述。对方法专利的保护不仅及于使用专利方法，也及于使用、许诺销售、销售、进口依照该专利方法直接获得的产品的行为。

我国《专利法》在 1984 年制定时，没有明确规定对方法专利的延伸保护。1992 年《专利法》修订时增加了对方法专利的延伸保护。

对方法专利的延伸保护，关键是对“依照该专利方法直接获得的产品”的界定。根据最高人民法院司法解释的规定，依照专利方法直接获得的产品指的是使用专利方法获得的原始产品。对上述原始产品作进一步加工、处理而获得的后续产品，属于依照该专利方法直接获得的产品。[①] 例如，在石家庄制药集团欧意药业有限公司诉张某田等侵犯发明专利权纠纷案中，最高人民法院认定，马来酸左旋氨氯地平、马来酸左旋氨氯地平片以及左旋氨氯地平，均属于对实施涉案专利方法直接获得的产品作进一步处理后获得的后续产品，不属于依照涉案专利方法直接获得的产品，因此，涉案专利权的保护范围不能包括左旋氨氯地平、马来酸左旋氨氯地平及其片剂。[②]

专利延伸保护只针对产品制造方法。除了产品制造方法，使用方法、通信方法、处理方法以及将产品用于特定用途的方法等都不能得到延伸保护。例如，“一种墙体安装饰面板的结构部件的使用方法”专利属于方法专利，是一种使用方法的专利，并且是一种作业方法，依照该方法不能产生产品。用该专利方法施工，在饰面板挂贴作业过程所产生的连接体不是《专利法》第 11 条第 1 款中所称的“依照该专利方法直接获得的产品”[③]。

四、销售和许诺销售专利产品

这里的专利产品，包括发明、实用新型和外观设计专利产品以及依照专利方法直接获得的产品。销售行为是指专利产品的所有权人通过买卖、赠与等方式，将其专利产品的所有权从一方转移到另一方。“许诺销售”一词译自 TRIPS 协议中的“offering for sale”，是指虽没有实际销售行为，但是以做广告、在商店橱窗中陈列或者在展销会上展出等方式作出销售商品的意思表示。将许诺销售行为认定为侵权行为，实际上增加了专利权人制止侵权行为的机会，加强了对专利权的保护。

对于销售行为的时间认定，最高人民法院指出：在专利法意义上对销售行为的认定，需要考虑《专利法》第 11 条的立法目的，正确厘定销售行为与许诺销售行为之间的关系，充分保护专利权人的利益。销售行为的认定标准还应当尽可能实现许诺销售行为与销售行为之间的无缝衔接，以便覆盖对专利权人的利益产生较大影响的有关交易环节和过程，从而更有效地制止销售侵权行为。为此，销售行为的认定应当以销售合同成立为标准，而不应以合同生效、合同价款支付完成、标的物交付或者所有权转移为标准。[④]

---

① 最高人民法院《关于审理侵犯专利权纠纷案件应用法律若干问题的解释》第 13 条。

② 最高人民法院（2009）民提字第 84 号民事判决书。

③ 福建省高级人民法院（2013）闽民终字第 743 号民事判决书。

④ 最高人民法院（2015）民申字第 1070 号民事裁定书。

五、进口专利产品

这里的专利产品，包括发明、实用新型和外观设计专利产品以及依照专利方法直接获得的产品。进口专利产品是指由专利产品组成的或包含专利产品的物件被输入国内。由于专利权具有地域性，专利权人在专利权的有效期限内依法享有禁止他人未经许可或授权，以经营为目的进口专利产品的权利。

只要进口的产品是受专利法保护的产品，进口该产品就必须获得专利权人的许可，否则就可能构成侵权。这与从哪个国家进口无关，与进口的产品在制造或出口该产品的国家是否受专利权保护也无关。但是，平行进口属于例外的情形。

典型案例

申请注册仿制药与专利侵权

在2020年我国《专利法》修改前，曾有一起涉及申请注册仿制药是否构成专利侵权的案件。丽珠集团利民制药厂（以下简称利民制药厂）向国家食品药品监督管理总局药品评审中心（以下简称药品评审中心）申请注册仿制药，生产石药集团恩必普药业有限公司的专利药品。石药集团恩必普药业有限公司以专利侵权为由向法院起诉。

北京知识产权法院、北京市高级人民法院和最高人民法院均认为不构成专利侵权。最高人民法院的理由是：《专利法》第11条第1款对于“实施专利”的行为有明确规定，只有实施了该款中规定的行为，才会构成侵害专利权的行为。本案中，利民制药厂向药品评审中心申请注册涉案仿制药，该行为在本质上系请求行政机关给予行政许可的行为，并不属于专利法第11条第1款中规定的“实施专利”的行为，故不构成侵害专利权的行为。[①]我国《专利法》第11条规定了“实施专利”的行为，一般情况下，只有实施这些行为才可能构成专利直接侵权。实施除此之外的行为，即使与专利有关，一般也不构成专利侵权。本案中，法院依据《专利法》的规定对申请注册仿制药的行为进行了认定，认为其不构成专利侵权。

2020年修订的《专利法》新增加了第76条，其中第1款有如下规定：“药品上市审评审批过程中，药品上市许可申请人与有关专利权人或者利害关系人，因申请注册的药品相关的专利权产生纠纷的，相关当事人可以向人民法院起诉，请求就申请注册的药品相关技术方案是否落入他人药品专利权保护范围作出判决。”根据上述规定，在2020年修订后的《专利法》实施后，专利权人可以针对药品注册人向法院提起诉讼，但这并不意味着药品注册行为成为专利侵权行为。《专利法》第76条的规定是药品专利链接制度的一部分，药品专利链接制度中，仿制药通过申请注册发起专利挑战，而药品专利权人要遏制专利注册则需要向权威机构请求认定申请注册的药品落入其专利权保护范围。虽然申请注册行为不属于专利侵权，但为了认定申请注册的药品是否落入专利权保护范围，《专利法》第76条规定了法院可以就相关纠纷进行审理。法院一般是作为专利侵权纠纷案件进行审理的，但

---

① 最高人民法院（2019）最高法民申2178号民事裁定书。

这里的侵权并不是真正的专利侵权，而是拟制侵权，是专利权人对仿制药申请人的上市许可申请行为提起诉讼的法律依据，旨在当药品专利权人面对仿制药申请人作出上市许可申请行为时，赋予其提前提起诉讼的权利。法院审理此类诉讼后，作出的判决只是认定申请注册的药品是否落入专利权保护范围，而不是判令药品注册人承担侵权责任。

第三节　专利间接侵权行为

一、专利间接侵权的含义和相关制度

（一）专利间接侵权的含义

专利间接侵权，是指虽未从事实施专利的行为，但仍构成专利侵权的帮助侵权和引诱侵权行为。我国《专利法》第 11 条规定的行为，都是实施专利的行为，即直接侵权行为。直接侵权行为所指向的对象，或者是专利产品，或者是专利方法，或者是实施专利方法直接获得的产品。除此之外，有的行为人并没有直接从事实施专利的行为，而是通过提供半成品、专用部件等方式帮助或引诱他人实施专利侵权行为。这些行为，对于专利侵权的发生起了实质性作用。美国法院最初通过判例确认了帮助侵权者和引诱侵权者都承担专利侵权责任，一般称之为间接侵权（indirect infringement）。后来美国 1952 年《专利法》规定了间接侵权条款，日本、韩国、英国、德国、法国、欧盟等国家和地区也陆续在其立法中规定了间接侵权。

（二）其他国家和地区的专利间接侵权制度

从其他国家和地区关于专利间接侵权的规定和法院的判例看，各国（地区）关于间接侵权的规定有相同之处，但也有明显区别。

在美国其《专利法》中没有“间接侵权”的概念，习惯上将其第 271 条第 2 款规定的引诱侵权和第 3 款规定的帮助侵权统称为间接侵权。第 271 条第 3 款规定的帮助侵权针对的是“为了用于侵犯专利权而特别制造或特别改装”的产品，且“不是主要可用于非侵权目的的大宗物品或商品”。帮助侵权的主观要件为“知道”。

在英国专利帮助侵权的构成要件为：第一，在行为方式方面，帮助行为不仅包括确实提供的行为，也包括“表示愿意提供”的许诺行为。第二，在行为客体方面，帮助侵权行为的行为客体被严格限制为“有关发明关键组成部分的手段”，从而排除了那些没有写入权利要求书部分的手段和通常手段。对于这里的“手段”既可以理解成“物品”，也可以理解成“方法、步骤”。第三，在主观方面，英国专利法规定“他明知，或在当时正常的人理应知道，这些手段适合于并旨在使该项发明在联合王国实现，这样的行为也就侵害了该发明的专利”。这就是说，行为人具有主观故意，知道其行为在帮助他人侵犯专利权。第四，在与专利直接侵权行为的关系方面，帮助侵权行为并不以专利直接侵权行为的发生为前提条件。①

---

① 王兵，等. 专利间接侵权问题//国家知识产权局条法司编.《专利法》及《专利法实施细则》第三次修改专题研究报告. 北京：知识产权出版社，2006：1703.

在德国专利间接侵权的客体是“与发明的主要要素相联系的工具”；行为是“提供或许诺提供”，不包括制造和使用行为；行为的对方是“无权使用专利发明的人”，有将提供的工具用于侵权的意图，且行为人知道该意图；行为发生在德国境内。①

在日本专利间接侵权仅包括帮助侵权，不包括引诱侵权。其间接侵权可以分为两种情况：第一种情况是“客观间接侵权”：不要求行为人且有主观的过错，只要所涉及的物品“仅能用于”制造专利产品或用于实施专利方法，行为人在客观上从事了制造、转让或进口等行为，就构成间接侵权。第二种情况是“主观的间接侵权”：提供者在具有“明知”的主观侵权故意的情况下，制造、销售非专用品的行为，构成间接侵权。②

（三）我国的专利间接侵权制度

我国《专利法》中没有间接侵权或帮助侵权的规定，但我国其他法律法规中有关于帮助侵权的规定。《民法典》第 1169 条规定：“教唆、帮助他人实施侵权行为的，应当与行为人承担连带责任”。依照上述规定，法院可以按照共同侵权追究教唆、帮助侵权人的责任。

在我国《专利法》修改的过程中，每次都有增加间接侵权规定的提议，但至今没有增加相关规定。2016 年公布，实施的最高人民法院《关于审理侵犯专利权纠纷案件应用法律若干问题的解释（二）》规定了间接侵权的内容，但没有使用“间接侵权”的用语。2020 年，最高人民法院对上述司法解释作了适应性调整。

法条链接

最高人民法院《关于审理侵犯专利权纠纷案件应用法律若干问题的解释（二）》（2020 年修正）

第二十一条　明知有关产品系专门用于实施专利的材料、设备、零部件、中间物等，未经专利权人许可，为生产经营目的将该产品提供给他人实施了侵犯专利权的行为，权利人主张该提供者的行为属于民法典第一千一百六十九条规定的帮助他人实施侵权行为的，人民法院应予支持。

明知有关产品、方法被授予专利权，未经专利权人许可，为生产经营目的积极诱导他人实施了侵犯专利权的行为，权利人主张该诱导者的行为属于民法典第一千一百六十九条规定的教唆他人实施侵权行为的，人民法院应予支持。

（四）专利间接侵权与共同侵权

英美法系和大陆法系的侵权法中，都有共同侵权的规则。各国最初都是适用共同侵权的规则来解决专利引诱和帮助侵权问题的，但适用共同侵权规则的问题是，认定共同侵权时，除引诱/帮助侵权人之外，还有其他侵权人和侵权行为，即直接侵权人和直接侵权行为。将这一规则适用到专利侵权领域，如果直接实施专利的人是私人，且是在进行非营利性使用，或者实施专利的行为发生在国外，则追究共同侵权行为人的责任就存在障碍。以

---

①② 闫文军，金黎峰. 专利间接侵权的比较与适用——兼评 2016 年最高人民法院司法解释的相关规定. 知识产权，2016（7）.

成文法的形式将间接侵权的规则在专利法中作出明确规定，就可以直接追究间接侵权人的责任，从而加强对专利权的保护。

二、专利帮助侵权的构成要件

（一）专利帮助侵权的客观要件

1. 行为的对象

就帮助侵权的对象而言，各国的规定既有相同之处，也有不同。英国和德国的规定较为宽松，所提供的零部件只要是发明的主要要素或关键部分，“适合于”实施专利，相关行为就可能构成间接侵权。而日本的规定分为两种情形：一种是最严格的标准“仅能用于”；另一种相对宽松一些，即“解决发明课题所必不可少的，并且不是日本国内广泛且普遍地流通的”。美国的标准也比较严格，除规定与日本比较接近的“发明的实质性部分”及不属于“可用于非侵权目的的大宗物品或商品”的条件外，还规定是“为了用于侵犯专利权而特别制造或特别改装的”。在上述国家的规定中，有一共同的地方是帮助侵权人所提供的应是发明的关键部分或实质部分或主要要素，或者是解决发明课题所必不可少的。但在具体理解时，美国较为宽松，权利要求中记载的内容就是发明的关键部分；而德国和日本则相对严格，不仅要求在权利要求中有记载，还要求是权利要求特征部分的内容或对发明有贡献的内容。

在我国前述司法解释规定的帮助侵权的对象是“专门用于”实施专利的。这一用语比较简单，且不同于上述其他国家的规定。在理解和适用这一要件时，不能将其理解为与日本的客观帮助侵权的对象“仅能用于”实施专利相同。如果作这样的解释，其适用的范围就太窄了。同时，也不能将其理解得过宽，否则就会使帮助侵权的范围不适当地扩大。参照其他国家的规定，笔者认为，“专门用于”实施专利应当隐含了以下的内容：为了用于实施专利而特别制造或特别改装的；记载在专利权利要求之中；没有非侵权实质用途。

2. 行为的类型

对于可能构成帮助侵权的行为的类型，美国规定了许诺销售、销售或进口，日本规定了生产、转让、进口、许诺转让，英国规定了提供或表示愿意提供，德国规定了提供或许诺提供。可见，以上国家都将提供（或销售、转让）和许诺提供（许诺销售、许诺转让）作为帮助侵权行为。除此之外，美国和日本还规定了进口行为，日本还规定了制造行为（生产）。在我国前述司法解释只规定了“提供”行为，行为的类型明显少于其他国家规定的行为类型。这是因为我国将帮助侵权作为共同侵权来处理，许诺销售的情况下因还没有直接侵权行为，当然也就不构成帮助侵权。

（二）专利帮助侵权的主观要件

美国、英国、德国的帮助侵权和日本的主观帮助侵权[①]，都要求行为人主观上“知道”两个方面的内容：专利的存在，并且他人使用其提供的物品后所从事的行为会侵犯专利。对于“知道”的认定，美国的标准是明知以及相当于明知的“故意视而不见”，英国的标准是明知以及在当时正常的人理应知道，德国的标准是“知道或显然应当知道”，日本的

---

① 日本专利法中的客观帮助侵权，由于针对的是“仅能用于”实施专利的产品，并不要求行为人主观上有过错。

标准是明知。

对于专利间接侵权的主观要件，我国学者和司法实务工作者都认为是故意。但是，对于故意指的是仅知道自己的行为促成他人实施另一种行为，还是同时知道他人的行为构成侵权，长期以来我国理论和实务界都没有进行区分。实践中，我国法院在一些案件中认定间接侵权的“故意”时，对于是否知道专利的存在采取了推定的做法。[①] 专利帮助侵权行为在主观方面与直接侵权行为基本没有差别，对于帮助侵权行为人来说，过于严厉。最高人民法院的司法解释对于专利帮助侵权的主观要件规定的是“明知有关产品系专门用于实施专利的材料、设备、零部件、中间物等”。对于其含义，可以有两个层次的理解：第一个层次是行为人明知其提供的产品供他人用于实施某一行为；第二个层次是除了上述内容，行为人还明知他人实施的行为是实施专利的行为，也就是说行为人明知存在他人的专利，且他人利用其提供的材料、设备、零部件、中间物等从事落入专利权保护范围的行为。笔者认为，从其他国家的立法和司法实践看，其都将间接侵权行为的主观要件限定为知道专利存在和知道他人的行为落入专利权保护范围。为了避免使零部件提供者承担过重的注意义务，我们也应当借鉴其他国家的做法来理解前述司法解释的规定，即将前述司法解释的规定理解为前述的第二个层次。我国前述司法解释规定的主观要件是“明知”，这是一种比较高的主观方面的标准，与日本的标准相同，高于美国、德国和英国的标准。

三、帮助侵权责任的认定

（一）帮助侵权与直接侵权的关系

我国前述司法解释规定，按照《民法典》第 1169 条的规定追究帮助侵权人的责任。这实质上采纳了间接侵权从属说。按照我国前述司法解释的规定，帮助侵权成立的前提是“将该产品提供给他人实施了侵犯专利权的行为”，也就是说只有直接侵权行为已经实际发生，帮助侵权才有可能成立。即使行为人将产品提供给了他人，他人未实施侵犯专利的行为的，相关行为仍不构成帮助侵权。可见，我国前述司法解释将帮助侵权适用的范围规定得比较窄。

另外，前述司法解释规定的帮助侵权成立的另一个条件就是他人的行为应当是“侵犯专利权的行为”。该行为是指按照专利法的规定应当承担专利侵权责任的行为，还是指落入了专利权保护范围的行为，存在不同的理解。按前一种理解，向具有非生产经营目的个人、家庭使用者提供专门用于实施专利的材料、设备、零部件、中间物等，并不构成帮助侵权。而按后一种理解，可以构成帮助侵权。后一种理解，与其他国家的标准一致，且能更好地保护专利权人的利益。

典型案例

间接侵权与直接侵权的关系

西安西电捷通无线网络通信股份有限公司（以下简称西电捷通公司）与索尼移动通信

---

① 例如，江苏省南京市中级人民法院（2007）宁民三初字第 307 号民事判决书，天津市高级人民法院（2008）津高民三终字第 003 号民事判决书，广西壮族自治区南宁市中级人民法院（2006）南市民三初字第 10 号民事判决书等。

产品（中国）有限公司（以下简称索尼中国公司）专利侵权纠纷案，涉及专利间接侵权是否以直接侵权为要件的问题。

涉案专利为“一种无线局域网移动设备安全接入及数据保密通信的方法”，该方法的实施需要移动终端MT、无线接入点AP和认证服务器AS等三方主体。索尼中国公司生产的手机相当于移动终端MT，可用于实施西电捷通公司的上述方法专利。对于索尼中国公司的行为是否构成帮助侵权，一审法院认为：一般来说，间接侵权应以直接侵权的存在为前提，但这并不意味着专利权人应该证明有另一主体实际从事了直接侵权行为，而仅需证明有一个最终主体按照被控侵权产品的预设方式进行使用将全面覆盖专利权的技术特征，至于该最终主体是否要承担侵权责任，与间接侵权的成立无关。[①] 二审法院认定为：构成帮助侵权以直接侵犯专利权行为的存在为前提。“间接侵权”行为人与直接侵权行为人承担连带责任的原因在于“间接侵权”行为与直接侵权行为的成立具有因果关系，而且“间接侵权”行为人存在明显的主观过错。在特殊情况下，直接实施专利权的行为人为“非生产经营目的”的个人，其直接实施专利权的行为属于《专利法》（2008年）第69条第3、4、5项的情形。由于直接实施行为不侵犯专利权，如果不能判令“间接侵权”行为人承担民事责任，则相当一部分通信、软件使用方法专利不能获得法律有效或充分地保护，不利于鼓励科技创新及保护权利人的合法权益。本案中，包括个人用户在内的任何实施人均不能独自完整实施涉案专利。同时，也不存在单一行为人指导或控制其他行为人的实施行为，或多个行为人共同协调实施涉案专利方法的情形。在没有直接实施人的前提下，仅认定其中一个部件的提供者构成帮助侵权，不符合上述帮助侵权的构成要件，而且也过分扩大了对权利人的保护，不当损害了社会公众的利益。[②]

本案中，一、二审法院都认为帮助侵权以直接侵权为前提，但认定结果截然相反。主要原因在于对于什么是直接侵权的认定存在分歧。一审法院认为不需要证明有另一主体实际从事了直接侵权行为，而仅需证明有一个最终主体按照被控侵权产品的预设方式进行使用将全面覆盖专利权的技术特征。而二审法院认为，只有“有证据证明存在直接实施人”，才能认定帮助侵权成立。即使该行为人属于《专利法》规定的免于承担专利侵权责任的主体，也不影响帮助侵权的认定。可见，一审法院认定的“直接侵权”，可以是“虚拟的”直接侵权，只要有可能产生直接侵权就可以。而二审法院认定的直接侵权，是“真实的”直接侵权，必须存在直接侵权行为。二审法院的观点，更符合前述司法解释的规定，也更符合民法中的共同侵权的规则。

（二）帮助侵权人的赔偿责任

按照《民法典》第1169条的规定，帮助侵权人应当与行为人承担连带责任，因此，帮助侵权人与直接侵权人就同一损害承担赔偿责任，而不是分别承担各自的责任。我国前述司法解释中规定的帮助侵权并不是一种独立的侵权行为。在专利帮助侵权成立的情况下，专利侵权损害仅指直接侵权所造成的损害，也就是落入专利权保护范围的产品的制

---

① 北京知识产权法院（2015）京知民初字第1194号民事判决书。

② 北京市高级人民法院（2017）京民终454号民事判决书。

造、使用、销售等行为损害了的专利权人的利益。不管是不是有间接侵权存在，专利权人所受到的损害都是由直接侵权行为造成的。对于直接侵权行为所造成的损害，应由直接侵权行为人和帮助侵权人承担连带赔偿责任。

【思考题】

1. 专利侵权行为有哪些构成要件?
2. 专利侵权行为的类型有哪些?
3. 专利间接侵权与直接侵权有什么关系?
4. 专利间接侵权的类型和构成要件是什么?

【推荐阅读文献】

1. 吴汉东. 专利间接侵权的国际立法动向与中国制度选择. 现代法学，2020 (3).

2. 张晓阳. 多主体实施方法专利侵权案件的裁判思路与规则——以敦骏公司诉腾达公司案为例. 人民司法，2020 (3).

3. 吴广海. 3D 打印背景下专利产品修理与再造的区分标准. 知识产权，2017 (3).

4. 闫文军，金黎峰. 专利间接侵权的比较与适用——兼评 2016 年最高人民法院司法解释的相关规定. 知识产权，2016 (7).

第十二章　发明和实用新型专利权的保护范围

判断专利侵权的一个关键步骤是确定专利权的保护范围，然后通过对比确定被控侵权产品或方法是否落入专利权的保护范围。对于发明和实用新型专利而言，权利要求书是确定专利权的保护范围的主要依据，一般通过解释权利要求确定字面含义的范围，有时通过等同原则确定等同保护的范围。字面含义的范围和等同的范围共同组成发明和实用新型专利权的保护范围。

法条链接

《专利法》

第六十四条第一款　发明或者实用新型专利权的保护范围以其权利要求的内容为准，说明书及附图可以用于解释权利要求的内容。

第一节　专利权利要求与专利权的保护范围

一、根据权利要求确定专利权的保护范围的不同做法

权利要求的作用就是界定发明和实用新型专利权的保护范围，因此，权利要求是确定发明和实用新型专利权的保护范围的主要依据。但是，对于如何通过权利要求确定专利权的保护范围，不同国家曾经有不同的做法。理论界将世界上不同国家的做法总结为三种：中心限定原则、周边限定原则和折中原则。

（一）中心限定原则

按照中心限定原则，专利制度所保护的是某一发明创造或技术创意，权利要求书仅仅是该发明创造的一个体现或一个事例。因此，法官在解释权利要求书时，不应拘泥于权利要求的文字，专利权的保护范围可以扩大到以权利要求为中心，本领域普通技术人员在仔细阅读了说明书和附图后认为可以包括的范围。曾实行中心限定原则的典型国家是德国：从 20 世纪初至 1976 年德国专利法实施前，中心限定原则为权利要求解释的准则。[①]

① 闫文军. 专利权的保护范围. 2 版. 北京：法律出版社，2018：526.

（二）周边限定原则

按照周边限定原则，专利申请人已经在权利要求书中划定了受保护的发明创造的周边范围，专利权的保护范围仅限于权利要求中的文字描述，法官的作用就是将其中模糊不清的地方解释清楚。英国传统的专利解释方法就是周边限定原则的典型代表：在英国1977年专利法实施前，周边限定原则是权利要求解释的准则。①

（三）折中原则

按照折中原则，专利的受保护程度应根据权利要求来确定，进而说明书和附图等可用以解释权利要求。折中原则是《欧洲专利公约》所确立的专利权利要求解释方式，它将德国的中心限定原则与英国的周边限定原则进行了折中。自从《欧洲专利公约》生效后，德国改变了原来的中心限定原则，英国也改变了传统的周边限定原则，进而都采取了折中原则。《欧洲专利公约》所倡导的折中原则不但被《欧洲专利公约》成员国所遵循，也成为其他国家解释权利要求的指南。日本的专利法和我国的专利法都作了与《欧洲专利公约》第69条基本相同的规定，使折中原则成为日本和我国的专利权利要求解释准则。美国在历史上曾经采用中心限定原则，但在19世纪末到20世纪初逐步过渡到了采用周边限定原则。由于重视专利说明书对专利权利要求解释的作用，以及强调等同原则的适用，在美国权利要求解释的方法已与折中原则没有实质性的差别。②

（四）我国确定专利权的保护范围的原则

法条链接

最高人民法院《关于审理侵犯专利权纠纷案件应用法律若干问题的解释》

第二条　人民法院应当根据权利要求的记载，结合本领域普通技术人员阅读说明书及附图后对权利要求的理解，确定专利法第五十九条*第一款规定的权利要求的内容。

我国《专利法》第64条（2020年修改前为第59条）的规定，借鉴了《欧洲专利公约》的规定。因此，我国从一开始就实行折中原则。最高人民法院《关于审理侵犯专利权纠纷案件应用法律若干问题的解释》对我国专利审判实践中一直坚持的折中原则予以了明确。

采中心限定原则虽然有利于保护专利权人，但忽略了权利要求书的公示作用，不利于确切理解和把握专利权的保护范围。采周边限定原则有利于公众较为清楚地了解权利要求的范围，但对专利权人的保护要比中心限定原则下逊色得多。折中原则就是基于上述两个原则的缺陷而产生的。正如《欧洲专利公约第69条解释议定书》所规定的那样，折中原则综合了对专利权人的公平保护和使第三方有合理的确定性。在理论上说，折中原则因为具有“折中”和“平衡”的性质，更符合专利法的性质和目的。这也是该原则被大多数国家采纳的原因。在具体适用该原则时，各国的做法不尽相同。

---

①② 闫文军. 专利权的保护范围. 2版. 北京：法律出版社，2018：526.

* 2020年《专利法》第64条。——编辑注

二、权利要求的主题名称对专利权的保护范围的限定作用

权利要求中的主题名称是前序的一部分，一般是权利要求的第一句话。主题名称是对发明创造技术方案的一个总体概括，主题名称应当能够清楚地表明权利要求的类型，还应当与权利要求的技术内容相适应。主题名称是对发明创造技术方案的命名，其本身并非技术特征，但由于是权利要求中前序的一部分，而前序部分对于专利权的保护范围具有限定作用，因此主题名称对专利权的保护范围是否具有限定作用就成了一个有争议的问题。

在哈尔滨工业大学星河实业有限公司与江苏润德管业有限公司侵犯发明专利权纠纷案中，最高人民法院指出：通常情况下，在确定权利要求的保护范围时，对权利要求中记载的主题名称应当予以考虑，而实际的限定作用应当取决于该主题名称对权利要求所要保护的主题本身产生了何种影响。[①] 在该案中，权利要求 2 的主题名称为“一种制造权利要求 1 所述的钢带增强塑料排水管道的方法”，法院认为权利要求 1 记载的技术特征对权利要求 2 产生了实质性的影响，具有限定作用。在胡某与摩拜（北京）信息技术有限公司侵害发明专利权纠纷案中，法院认为：权利要求中的主题名称“一种电动车控制系统”是对发明涉及的电动车启动和解锁的技术方案的抽象和概括，构成了对发明技术方案的限定，即“一种电动车控制系统”就是电力驱动的车辆的启动和解锁系统。被控侵权产品使用于自行车产品，虽然存在“锁装置”功能，但并不存在“控制电动车启动”的功能，不属于专利主题名称所指定的应用领域和技术主题。[②]

在有的案件中，法院认定主题名称中的术语对专利权的保护范围没有限定作用。例如，在浙江永贵电器股份有限公司与哈廷电子有限公司及两合公司等专利权权属、侵权纠纷案中，法院认为，权利要求中的主题名称“用来固定接插连接模块和装入接插连接壳体或拧紧在壁板上的固定框架”中的接插连接壳体仅在主题名称中出现，未在前序部分及特征部分出现，而且也未对专利技术方案产生任何影响，由“装入接插连接壳体或拧紧在壁板上”这一修饰语可知，其仅仅是对涉案专利的固定框架的装入或紧固位置进行说明，而连接壳体或壁板既不是涉案专利的固定框架的组成部分，也没有对涉案专利的固定框架的结构产生影响，因此，接插连接壳体对专利权利要求 1 的保护范围没有限定作用。[③]

因此，权利要求的主题名称对于保护范围是否具有限定作用不能一概而论，应当结合权利要求进行分析。如果主题名称中所包含的应用领域、用途或者结构等技术内容对权利要求所要保护的技术方案产生影响，则该技术内容对专利权的保护范围具有限定作用。

三、权利要求的使用环境特征对保护范围的限定作用

使用环境特征是指权利要求中用来描述发明创造所使用的背景或者条件的技术特征。例如，“一种运输平台，用于堆码非标准集装箱”这一技术特征中，堆码非标准集装箱是运输平台的使用环境。使用环境特征是一种特殊的技术特征中。对于使用环境特征对专利

① 最高人民法院（2013）民申字第 790 号民事裁定书。
② 最高人民法院（2018）最高法民申 2954 号民事裁定书。
③ 北京市高级人民法院（2014）高民终字第 2044 号民事判决书。

权的保护范围的限定作用，最高人民法院《关于审理侵犯专利权纠纷案件应用法律若干问题的解释（二）》（2020 年修正）作了规定。

法条链接

最高人民法院《关于审理侵犯专利权纠纷案件应用法律若干问题的解释（二）》（2020 年修正）

第九条 被诉侵权技术方案不能适用于权利要求中使用环境特征所限定的使用环境的，人民法院应当认定被诉侵权技术方案未落入专利权的保护范围。

上述司法解释规定了一种特殊的情形，即被控侵权技术方案不能用于权利要求中的使用环境的情形。其实这只是承认了使用环境特征对于专利权的保护范围具有限定作用，但没有解决限定程度的问题。而实践中，争议的往往是使用环境特征的限定程序，即使用环境特征限定的被保护的主题对象必须用于该种使用环境还是可以用于该种使用环境即可。

对于使用环境特征对保护范围的限定程度，最高人民法院在某一判决中指出：使用环境特征对于权利要求保护范围的限定程度即限定作用的大小，需要根据个案情况具体确定。一般情况下，使用环境特征应该被理解为要求被保护的主题对象可以使用于该种使用环境即可，不要求被保护的主题对象必须用于该种使用环境。但是，如果本领域普通技术人员在阅读专利权利要求书、说明书以及专利审查档案后可以明确而合理地得知被保护对象必须用于该种使用环境，那么该使用环境特征应被理解为要求被保护对象必须使用于该特定环境。① 可见，使用环境特征对专利权的保护范围的限定可以分为两种情况：一种情况是通常情况，被保护的主题对象可以使用于该种使用环境即可。例如，在青岛太平货柜有限公司、中国国际海运集装箱（集团）股份有限公司等与青岛太平货柜有限公司、中国国际海运集装箱（集团）股份有限公司等侵害发明专利权纠纷案中，对于权利要求中“一种运输平台，用于堆码非标准集装箱”这一技术特征，法院认为，对于本案运输平台的使用环境特征而言，不能解释为该运输平台必须用于堆码非标准集装箱。② 另一种情况是特殊情况，被保护的主题必须使用于该种使用环境。例如，在株式会社岛野与宁波市日骋工贸有限公司专利侵权纠纷案中，对于权利要求中“所述自行车车架具有形成在自行车车架的后叉端（51）的换挡器安装延伸部（14）上的连接结构（14a）”这一技术特征，法院通过参考专利审查经过，认为涉案专利所保护的自行车后换挡器支架必须使用在具有使用环境特征的自行车车架后叉端上。③

四、技术特征的划分

权利要求是由技术特征组成的。在根据权利要求确定保护范围时，需要将权利要求划分为若干技术特征，然后再与被控侵权产品或方法中的相应技术特征进行对比。只有准确

---

①② 最高人民法院（2014）民提字第 40 号民事判决书。

③ 最高人民法院（2012）民提字第 1 号民事判决书。

地划分技术特征，才能准确地界定专利权的保护范围。

技术特征是指在权利要求所限定的技术方案中，能够相对独立地执行一定功能、产生相对独立的技术效果的最小技术单元。对技术特征的划分应该结合发明创造的整体技术方案，考虑能够相对独立地实现一定技术功能并产生相对独立的技术效果的较小技术单元。就产品专利而言，技术特征不等同于产品的组成部件，不能根据产品的组成部件简单划分技术特征。由一个以上部件组合形成特定工作关系以实现某一相对独立功能的技术单元，应当被作为一项技术特征予以认定。

典型案例

如何划分权利要求中的技术特征

在刘某贵、台州市丰利莱塑胶有限公司侵害实用新型专利权纠纷案中，最高人民法院认为原审对技术特征的划分不正确，将案件发回重审。[①]

根据涉案专利权利要求1的记载，涉案专利的调节拉杆两端分别套设有弹簧，在弹簧的外围套有孔径小于弹簧直径的套体。浙江省高级人民法院认为，被诉侵权产品系直接将弹簧两端分别挂设在调节杆和椅体上以达到椅体调节之目的，缺少权利要求记载的“套体”这一技术特征，应当认定被诉侵权产品未落入涉案专利权的保护范围。[②]

最高人民法院认为：本案的关键在于恰当划分技术特征以便正确地进行技术特征比对。对技术特征的划分应该结合发明的整体技术方案，考虑能够相对独立地实现一定技术功能并产生相对独立的技术效果的较小技术单元。如果划分技术特征时未恰当考虑该技术特征是否能够相对独立地实现一定技术功能并产生相对独立的技术效果，导致技术特征划分过细，则在侵权比对时容易因被诉侵权技术方案缺乏该技术特征而错误认定侵权不成立，不适当地限缩专利权的保护范围；如果未恰当考虑该技术特征是否系相对独立地实现一定技术功能和技术效果的较小技术单元，导致技术特征划分过宽，则在侵权比对时容易忽略某个必要技术特征而错误认定侵权成立，不适当地扩大专利权的保护范围。因此，恰当划分技术特征是进行侵权比对的基础。本案中，涉案专利权利要求1关于“其（调节拉杆）两端分别套设有弹簧，在弹簧的外围套有孔径小于弹簧直径的套体”的记载所实现的功能是：当需要调节椅体高度时，对调节拉杆产生回复力，使销体和卡槽扣紧。可见，“套体”虽然是一个部件，但其功能和效果必须依赖于弹簧的配合才能实现，两者相互配合才能在整体技术方案中发挥作用。因此，在涉案专利权利要求1中，套体本身无法实现相对独立的功能，不宜作为一个独立的技术特征对待。在将涉案专利权利要求的技术特征与被诉侵权产品的相应技术特征进行比对时，应当将“其两端分别套设有弹簧，在弹簧的外围套设有孔径小于弹簧直径的套体”作为一个独立的技术特征进行比对，而不是将“套体”作为一个独立的技术特征进行比对。

本案是因权利要求的划分而导致裁判结果不同的典型案件。最高人民法院在裁定中明确

① 最高人民法院（2017）最高法民申3802号民事裁定书。

② 浙江省高级人民法院（2017）浙民终32号民事判决书。

了恰当划分技术特征的重要性以及原则和方法，可以作为法院在划分技术特征时的指导。

第二节　字面解释下专利权的保护范围

一、专利权利要求解释

由于专利权利要求使用的是简要的语言，所以在很多情况下需要通过解释阐释其含义。对专利权利要求字面含义的阐释，就是权利要求的字面解释，简称为权利要求解释。专利权利要求解释就是确定专利权利要求的真实含义的过程。专利权的保护范围在诉讼过程中往往是通过专利权利要求解释来确定的。①

（一）权利要求解释的前提

对于什么情况下需要进行权利要求解释，法律和司法解释并没有明确的规定。最高人民法院曾在“东方机芯厂案件”中指出：“说明书和附图只有在权利要求书记载的内容不清楚时，才能用来澄清权利要求书中模糊不清的地方，说明书和附图不能用来限制权利要求书中已经明确无误记载的权利要求的范围。”② 从该判决的内容看，最高人民法院限制了对权利要求中的用语进行解释的条件：如果权利要求书中记载的内容足够清楚，就不能使用说明书和附图来限制权利要求的含义。只有当权利要求书记载的内容不清楚时才能使用说明书和附图来解释权利要求。

最高人民法院在OBE—工厂·翁玛赫特与鲍姆盖特有限公司与浙江康华眼镜有限公司侵犯发明专利权纠纷案中指出：“在权利要求中出现了含义模糊的技术术语时，可以从本领域普通技术人员的角度出发，根据说明书及附图对该技术术语进行解释，以清楚地确定专利权的保护范围。”③ 在该案中，最高人民法院明确了在权利要求“含义模糊”时可以进行解释，但并没有将“含义模糊”作为权利要求解释的条件。

在广州新绿环阻燃装饰材料有限公司专利侵权纠纷案中，最高人民法院指出：“如果对权利要求的表述产生不同理解，导致对权利要求保护范围产生争议，说明书及其附图可以用于解释权利要求。”④ 最高人民法院在该案中进一步放宽了权利要求解释的条件，不管是不是含义模糊，只要双方当事人对权利要求产生了不同理解，都应当进行解释。但最高人民法院仍没有限定“产生不同理解”是权利要求解释的前提。

由此可以看出，关于在什么情况下需要权利要求解释，最高人民法院已经通过判决放弃了原来提出的只有“内容不清楚”时才能进行权利要求解释的限制，只要双方当事人对权利要求的内容有争议，就可以进行权利要求解释。实际上，即使双方没有争议，法院为了判定的需要仍可以进行解释。

（二）权利要求解释的技术性和价值性

从权利要求解释的过程看，技术性分析和价值性分析是其中两项重要内容。

---

① 闫文军. 专利权的保护范围. 2版. 北京：法律出版社，2018：26－29.

② 最高人民法院（2001）民三提字第1号民事判决书。

③ 最高人民法院（2008）民申字第980号民事裁定书。

④ 最高人民法院（2010）民申字第871号民事裁定书。

在解释权利要求时，首先要依照权利要求书并参考其他材料，确定权利要求的含义。这时的解释工作在很大程度上是一种“技术性”的工作。权利要求书与说明书、附图等之间的关系是法定的，根据说明书和附图等进行权利要求解释的目的是确定权利要求的真正含义，因此，从一定意义上说，这时所进行的权利要求解释是对权利要求的技术性分析。在对权利要求进行技术性分析时，不考虑专利法的目的等价值判断问题。技术性分析主要考虑解释的一致性、连贯性和公众对权利要求之含义的可预期性。

除了进行技术性分析，在权利要求解释过程中还必须对专利法的不同价值给予考虑和衡量。专利法的价值体现在保护发明创造、促进发明创造的应用、促进科技进步等。专利法的上述价值虽然从根本上是统一的，但也有冲突的方面。保护发明创造的价值目标要求对专利给予最充分的保护。但是，专利文件本身具有公示性，它应当向社会澄清专利的范围，使社会公众可以明确地知道专利的界限在哪里。这样，社会公众就可以充分使用专利保护权的范围之外的技术，并且基于专利的教导围绕专利进行设计，从而开发出新的技术。如果过分强调保护专利，而忽视专利的公示作用，就会妨碍发明创造的应用，也会妨碍技术的开发和进步。因此，保护专利和维持专利的公示作用是确定专利权的保护范围时两个冲突的价值目标。因此，在权利要求解释过程中，除了进行前面所说的技术性分析，还必须对专利法的价值目标进行平衡。考虑专利法的价值目标所进行的权利要求解释，可以被称为价值性分析。

促进科技进步是专利法的价值目标之一。专利法作为一个国家的国内法，其所称的科技进步一般指的是本国的科技进步。这样，在解释专利权利要求时考虑促进科技进步这一价值目标时，就要考虑专利权的保护范围的宽窄对本国科技进步的影响，从而选择更有利于本国科技进步的方式来解释权利要求。

一般说来，对权利要求的字面解释以技术性分析为主，但也存在价值性分析。技术性分析是专利法的内在要求。在解释权利要求时，应先进行技术性分析，再进行价值性分析，对通过技术性分析所得出的结论进行进一步调整。

（三）权利要求解释的基准主体和基准时间

所谓权利要求解释的基准主体指的是从谁的角度来解释权利要求。将专利所属领域普通技术人员作为权利要求解释的基准主体，是各国的一致做法。这种做法是由专利制度的性质决定的。专利制度通过授予专利权促使发明人将发明创造公开，公开的目的在于让社会公众了解和应用该技术，并利用该技术开发出新的技术。发明人撰写专利申请文件也是以本领域的技术人员为意定读者的。真正对专利进行仔细阅读并理解该技术的，是专利所属领域的技术人员。而专利所属领域技术人员的水平也有高低之分，居于中间的是具有中等水平的技术人员，他们是技术人员中人数最多的。所以，以专利所属领域的普通技术人员作为解释权利要求的基准主体，对于专利权人来说是适当的，对于专利文件的所有读者来说也是公平的。法官在确定专利权的保护范围时，应当从本领域普通技术人员的角度来理解和解释权利要求。为此，最高人民法院《关于审理侵犯专利权纠纷案件应用法律若干问题的解释》第 2 条规定了权利要求解释的基准主体是本领域普通技术人员。

上述司法解释没有规定权利要求解释的基准时间，即本领域普通技术人员在理解权利要求时，以在什么时间的理解为准。随着时间的变化，人们的知识背景也会发生变化，这会导致对权利要求的理解的变化。解释权利要求必须确定一个时间点，将该时间点作为解释权利要求的基准时间。从各国的做法看，将专利申请日（优先权日）作为权利要求解释的基准时间是比较一致的做法。这样做至少有以下两个方面的原因：第一，以专利申请日（优先权日）作为权利要求解释的时间基准使专利权的保护范围具有确定性。权利要求解释时间基准的不同会导致专利权的保护范围的变化：同一个术语在不同的时间可能具有不同的含义，如果不确定权利要求解释的基准时间，可能就会因解释时间的不同使专利权的保护范围不确定。专利权利要求的形成应当不迟于专利申请日，无法确定专利权利要求的具体形成日期的，就应当推定专利申请人提交该申请的时间为权利要求的形成时间。解释权利要求首先是对专利申请人的意思表示的解释，这种解释应当以意思表示形成日为时间基准。因此，应当将专利权的保护范围固定在专利申请日。第二，以专利申请日（优先权日）作为权利要求解释的时间基准具有公平性。专利权人是以当时的技术背景为基础撰写权利要求的，是按照其在专利申请日的含义来使用权利要求书中的有关用语的。对于专利权人来说，以专利申请日（优先权日）作为权利要求解释的时间基准是公平的。本领域普通技术人员在阅读权利要求书等专利文件时，知道专利申请人是在专利申请日的技术背景下撰写权利要求书的。本领域普通技术人员也应当以申请日的技术水平为准来理解权利要求。因此，对于社会公众来说，以专利申请日（优先权日）作为权利要求解释的时间基准也是公平的。

（四）权利要求解释对权利要求的修正

对权利要求的解释，绝大多数情况下针对的是有歧义的用语，通过权利要求解释对该用语进行澄清。但在个别情况下，权利要求中的用语并没有歧义，则可以通过解释改变该用语的含义，即修正权利要求的含义。对于修正权利要求的条件，最高人民法院的司法解释作了规定。

法条链接

最高人民法院《关于审理侵犯专利权纠纷案件应用法律若干问题的解释（二）》（2020年修正）

第四条 权利要求书、说明书及附图中的语法、文字、标点、图形、符号等存有歧义，但本领域普通技术人员通过阅读权利要求书、说明书及附图可以得出唯一理解的，人民法院应当根据该唯一理解予以认定。

根据上述司法解释，纠正明显错误需要两个条件：一是本领域普通技术人员能够认识到专利申请文件的记载或者附图存在歧义或者错误，二是本领域普通技术人员通过阅读权利要求书、说明书及附图可以得出唯一理解以解决该歧义或者错误。如果符合上述条件，则权利要求中用语的含义，可以被解释为另一种与表面含义不同的含义。例如，在无锡国威陶瓷电器有限公司、蒋某屏侵害实用新型专利权纠纷案中，法院结合说明书和附图，基于本领域普通技术人员对技术方案的理解，认定专利权利要求2中的“所述散热铝条（11）粘贴在发热芯（10）中导热铝管（1）的左右侧面上”中的“左右侧面”确系“上下表面”的笔误，属于可以纠正的明显错误。[①] 如果不符合上述司法解释规定的条件，则不应当以说明书记载的内容否定权利要求的记载，从而达到实质修改权利要求的结果，并使专利侵权诉讼中对权利要求的解释成为专利权人额外获得的修改权利要求的机会。例如，在无锡市隆盛电缆材料厂、上海锡盛电缆材料有限公司与西安秦邦电信材料有限责任公司、古河电工（西安）光通信有限公司侵犯专利权纠纷案中，专利权人主张权利要求 1 中“使塑料膜的表面形成 0.04～0.09mm 厚的凹凸不平粗糙面”的含义是“塑料膜厚度为 0.04～0.09mm”。法院根据说明书的记载和专利审查文件，认为本领域普通技术人员在阅读权利要求书和说明书之后，难以形成这种认识。涉案专利权利要求 1 中“使塑料膜的表面形成 0.04～0.09mm 厚的凹凸不平粗糙面”，其含义是指塑料膜表面凹凸不平粗糙面的厚度为 0.04～0.09mm，即塑料膜表面形成 0.04～0.09mm（40μm～90μm）的凹凸落差表面结构，而非塑料膜的厚度为 0.04～0.09mm。[②]

二、权利要求解释的资料

法条链接

最高人民法院《关于审理侵犯专利权纠纷案件应用法律若干问题的解释》

第三条 人民法院对于权利要求，可以运用说明书及附图、权利要求书中的相关权利要求、专利审查档案进行解释。说明书对权利要求用语有特别界定的，从其特别界定。

以上述方法仍不能明确权利要求含义的，可以结合工具书、教科书等公知文献以及本领域普通技术人员的通常理解进行解释。

上述规定，列举了可以用于解释权利要求的资料。实践中，法院综合运用这些资料解释权利要求。

（一）说明书

说明书的性质决定了说明书是理解权利要求的最佳资料。说明书应当对发明或者实用新型作出清楚、完整的说明，而权利要求书应当以说明书为依据，说明要求专利权保护的范围。权利要求书中的每一项权利要求所要求保护的技术方案应当是所属技术领域的普通技术人员能够从说明书中公开的内容直接得到或者概括出的技术方案，并且权利要求的范围不得超出说明书记载的内容。可以说，权利要求书是从说明书中提炼出来的。因此，说明书是解释权利要求的主要资料，在所有涉及权利要求解释的案件中，法院都首先根据说明书进行解释。说明书中用于解释权利要求的内容主要包括发明目的、对技术方案的描述、对发明有益效果的描述和实施例及附图。

1. 发明目的

说明书应当写明发明或者实用新型所要解决的技术问题，这就是发明的目的。发明目的对权利要求解释的作用是，权利要求的解释应该符合专利的发明目的，不应把专利所要

① 最高人民法院（2018）最高法民再 111 号民事判决书。

② 最高人民法院（2012）民提字第 3 号民事判决书。

克服的现有技术缺陷或者不足的技术方案纳入保护范围。例如，在福建省伟志兴体育用品有限公司与泰山体育产业集团有限公司等专利侵权纠纷案中，对于权利要求中"粘接"的含义，最高人民法院认为：专利所要解决的技术问题是，现有武术地毯由于其单层结构而带来的滑而不稳、缺乏弹性、安全性差等缺陷。专利技术方案要求各层之间采用"粘接"的方式连接，其目的就是防止地毯各层之间在承受剧烈运动时产生较大的相对侧向位移。基于此目的，从体育用品领域普通技术人员角度出发，"粘接"应该被理解为地毯各层之间的表面密切结合在一起的状态，而且粘接点应该能够传递结构应力。①

2. 发明技术方案

说明书中的重要内容是对发明或实用新型技术方案的描述，这对权利要求解释起关键作用。说明书对发明或实用新型的描述可以澄清权利要求书中用语的模糊不清之处，可以对权利要求书中专利申请人自创用语的含义作出界定，也可以用说明书中的含义改变权利要求书中的表面含义。例如，在广州新绿环阻燃装饰材料有限公司专利侵权纠纷案中，最高人民法院通过说明书认定了权利要求的含义。最高人民法院认为，仅从涉案专利权利要求 1 对"竹、木、植物纤维"三者关系的文字表述看，很难判断三者是"和"还是"或"的关系。根据涉案专利说明书实施例的记载，"镁质胶凝植物纤维层是由氯化镁、氧化镁和竹纤维或木糠或植物纤维制成的混合物。"由此可见，"竹、木、植物纤维"之间应当是选择关系，即三者具备其中之一即可。②

3. 发明创造的有益效果

关于发明的有益效果的描述也是专利说明书中的重要内容。说明书中关于发明创造的有益效果的记载，并不是所申请专利的技术特征之一。但是，专利申请人在说明书中对发明创造有益效果的描述，是专利申请人将其发明创造与现有技术区别开来的重要特征，是获得专利授权的必要条件。在解释权利要求的过程中，应当考虑说明书中关于发明有益效果的描述。专利申请人既然认为其发明创造具有说明书中所描述的有益效果，其权利要求书所描述的就是能够实现该有益效果的技术方案。也就是说，专利申请人在选择权利要求中的用语时，认为这些用语包含着可以实现说明书中所述有益效果的含义。在专利侵权诉讼过程中，如果双方当事人对权利要求中的含义产生争议，应当解释为权利要求的含义是能够实现说明书中所述的有益效果的。例如，在浙江璐琪智能科技有限公司、杭州骑客智能科技有限公司侵害实用新型专利权纠纷案中，关于涉案专利说明书第 33 段所载"使得一个电源和一个控制器就可同时控制两个轮毂电机"的有益效果，对于其是否对权利要求 1 中电源、控制器相关技术特征的解释具有限定作用的问题，最高人民法院认为：本领域普通技术人员阅读说明书及附图后，不可能也不应该认为上述有益效果针对的是涉案专利从属权利要求所限定的技术方案，而应该认为其所针对的是涉案专利独立权利要求所限定的技术方案。若非如此，说明书就完全没有必要记载该有益效果。进一步讲，否定涉案专利说明书第 33 段所载"使得一个电源和一个控制器就可同时控制两个轮毂电机"的有益效果对权利要求 1 中电源、控制器相关技术特征解释的限定作用，既不利于强化授权专利

---

① 最高人民法院（2012）民提字第 4 号民事判决书。

② 最高人民法院（2010）民申字第 871 号民事裁定书。

文件的公示力和专利权利边界的可预见性，也不利于促进专利文件撰写水平的提高。因此，在对涉案专利权利要求 1 中关于电源、控制器数量的技术特征进行解释时，应当考虑说明书第 33 段记载的有益技术效果，并应在此基础上，查明被诉侵权产品中电源和控制器的数量。①

4. 实施例和附图

实施例是对发明创造的优选的具体实施方式的举例说明。它对于公开、理解和再现发明创造，支持和解释权利要求都是极为重要的。实施例描述了发明创造的实施方式，将专利技术方案具体化，便于人们对技术方案的理解。实施例只是申请专利技术方案的例示，而不是申请专利技术的全部内容。专利申请人把某一种实施方式作为实施例，说明专利权申请人认为该实施方式是受专利权保护的内容。

附图的作用在于用图形补充说明书文字部分的描述，使人能够直观地、形象化地理解发明创造的每个技术特征和整体技术方案。对于机械和电学技术领域中的专利申请，说明书附图的作用尤其明显。因此，说明书附图应该清楚地反映发明创造的内容。

实施例和附图在性质上有相似之处。有些附图实质上也是技术方案的一种例示，是用图表示的实施例。因此，有些说明书将附图与实施例结合起来，对附图的说明，就是关于实施例的介绍。

实施例和附图也是说明书的一部分，因此可以用来解释权利要求。实施例和附图是用来说明权利要求所述的技术方案的，因此一般情况下，实施例和附图应当在权利要求保护的范围之内。如果权利要求可能有两种解释，一种解释将实施例和附图包括在内，而另一种解释将实施例和附图排除在权利要求的范围之外，则法院应当采用将实施例和附图包括在内的解释。例如，在湖南广义科技有限公司与长沙深湘通用机器有限公司等侵害发明专利权纠纷案中，涉案专利权利要求 1 限定了“磨盘位于下机壳内，在磨盘上方通过支架活动装有磨辊”，在涉案专利的说明书实施例及其附图中，明确公开了磨辊位于磨盘斜侧上方的具体实施方式。法院认为，涉案专利权利要求 1 的保护范围包括了说明书实施例及其附图所公开的磨辊位于磨盘斜侧上方的技术方案。② 当然，这样做的前提是权利要求书和说明书是按照规范的要求撰写的。在个别情形下，说明书和权利要求书的撰写并不符合规范要求，说明书中的实施例并不是对权利要求书中的技术方案的例示，如果有说明书、专利审查档案或者现有技术的强有力的证据来支持，也可以将权利要求解释为不包括实施例和附图。

权利要求的范围要比实施例和附图更宽，因此不能用实施例或附图来限制权利要求的含义。即使只有一个实施例，也不能用实施例来限定权利要求中用语的含义。在徐某伟案中，最高人民法院指出：“运用说明书及附图解释权利要求时，不应当以说明书及附图的例示性描述限制专利权的保护范围，否则，就会不合理地限制专利权的保护范围，有违鼓励发明创造的立法本意。”③ 在孙某贤与九江市公路管理局瑞昌分局侵害实用新型专利权纠

① 最高人民法院（2017）最高法民申 3993 号民事裁定书。

② 最高人民法院（2013）民提字第 127 号民事判决书。

③ 最高人民法院（2011）民提字第 64 号民事判决书。

纷案中，最高人民法院认为，二审法院在解释涉案权利要求 1 时，依据说明书附图将权利要求 1 中的“竖直板块（2）”“板块（3）”“孔（4）”唯一理解为有对应相配合的榫头和榫眼的独立“特殊生态砌块”，是用说明书附图限缩了权利要求 1 的保护范围，错误地解释了权利要求，认定事实和适用法律不当，应予纠正。[①]

司法适用

权利要求书无法通过说明书解释时如何确定专利权的保护范围

在通常情况下，权利要求书都可以通过说明书进行解释。但在个别情况下，说明书无法用于解释权利要求。这时如何确定专利权的保护范围成为司法实践中的一个问题。这又分为两种具体的情形。

一种情形是权利要求本来的用语不清，又无法通过说明书等进行解释。比较典型的案件是柏某清与成都难寻物品营销服务中心、上海添香实业有限公司侵害实用新型专利权纠纷案。涉案专利权利要求中的一个技术特征是“起屏蔽作用的金属网或膜由导磁率高而无剩磁的金属细丝或者金属粉末构成”。最高人民法院认为：如果权利要求的撰写存在明显瑕疵，结合涉案专利说明书、本领域的公知常识以及相关现有技术等，仍然不能确定权利要求中技术术语的具体含义，无法准确确定专利权的保护范围的，则无法将被诉侵权技术方案与之进行有意义的侵权对比。因此，对于保护范围明显不清楚的专利权，不应认定被诉侵权技术方案构成侵权。根据涉案专利说明书以及专利权人提供的有关证据，本领域普通技术人员难以确定权利要求 1 中技术特征“导磁率高”的具体范围或者具体含义，不能准确确定权利要求 1 的保护范围，不能认定被诉侵权产品落入涉案专利权的保护范围，因此不构成专利侵权。[②] 本案确定了如下的规则：专利权的保护范围应当清楚，如果专利的权利要求书的表述存在明显瑕疵，结合涉案专利说明书、附图、本领域的公知常识及相关现有技术等，不能确定权利要求中技术术语的具体含义，从而导致专利权的保护范围明显不清，则因无法将其与被诉侵权技术方案进行有实质意义的侵权对比，故不能认定被诉侵权技术方案构成侵权。

另一种情形是权利要求本身有其字面的含义，但双方当事人对其产生了争议，又无法用说明书进行解释。对此，最高人民法院《关于审理侵犯专利权纠纷案件应用法律若干问题的解释（二）》（2020 年修正）第 3 条规定：“因明显违反专利法第二十六条第三款、第四款导致说明书无法用于解释权利要求，且不属于本解释第四条规定的情形，专利权因此被请求宣告无效的，审理侵犯专利权纠纷案件的人民法院一般应当裁定中止诉讼；在合理期限内专利权未被请求宣告无效的，人民法院可以根据权利要求的记载确定专利权的保护范围。”上述规定针对的是因权利要求与说明书中的技术方案存在实质上的矛盾，以至于无法运用说明书解释权利要求的情形。这本来属于专利无效的情形，应当通过专利无效宣告程序解决。在被控侵权人提出专利无效宣告请求时，法院应中止对民事案件的审理。如

① 最高人民法院（2019）最高法民申 4014 号民事裁定书。
② 最高人民法院（2012）民申字第 1544 号民事裁定书。

果被控侵权人不申请宣告该专利无效，则法院按有效专利对待，并依权利要求的字面含义认定是否构成侵权。

（二）相关权利要求

发明和实用新型专利应当有独立权利要求，还可以有从属权利要求。在多数情况下，发明和实用新型专利有两项或两项以上的权利要求，在解释其中一个权利要求时，其他权利要求也可以作为解释的工具。

相关权利要求的描述，也可以用来解释争议的权利要求的内容。例如，在OBE—工厂·翁玛赫特与鲍姆盖特纳有限公司与浙江康华眼镜有限公司侵犯发明专利权纠纷案中，对于"铰接件同金属带不分离"是否对权利要求1的保护范围进行限定的问题，最高人民法院结合权利要求3、4进行了分析：如果将权利要求1解释为包括金属带与所述区域完全分离的技术方案，那么在确定权利要求3、4的保护范围时，将出现权利要求3、4的附加技术特征中的"仍与金属带连接时""将铰接件从金属带上切下"与权利要求1的保护范围相矛盾的情形。这也从反面说明，权利要求1中"大致与铰接件外形一致的区域"应当是金属带的一部分。①

专利申请人或专利权人使用的语言具有连贯性，因此，专利（申请）文件中的同一用语一般具有相同的含义。如果两个用语在专利权利要求书或审查档案中被互换性地使用，则这两个用语一般指的是同一个概念或体现了同一定义。例如，在孙某辉与青岛肯德基有限公司侵害实用新型专利权纠纷案中，双方对权利要求1中的"梯形"产生争议，而权利要求2中也使用了这一术语。对此，最高人民法院认为，从专利两项权利要求对"梯形"这一术语的使用来看，权利要求2所述"梯形端面框架"中的"梯形"显然是用于限定框架体横截面为梯形，根据不同权利要求中采用的相同技术术语应当被解释为具有相同的含义的基本原则，权利要求1中的"梯形"也应当被解释为是对框架体的限定。②

不同的权利要求应当有不同的保护范围，因此独立权利要求通常不应当被解释为包含从属权利要求中明确提出的限制条件。这被称为权利要求的区别解释原则。例如，在"热交换器"发明专利侵权纠纷案中，法院认为，当专利权利要求书既有独立权利要求，又有从属权利要求时，应当认定独立权利要求与各从属权利要求所限定的保护范围各不相同，独立权利要求的保护范围要大于从属权利要求的保护范围，在前从属权利要求的保护范围要大于引用该在前从属权利要求的在后从属权利要求的保护范围，否则从属权利要求或者在后的从属权利要求就成为多余。③

但是，这一原则的适用也有例外。专利申请人或专利权人有权用各种可能的方式描述自己的发明创造，这样，两个读起来不同的权利要求可能覆盖同一个标的物。因此，不能因为权利要求使用了不同的用语，或者用语的多少不同，就适用该原则。当对两个独立权利要求进行比较时，更是如此。例如，在自由位移整装公司与常州市英才金属制品有限公司、上海健达健身器材有限公司专利侵权纠纷案中，权利要求1中的技术特征为"一个将

① 最高人民法院（2008）民申字第980号民事裁定书。

② 最高人民法院（2009）民申字第1622号民事裁定书。

③ 上海市高级人民法院（2005）沪高民三（知）终字第63号民事判决书。

第一延伸臂和第二延伸臂连接到阻力部件上的绳索”，而权利要求2的附加技术特征为“绳索实质上由单根绳索组成”。专利权人主张，权利要求1中的“一个绳索”并未将绳索数量限定为“单根”，应当理解为单个或者多个，否则将与权利要求2的保护范围相同。对此，最高人民法院认为：通常情况下，应当推定不同的权利要求具有不同的保护范围。然而，语言文字本身存在一词多义，也可能存在多词同义的情形。加之申请人在撰写技巧、主观认识等方面的偏差，对于同一技术方案，不同申请人有可能使用不同的技术术语，以不同的表述方式进行限定，从而出现不同的权利要求的保护范围相同或者实质相同的情形。在此种情形下，机械地进行区别解释，无疑是有悖于客观事实的。本案中，对于本领域普通技术人员而言，权利要求1中的“一个绳索”与权利要求2中的“单根绳索”并无实质性的区别，二者仅仅是表述方式不同而已。①

（三）专利审查档案等

在发明专利申请实质审查的过程中，专利申请人可以对专利申请文件进行修改，也可以就其专利申请符合授权条件作出说明。在申请人的说明中，有时会对权利要求的用语进行解释。在专利无效程序中，专利权人针对他人的无效宣告请求，也会对其专利符合授权条件作出答辩，对权利要求中的用语进行解释。如果国务院专利行政部门接受了这些阐述或者修改意见，从而授予其专利权或者维持了专利的有效性，那么这些阐述或修改意见，就对专利权的取得或者专利有效性的维持起到了实质性作用。这些资料被称为专利审查档案。另外，针对专利复审决定或无效宣告决定的行政诉讼中，专利申请人或专利权人的意见陈述，影响法院裁判的作出，对于专利授权或维持有效具有同样的作用。专利审查档案和行政诉讼中的材料，虽然不是专利申请人在申请专利时提交的，但是专利权人为说明和解释专利而出具的，表达了专利权人对专利的看法，故在解释权利要求时的作用与说明书是类似的。

法条链接

最高人民法院《关于审理侵犯专利权纠纷案件应用法律若干问题的解释（二）》（2020年修正）

第六条 人民法院可以运用与涉案专利存在分案申请关系的其他专利及其专利审查档案、生效的专利授权确权裁判文书解释涉案专利的权利要求。

专利审查档案，包括专利审查、复审、无效程序中专利申请人或者专利权人提交的书面材料，国务院专利行政部门制作的审查意见通知书、会晤记录、口头审理记录、生效的专利复审请求审查决定书和专利权无效宣告请求审查决定书等。

用于解释权利要求的资料包括涉案专利审查档案和生效的专利授权确权裁判文书。审查档案和裁判文书中的内容，主要是专利申请人或专利权人的意见陈述，不管是在审查、复审、无效程序中，还是在行政诉讼的程序中，其效力是一样的。例如，在OBE—工

① 最高人民法院（2014）民申字第497号民事裁定书。

厂·翁玛赫特与鲍姆盖特纳有限公司诉浙江康华眼镜有限公司侵犯发明专利权纠纷案中，最高人民法院认为：申请再审人在实质审查程序中明确主张应当在铰接件尚与金属带连接时对铰接件进行加工，以及在铰接件尚与金属带连接时安装弹簧件，并且所述技术特征已足以使权利要求1构成一个完整的技术方案。因此，根据涉案专利的审查档案，亦可认定权利要求1中“大致与铰接件外形一致的区域”仍然是金属带的一部分，该区域未与金属带分离。在侵权诉讼中，不应无视申请再审人在审查过程中的意见陈述，将铰接件与金属带完全分离的技术方案纳入涉案专利权的保护范围。[①]

与涉案专利存在分案申请关系的其他专利本身，也可以用于解释涉案专利。例如，在山东鲁班建设集团总公司与邱某有专利侵权纠纷案中，最高人民法院认为：分案申请要受到母案申请文件的约束。对于分案申请而言，母案申请构成其特殊的审查档案，母案中未公开的内容不能作为权利人基于分案主张权利的依据。[②]

与涉案专利存在分案申请关系的其他专利的审查档案，也可以用于解释涉案权利要求。除了具有分案申请关系的专利本身，有时具有关系的其他专利的审查档案也可以用于解释涉案专利权利要求。例如，在戴森技术有限公司、苏州索发电机有限公司侵害发明专利权纠纷案中，双方就专利权利要求中的“电源”是不是包括电源线产生争议，而专利权人在与涉案专利享有共同的优先权的另一个专利申请审查过程中，在答复意见中就“电源”一词的含义做了具体陈述，明确电源线并非电源。最高人民法院认为：在后申请与优先权申请之间的关系和分案申请与母案申请之间的关系基本一致，即在后申请/分案申请均不能超出优先权申请/母案申请记载的范围。除此之外，由于享有优先权的在后申请应当与优先权申请具有同一主题，较之分案与母案之间的非单一性关系，显然具有更加密切的内在关系。因此，在相关发明专利申请实质审查阶段，专利申请人在答复意见中就“电源”一词的含义作出的具体陈述，可以用于解释涉案专利的权利要求，即电源线并非“电源”[③]。

(四) 公知文献

辞典、百科全书以及专业论文、工具书、教科书等属于公知文献，也可以用于解释权利要求。公知文献一般被称为外部工具，有别于说明书、权利要求书和专利审查档案等内部工具。将解释权利要求的工具分为内部工具和外部工具，使权利要求解释更客观。在授予专利后，公众可以在专利行政部门的档案中阅读内部工具中的材料。其内容在专利授权后以及在诉讼发生时都不会变化，故公众可以依赖这些工具。而外部工具并不存在于专利行政部门的档案中。

在解释权利要求时，内部工具的效力优于外部工具。只有使用内部工具进行解释仍不能明确权利要求的含义时，才使用外部工具进行解释。如果忽视内部工具而过分依赖外部工具，则可能会得出错误结论。例如，在北京西科盛世通酒店会展设备制造有限公司与广州市番禺区恒美酒店金属家具制造有限公司等侵害发明专利权纠纷案中，二审法院认为，一审判决在解释权利要求时，未根据涉案专利说明书及附图更正权利要求中的明显错误，

---

① 最高人民法院（2008）民申字第980号民事裁定书。

② 最高人民法院（2011）民申字第1304号民事裁定书。

③ 最高人民法院（2017）最高法民申1461号民事裁定书。

而直接根据《辞海》来解释涉案专利权利要求 3 中的"基本上呈矩形的第二连杆"，此做法不妥，应予纠正。[①]

辞典是解释权利要求时最常用的公知文献。辞典是按某种顺序排列收集的词汇并加以解释，从而供人检查参考的工具书。辞典总是尽可能包括有关词语的所有含义。从辞典中可以得出有关词语的普通含义。使用辞典进行权利要求解释，所得到的结论就是该词语的普通含义。因此，如何使用辞典进行权利要求解释，反映了权利要求中用语的普通含义与说明书中含义的关系。

专利申请人在权利要求书中使用某一用语，该用语就有了在权利要求书上下文中的特定含义。该特定含义与其普通含义可能是相同的，也可能是不同的。一般情况下，特定含义比普通含义窄。但如果专利权人在说明书中对权利要求的用语进行了重新定义，权利要求书中的含义也可能比普通含义宽。解释权利要求时应当分清哪些情况下专利权人使用的是普通含义，哪些情况下专利权人使用的是特定含义。

司法适用

辞典与本领域普通技术人员的理解哪个优先

如果专利说明书中对某一用语进行了定义，或者明确指明了某一用语的含义，这时应当按照该用语在说明书中的含义进行解释，而不应当采用该用语在辞典中的含义。但是，如果专利说明书中没有对权利要求书中的用语进行定义，或者未明确指明其含义，那么此时是以辞典的含义为准还是以本领域普通技术人员阅读了说明书后的理解为准呢？

从日本法院的有关判决看，法院一般是先利用辞典等文献确定权利要求中用语的含义，然后再看说明书中对该用语是否有特别的定义，如果没有特别的定义，则按照辞典等文献的解释确定权利要求中用语的含义。[②] 这是因为，根据日本特许厅的要求，专利权利要求记载的用语在没有特别定义的情况下，使用的是其通常的含义。因此，在解释权利要求中用语的含义时，如果专利权人在说明书中没有对用语进行特别的定义，就推定该用语的含义为其通常的含义。

美国法院对于辞典的作用曾存在争议。在 Texas Digital Systems，Inc. v. Telegenix，Inc.[③] 案（以下简称 Texas 案）中，美国联邦巡回上诉法院确立了优先适用辞典对权利要求中的用语进行解释的规则。具体而言，先根据辞典确定权利要求中用语的普通和习惯含义，然后看权利要求中的含义是否与根据辞典确定的含义一致。如果发明人对该用语界定了明确的其他含义，或者发明人对权利要求的范围进行了明确的舍弃，则可以不采纳其辞典中的含义，否则，应当以辞典中的含义为准。2005 年，美国联邦巡回上诉法院通过对 Phillips v. AWH Corp. 案[④]的再审，对辞典的作用进行了澄清，认为：Texas 案的方法不合理地扩大了辞典的作用，限制了说明书的作用。辞典和说明书都是解释权利要求的参考

---

① 上海市高级人民法院（2012）沪高民三（知）终字第 44 号民事判决书。

② 闫文军. 专利权的保护范围. 2 版. 北京：法律出版社，2018：351.

③ 308 F. 3d 1193，64 USPQ2d 1812（Fed. Cir. 2002）.

④ 415 F. 3d 1303，1316（Fed. Cir. 2005）.

资料，其适用并没有固定的先后顺序。但说明书的作用远大于辞典的，不能将说明书只是作为检验某词语在辞典中的含义的工具，不能只有在专利权人是自己的辞典编纂者或者专利说明书清楚地反映出对专利权的保护范围进行了舍弃时，才使用说明书来限制辞典中的含义。

在理论上看日本的做法不存在任何问题。在撰写专利说明书时，如果专利申请人没有对用语的含义进行特别的定义，就认为其使用的是其普通含义。在侵权判断时，按同样的原则进行解释。但在实践中，专利申请人在说明书中对权利要求中的用语进行特别定义的情况是很少见的。这是因为，专利申请人在使用某一用语时，可能自己并没有认为其具有特别的含义，但在使用中不自觉地限定了其含义。这时，专利申请人不会在说明书中对该用语进行特别的定义。另外，一般情况下，对用语进行特别定义只会缩小该用语的含义范围，专利申请人也不愿意通过明确定义的方式限定其用语的范围。专利权申请人只有认为自己使用的用语的含义宽于其普通含义时，才会在说明书中给出特别的定义。由于专利申请人很少明确对权利要求中的用语进行特别定义，就出现了在很多情况下都采用辞典含义的做法。而这种情况下专利技术所属领域的普通技术人员在阅读了说明书后，可能认为权利要求中的某一用语不是其普通含义，而是受到限定的含义。可见，日本的做法，在表面上具有合理性，使用起来也比较方便，但可能会导致法院通过辞典的解释确定的专利权的保护范围，大于专利技术所属领域普通技术人员在阅读了说明书后所理解的范围。可以说，这种做法是一种有利于专利权人的做法。

美国法院重视辞典作用的做法，与日本的做法有相似之处。美国联邦巡回上诉法院指出了上述解释方法的缺陷是容易导致过宽的权利要求解释，强调应当以本领域普通技术人员对说明书的理解为准进行权利要求解释，而不是将说明书作为检验某词语在辞典中的含义的工具。

美国联邦巡回上诉法院的意见是符合通过说明书解释权利要求这一基本原则的。过分注重辞典的解释作用，会不适当地扩大专利的保护范围。对权利要求的解释，最终还是以所属领域普通技术人员通过说明书的理解为准。虽然过分注重辞典的解释作用有方便实用的优点，但不能为了方便而牺牲公平。

辞典仍然可以用于解释权利要求，并且可以首先借助辞典确定权利要求的含义，而不是首先阅读说明书。但是，当辞典的含义与专利技术所属领域普通技术人员通过阅读说明书所理解的含义不一致时，不能采纳辞典的含义，而应以本领域普通技术人员的理解为准。

第三节　等同原则下专利权的保护范围

在被控侵权产品或方法没有落入专利权利要求字面含义的保护范围时，仍可以依据“等同原则”认定构成侵权。我国《专利法》虽然没有对等同原则作出明确规定，但最高人民法院的司法解释已经对等同原则作了规定，我国法院也一直按照等同原则确定专利权的保护范围。

法条链接

最高人民法院《关于审理专利纠纷案件适用法律问题的若干规定》(2020年修正)

第十三条　专利法第五十九条*第一款所称的“发明或者实用新型专利权的保护范围以其权利要求的内容为准，说明书及附图可以用于解释权利要求的内容”，是指专利权的保护范围应当以权利要求记载的全部技术特征所确定的范围为准，也包括与该技术特征相等同的特征所确定的范围。

等同特征，是指与所记载的技术特征以基本相同的手段，实现基本相同的功能，达到基本相同的效果，并且本领域普通技术人员在被诉侵权行为发生时无需经过创造性劳动就能够联想到的特征。

一、等同原则概述

(一) 等同原则的起源和含义

“等同原则”译自英文的“doctrine of equivalents”，是来自美国的一种专利侵权判断原则。在美国法采用将权利要求作为确定专利权的保护范围的依据之前，法院将被控侵权物与说明书中对发明的描述进行对比以认定是否构成侵权。这时法院认为，认定侵权不一定要求被控侵权物与专利描述一一对应，法院确定专利权的保护范围时已经突破了专利的字面含义。

当专利法规定专利权的保护范围由权利要求书来确定时，一些法律界人士担心法官没有能力对发明创造的范围进行解释。这将会使发明人在保护其发明创造时受制于权利要求的语言。由于语言的局限性，而法院又认为需要像以前那样按照说明书的描述对发明创造提供保护，所以产生了突破权利要求的字面含义、通过与说明书进行比较对发明创造进行保护的等同原则。而等同原则是随着美国的判例而产生的。美国法院在司法实践中不断完善等同原则的内容和适用方法，使等同原则成为专利侵权判断中的一项重要内容。等同原则还影响着其他国家（地区）的专利保护。日本和德国都有类似于美国等同原则的做法。英国曾长期拒绝使用“等同原则”这一用语，但在2017年英国最高法院的判决中也承认了等同原则。

根据等同原则，即使被控侵权产品或方法没有落入权利要求字面含义的范围，但如果被控侵权物与专利发明中的技术特征之间的差别是非实质性的，被控侵权物仍可能被认为与专利发明是“相当的”，从而构成侵权。在对专利权利要求进行了解释，并且发现被控侵权物没有构成字面侵权后，才会适用等同原则。

(二) 等同原则的意义

从其他国家（地区）理论界和实务界的意见看，它们对于是否适用等同原则存在不同的声音。反对适用等同原则的理由主要是：等同原则违反了专利法的要求，损害了权利要求的公示作用；等同原则增加了专利权的保护范围的不确定性；申请人有能力在专利申请阶段使权利要求书全面覆盖其发明创造，法院在进行侵权判断时没有必要再适用等同原则。而

---

* 2020年《专利法》第64条。——编辑注

赞同适用等同原则的理由主要是：由于语言表达的局限性，专利权人无法通过权利要求对其专利的保护范围进行准确的界定；如果不适用等同原则，专利将得不到充分的保护。

是否适用等同原则的争议，归结起来是以下两个问题：一是专利申请人是否有能力起草一份从字面上可以覆盖发明创造全部内容的权利要求书，二是如何处理专利权人的利益与专利的公示作用之间的冲突。

第一个问题关系等同原则的基础。由于专利发明表现为一种技术构思，而专利权利要求书是一种文字，通过文字将技术构思充分表述出来是极其困难的。专利申请人很难预想到每一个技术特征的全部变换形式，并将它们概括在权利要求的文字之中。专利申请人不可能总是有能力起草一份从字面上可以覆盖发明创造全部内容的权利要求书。

第二个问题涉及专利实施中的价值判断问题。一方面，专利权人的利益应当得到保护。发明人将自己的发明创造通过申请专利向社会公开，社会从发明创造的公开中受益，发明人应当得到与其对社会的贡献程度相当的专利独占范围。另一方面，专利权利要求的公示作用应当得到维护。作为界定专利权的保护范围的依据，专利权利要求对社会具有公示作用。第三人通过专利权利要求确定专利权人独占范围的界限，并以此为依据避免侵权或进行专利设计。如果将专利权的保护范围扩大到权利要求的字面含义之外，就会损害权利要求的公示作用所产生的确定性。在承认专利申请人不可能总是起草可以覆盖专利发明全部内容的权利要求后，就产生如何平衡专利权人和社会公众之间的利益的问题。如果将专利权的保护范围限定在专利权利要求的字面含义之内，专利权利要求的公示作用得到维持，专利法的实施更具有确定性，但会损害专利权人的利益，并且还可能会损害专利法对发明创造的激励作用，会导致发明人更多地通过商业秘密而不是专利来保护其发明。因此，不适用等同原则可能会损害专利权人的利益，并妨碍专利法刺激创新、鼓励公开目的的实现。正是由于以上原因，我国和美国、英国、德国、日本都选择了将专利权的保护范围不局限于权利要求的字面含义的做法。将专利权的保护范围扩大到权利要求的字面含义之外，必然会损害权利要求的公示作用。为了将对权利要求公示作用的损害降到最低，有必要从维护权利要求的公示作用出发完善有关规则。因此，从平衡专利权人的利益和社会公众的利益的角度考虑，我们应当承认等同原则。在适用等同原则时，通过认定等同的标准和对认定等同的限制等规则，进一步平衡专利权人和社会公众的利益。

（三）等同原则是确定专利权的保护范围时的原则还是例外

等同原则是确定专利权的保护范围时的原则还是例外，涉及法院是否可以主动适用等同原则。对此，理论上的观点和各国实践中的做法不尽统一。在我国，最高人民法院《关于审理专利纠纷案件适用法律问题的若干规定》（2020 年修正）第 13 条和最高人民法院《关于审理侵犯专利权纠纷案件应用法律若干问题的解释》第 7 条，是将等同原则作为确定专利权的保护范围的原则规定的。落入专利权的保护范围的方式包含了字面侵权和等同侵权，落入专利权的保护范围是后二者的上位概念。只要专利权人主张被诉侵权产品落入专利权的保护范围，字面侵权和等同侵权都囊括在其诉讼主张中。因此，法院主动适用等同原则不属于程序违法。[①]

---

① 广东省高级人民法院（2014）粤高法民三终字第 339 号民事判决书。

二、认定等同的条件

（一）其他国家认定等同的条件

按照什么标准认定等同，是等同原则适用的关键。

美国法院从等同原则创立以来，长期采用的是“功能—方式—效果”三一致的标准。在 Hilton 案[①]中，美国最高法院认为采用什么标准应当根据具体案情来定。同时，美国最高法院强调了“功能—方式—效果”三一致的标准只能针对具体技术特征进行比较。“三一致”标准和“非实质性差异”标准是美国法院现行适用等同原则的标准。

根据英国最高法院 2017 年确定的标准，认定变换物属于专利权的保护范围的条件有三个：尽管不在专利相关权利要求的字面含义之内，该变换物以与发明（专利披露的发明概念）基本相同的手段实现基本相同的效果；本领域普通技术人员在专利优先权日阅读了专利相关文件之后，显而易见地知道变换物像发明一样以实质上相同的手段，实现了实质上相同的效果；本领域普通技术人员可以得出结论，专利权人本来的意思并非将严格遵循权利要求的字面含义作为发明的必要要件。

1978 年德国实施新专利法后，认定等同的要件主要有三个：第一，字面不相同的替代特征与权利要求中的相应特征相比，对于解决发明中的技术问题客观上具有同等的技术效果；第二，替代特征具有同等的技术效果在专利申请日或优先权日对本领域普通技术人员是显而易见的；第三，被控侵权产品采用替代特征解决技术问题，源于本领域普通技术人员从涉案专利权利要求中得到的替代特征可以等同地解释技术问题的教导。

1998 年日本最高法院在“无限折动用滚珠花键轴承”案中提出了认定等同的五个要件：非本质部分、置换可能性、置换容易性、非公知技术和禁止反悔。其中前三个要件是认定等同的积极要件。

（二）我国认定等同的积极条件

根据最高人民法院《关于审理专利纠纷案件适用法律问题的若干规定》（2020 年修正），认定等同的积极条件主要有四个。

1. 基本相同的手段

手段指的是实现某一功能和效果所采取的方式，因此，手段又称为方式。基本相同的手段，一般是指在被诉侵权行为发生日前专利所属技术领域惯常替换的技术特征以及与工作原理基本相同的技术特征。手段通过技术内容表现出来，但不是技术内容本身，手段是在技术内容背后的技术原理。因此，在就手段是否相同进行对比时，不限于看技术内容是否相同，还要看二者背后的技术原理是否相同。例如，在“用于粉条加工的揉面机”案中，最高人民法院认为，涉案专利的两揉面锤共用一个支撑架，并通过曲柄连杆机构和动力驱动装置带动两个揉面锤同向上下往复运动；被控侵权产品则是两揉面锤各有一支撑架，两个揉面锤的支撑架之间由杠杆连接，其中一个揉面锤的支撑架通过曲柄连杆机构和动力驱动装置使两个揉面锤反向上下往复运动。虽然两者均具有通过支撑架支撑揉面锤，动力驱动装置通过曲柄连杆机构带动揉面锤的支撑架上下运动的基本功能，但从二者揉面锤的工作原理和运动方式来

---

① Warner-Jenkinson Company，Inc. v. Hilton Davis Chemical Co.，520 U. S. 17（1997）.

看，显然采用了不同的技术手段，不应认为是采取了基本相同的手段。①

2. 基本相同的功能

基本相同的功能是指被诉侵权技术方案中的替换手段所起的作用与权利要求对应技术特征在专利技术方案中所起的作用基本上是相同的。例如，在“采煤巷道电缆支架车”专利侵权纠纷案中，法院认为：涉案专利权利要求1中电缆托盘与折叠电缆桥架采用槽型结构，其主要功能是从横向限制电缆的运动，以实现稳固放置电缆，防止电缆左右摆动，甚至从托盘或桥架上掉落的效果；被诉侵权产品采用的电缆托盘虽为平面，但其两侧设有挡杆，且电缆桥架在两侧亦设有垂直于桥架的若干挡杆，其功能同样是从横向限制电缆的运动。因此，二者实现的功能相同。②

3. 基本相同的效果

基本相同的效果，一般是指被诉侵权技术方案中的替换手段所达到的效果与权利要求对应技术特征的技术效果无实质性差异。例如，在“混凝土薄壁筒体构件”专利侵权纠纷案中，针对权利要求中“所述筒底以至少二层以上的玻璃纤维布叠合而成”与被控侵权产品筒管部分在水泥无机胶凝材料中夹有一层玻璃纤维布的技术特征的对比，最高人民法院认为：涉案专利中玻璃纤维布层数的不同，不能简单地认为只是数量的差别，其对于筒体构件的抗压能力、内腔容积以及楼层重量具有不同的物理力学意义上的作用。筒管部分含有“至少二层以上”玻璃纤维布，在增强抗压能力、增加内腔容积、减轻楼层重量方面达到的技术效果应优于筒管部分仅含“一层”玻璃纤维布的效果。应当认为，仅含“一层”玻璃纤维布不能达到与含有“至少二层以上”玻璃纤维布基本相同的效果。③

在认定功能和效果是否基本相同时，法院一般考虑专利技术特征在实现专利的目的方面的功能，看被控侵权产品中的替换特征是否实现基本相同的功能。在实践中，在进行“功能、效果”的对比时，法院一般也是就技术特征在技术方案中的功能进行对比，将被控侵权技术与专利技术的效果进行对比。④“手段、功能、效果基本相同”的标准，不但适用于产品专利，也适用于方法专利。最高人民法院曾在判决中指出，“方法专利的步骤顺序是否对专利权的保护范围起到限定作用，从而达到在步骤互换中限制等同原则的适用，关键要看这些步骤是否必须以特定的顺序实施以及这种互换是否会带来技术功能或者技术效果上的实质性差异”⑤。可见，“手段、功能、效果基本相同”的标准适用在方法步骤互换时，主要考虑功能和效果是否基本相同。

4. 本领域的普通技术人员容易联想到

我国最高人民法院《关于审理专利纠纷案件适用法律问题的若干规定》（2020年修正）规定的等同特征的条件之一是“本领域普通技术人员在被诉侵权行为发生时无须经过创造性劳动就能够联想到的特征”。其中的“在被诉侵权行为发生时”是最高人民法院在

① 最高人民法院（2009）民申字第1562号民事裁定书。

② 最高人民法院（2019）最高法知民终239号民事判决书。

③ 最高人民法院（2005）民三提字第1号民事判决书。

④ 例如，在最高人民法院（2001）民三提字第1号民事判决书中，最高人民法院认为被控侵权物的防震限位板与专利技术导向板所要实现的功能基本相同，被控侵权物与专利技术所达到的技术效果也基本相同。

⑤ 最高人民法院（2013）民提字第225号民事判决书。

2015年修改上述司法解释时增加的，该解释明确了容易联想的判断时间是侵权日。“无须经过创造性劳动就能够想到”，是指对于本领域普通技术人员而言，被诉侵权技术方案中的技术特征与权利要求对应技术特征相互替换是容易联想到的。判断本领域普通技术人员是否容易联想到，实质上主要看二者的技术手段是否相同或近似。在手段基本相同的情况下，本领域普通技术人员一般更容易联想到用替代技术特征替换权利要求中的相应技术特征。在司法实践中，“容易联想到”要件的判断结果往往与“基本相同的手段”的判断结果一致，这一要件在等同认定中几乎不单独起作用。

(三) 我国认定等同的限制条件

认定等同除有积极条件以外，还有限制条件或称消极条件。即使符合认定等同的积极条件，在具备限制条件的情况下，也不能认定等同。

1. 禁止反悔原则

(1) 禁止反悔原则概述。

在专利审查和无效宣告程序中，专利申请人的陈述以及修改，不但可以作为限制权利要求解释的工具，还可以限制等同原则的适用。美国把衡平法中的禁止反悔原则适用于专利审查档案，专利权人为了获得专利而放弃的内容不能通过等同原则重新进入专利权的保护范围。日本等国家明确接受了禁止反悔原则。但有的国家如英国、德国则未明确接受禁止反悔原则。我国《专利法》中没有关于禁止反悔原则的规定，最高人民法院在司法解释中明确规定了禁止反悔原则。

法条链接

最高人民法院《关于审理侵犯专利权纠纷案件应用法律若干问题的解释》

第六条　专利申请人、专利权人在专利授权或者无效宣告程序中，通过对权利要求、说明书的修改或者意见陈述而放弃的技术方案，权利人在侵犯专利权纠纷案件中又将其纳入专利权保护范围的，人民法院不予支持。

根据该司法解释的规定，禁止反悔的情形主要有两种：一种是专利申请人、专利权人在专利授权或者无效宣告程序中对权利要求书、说明书的修改。另一种是专利申请人、专利权人在专利授权或者无效宣告程序中的意见陈述。

理论延伸

禁止反悔原则产生的原因及意义

禁止反悔是英美法中的一项衡平法原则，其基本含义是：一方当事人已经作出了某种行为，并且被他人所信赖，该当事人以后就不能再否认该行为以损害他人的利益。就大陆法系而言，禁止反悔原则的理论基础是诚实信用原则。诚实信用原则作为民法基本原则之一，要求民事主体信守承诺，不得损害善意第三人对他的合理信赖或正当期待，以纠正权利自由行使所可能带来的失衡。在专利授权实践中，专利申请人往往通过对权利要求或说明书进行限缩以便快速获得授权，但在侵权诉讼中专利权又试图通过等同侵权将已放弃的技术方案重新纳入专利权的保护范围。为确保专利权的保护范围的安定性，维护社会公众的信赖利益，专利制度通过禁止反悔原则防止专利权人上述“两头得利”情形的发生。故此，专利申请人或专利权人在专利授权或者无效宣告程序中，通过对权利要求、说明书的修改或者意见陈述而放弃某技术方案，权利人在侵犯专利权纠纷案件中又将其纳入专利权的保护范围的，人民法院不应支持。①

禁止反悔原则是对等同原则的必要限制，目的在于敦促当事人在诉讼活动中诚实守信，避免当事人在行政授权确权程序和侵权民事诉讼中对权利要求作出不一致的解释。通过适用禁止反悔原则对等同原则予以必要的限制，可以合理地确定专利权的保护范围，维持专利权人与被诉侵权人以及社会公众之间的利益平衡。

（2）修改导致的禁止反悔。

在专利审查和无效宣告程序中，专利申请人、专利权人可以对权利要求书进行修改，修改的方式之一是将范围大的概念修改为范围更小的概念。这种修改，可以认为是将两个概念之间的其他部分放弃了，不能再通过等同原则认定其与权利要求书中的概念等同。例如，在“一种防治钙质缺损的药物及其制备方法”专利侵权纠纷案中，专利申请人在涉案专利的审查过程中，将“可溶性钙剂”修改为“活性钙”，而可溶性钙剂包括活性钙和葡萄糖酸钙，而被控侵权人使用的是葡萄糖酸钙。对此，法院认为：专利权人在专利授权程序中对权利要求1所进行的修改，放弃了包含“葡萄糖酸钙”技术特征的技术方案。因此，涉案专利权的保护范围不应包括“葡萄糖酸钙”技术特征的技术方案。被诉侵权产品的相应技术特征为葡萄糖酸钙，属于专利权人在专利授权程序中放弃的技术方案，不应当认为其与权利要求1中记载的“活性钙”技术特征等同而将其纳入专利权的保护范围。②

对权利要求进行修改的另一种方式是增加新的技术特征。对此，不能简单地认为该技术特征之外的内容都被放弃，从而不能对该技术特征适用等同原则。在“放料装置”专利侵权纠纷案中，专利权人在审查过程中对权利要求1进行了修改，在其中增加了技术特征“料位开关”。对于能否在侵权诉讼中对该技术特征适用等同原则，最高人民法院认为，虽然在权利要求中增加技术特征会进一步限定专利权的保护范围，导致权利要求的保护范围发生变化，但在没有其他证据证明权利人通过修改或者意见陈述“放弃”特定技术方案的情况下，不能仅仅由于在权利要求中增加技术特征，使权利要求的保护范围进一步限缩，就认定权利人完全“放弃”了与该技术特征等同的其他所有技术特征，不能再就增加的技术特征主张适用等同原则。如此，会导致以增加技术特征的方式修改的权利要求的保护范围受到过度限制，被诉侵权人极易通过技术特征的修改、替换来规避侵权，导致权利人与社会公众的利益失衡。这样，既与禁止反悔原则的目的不符，也与专利法保护专利权人的合法权益、鼓励发明创造的立法目的不相适应。③

（3）意见陈述导致的禁止反悔。

在专利审查或无效宣告程序中，专利申请人或专利权人为了获得专利授权或维持专利

---

① 最高人民法院（2011）民提字第306号民事判决书。

② 最高人民法院（2009）民提字第20号民事判决书。

③ 最高人民法院（2018）最高法民再387号民事判决书。

有效，有时会对专利技术方案进行说明，并且与现有技术进行对比，强调专利中的技术特征与现有技术的不同。而在专利侵权诉讼中，如果被控侵权产品的技术特征与专利权利要求的技术特征不同，专利权人往往主张属于等同特征。如果该技术特征恰恰是专利申请人、专利权人在专利审查或无效宣告程序中强调的技术特征，则专利权人不能“两头得利”，按禁止反悔原则就不能认定为等同特征。例如，在“电动车架”专利侵权纠纷案中，专利权利要求中的一个技术特征是“前叉立管安装位由固定连接于车架主管前部上、下两侧的两个短圈以及贯通短圈和车架主管的通孔构成”，专利权人针对无效宣告请求的意见陈述书称“本专利的发明点在于没有头管，代替头管功能的是两个短圈”，而被控侵权产品的前叉立管安装位为车头管。法院认为，带有车头管的电动车架的技术方案，正是被专利权人在相关授权确权程序及行政诉讼中多次明确放弃的，且已被专利授权确权机关予以明确肯定，故根据禁止反悔原则，被诉产品的“前叉立管安装位为车头管”这一技术特征与涉案专利相应技术特征亦不构成等同特征，被控侵权产品不落入涉案专利权的保护范围。[①]

但是，并不是只要意见陈述中提及某个技术特征，就不能再就该技术特征适用等同原则。例如，在“夹紧装置及其制造方法”专利侵权纠纷案中，最高人民法院指出：虽然涉案专利申请人在授权过程的意见陈述中笼统地强调了包括“铰链部分”等在内的诸多技术特征与现有技术不同，但并没有具体陈述某个特征与现有技术的差别，无法明确其放弃的具体技术方案，因此不能适用禁止反悔原则。[②]

（4）禁止反悔原则适用的条件。

专利申请人、专利权人在专利授权确权程序中对权利要求书、说明书及附图的限缩性修改或者陈述，有时被接受，因而专利获得授权或维持有效；但有时并没有被审查或审判机关接受，对专利的效力并没有产生影响。禁止反悔原则的目的是防止专利权人对在专利授权确权程序中放弃的技术方案又在侵权诉讼程序中提出主张，从而“两头得利”。如果专利权人在授权确权阶段并没有放弃该技术方案，则该放弃也不应该成为在侵权诉讼阶段禁止反悔的理由。因此，我国司法解释对禁止反悔原则的适用作了限定。

法条链接

最高人民法院《关于审理侵犯专利权纠纷案件应用法律若干问题的解释（二）》（2020 年修正）

第十三条　权利人证明专利申请人、专利权人在专利授权确权程序中对权利要求书、说明书及附图的限缩性修改或者陈述被明确否定的，人民法院应当认定该修改或者陈述未导致技术方案的放弃。

根据上述规定，权利人为了应对专利授权确权程序中权利有效性受到的挑战而作出放弃，且该放弃被采信时，才适用禁止反悔原则。在实践中，专利权人应对其主张的被明确

① 江苏省高级人民法院（2017）苏民终 1477 号民事判决书。

② 最高人民法院（2014）民申字第 1949 号民事裁定书。

否定负有证明责任，若证明不能，则应认定构成对适用禁止反悔原则的放弃。在“鲨鱼鳍式天线”专利侵权纠纷案中，专利申请人曾在授权确权阶段作出意见陈述，称与现有技术相比其专利有区别技术特征 a、b，原审法院根据禁止反悔原则认定对该两个技术特征不能适用等同原则，最高人民法院认为：由于专利权人作出的限缩性陈述在实质审查中已被明确否定，而无效宣告程序并未推翻该认定，得出相反的结论，在这种情况下，应当认定存在专利权人的限缩性陈述已被明确否定的事实。这与所作的限缩性陈述并未带来专利权的获得和专利权的维持的事实相符，与禁止反悔原则防止权利人“两头得利”的目的不相悖。因此，蒋某平关于区别技术特征 a、b 的意见陈述，不发生技术方案被放弃的法律效果。本案侵权判定不应适用禁止反悔原则。①

（5）能否主动适用禁止反悔原则。

一般情况下，只有在当事人提出主张并提交了证据时，法院才适用禁止反悔原则。但在个别情况下，当事人没有提出适用禁止反悔原则的主张，而法院发现了适用禁止反悔原则的事由。对此，最高人民法院指出，在认定是否构成等同侵权时，即使被控侵权人没有主张适用禁止反悔原则，人民法院也可以根据业已查明的事实，通过适用禁止反悔原则对等同范围予以必要的限制，以合理地确定专利权的保护范围。②

司法适用

放弃权利要求是否导致适用禁止反悔原则

在专利审查和无效宣告程序中，专利申请人、专利权人修改权利要求的一种方式是放弃权利要求。放弃权利要求后，在后的从属权利要求成为独立权利要求。与被放弃的权利要求相比，有一部分技术方案已不在新的独立权利要求的保护范围之内。这种情况下，能否认定该部分技术方案已经被放弃，从而不能适用禁止反悔原则，法院在司法实践中曾有不同的做法。

在“自动消防泄压阀”专利侵权纠纷案中，原权利要求 1 的技术特征为“驱动装置”，但专利权人在无效宣告程序中放弃了权利要求 1、2，权利要求 3 中的相应技术特征为“电磁牵引器”。一审法院认为：如若将“电磁牵引器”等同扩大到“电动机”，导致的后果就是违反了禁止反悔原则。即使被控侵权产品中的“电动机”技术特征与受专利保护的“电磁牵引器”技术特征等同能够成立，根据禁止反悔原则，等同侵权也不成立。③

而在“一种自动滚按足浴盆”专利侵权纠纷案中，专利权人在无效宣告程序中删除了权利要求 1—4。一审法院认为：在不考虑无效宣告程序的情况下，被控侵权产品中“蜗转轴轮、蜗杆传动机构”构成专利权利要求中“皮带传动机构”的等同特征。但是，“蜗转轴轮、蜗杆传动机构”特征共同存在的相应技术方案已经在权利要求的修改过程中被放弃，故不能再通过等同原则将其纳入专利权的保护范围。④ 二审法院认为：只是对技术方

① 最高人民法院（2017）最高法民申 1826 号民事裁定书。

② 最高人民法院（2009）民申字第 239 号民事裁定书。

③ 陕西省高级人民法院（2009）陕民三终字第 12 号民事判决书。

④ 北京市第二中级人民法院（2012）二中民初字第 16886 号民事判决书。

案放弃，并没有对技术方案中的技术特征进行限制的修改或意见陈述，并不对等同特征的认定产生影响。对权利要求1—4的删除，并不直接构成对权利要求3中“皮带传动机构”这一技术特征的限制，因此并不能在侵权纠纷中将与该技术特征相等同的特征排除在保护范围之外。[①]

笔者赞同放弃权利要求并不导致适用禁止反悔原则的意见。放弃权利要求主要是便于审查，并不是为了使该权利要求有效，不能认为维持有效权利要求之外的技术方案都被放弃了。同样的道理，如果不是专利权人主动放弃了权利要求，而是独立权利要求被宣告无效，也不能据此认为对维持有效的从属权利要求的技术特征不能再适用等同原则。[②]

2. 捐献规则

捐献规则（the dedication rule）源自美国，其基本含义是，对于说明书描述而权利要求未记载的技术方案，视为专利权人将其捐献给了社会公众，专利权人不得在专利侵权诉讼中主张上述已捐献的内容属于等同特征所确定的范围。在我国最高人民法院通过司法解释确立了该规则。

法条链接

最高人民法院《关于审理侵犯专利权纠纷案件应用法律若干问题的解释》

第五条 对于仅在说明书或者附图中描述而在权利要求中未记载的技术方案，权利人在侵犯专利权纠纷案件中将其纳入专利权保护范围的，人民法院不予支持。

根据上述规定，对于说明书记载而权利要求未记载的技术方案，视为专利权人将其捐献给了社会公众，专利权人不得在专利侵权诉讼中主张上述已捐献的内容属于等同特征所确定的范围。捐献规则实质上是对等同原则适用的一种限制。在“布塑热水袋的加工方法”专利侵权纠纷案中，最高人民法院指出：对于在说明书中披露而未写入权利要求的技术方案，如果不适用捐献原则，虽然对专利权人的保护是较为充分的，但这一方面会给专利申请人规避对较宽范围的权利要求的审查提供便利，另一方面会降低权利要求的划界作用，使专利权保护范围的确定成为一件过于灵活和不确定的事情，增加了公众预测专利权保护范围的难度，不利于专利公示作用的发挥以及公众利益的维护。涉案专利说明书在第3页中明确记载了第10、11步的步骤可以调换，而这一调换后的步骤并未体现在权利要求中，因此调换后的步骤不能被纳入涉案专利权的保护范围。[③]

捐献规则主要适用于字面上已经作为一种替代方案在说明书中予以明确记载的情形。一般情况下，如果说明书只是披露了上位概念，并不意味着除权利要求书要求的下位概念外的其他所有下位概念都捐献给社会。但是，如果说明书中记载了依据相对上位的概念而形成的技术方案可以作为替代的技术方案，且本领域普通技术人员在阅读完说明书后可以

① 北京市高级人民法院（2013）高民终字第1222号民事判决书。
② 对此，最高人民法院在判决中已经明确。最高人民法院（2011）民提字第306号民事判决书。
③ 最高人民法院（2013）民提字第225号民事判决书。

确定该上位概念在申请日之时所涵盖的具体下位概念时，依据该可确定的下位概念所形成的技术方案同样应当被视为已为特定化描述的技术方案，而属于捐献原则的适用对象。① 在“热交换板”专利侵权纠纷案中，最高人民法院指出，适用《关于审理侵犯专利权纠纷案件应用法律若干问题的解释》第5条规定的捐献原则，应当注意以下两个方面的问题：首先，认定权利要求中是否记载特定技术方案，应当考虑权利要求书的整体情况。如果权利人仅依据权利要求书中的部分权利要求主张侵权，即使该部分权利要求中未记载但在其他相关权利要求中已明确记载的技术方案，即表明权利人在撰写权利要求书时有意将该技术方案纳入专利权的保护范围，不属于仅在说明书中记载但在权利要求书中弃之不顾、予以“捐献”的情形。其次，该条规定的在权利要求中“未记载的技术方案”，是指未能将该技术方案纳入权利要求所限定的保护范围，并不要求权利要求中的相关表述与该技术方案对应一致。权利人通过上位概括等方式纳入权利要求保护范围的特定技术方案，不属于“未记载的技术方案”②。

3. 特意排除规则

为限制等同原则的适用，美国法院创立了“特意排除”规则：对于从专利权利要求的范围内被特意排除的技术方案，专利权人不能再主张属于等同。在我国最高人民法院通过司法解释也确认了该规则。

法条链接

最高人民法院《关于审理侵犯专利权纠纷案件应用法律若干问题的解释（二）》（2020年修正）

第十二条 权利要求采用“至少”“不超过”等用语对数值特征进行界定，且本领域普通技术人员阅读权利要求书、说明书及附图后认为专利技术方案特别强调该用语对技术特征的限定作用，权利人主张与其不相同的数值特征属于等同特征的，人民法院不予支持。

根据上述规定，特意排除规则适用于数值技术特征：如果权利要求中有“至少”“不超过”等特别界定的用语，本领域普通技术人员阅读权利要求书、说明书及附图后认为专利技术方案特别强调该用语对技术特征的限定作用，则数值限定之外的部分，已经为专利权人所特意排除，不能再认定为等同特征。特意排除规则的适用，不限于使用“至少”“不超过”等用语的权利要求，也不限于数值限定的权利要求，只要本领域普通技术人员在阅读权利要求书、说明书及附图后认为专利技术方案特别强调某用语对技术特征的限定作用，则不能忽略该用语，认为与该用语不同的技术特征属于等同技术特征。例如，在“PCB板的印锡贴片焊接治具”专利侵权案中，涉案专利的一个技术特征是“治具托盘的每个边上均活动安装有用于夹持PCB板边位的边位推拉装置”，而被控侵权产品的相应技术特征是“在治具托盘相对的两个边上活动安装有用于夹持PCB板边位的边位推拉装置”。最高人民法院判决认为，涉案专利技术特征“治具托盘的每个边上均活动安装有用

① 北京知识产权法院（2015）京知民初字第1674号民事判决书。

② 最高人民法院（2020）最高法民申969号民事裁定书。

于夹持PCB板边位的边位推拉装置”特意强调了“每个边上”的限定作用，本领域普通技术人员在阅读权利要求书和说明书后可以理解，权利人在专利申请时存在排除被诉侵权产品技术特征“在治具托盘相对的两个边上活动安装有用于夹持PCB板边位的边位推拉装置”的意思，故不应将该技术方案再以等同认定纳入专利权保护范围。①

司法适用

是否改劣不影响等同的认定

在专利侵权判断中，有时被控侵权人故意改变或减少权利要求中的一个技术特征，使被控侵权产品在性能和效果上明显劣于专利技术。对此，被称为“改劣实施论”的观点认为这种改劣实施应当被认定为等同侵权。例如，在“高层供暖回水缓冲排气装置”专利侵权纠纷案中，原审法院认定：被控侵权产品缓冲器中的逆止排气阀及其缺少环绕螺纹导向板和止旋板，使其产品在性能、效果上均不如专利技术优越，是变劣的技术方案，由于专利技术已被社会公知，被控侵权人又有在专利权人处工作的经历，根据公知技术很容易作出对其中必要技术特征的省略。正是被控侵权人省略了该必要技术特征，才导致其整个技术方案的性能、效果变劣。根据专利侵权判定的等同原则，被控侵权人制造、销售、许诺销售的产品落入专利权保护范围。

但是，最高人民法院提审后对案件进行了改判。最高人民法院认为：“人民法院在判断被控侵权技术方案是否落入专利权保护范围时，应当将被诉侵权技术方案的技术特征与专利权利要求记载的全部技术特征进行对比。如果被控侵权技术方案缺少权利要求记载的一个或者一个以上的技术特征，或者被控侵权技术方案有一个或者一个以上的技术特征与权利要求记载的相应技术特征不相同也不等同，人民法院应当认定被控侵权技术方案没有落入专利权的保护范围。被控侵权技术方案是否因缺少某专利技术特征而导致技术功能或效果的变劣，不应考虑。”② 上述判决，确立了法院在认定等同侵权时，不考虑是否改劣的问题的规则，从而否定了“改劣实施论”。

笔者赞同这一观点。“改劣实施论”将被控侵权人的主观因素纳入专利侵权成立与否的判定中，但被控侵权人的主观因素不应影响专利侵权成立与否的认定。在明显变劣的情况下，是否构成侵权仍应按照等同原则进行判定，没有必要考虑变劣是不是被控侵权人故意改变或减少技术特征造成的。

第四节 包含功能性特征和以方法界定产品特征的权利要求的保护范围

在发明和实用新型专利的权利要求中，有时会有两种特殊的技术特征：一种是功能性限定技术特征，简称功能性特征；另一种是以方法界定产品的特征，简称“方法界定产

① 最高人民法院（2020）最高法知民终1310号民事判决书。

② 最高人民法院（2009）民提字第83号民事判决书。

品”特征。这两类特征的撰写方式与其他技术特征的撰写方式不同，包含上述技术特征的权利要求的保护范围也有特有的规则。

一、功能性特征及包含该特征的权利要求的保护范围

最高人民法院在司法解释中对功能性特征的认定和包含该特征的权利要求的保护范围作了规定。

法条链接

最高人民法院《关于审理侵犯专利权纠纷案件应用法律若干问题的解释（二）》(2020年修正)

第八条 功能性特征，是指对于结构、组分、步骤、条件或其之间的关系等，通过其在发明创造中所起的功能或者效果进行限定的技术特征，但本领域普通技术人员仅通过阅读权利要求即可直接、明确地确定实现上述功能或者效果的具体实施方式的除外。

与说明书及附图记载的实现前款所称功能或者效果不可缺少的技术特征相比，被诉侵权技术方案的相应技术特征是以基本相同的手段，实现相同的功能，达到相同的效果，且本领域普通技术人员在被诉侵权行为发生时无需经过创造性劳动就能够联想到的，人民法院应当认定该相应技术特征与功能性特征相同或者等同。

（一）功能性特征的含义及认定

功能性特征是指不直接限定发明技术方案的结构、组分、步骤、条件或其相互之间的关系等，而是通过其在发明创造中所起的功能或者效果对结构、组分、步骤、条件或其相互之间的关系等进行限定的技术特征。一般情况下，专利权利要求应当描述专利发明创造的具体结构、组分、步骤、条件或其相互之间的关系等，如果只进行功能性描述，就会使权利要求所涵盖的范围过于宽泛。但是，在一些新技术领域，特别是在现在发展速度最快的通信、生物技术领域，有时难以通过结构、组分、步骤、条件或其相互之间的关系等来对发明创造进行界定，专利申请人于是根据技术特征在发明创造中所起的功能或者效果来进行限定。

如果技术特征通过功能或效果进行界定，又未描述具体结构、组分、步骤、条件或其相互之间的关系等，一般可认定其为功能性特征。但是，本领域普通技术人员仅通过阅读权利要求即可直接、明确地确定实现上述功能或者效果的具体实施方式的除外。这种除外的情形主要有以下三种情况。

第一种情况是使用了功能性用语的词，但该词已经形成习惯性用法，有其固定的含义。这时就不应认定其为功能性特征。在“瓦楞蜂窝复合纸板的制造设备”专利侵权纠纷案中，最高人民法院指出，并不是所有以功能或者效果表述的技术特征均属于功能性特征，因为在同一技术领域中有很多已成熟技术的既定概念也使用了功能性的表述，如“变压器”“放大镜”“发动机”等，本领域普通技术人员能够明了这些概念指的技术是如何实现的，其基本的结构如何。[①] 再如，在“小型计算机系统接口双向连接器”专利侵权纠纷

---

① 最高人民法院（2009）民监字第567号民事判决书。

案中，最高人民法院认定，权利要求1记载的“定位槽”是将插接本体之梯形槽框架端固定的起到定位的槽形结构。“定位槽”是本领域普遍知悉、约定俗成的概念，并非功能性技术特征。[①]

第二种情况是使用了功能性或效果性语言表述，但同时也用相应的结构、材料、步骤等特征进行描述的技术特征。这种情况下，起限定作用的还是具体的结构、材料、步骤等，这类技术特征就不能被认定为功能性特征。例如，在“机动车辆的刮水器的连接器及相应的连接装置”专利侵权纠纷案中，权利要求中的一个技术特征是“在所述关闭位置，所述安全搭扣面对所述锁定元件延伸，用于防止所述锁定元件的弹性变形，并锁定所述连接器”。原审法院认定该技术特征属于功能性特征，但最高人民法院认为：如果某个技术特征已经限定或者隐含了发明技术方案的特定结构、组分、步骤、条件或其相互之间的关系等，即使该技术特征还同时限定了其所实现的功能或者效果，原则上亦不属于功能性特征。本案中这一技术特征的特点是，既限定了特定的方位和结构，又限定了该方位和结构的功能，且只有将该方位和结构及其所起到的功能结合起来理解，才能清晰地确定该方位和结构的具体内容。这种“方位或者结构＋功能性描述”的技术特征虽有对功能的描述，但是本质上仍是方位或者结构特征，不是功能性特征。[②]

第三种情况是具体实施方式属于公知常识。在SMC株式会社与乐清市博日气动器材有限公司、上海宇耀五金模具有限公司等侵害发明专利权纠纷案中，最高人民法院指出：基于专利申请日前本领域普通技术人员的知识水平和认知能力，如果实现争议技术特征所述功能或者效果的具体实施方式属于本领域普通技术人员的公知常识，应认定该争议技术特征属于本领域普通技术人员仅通过阅读权利要求即可直接、明确地确定实现该功能或者效果的具体实施方式的情形，不属于功能性特征。[③]

（二）专利审查中的功能性特征

功能性特征的使用已经得到了各国的认可，但同时很多国家又限制其使用。在我国要求尽量避免使用功能性或者效果性特征来限定发明创造。只有在某一技术特征无法用结构特征来限定，或者技术特征用结构特征限定不如用功能性或效果性特征来限定更为恰当，而且该功能或者效果能通过说明书中规定的实验或者操作或者所属技术领域的惯用手段直接和肯定地验证的情况下，使用功能性或者效果性特征来限定发明才可能是允许的。[④] 在我国在专利审查程序中按照一般标准进行解释，将其理解为覆盖了所有能够实现所述功能的实施方式。[⑤]

（三）功能性特征的保护范围

功能性特征的字面含义十分宽泛，涵盖了所有能够实现该功能、效果的具体实施方式。但根据相关司法解释的规定，我国对功能性特征的保护范围采用了限制性解释的方式，其保护范围并不涵盖所有能够实现所述功能的实施方式，而是只涵盖与说明书及附图记载的实现所称功能或者效果不可缺少的技术特征相比，被诉侵权技术方案的相应技术特

---

① 最高人民法院（2011）民申字第1318号民事裁定书。

② 最高人民法院（2019）最高法知民终2号民事判决书。

③ 最高人民法院（2019）最高法民申5477号民事裁定书。

④⑤ 《专利审查指南（2010）》第二部分第二章3.2.1。

征是以基本相同的手段，实现相同的功能，达到相同的效果，且本领域普通技术人员在被诉侵权行为发生时无须经过创造性劳动就能够联想到的实施方式，这些实施方式属于与功能性特征相同或者等同的范围。

确定功能性特征的保护范围时应考虑以下问题。

首先，确定保护范围的依据是说明书及附图记载的实现所称功能或者效果不可缺少的技术特征。如果权利要求书使用了功能性特征，说明书应支持权利要求，披露实现所称功能或者效果的技术特征。在“一种太阳能灯及其包装盒”专利侵权纠纷案中，最高人民法院指出：对功能性特征的解释，应当以说明书、附图中记载的实现该功能所“不可缺少”的技术特征作为依据，而不宜简单地将说明书、附图中与实现功能性特征的功能、效果有关的全部技术特征，均用于限定功能性特征的保护范围。由此，这有利于鼓励专利权人主动公开与功能性特征的功能、效果有关的技术内容，丰富现有技术，便于社会公众更好地理解专利技术方案；亦可以让权利人无须顾虑由于公开的具体实施方式过于具体、细节，功能性特征的保护范围受到不必要的限缩。即使将本案权利要求中“第一散热区”“第二散热区”解释为“功能性特征”，在“结合说明书和附图描述的该功能或者效果的具体实施方式及其等同的实施方式，确定该技术特征的内容”时，亦应当分析说明书中记载的相关具体实施方式中的具体情形，以实现“散热”功能的必要技术特征来确定保护范围，不能将说明书中记载的与“散热”有关的所有技术特征，均用来确定“第一散热区”“第二散热区”的保护范围。①

其次，功能性特征的保护范围包括相同的范围和等同的范围。根据最高人民法院《关于审理侵犯专利权纠纷案件应用法律若干问题的解释》第 4 条的规定，功能性特征的内容为说明书和附图描述的该功能或者效果的具体实施方式及与其等同的实施方式。这一范围是功能性特征的字面范围。而根据最高人民法院《关于审理侵犯专利权纠纷案件应用法律若干问题的解释（二）》（2020 年修正）第 8 条的规定，涉及功能性特征也有相同侵权和等同侵权。从理论上说，对于功能性特征而言，相同侵权和等同侵权的区别在于“本领域普通技术人员在被诉侵权行为发生时无需经过创造性劳动就能够联想到”的时间：如果是在申请日就能联想到，则属于相同侵权；如果在申请日不能联想到，但在被诉侵权行为发生时可以联想到，则属于等同侵权。实践中，实际上是很难区分是在申请日还是侵权日能够联想到的。因此，相关司法解释只规定了“被诉侵权行为发生时”，这时能够联想到的内容包括了在申请日能够联想到的内容。只要在“被诉侵权行为发生时”能够联想到，该特征就属于功能性特征的范围，不再区别相同还是等同。

最后，功能性特征等同的认定与其他技术特征等同的认定标准不完全相同。虽然二者都要求“以基本相同的手段”，并且“无须经过创造性劳动就能够联想到”，但其他技术特征对比的基础是权利要求记载的技术特征本身，而功能性特征对比的基础是在说明书及附图中记载的实现功能性特征的功能或者效果不可缺少的技术特征。其他技术特征的等同，应当以“实现基本相同的功能”“达到基本相同的效果”作为认定标准，而功能性特征的等同，必须“实现相同的功能”“达到相同的效果”，其认定标准更为严格。

---

① 最高人民法院（2018）最高法民申 1018 号民事裁定书。

典型案例

涉及功能性特征的侵权判断

“布塑热水袋的加工方法”专利侵权纠纷案涉及功能性特征的侵权判断问题。本案中权利要求中的一个技术特征是“保温层”——被控侵权方法在内层和外层之间夹放的半片空心薄棉。

最高人民法院认为保温层属于功能性限定的技术特征。

最高人民法院就专利说明书和附图中描述的具体实施方式进行了界定：“依照涉案专利方法所生产的热水袋共计有三层，即内层、外层和保温层。根据涉案专利说明书中关于保温层的描述及附图中公开的内容来看，该保温层由人造保温棉等各种有关材料制作，位于内层和外层之间，将内层、外层完全覆盖并隔离开，可以达到如下技术效果：提高保温性能，慢慢散热降温，延长使用时间；克服灌入热水开始的过烫现象。”

然后，最高人民法院对被诉侵权产品中的相应技术特征是否与专利说明书中披露的具体实施方式相同或等同进行了分析：“被诉侵权产品中的空心棉软垫，在宽度上与内层、外层同宽，并与内层、外层左右两侧边缘相连接；在长度上相当于内层、外层的一半。乐雪儿公司主张半块空心棉软垫的设置是为了增强手持热水袋的手感，不具有涉案专利保温层的功能和效果。本院认为，保温的主要原理是物理隔离减弱热对流和热传导。涉案专利设置保温层的目的就是通过控制内外层之间空气的热对流，阻断内外层之间因物理接触而产生的热传导来实现保温和防烫的效果。被诉侵权产品所设置的半块空心棉软垫在材质上与涉案专利保温层相同，在结构上也设置于内层和外层之间，在大小上虽然没有完全覆盖内层和外层，但其设置方式实质上起到了减弱热对流和热传导的作用，也能够实现保温和防烫的技术效果。虽然半块空心棉的保温和防烫效果与整块空心棉的效果会稍有差异，但本领域技术人员基于对保温原理的认识，能够判断二者的差异是非实质性的，因此‘空心棉软垫’与‘保温层’构成等同。”①

本案中的功能性特征的功能比较简单，即“保温”，最高人民法院没有对该功能进行分析。另外，最高人民法院虽认定两技术特征等同，但并没有明确认定等同的基准时间，实质上是以侵权行为发生时作为基准时间，但并不严格区分相同侵权和等同侵权。这也是绝大多数案件中法院的习惯性做法。

实务探讨

在审查和侵权判定中对于功能性特征是否应当采取相同的解释方法

在我国在专利审查和侵权判定过程中，对功能性特征采取了不同的解释方法。在专利审查中采用了普通解释，而在侵权判定中则采用了限制性解释。对于我国是否应当采用相同的解释方法，一直存在不同的观点。赞同采用不同的标准的理由是，这样能够引导当事人尽量不采用此种撰写方式。赞同采用相同标准的理由是，这样有利于专利权人和社会公

---

① 最高人民法院（2013）民提字第 225 号民事判决书。

众对于专利权的保护范围建立统一的预期，从而保障社会公众的可期待利益，并且有利于鼓励专利权人公开其发明创造。

笔者认为，对于一般权利要求而言，专利审查时的解释与侵权判定时的解释应当是一致的，但功能性特征是以一种特殊方式撰写的技术特征，是否采用相同的解释方式要看对专利权人以及社会公众的影响。对于功能性特征，可以采用不同的解释方法。

对于功能性特征，可以采用的解释方法有四种：第一种是在审查和侵权判定时全部采用普通解释方法；第二种是在审查和侵权判定时全部采用限制解释方法；第三种是在审查时采用普通解释方法，而在侵权判定时采用限制解释文法；第四种是在审查时采用限制解释方法，而在侵权判定时采用普通解释方法。英国和德国采用的是第一种做法，美国采用的是第二种做法，我国和日本采用的是第三种做法。[①] 没有国家采用第四种做法，因为这种做法会使专利权的保护范围比实际发明创造的范围大。因此，笔者只探讨前三种做法。第一种做法和第二种做法都是在审查和侵权判定时采用相同的解释方法，而第三种做法是在审查和侵权判定时采用了不同的解释方法。

按照第一种标准，一旦审查员在在先技术中发现了实现权利要求所述功能的实施方式，就认为专利权利要求不具备新颖性或创造性，从而可能决定不授予专利权。因此，采用这种标准不利于专利申请人获得专利。在侵权判定过程中，只要被控侵权产品可以实现权利要求所述的功能，就可以认定为属于专利权的保护范围。因此，采用这种标准导致专利权的保护范围很宽，即使被控侵权产品中具体技术方案与专利说明书所描述的技术方案是截然不同的技术方案，也有可能认定专利侵权成立。这样可能导致授予专利权人的独占权范围与其对社会的贡献度不相当。专利申请人可能只是提出一种具体的技术构思，如果专利申请人使用的是功能性特征，当该技术构思所产生的功能是新的，并且披露了几个具体实施方式时，该专利就可以获得授权，专利权人所得到的独占权范围涵盖了与该技术构思具有相同功能的技术方案。这就是说，未来具有相同功能的技术方案都被专利权人独占，而这些技术方案可能是与专利说明书中的技术方案根本不同的。专利保护的本质在于，由于发明人通过申请专利向社会公开了其发明创造，专利法授予其一定期限的垄断权。专利权人得到的垄断权和其向社会公开的内容应当是相当的。专利权人向社会公开的内容，应当是其具体的技术方案，而不是技术构思。因此，专利权应当保护专利权人向社会公开的具体技术方案，而不能保护其技术构思。虽然法律允许专利权人采用功能性限定的方式撰写权利要求，但不能将保护范围延及实现该功能的所有方式。因此，采用第一种标准不利于获得专利，并且导致了专利权保护范围的不适当扩大。故这种标准是不可取的。再者，我国现状决定了不适宜采用第一种标准。我国对发明专利和实用新型专利采用不同的审查形式，对实用新型专利只进行形式审查，故如果采用第一种标准，专利无效的情况会增加。

第二种标准在理论上是可行的，符合保护范围与技术贡献相当的原则，但在实际操作中会产生以下问题：一是在专利审查程序中判断过程复杂。按照这种标准，需要判断现有技术是否与专利说明书中描述的具体方式相同或等同，如果现有技术与说明书中描述的具

---

① 闫文军．专利权的保护范围．2版．北京：法律出版社，2018：621-622.

体方式相同或等同，则可以认定专利申请缺乏新颖性或创造性；如果现有技术与说明书中描述的具体方式不相同也不等同，则不会破坏专利性。但是，如果明明现有技术中存在实现所述功能的具体方式，又因为它与专利说明书中的描述不同，从而不能否定专利性，则会破坏专利的公示作用。而在审查判断过程中，一般是将现有技术与权利要求进行对比，这种将现有技术与说明书对比的做法也会带来审查中的难题。二是导致功能性特征泛滥。这种标准下的授权条件，比第一种标准下宽松很多。即使现有技术中存在可以实现所述功能的具体实施方式，只要说明书中描述的方式与之不相同也不等同，仍可以采用功能性限定的方式界定技术特征。这样会鼓励和刺激专利权人更多地使用这种技术特征。然而对这种技术特征的撰写方式不应当受到鼓励。正是由于采用了第二种标准，美国的专利代理人喜欢采用功能性限定的撰写方式，这造成了专利审查和保护中的复杂问题。

而第三种标准，克服了第二种标准所带来的上述问题。采用这一标准是否会带来其他问题呢？有人认为，这一标准对专利权人保护不利。在审查过程中已经考虑了实现该功能的所有方式，那授予专利权后，能实现该功能的所有方式都应属于专利权的保护范围。但其实这种观点是不成立的。假如前一发明人使用了功能性特征，在后发明人的发明点正是前一专利的功能性特征部分，并且其技术方案与在先专利说明书中描述的具体方式不相同也不等同，那么认定在后发明人的发明不属于在前发明人的专利权保护范围是符合专利保护的宗旨的。也有人认为，审查时的解释标准与侵权判定时的解释标准不一致，会导致保护范围不确定，对专利权人和社会公众都是不公平的。笔者认为，这并不必然导致专利权保护范围不确定。审查时的解释标准，主要是考虑是否允许采用功能性限定的方式撰写权利要求，而侵权判定时的解释标准主要是确定专利权的保护范围。只要专利权人和社会公众都按照这种观点去认识两种解释标准，就不会导致保护范围的不确定。

因此，笔者认为，第三种标准反映了对功能性特征的限制，又合理地保护了专利权人的利益。尽管这种做法与有些国家的做法不一致，但在理论上是可行的，在实践中也是容易操作的。

二、“方法界定产品”特征及包含该特征的权利要求的保护范围

（一）“方法界定产品”特征的含义及保护范围

权利要求有两种基本类型：产品权利要求和方法权利要求。一般来说，产品权利要求用结构特征或者参数特征进行界定。但是，在有的情况下，无法准确地用结构界定一个全新的产品，于是就出现了用制造方法界定产品的特征的方式。有的权利要求可以是全部技术特征都是制备方法，例如，“产品 X，其特征在于，可以通过 Y 方法获得”，或者“通过 Y 方法获得的产品 X”。有的权利要求部分是结构特征，部分是方法特征，例如，“产品 X，包括 A、B、C，其特征在于，A 是通过 Y 方法获得的”。

“方法界定产品”权利要求的保护范围，一般在审查和侵权判定中都会涉及。而对于如何确定其保护范围，主要有两种不同的观点：方法限定说和物同一说。方法限定说将被控侵权产品的生产方法与专利权利要求中的方法进行对比；而物同一说则认为不管生产方法有什么区别，只要被控侵权产品与权利要求界定的物相同，就落入专利权的保护范围。方法限定说和物同一说是两种确定“方法界定产品”权利要求的方法。方法限定说实质上

是将对“方法界定产品”权利要求授予方法专利保护的，而物同一说是对“方法界定产品”权利要求授予产品专利保护的。

（二）“方法界定产品”特征在专利审查中的保护范围

在审查程序中，美国、日本以及我国等都采用了“物同一说”这一观点，即将这种权利要求作为产品权利要求看待，只就产品是否符合专利授权条件进行审查。权利要求中的制备方法特征，即使本身是新颖的，如果不能使产品与现有技术中的产品相区别，也不能获得授权。① 根据上述规定，审查程序中确定专利权的保护范围时，在新颖性方面只考虑物本身的特性，而不考虑制备方法本身。例如，在“多层装饰玻璃”的实用新型专利无效请求审查决定中，权利要求的技术特征是“所述材料层（2）通过胶层（3）与所述玻璃片热压成型或灌胶成型”，对比文件公开的多层玻璃的结构与涉案权利要求相同，但其制备方法属于热压成型的方式。专利复审委员会认为，热压成型或灌胶成型均为玻璃成型中的常用技术手段，热压成型或灌胶成型的最终结果均是使材料层与玻璃片之间通过胶层粘接在一起，进而形成多层装饰玻璃；专利权人亦认可热压成型或灌胶成型是本领域中可以相互替代的常用方法，其最终结果均是形成多层玻璃。上述字面上的区别并未为本专利的产品带来区别于附件1的产品的结构和/或组成，故该技术方案也不具备新颖性。②

（三）“方法界定产品”特征在专利侵权中的保护范围

关于在侵权判定中如何确定“方法界定产品”权利要求的保护范围，在美国和日本都曾产生过争议，最后两国选择了不同的做法。

美国最高法院在20世纪50年代以前作出的几个判决中，曾暗示制造方法对于专利具有限定作用。但是，由于当时的审查标准与现在的不同，而美国最高法院的观点也不明确，因此，可以说美国最高法院并没有作出过关于解释“方法界定产品”权利要求的判例。1991年，美国联邦巡回上诉法院在 Scripps Clinic & Research Found. v. Genentech 案中采纳了“物同一说”③。但一年之后，美国联邦巡回上诉法院在 Atlantic Thermoplastics Co. v. Faytex Corp. 案中采纳了“方法限定说”④。2009年，美国联邦巡回上诉法院以满席审理的方式就 Abbott Laboratories v. Sandoz，Inc. 案作出了判决，澄清了对“方法界定产品”权利要求的解释规则，肯定了“方法限定说”，即权利要求中的方法特征在侵权判定中具有限定作用。⑤

日本法院长期采用“物同一说”，但在有的判决中也采用了“方法限定说”，如2002年1月28日东京地方法院判决的“卡锁”案件。⑥ 2012年，日本知识产权高等法院先后作出了两件涉及“普伐他汀纳”的“方法界定产品”权利要求的判决。⑦ 日本知识产权高等法院采用了“方法限定说”解释涉案权利要求。日本最高法院于2015年6月5日同时

---

① 《专利审查指南（2010）》第二部分第三章3.2.5（3）。

② 专利复审委员会第24359号无效审查决定。

③ 927 F. 2d 1565，18 USPQ2d 1001（Fed. Cir. 1991）.

④ 970 F. 2d 834，23 USPQ 1481（Fed. Cir. 1992）.

⑤ 556 F. 3d 1282（Fed. Cir. 2009）.

⑥ 日本东京地方法院2000年第27714号。

⑦ 分别是2012年1月27日作出的2010年［平成22年（ネ）］第10043号和8月9日作出的2011年［平成23年（ネ）］第10057号。

对这两个案件作出了三审判决。[①] 日本最高法院撤销了日本知识产权高等法院的判决，将案件发回重审。日本最高法院认为：对于物的发明来说，其专利权的效力应及于与该物构造、特性相同的物，而不考虑是采用什么方法制造的。即使物的发明的权利要求中采用了制造方法界定的方式，该发明也应当被解释为与采用该方法制造的物的构造、特性相同的物。可见，日本最高法院最终采纳了“物同一说”的解释方法。

我国法院一般认为，在专利侵权诉讼中，产品专利中的方法特征对于专利权的保护范围具有限定作用，即采用的是“方法限定说”。最高人民法院通过司法解释确认了这种解释方法。

法条链接

最高人民法院《关于审理侵犯专利权纠纷案件应用法律若干问题的解释（二）》（2020 年修正）

第十条　对于权利要求中以制备方法界定产品的技术特征，被诉侵权产品的制备方法与其不相同也不等同的，人民法院应当认定被诉侵权技术方案未落入专利权的保护范围。

“物同一说”与“方法限定说”是两种对立的解释方法，这两种方法各有优缺点。“物同一说”的最大缺点是难以确定被控侵权物与专利保护的产品是不是“同一物”，“方法限定说”的最大缺点是无法给专利权人提供充分的保护。“物同一说”更理想化，“方法限定说”更实用化。“方法限定说”有时对专利权人保护不力，若采此说对于那些只能通过方法界定的新产品，专利权人实质上无法就产品得到保护。因此，在采用“方法限定说”这一解释方法时，还应当考虑如何充分保护专利权人的利益。

典型案例

“方法界定产品”特征的保护范围

“高强度橡胶尼龙气囊容器”专利权利要求书记载了如下内容：“1. 一种高强度橡胶尼龙气囊容器，其特征是挂上生胶的各种帘线及其织物或帘线钢丝混合织物缠绕后硫化而成。”在侵权诉讼中，法院从拍摄的被诉侵权产品照片仅能看出被诉侵权气囊产品的外观和形状，不能获知其具体的制造方法，即不能获知其是否为挂上生胶的各种帘线及其织物或帘线钢丝混合织物缠绕后硫化而成。

对于被控侵权产品是否落入专利权的保护范围，最高人民法院认为：该权利要求是以方法界定的产品权利要求，在进行侵权判定时，应当考虑被诉侵权技术方案是否使用该方法特征。由于专利产品并非新产品，主张侵权的专利权人应该提供证据证明被诉侵权气囊产品的制造方法与涉案专利技术所包括的方法特征相同或者等同，从现有证据来看，尚不能确定被诉侵权气囊产品的制造方法，因此无法确定其是否落入涉案专利的保护范围。原

---

① 日本最高法院 2012 年［平成 24 年（受）］第 1204 号和 2012 年［平成 24 年（受）］第 2658 号。

告没有完成其举证责任，应该对此承担不利后果，对诉讼请求，法院不予支持。[①]

在该案中，权利要求是产品——一种高强度橡胶尼龙气囊容器，但界定该产品时用的是生产方法——挂上生胶的各种帘线及其织物或帘线钢丝混合织物缠绕后硫化而成，因此，这一权利要求属于以方法界定产品的权利要求。诉讼中法院收到的证据是产品的照片，但从产品的照片上看不出生产方法。如果采用“物同一说”，则可以通过照片对比确定产品是否相同；如果采用“方法限定说”，则无法作出侵权认定。最高人民法院在裁定中明确提出采用“方法限定说”：在进行侵权判定时，应当考虑被诉侵权技术方案是否使用该方法特征。由于从被诉侵权产品照片仅能看出被诉侵权气囊产品的外观和形状，不能获知其具体的制造方法，最高人民法院没有就二者产品是否相同进行对比，而认为不能确定被诉侵权气囊产品的制造方法，因此无法确定其是否落入涉案专利的保护范围。

【思考题】

1. 在理论上确定专利权保护范围的原则有哪些？
2. 什么是技术特征？如何划分技术特征？
3. 如何解释权利要求？
4. 认定等同特征的条件是什么？
5. 如何确定功能性特征的保护范围？
6. 如何确定“方法界定产品”权利要求的保护范围？

【推荐阅读文献】

1. 李明德. 专利权利要求中的使用环境特征——株式会社岛野与宁波市日骋工贸有限公司专利侵权案. 中国发明与专利，2018 (10).

2. 闫文军，殷宗萍. “特意排除”规则：限制等同原则适用的一种新规则. 知识产权，2013 (1).

3. 闫文军，邢瑞淼. 专利等同认定要件的比较分析——以名存实亡的“容易联想”要件为对象. 知识产权，2019 (6).

4. 佘朝阳. 专利侵权诉讼中权利要求的解释及侵权认定. 人民司法，2020 (1).

① 最高人民法院（2011）民申字第1047号民事裁定书。

第十三章　专利侵权例外

在被控侵权产品或方法落入或者可能落入专利权的保护范围时，被控侵权人仍可以提出其他抗辩理由主张自己不侵权。有效的专利侵权抗辩的事由，就是法律规定的免责事由，即专利侵权例外。一旦被控侵权人可以证明自己有免责事由，侵权指控就不成立或被控侵权人不用承担侵权赔偿责任。我国《专利法》第75条规定了不视为侵犯专利权的五种情形。另外，《专利法》第67条规定了现有技术和现有设计抗辩，《专利法》第77条规定了善意使用、销售不承担赔偿责任。

法条链接

《专利法》

第七十五条　有下列情形之一的，不视为侵犯专利权：（一）专利产品或者依照专利方法直接获得的产品，由专利权人或者经其许可的单位、个人售出后，使用、许诺销售、销售、进口该产品的；（二）在专利申请日前已经制造相同产品、使用相同方法或者已经作好制造、使用的必要准备，并且仅在原有范围内继续制造、使用的；（三）临时通过中国领陆、领水、领空的外国运输工具，依照其所属国同中国签订的协议或者共同参加的国际条约，或者依照互惠原则，为运输工具自身需要而在其装置和设备中使用有关专利的；（四）专为科学研究和实验而使用有关专利的；（五）为提供行政审批所需要的信息，制造、使用、进口专利药品或者专利医疗器械的，以及专门为其制造、进口专利药品或者专利医疗器械的。

第一节　专利权用尽

一、专利权用尽的含义

专利权用尽又称专利权穷竭，是指在经专利权人许可的专利产品首次售出后，买受人对该产品的处理将完全或部分不受专利权人的控制，即专利权人在该售出产品上主张专利法所授予的权利时将会受到一定的限制。我国《专利法》第75条第1项规定了专利权用尽原则。根据上述规定，专利权用尽须满足三个条件：行为作用的对象是专利产品或依照专利方法直接获得的产品，专利权人同意将产品投放市场，作用于产品的行为限于使用、销售、许诺销售或进口。

规定专利权用尽原则的理由主要有两个方面：一个方面是专利权人通过实施其专利已获取了利益，其专利权已经实现；另一方面是如果没有专利权用尽原则，将不利于专利产品的流通和利用，从而会对产业进步及科技发展造成损害，有违专利立法的本意。

二、专利权人的限制条件与专利权用尽

如果专利权人在出售其专利产品时对产品的销售、使用等附加了限制条件，那么，违反该限制条件的购买者或使用者能否主张权利用尽呢？例如，专利权人要求其出售的产品只在国外销售，但被他人销售到国内，在国内的销售者是否能主张专利权用尽？这个问题的实质在于，专利权人是否可以通过合同约定排除专利权用尽原则的适用。

德国等大陆法系国家认为专利权用尽是对专利权的一种本质性限定，不论专利权人在售出其专利产品时是否提出了限制条件，都不影响专利权用尽原则的适用。专利产品购买者违反专利权人提出的限制条件属于合同违约问题，而不是侵犯专利权的问题。

英美法国家本来允许专利权人对其售出的或者经其被许可人售出的专利产品的使用和转售提出限制性条件，如果该限制性条件不违反法律规定，明知该条件而使用或转售者构成专利侵权。但美国最高法院在 2008 年的 Quanta Company v. LG Electronics 案①中认定，违反专利权人限制条件的行为仍受专利权用尽的制约。美国最高法院明确了以下立场：专利产品一旦被合法销售出去，专利权人基于专利法所得之权利便已用尽，如果专利权人认为专利产品购买者违反其基于合同关系所设下的条件限制，则其请求权基础应该是违反合同，而非专利侵权。

我国《专利法》并没有规定当事人的限制条件是否可以阻碍权利用尽原则的适用，司法实务中也没有相关的案例。笔者认为，专利权人的限制条件不能阻碍专利权用尽原则的适用。在理论上讲，专利权用尽应是一个对世的原则，不能通过当事人的约定来排除。当事人的约定只能产生违约责任，而不能产生专利侵权责任。从其他国家的司法实践看，越来越多的国家采取了这一立场。

实务探讨

专利权用尽是否适用于关联专利

一般情况下所说的专利权用尽，指的是售出产品本身的专利权，而有的情况下，还涉及与售出产品有关联的专利权是否用尽的问题。例如，专利权人在同一项专利中有两项独立权利要求，或拥有两项专利，分别保护一种制造方法和实施该制造方法的专用设备；或专利权人只就制造方法获得了专利，而没有就专用设备获得专利。在上述情况下，如果专利权人制造了专用设备并售出，他人使用该专用设备时实施了专利方法，就产生了关联专

---

① Quanta Computer，Inc. v. Lg Electronics，Inc. （No. 06－937） 453 F. 3d 1364.

利是否专利权用尽的问题。

按照专利法的原则，不同的专利有不同的保护范围，实施一项专利不应被视为另一项专利的权利用尽。但是，美国、德国和日本等认为，除非专利权人在销售其专用设备时提出明确的限制性条件，否则这意味着购买者获得了实施其专利方法的默认许可。[①] 例如，日本最高法院在佳能墨盒案中认为，对于专门用于实施某种方法的产品，或者虽然是可以用于使用专利方法的产品，但属于实现发明目的所不可缺少的部分，专利权人将其转让后，对于其使用方法而言，专利权人的权利也用尽了。[②] 美国最高法院在 Quanta Company v. LG Electronics 案中进一步明确了这一观点，并指出这样做的理由是，限制专利权用尽原则在方法专利上的适用会极大地损害权利用尽原则本身，因为专利权人会寻求途径，将其专利描述成一种方法而非一种装置。[③]

我国《专利法》没有明确权利用尽是否适用于关联专利。我国法院的意见也尚不明确。北京市高级人民法院《专利侵权判定指南（2017）》第 131 条第 4 款规定："方法专利的专利权人或者其被许可人售出专门用于实施其专利方法的设备后，使用该设备实施该方法专利"，不视为侵犯专利权。但在"一种无线局域网移动设备安全接入及数据保密通信的方法"专利侵权纠纷案中，北京市高级人民法院认为，只有专利产品或者依照专利方法直接获得的产品才存在专利权用尽的问题，而单纯的"使用方法专利"由于不涉及产品，故一般不存在权利用尽的问题。[④] 而在"一种具有仿瓷效果的涂料及其喷涂工艺"专利侵权纠纷案中，北京知识产权法院认为使用方法专利可因专利产品的出售而用尽：实现产品正常用途的使用产品的常规方法是产品价值得到体现的必然途径，二者相合不可分离。因此，对实现产品常规用途的使用产品的方法专利，适用权利用尽实质即为对产品专利的权利用尽。但北京市高级人民法院认为因基础事实不存在，权利用尽原则缺乏基本的适用条件。[⑤]

笔者认为，认定关联专利的权利用尽是合理的，也是具有现实意义的，但需要严格适用条件。一方面，购买人购买产品的目的就是按照产品的正常用途使用产品。如果认定专用设备出售后，使用该设备的唯一方法还受到专利法保护，则会妨碍购买人对设备的使用，使购买人在使用设备时还要注意是否侵犯设备制造者的其他专利。购买人的注意义务过重就会妨碍正常的市场秩序。另一方面，专利权人有可能通过申请关联专利的方式，变相延长专利保护期，或者实现专利法之外的利益。在专利申请高度密集的今天，认定专利权用尽适用于关联专利，可以防止专利滥用。因此，虽然我国《专利法》只规定了售出专利产品本身专利权的用尽，但其原则可以适用到关联专利。当然，对关联专利用尽的范围应进行严格限定。一般来说，如果售出的产品除了实施另一专利，并没有实质用途，则可以认定前一产品的售出会导致后一专利的权利用尽。

---

① 尹新天. 专利权的保护. 北京：知识产权出版社，2005：67.

② 日本最高法院 2007 年［平成 18 年（受）］第 826 号。

③ Quanta Computer，Inc. v. Lg Electronics，Inc.（No. 06－937）453 F. 3d 1364.

④ 北京市高级人民法院（2017）京民终 454 号民事判决书。

⑤ 北京知识产权法院（2016）京 73 民初 639 号民事判决书，北京市高级人民法院（2018）京民终 157 号民事判决书。

三、平行进口与专利权用尽

专利权用尽原则适用于一国境内是没有争议的，这被称为专利权国内用尽。但是，产品在不同国家、不同地区的价格差异会导致产品在不同地域之间流动，而专利又具有地域性，专利权人在一个国家将产品售出或许可他人售出后，是否导致其在其他国家、地区的专利权用尽呢？这就是专利权的国际用尽问题。与专利权国际用尽相关的问题就是平行进口的问题。平行进口是指未经专利权人授权的进口商，将由专利权人自己或经其同意在其他国家或地区市场投放的产品，向专利权人或独占被许可人所在国或地区的进口。如果承认专利权国际用尽，则平行进口就是合法的；如果不承认专利权的国际用尽，则平行进口就是不合法的。

平行进口是否合法，在理论上是一个有争议的问题。认为平行进口不合法的依据在于专利权中的一项权利是“进口权”；认为平行进口合法的依据在于权利产品一经售出，则其权利国际用尽。不同的国家有不同的做法。欧盟认为专利权用尽既不是国内用尽也不是国际用尽，而是欧盟范围内的用尽。专利产品一旦在欧盟范围内售出，则可以在欧盟范围内自由流通，专利权人不能再主张专利权。日本最高法院于 1997 年 7 月 1 日判决的 BBS 案件中认为，专利权人不能对其在德国已制造和售出的专利产品再次在日本行使专利权，从而确立了日本承认平行进口合法的基本态度。① 英国基于“默认许可”原则，认为如果专利权人或其被许可人没有明确提出限制性条件，则意味着购买者对专利产品的任何利用均不会构成对专利权的侵犯，上述规则既适用于国内销售也适用于国际销售。美国联邦巡回上诉法院在 Jazz Photo Corp. v. Int'l Trade Comm'n 案②中指出，“如果援引首次销售权利用尽原则，经授权的首次销售必须发生在美国专利产品上”。上述论断，实质上否认了专利权国际用尽。

对于平行进口应采取什么立场，与该国的经济和技术发展水平是有联系的。发达国家的产品价格普遍高于发展中国家的，为了确保本国专利权人在向发展中国家输出技术的同时能获得最大限度的经济回报，许多发达国家往往主张反对平行进口。但是，这种反对并不是绝对的，专利产品的平行进口受到各国产业政策很大的影响，因而在有利于本国产业政策的情况下，某些“附条件”的平行进口往往又通过各种方式被认可。而发展中国家希望商品在不同国家之间自由流通，从而得到最低价格的商品，因此主张平行进口合法。

在 TRIPS 协议的谈判中，美国政府坚决反对专利权国际用尽，同时发展中国家坚持要求要有（或应该有）专利权国际用尽。最后 TRIPS 协议没有对知识产权的权利用尽问题作出限制性规定，而是在第 6 条规定：“本协议的任何规定不得用于处理知识产权的权利用尽问题。”这表明该协议允许各国在权利用尽问题上根据其需要采取灵活的立场。世界贸易组织 2001 年通过的《多哈宣言》再次重申，各成员为解决公共健康问题，有权自行决定其对专利权用尽问题的立场。

---

① 日本最高法院 1995 年［平 7（オ）］第 1988 号。

② 264 F. 3d 1094 (Fed. cir. 2001).

在2008年《专利法》第三次修改之前，我国对是否承认专利权国际用尽缺乏明确的规定。鉴于我国的经济实力和科研实力与发达国家的相比还有相当差距，高技术领域的专利权绝大多数由外国专利权人掌握，我国的产业发展在相当程度上仍依赖于国外技术和产品的引进，2008年《专利法》第三次修改时在《专利法》第69条第1款第1项规定的不视为侵犯专利权的行为中，增加了“进口”行为，从而明确承认了专利权的国际用尽，认可了平行进口的合法性。

实务探讨

零部件销售是否导致组合物的专利权用尽

专利权用尽涉及的一个问题是：如果该零部件属于仅能用于实施组合物专利的核心构件，在专利权人售出该零部件之后，买家是否有权将之继续组装为专利产品并销售？对此，美、德两国所持的立场和原则是相同的，即防止专利权人就相同的专利发明重复获得许可使用费。因此，美、德两国都承认零部件销售可以导致组合物专利的权利用尽，但需要满足一定的前提：该零部件必须体现了组合物专利的“实质特征”且不具有任何“非侵权用途”。“实质特征”是指系争权利要求与现有技术相比具有可专利意义上的显著技术特征；零部件具有“非侵权用途”是指其可以被“合理地”以非侵权方式加以使用。①

对此，我国法律和司法解释尚没有规定。北京市高级人民法院《专利侵权判定指南(2017)》第131条第3项规定，“专利权人或者其被许可人售出其专利产品的专用部件后，使用、许诺销售、销售该部件或将其组装制造专利产品”，不视为专利侵权。但在“一种无线局域网移动设备安全接入及数据保密通信的方法”专利侵权纠纷案中，北京市高级人民法院认为，《专利法》第75条第1项规定的专利权用尽原则只能使涉及合法售出的产品本身的专利权被用尽，而不能认为合法售出的实施专利方法或制造专利产品的专用设备或者专用元件、部件就导致产品或方法专利权也被用尽。② 在“柱筒型缝纫机的送料装置”专利侵权纠纷案中，广东省高级人民法院认为：专利权用尽原则指向于专利产品整体的流通。具体到本案中，专利产品应该是一种柱筒型缝纫机的送料装置这一整体，而非该送料装置的具体某一个或某几个零部件。因此被告认为原告对被控侵权产品送料装置已权利用尽，没有法律依据。③

零部件销售是否导致组合物的专利权用尽仍是一个值得探讨的问题。如果一概不承认零部件销售导致组合物的专利权用尽，对于实质用途只有组合为专利产品的零部件而言，专利权人可以二次收费，且零部件的销售会受到影响。笔者认为可以借鉴美国和德国的做法，承认某些情况下零部件销售会导致组合物的专利权用尽，同时严格限定适用的条件。

---

① 张韬略，张伟君. 零部件销售导致组合物专利权利用尽研究——以美国、德国判例为视角. 知识产权，2017(10).

② 北京市高级人民法院（2017）京民终454号民事判决书。

③ 广东省高级人民法院（2013）粤高法民三终字第893号民事判决书。

典型案例

作为包装物的外观设计专利产品是否适用专利权用尽原则

鞠某军是专利号为ZL96323288.6、名称为酒瓶的外观设计的专利权人。鞠某军将其专利许可给山东银河酒业（集团）总厂（以下简称银河酒厂）。该酒厂生产了专利酒瓶用于销售白酒。山东武城古贝春集团公司（以下简称古贝春公司）回收了银河酒厂已经出售的专利酒瓶，装入其生产的白酒，贴上“古贝春头曲酒”瓶贴，交予经销商销售。鞠某军以古贝春公司侵犯其外观设计专利权为由向法院提起诉讼。

一审法院认为：《专利法》关于权利用尽规定的本意是指：在这些产品合法地投入市场后，任何人买到了这种产品，无论是自己使用还是再次销售，都无须征得专利权人的同意。就本案外观设计专利来说，专利产品名称为酒瓶，其工业上的应用价值在于作为酒的包装物与酒作为一个整体投入市场。所以，专利权人权利用尽应指使用这种设计的酒瓶的酒产品被合法投入市场并售出后，购买者自己使用或再次销售该酒产品的行为。这里的使用仅就产品功能本身的发挥而言，对于回收与此种设计相同或近似的酒瓶并作为自己同类酒产品的包装物，以生产经营为目的的生产销售行为，已突破了专利产品合法购入者使用的内涵，成了一种变相生产制造外观设计专利产品的行为，因而古贝春公司主张专利权人权利用尽的抗辩理由不能成立。古贝春公司以生产经营为目的，使用与被告的设计相同或近似的旧酒瓶的行为不属于权利用尽。二审法院认为：鞠某军许可银河酒厂独占实施其专利，银河酒厂使用该外观设计专利酒瓶生产、销售白酒，白酒售出后，鞠某军和银河酒厂已经获得了收益，体现在酒瓶上的专利权已经用尽，根据专利权用尽原则，购买者的使用或者再销售行为就不侵犯其专利权。古贝春公司生产、销售古贝春头曲酒，使用回收的旧酒瓶，因旧酒瓶上的专利权已经用尽，故无论这些旧酒瓶是否与被上诉人的外观设计专利酒瓶相同或近似，都不构成对被上诉人外观设计专利权的侵犯。①

该判决作出后，一直存在反对的声音。有的法院也作出了与一审法院的结论一致的判决。② 2009年最高人民法院在制定司法解释时对此也产生过争议。笔者认为，作为包装物的外观设计产品，与其他专利产品并没有区别，不应因为是作为包装物的外观设计产品，就不适用专利权用尽原则。认为包装物外观设计专利不适用权利用尽原则，实质上只是将包装物看作其他产品的包装，而忽略了包装物本身就是一件产品。根据我国《专利法》的规定，外观设计专利保护的是对产品的设计。包装物的外观设计专利保护的是包装物本身的设计，而不是其包装的物品的设计。酒瓶外观设计专利保护的是酒瓶的设计，而不是对酒的设计。包装物与其他产品的不同在于使用方式上的不同，这种使用方式的不同并不改变其单独是一个产品的特征。按专利权用尽的原则，专利产品售出后，他人再转售和使用该产品，专利权人都无权控制。也就是说，他人不管以何种方式使用该产品，专利权人都无权过问。包装物是不是只是供一次性使用，在使用之后就整体报废了呢？这要根据具体情况分析。有的包装物在使用一次后就不能再使用，但有的包装物在使用后仍完好无损，

---

① 山东省高级人民法院（2000）鲁经终字第339号民事判决书。

② 河南省高级人民法院（2010）豫法民三终字第85号民事判决书，四川省高级人民法院（2010）川民终字第20号民事判决书。

可以再次使用。如果专利权人生产该包装物的意图就是一次性使用，则法院也不能根据专利权人的“一厢情愿”而认定再次使用就是违法。把回收包装物外观设计专利产品并重新使用的行为分开分析，无论如何都得不出属于“制造”的结论。把这种行为综合起来看，也看不出认定为“制造”的法律依据。因此，没有理由认为，专利权用尽原则不适用于包装物外观设计专利产品。

禁止回收利用他人的包装物外观设计专利产品可能是出于保护消费者的考虑。包装物外观设计专利产品因与众不同，可能成为消费者识别该包装物所包装的产品的因素。如果允许他人回收使用该包装物，可能引起消费者的混淆。但这种考虑是不正当竞争的范围，而与专利法无关。试想：如果专利权人甲拥有一项酒瓶外观设计专利，甲生产了酒瓶销售给乙酒厂，乙酒厂用这种酒瓶包装了其生产的酒后对外销售。丙酒厂回收了乙酒厂使用过的酒瓶并灌装了自己生产的酒对外销售。如果消费者只从酒瓶上辨别商品，可能将丙酒厂的酒误认为乙酒厂的酒，这属于丙酒厂的行为是否构成对乙酒厂不正当竞争的问题，与专利权人甲是没有关系的。专利权人甲的专利权在其酒瓶销售时已用尽了。丙酒厂的行为也不会影响专利权人甲的利益。因为丙酒厂回收酒瓶的行为证明了专利权人甲的酒瓶的价值，专利权人甲可以以更高的价格销售其新酒瓶。因此，不必为了专利权人的利益而将包装物外观设计专利作为权利用尽的例外，而对该包装物使用人的利益的保护不是专利法所考虑的内容。将包装物外观设计专利作为权利用尽的例外，既无理论依据，也无现实需要。

第二节　先用权

法条链接

最高人民法院《关于审理侵犯专利权纠纷案件应用法律若干问题的解释》

第十五条　被诉侵权人以非法获得的技术或者设计主张先用权抗辩的，人民法院不予支持。

有下列情形之一的，人民法院应当认定属于专利法第六十九条* 第（二）项规定的已经作好制造、使用的必要准备：

（一）已经完成实施发明创造所必需的主要技术图纸或者工艺文件；

（二）已经制造或者购买实施发明创造所必需的主要设备或者原材料。

专利法第六十九* 条第（二）项规定的原有范围，包括专利申请日前已有的生产规模以及利用已有的生产设备或者根据已有的生产准备可以达到的生产规模。

先用权人在专利申请日后将其已经实施或作好实施必要准备的技术或设计转让或者许可他人实施，被诉侵权人主张该实施行为属于在原有范围内继续实施的，人民法院不予支持，但该技术或设计与原有企业一并转让或者承继的除外。

---

* 2020 年《专利法》第 75 条。——编辑注

一、先用权概述

(一) 先申请原则与先用权

专利权被授予后，专利权人享有独占权，有权制止他人未经其允许的实施行为。而绝大多数国家实行的是先申请原则，专利授予最先申请的人而不是最先发明或设计的人。在专利权人申请专利前，可能有人已经在先作出了发明创造或设计，甚至已经秘密实施或准备实施。在先发明人、设计人因为在先申请原则而不能获得专利权。如果专利权人获得专利后在先使用人不能继续使用的话，这对在先使用人显然不公平。因此，为了平衡专利权人与在先使用人之间的利益，实行先申请原则的国家一般都规定了先用权的制度。

(二) 先用权的含义和意义

先用权是指因在先使用而享有继续使用的权利，即在专利申请日前已经制造相同产品、使用相同方法或者已经做好制造、使用的必要准备，并且仅在原有范围内继续制造、使用的，不视为侵犯专利权，可以继续使用。

专利法一方面促进当事人尽早公开发明创造，另一方面也要保护先发明人、设计人对自己完成的技术或设计的使用权。同时，如果所有先发明人、设计人都享有对技术或设计的使用权，也会损害专利权人的利益，损害先申请原则的实行。因此，在保护先发明人、设计人的同时，又要对先发明人、设计人的权利进行限制。先用权制度就是为平衡先申请原则下专利权人与先发明人、设计人的利益而创设的，它在保护先发明人、设计人权利的同时，又对先发明人、设计人所享有的权利进行限制。

(三) 先用权的性质

关于先用权的性质，有抗辩权和独立权两种观点。我国《专利法》第 75 条的规定中并没有使用“先用权”这一概念，而是规定了一种抗辩事由。因此，将先用权理解为抗辩权，更符合我国《专利法》的规定。先用权只是针对专利权而存在，并且只针对专利侵权指控而行使，并不是一种可以单独处分的权利。

二、先用权的技术来源

先用权人提出抗辩时，应当证明自己已经制造相同产品、使用相同方法或者已做好制造、使用的必要准备。不管是制造产品还是使用某一方法，都指向一种技术或设计方案。这一技术或设计方案就是先用权人用以主张拥有先用权的技术或设计。一般说来，该技术是先用权人自己研究开发的技术或设计，或者是其他通过合法途径获得的技术或设计。如果该技术或设计是非法获得的，则其先用权的主张不能成立。

只要是通过合法途径取得的，即使被控侵权人的技术或设计来源于专利权人，也不影响先用权的成立。例如，专利权人在完成发明创造后并没有立即申请专利，而是在学术会议上发表，或者在展览会上展示。这时只要发明人在宽限期内申请专利，其发明（设计）就不会丧失新颖性，而且可能获得授权。而他人如果对专利权人披露的技术或设计产生信赖，已经开始实施或做好了实施的准备，仍可以主张先用权抗辩。但是，如果被控侵权人根据与专利权人的合同，在专利申请日前实施了该技术或设计，其使用受制于双方的合作关系，在双方合作关系终止的情况下，其不再享有使用权，当然也就不产生先用权。[①]

三、先用权的产生

根据我国《专利法》第 75 条的规定，可能产生先用权的行为是“在专利申请日前已经制造相同产品、使用相同方法或者已经作好制造、使用的必要准备”。

1. 行为是制造专利产品和使用专利方法的行为

实施专利的行为包括制造、使用、许诺销售、销售、进口专利产品的行为，以及使用其专利方法以及使用、许诺销售、销售、进口依照该专利方法直接获得的产品的行为。并不是所有实施专利的行为都可以产生先用权。对于产品专利来说，能够产生先用权的行为仅包括“已经制造相同产品或者已经做好制造的必要准备”，而不包括使用、许诺销售、销售、进口专利产品的行为；对方法专利而言，能够产生先用权的行为仅包括“已经使用相同方法或者已经做好使用的必要准备”，而不包括使用、许诺销售、销售、进口依照该方法直接获得的产品的行为。[②]

可见，只有生产环节的行为可以产生先用权，销售和使用环节的行为都不能产生先用权。这是因为规定先用权的一项重要目的是平衡发明人、设计人的权利和在先使用人的利益。生产环节的实施行为，是在生产者掌握了专利技术，并且一般进行了大量投入后才开始的。如果不承认先用权，在先使用人的投资无法使用，这将是造成社会资源的浪费。而销售和使用环节的在先实施行为，是建立在生产环节的实施行为基础之上的，并且销售者、使用者一般不掌握专利技术，也没有进行大量投资，即使不承认销售和使用环节的先用权，销售者、使用者也可以销售和使用其他产品，不会受到严重影响。

2. 行为持续到专利申请日

申请日是先用权产生的时间界限。只有申请日前制造相同产品、使用相同方法或者已经做好制造、使用的必要准备的行为，才可能产生先用权。先用权人应当在申请日前已经进行了实施或准备实施的行为，并且一直持续到申请日。

3. 行为的对象是“相同产品”或“相同方法”

“相同产品”或“相同方法”的对比是，主张先用权人在专利申请日前正在生产或准备生产的产品与专利产品进行对比，正在使用或准备使用的方法与专利方法进行对比。对比的标准是，相同产品是指具有与涉案专利相同或等同的技术特征的产品[③]，相同方法是指具有与涉案专利相同或等同的技术特征的方法。

4. 行为正在进行或已经做好必要准备

产生先用权的行为有两种状态：一种是在专利申请日前已经制造相同产品、使用相同方法，并且该行为到申请日还在继续，而不是曾经使用过这一技术。另一种是虽然还没有实施，但已经做好了实施的准备。后者主要包括以下两种情形：已经完成实施发明创造所必需的主要技术图纸或者工艺文件；已经制造或者购买实施发明创造所必需的主要设备或

---

① 江苏省高级人民法院（2006）苏民三终字第 0006 号民事判决书。

② 最高人民法院（2016）最高法民申 2925 号民事裁定书。

③ 最高人民法院（2015）民申字第 1541 号民事裁定书。

者原材料。可见，“已经做好必要的准备”指的是技术方面的准备，主张先用权人应证明已经掌握了专利技术或设计，并且准备实施该技术或设计。

典型案例

先用权中“必要准备”的认定

在“一种具有降压、降脂、定眩、定风作用的中药组合物及其制备方法和其用途”专利侵权纠纷案中，专利权人为陕西汉王药业有限公司（以下简称汉王公司），专利申请日为2005年9月27日。被控侵权人江西银涛药业有限公司（以下简称银涛公司）提出先用权抗辩。但二审法院认为先用权不成立。

最高人民法院经审查认为：银涛公司主张先用权抗辩的证据之一是2005年6月16日江西省食品药品监督管理局向其出具的“强力定眩胶囊”药品注册申请受理通知书以及银涛公司申请药品注册时所报送的《“强力定眩胶囊”申报资料项目》资料，该资料的药学研究资料部分记载了“强力定眩胶囊”的处方、制备方法、用途。银涛公司主张先用权抗辩的证据之二是江西省食品药品检验所《药品注册检验报告表》及附件，该报告表及附件显示银涛公司于2005年3月13日、15日、17日分别生产了三批“强力定眩胶囊”样品供申请注册检验使用。银涛公司主张先用权抗辩的证据之三是“药品生产许可证”和“药品GMP证书”，表明其在申请注册“强力定眩胶囊”时即具有“胶囊剂”生产线。由此可见，在涉案专利的申请日2006年9月27日前，银涛公司已经完成了生产“强力定眩胶囊”的工艺文件和设备，符合最高人民法院《关于审理侵犯专利权纠纷案件应用法律若干问题的解释》规定的“已经做好制造、使用的必要准备”的条件，应当认定银涛公司在涉案专利申请日前已经为实施涉案专利做好了制造、使用的必要准备。至于银涛公司何时取得“强力定眩胶囊”药品生产批件，是药品监管的行政审批事项，不能以是否取得药品生产批件来判断其是否做好了制造、使用的必要准备。二审判决错误认定银涛公司没有做好制造、使用的必要准备，应当予以纠正。①

从该案可以看出，判断是否做好制造、使用的必要准备，只看被控侵权人在技术上和经营上的准备，至于是否获得生产批准，不应作为考虑的因素。

四、先用权的范围

先用权成立后，先用权的范围有多大，是一个非常重要的问题。先用权的范围，涉及数量、主体和技术等几个方面。

（一）先用权的数量范围

根据我国《专利法》的规定，先用权人“仅在原有范围内继续制造、使用的”不被视为侵犯专利权，换言之，如果先用权人超出了原有范围制造、使用，便属于侵犯专利权的行为。因此，“原有范围”便是先用权的数量范围。根据最高人民法院司法解释的规定，“原有范围”包括专利申请日前已有的生产规模以及利用已有的生产设备或者根据已有的

① 最高人民法院（2011）民申字第1490号民事裁定书。

生产准备可以达到的生产规模。因此，“原有范围”并非仅指申请日前的实际生产规模，而是包括申请日前已有的生产规模和利用已有的生产设备或生产准备可达到的生产规模。但是，认定“原有范围”，不考虑其销售对象的范围是否发生变化。[①]

（二）先用权的主体范围

先用权制度旨在弥补先申请原则的缺陷，使先用权人的使用权不因他人在后申请专利而受到影响。但是，先申请原则要求将对专利申请的独占权授予最先申请专利的人，如果先用权人在申请日后可以许可或转让其拥有先用权的技术，则会增加市场上的竞争者，有损专利权人的独占权。故应将先用权定性为一种抗辩权，不可以脱离企业而转让。在申请日后，先用权所涉及的技术或设计与原有企业一并转让或者承继时，受让或承继原来企业的企业可以享有先用权。先用权人在专利申请日后将其已经实施或做好实施必要准备的技术或设计转让或者许可他人实施的，则受让人或被许可人不能主张先用权。另外，在诉讼中，被诉的侵权产品销售商可以主张制造商享有先用权。

（三）先用权的技术范围

在专利申请日前，先用权人已经实施或准备实施的技术一般是一项具体的技术或设计方案，而专利权所保护的技术或设计的内容可能比先用权人所使用的技术或设计方案范围更大。例如，某专利某一技术特征是5～8的取值范围，而专利权人所实施的技术是6。另外，大部分专利文件中除了独立权利要求，还有从属权利要求。先用权人所使用的技术或设计，可能与独立权利要求相同，而与从属权利要求不同。这时，就存在如何确定先用权的技术或设计范围的问题。我国《专利法》第75的规定中使用了“继续”一词，说明先用权人在申请日后使用的技术或设计应是申请日前的技术或设计。

一方面，不能把先用权人所享有的技术或设计范围限制过严。虽然先用权人已经实施或准备实施的是具体的技术或设计方案，并且申请日后仍应实施这一技术或设计，但并不能认为先用权人只就这一具体技术或设计方案拥有先用权，如果对该技术或设计方案稍加改变，就不再属于先用权的范围。如果这样，会限制先用权人进行技术或设计改进，对于先用权人而言要求过苛，也是不公平的。例如，在“防火隔热卷帘用耐火纤维复合卷帘及其应用”专利侵权纠纷案中，主张先用权的人在专利申请日前生产的是钢质防火卷帘门，但诉讼中生产的产品是布质防火卷帘。对于被控侵权产品是否仍属于“原有范围”，最高人民法院认为：深圳蓝盾公司在1999年前制造防火卷帘和钢质、木质门窗产品的产值较高，用工人员较多，产品销售区域较广。在1999年国家建设部出台新的防火规范，促使各企业研发新产品的大背景下，新型的布质防火卷帘将替代传统的钢质防火卷帘，成为防火卷帘产品的主要样态，在相关产品通过检验后，深圳蓝盾公司利用已有的缝纫机、切割机等设备和人力投入制造涉案布质防火卷帘，符合市场生产规律。因此，深圳蓝盾公司制造涉案被诉侵权产品是在原有范围内继续制造。[②]

另一方面，不能不加区分地认为先用权人只要在申请日前使用了专利权的保护范围内的技术或设计，就对整个专利技术或设计享有先用权。先用权人并不是对他人专利享有权

① 最高人民法院（2013）民申字第1766号民事裁定书。

② 最高人民法院（2015）民申字第1541号民事裁定书。

利，而是因为其在先使用而拥有对抗他人侵权指控的抗辩权。其抗辩权是否成立，要将申请日前实施或准备实施的技术或设计与其受到侵权指控的技术或设计进行对比。如果二者相比属于完全相同的技术或设计，则先用权抗辩成立。如果二者不同，则看这种不同是否导致二者为不同的技术或设计。如果被诉侵权技术或设计与在先实施的技术或设计相比，属于缺乏创造性的技术或设计，则可以认定二者仍为相同的技术或设计；如果被控侵权技术或设计与在先实施的技术或设计相比，具有创造性，有可能成为符合授予专利条件的新的技术或设计，则应认定先用权人在申请日前使用的技术或设计与其主张先用权的技术或设计已经不是同一技术或设计，先用权抗辩不能成立。

第三节 临时过境

根据我国《专利法》第 75 条第 3 项的规定，临时过境属于专利权侵权例外。临时过境的外国运输工具为自身需要而使用有关专利，免于专利侵权指控，是《巴黎公约》规定的原则，也是保障正常运输秩序的需要。

临时过境的免责需要符合以下条件：第一，运输工具的注册国是外国，而不是中国；第二，运输工具的注册国同中国签订了关于临时过境免责的协议或者共同参加了国际条约，或者对此执行互惠原则；第三，运输工具临时通过中国领陆、领水、领空，而不是在中国长期停留；第四，是为运输工具自身需要而在其装置和设备中使用专利，运输工具所携带的货物不在免责范围之内。

第四节 实验性使用

根据我国《专利法》第 75 条第 4 项的规定，专为科学研究和实验而使用有关专利的，不视为侵犯专利权。对上述规定，可以有两种理解。

一种理解是进行限制性解释，将“专为科学研究和实验”的对象限定为专利技术本身，其目的限定为促进科学技术进步。例如，有的学者指出，“专为科学研究和实验”，应当是指针对获得专利的技术本身进行科学研究和实验。可能的情况包括：（1）通过研究和实验，判断专利权利要求保护的专利技术是否能够实现专利说明书中记载的发明创造目的，产生预期的发明创造效果；（2）通过研究和实验，确定实施专利技术的最佳方案；（3）通过研究和实验，探讨如何对专利技术作出改进。①

另一种理解是进行宽泛解释，只要是为了科学研究和实验的目的，在实践中使用专利，包括将专利作为试验工具，都不视为侵犯专利权。

实验性使用豁免的只是以专利为试验对象，还是包括将专利作为试验工作的使用，是一个有争议的问题。我国法律和司法解释还没有进一步规定。我国学术界主流学说是对实

---

① 尹新天. 中国专利法详解. 北京：知识产权出版社，2011：817.

验性使用进行限制性解释。笔者认为，这种限制性解释与其他国家的相关规定一致，例如，美国的为了试验而使用是一个非常狭窄的概念，仅仅针对科学研究和满足个人兴趣。[①]而德国专利法则明确规定，实验免责限于“为试验目的而涉及专利标的的行为”。根据上述规定，当试验不再涉及专利发明标的物本身，如将专利发明标的物作为“试验工具”而使用，那么就侵犯了发明标的的专利权。日本专利法中的规定与我国的类似，而日本学者和法院都采用了限制性解释的观点，将“试验和研究”的对象限制为专利发明本身。[②]

对实验性使用进行限制性解释符合 TRIPS 协议关于专利侵权例外的规定。TRIPS 协议第 30 条规定专利侵权例外的条件是：不得与专利的正常利用相冲突，而且在顾及第三方的合法利益的同时，也不得不合理地损害专利权人的合法利益。如果对实验性使用作宽泛解释，大学和科研机构在实验室使用工具和设备等都属于侵权例外，则会与这些专利产品的正常利用相冲突，也会损害专利权人的利益。特别是有些工具和设备本来就是在实验室使用的，如果在实验室使用就不侵权，则这类专利的价值将会受到严重影响。

在我国法院判决的为数不多的涉及实验性使用的案件中，法院也对实验性使用进行了限制解释。在“熟化垃圾组织筛碎机”专利侵权纠纷案中，上海市高级人民法院指出：“专为科学研究和实验而使用有关专利”，“不视为侵犯专利权”的规定，是指在实验室条件下，为了在已有专利技术的基础上探索研究新的发明创造，演示性地利用有关专利，或者考察验证有关专利的技术经济效果。[③]

实务探讨

实验性使用和“为生产经营目的”的关系

我国《专利法》规定的侵权行为的一个要件是“为生产经营目的”，非为生产经营目的的行为都不属于专利侵权行为。而“实验性使用”是《专利法》规定的侵权例外。实验性使用和“为生产经营目的”在事实上是存在联系的，很多情况下的实验性使用都不是为生产经营目的。但从我国《专利法》的规定看，二者并没有法律适用上的关联。我国学者也指出：从立法宗旨来看，实验性使用抗辩理由是为促进科学技术进步而规定的，它与“为生产经营目的”无关，否则就不必专门将其列为抗辩理由。[④] 因此，“实验性使用”和不是“为生产经营目的”是专利侵权的两个抗辩理由，任意一个抗辩理由成立，都可以得出不侵权的结论。

但是，美国并没有把“实验性使用”和不是“为生产经营目的”作为两个独立的抗辩理由，我们在分析美国的案例时需要注意这一点。美国的一个典型案件是 Madey v. Duke University 案。[⑤] 梅迪（Madey）曾是杜克大学的一名教授，他在到杜克大学工作前拥有关于激光技术的两项专利。他将这两项专利应用到电子激光器（FET）实验室的仪器设备

---

① 李明德. 美国知识产权法. 北京：法律出版社，2014：130.

② 李明德，闫文军. 日本知识产权法. 北京：法律出版社，2020：506.

③ 最高人民法院公报，1993（4）.

④ 尹新天. 专利权的保护. 北京：知识产权出版社，2005：129.

⑤ 307 F. 3d 1351（Fed. Cir. 2002）.

中。他离职后，杜克大学继续使用了其FET实验室及设备。梅迪起诉杜克大学专利侵权，杜克大学以普通法中的“科学研究与实验例外”提出抗辩。初审法院认为杜克大学基本上不追求研发成果的专利申请和商业化应用，因此，其接受了杜克大学的“实验例外”抗辩。梅迪不服，上诉至美国联邦巡回上诉法院。美国联邦巡回上诉法院认为，普通法所承认的“实验例外”的适用范围是狭窄并受严格限制的，只要有最轻微的商业影响，或者与实施者的合理事业相关，就不符合主张实验性使用免责的条件。在该案中，法院认定：“无论一个特定的机构是否有物质上的获利目的，只要其行为是为了促进其合法业务（包括教育和启蒙学生，提升学校的声誉，吸引专家学者等），而非仅仅是由于乐趣，满足好奇心或科学的要求，那么其行为就不适用‘试验性使用’豁免原则。而且，行为人是否为商业机构或非商业机构并不是决定性因素。”不管实施专利的研究机构本身是否明确致力于商业获利，只要该行为能促进其既有事业，就不符合普通法“实验例外”的要求。杜克大学使用原告梅迪拥有专利的仪器设备不属于实验性免责的范围。

美国联邦巡回上诉法院的判决事实上将实验使用抗辩的适用缩小到很窄的范围，以至于它在实际生活中的适用可能性非常小。此案的判决在美国引起了广泛争议，很多教育组织和机构支持杜克大学，但美国最高法院并没有受理杜克大学的上诉。

从该案可以看出，美国法院在涉及实验性使用的案件中，主要考虑的是是否营利的问题以及是否使用了相关专利的问题。在这个案件中美国法院并没有审查是将专利作为研究对象还是作为研究工具的行为。从中也可以看出美国法院在专利侵权纠纷案件中并不把实验性使用作为一个独立的抗辩事由，而是将它与营利性使用结合起来。在审查营利性使用的问题上，美国法院认为，利益不仅是指金钱利益，还包括其他利益；不仅指直接利益，还包括间接利益。传统上学校被认为是非营利性的，这一案件改变了这一传统观点，缩小了非营利性的范围。

第五节　Bolar例外

2008年我国《专利法》在第三次修改中增加了Bolar例外，即《专利法》第75条第5项的规定。根据这一规定，不仅药品生产者或者研发机构为提供行政审批所需的信息，制造、使用、进口专利药品或者专利医疗器械的，不视为侵犯专利权，而且他人专门为药品生产者或者研发机构提供行政审批所需要的信息而制造、进口专利药品或者专利医疗器械并将其提供给药品生产者或者研发机构的行为，也不视为侵犯专利权。

Bolar例外是最早在美国产生的一项法律制度，目的是克服药品和医疗器械上市许可审批制度给仿制药品和医疗器械在专利权保护期限届满之后上市带来的迟延问题。这一制度源于Bolar公司的一个案件。1984年，Bolar公司（被告）为了赶在Roche公司（原告）所拥有的一项安眠药有效成分专利到期之时推出其仿制产品，在专利到期6个月前从国外获取了少量专利药品，并通过对这些药品进行实验来收集报批所需要的数据。Roche公司对其行为提起了专利侵权诉讼。美国联邦巡回上诉法院认为：实验性使用例外不应延伸到“带有商业目的”的应用。Bolar公司的行为是出于商业目的，不能适用实验性使用例外，因此侵权成立。[①] 这一判决结果引起了仿制药厂商的强烈反应，仿制药厂商积极游说美国国会，最终促成了《药品价格竞争和专利期限恢复法案》的诞生。该法案第 202 条允许仿制药厂商在专利到期前进行临床实验，收集报批所需的数据，并不视之为侵权。这一例外由于与 Bolar 公司的前述诉讼有关，因此，习惯上被称为“Bolar 例外”。

Bolar 例外的产生与美国实验性使用例外的规定有关系。由于在美国实验性使用免责还需要具备“非营利性”这一条件，而且“非营利性”的认定标准越来越高，所以在制药行业的推动下，立法中作出了 Bolar 例外的规定。在我国《专利法》中的实验性使用和“非营利性”是两个独立的免责条件，因此，在《专利法》作出 Bolar 例外的规定前，我国法院已经作出了为获得药品行政审批而使用专利不被视为侵权的判决。例如，在“用于治疗或预防高血压症的药物组合物的制备方法”专利侵权纠纷案中，法院认定：被告为实现进行临床试验和申请生产许可的目的使用涉案专利方法制造了涉案药品，但其制造行为是为了满足国家相关部门对于药品注册行政审批的需要，以检验其生产的涉案药品的安全性和有效性。鉴于被告的制造涉案药品的行为并非直接以销售为目的，不属于《专利法》所规定的为生产经营目的实施专利的行为，不构成对涉案专利权的侵犯。[②]

在 2008 年《专利法》增加了第 75 条第 5 项的规定后，制药企业可以更明确地知道自己的权利，法院也更容易作出认定。例如，在“丁苯酚环糊精或环糊精衍生物包合物及其制备方法和用途”专利侵权纠纷案中，法院认为，根据《专利法》第 75 条第 5 项的规定，在向药品评审中心申请注册涉案仿制药过程中，即使被告实施了制造、使用、进口涉案专利药品等行为，只要其仅是为了提供主管行政机关需要的信息而实施上述行为，该行为也不应被视为侵害涉案专利权的行为。[③]

第六节　现有技术（设计）抗辩

2008 年我国《专利法》修改时增加了现有技术抗辩或现有设计抗辩的规定。现有技术抗辩是针对发明和实用新型专利而言的，现有设计抗辩是针对外观设计专利而言的，二者的基本规则是相同的。下面主要介绍现有技术抗辩，有关内容也适用于现有设计抗辩。

法条链接

《专利法》

第六十七条　在专利侵权纠纷中，被控侵权人有证据证明其实施的技术或者设计属于现有技术或者现有设计的，不构成侵犯专利权。

---

① Roche Products v. Bolar Pharmaceutical, 733 F. 2d 858 (Fed. Cir. 1984).

② 北京市第二中级人民法院（2006）二中民初字第 04134 号民事判决书。

③ 最高人民法院（2019）最高法民申 2178 号民事裁定书。

一、现有技术抗辩的含义和意义

现有技术抗辩又称公知技术抗辩。在专利侵权诉讼中，如果被控侵权人有证据证明其实施的技术属于现有技术的，不构成侵犯专利权。虽然我国《专利法》在2008年修改时才增加了关于现有技术抗辩的规定，但其实在2008年之前，我国法院就已经承认和适用了现有技术抗辩，当时一般称之为“公知技术抗辩”和“自由公知技术抗辩”等。我国《专利法》第67条使用了“现有技术”一词，与新颖性判断时所使用的术语一致，并且避免了用于抗辩的技术是不是“自由”的争议。

在“液压摇臂裁断机直联式液压控制装置”专利侵权纠纷案中，最高人民法院指出了现有技术抗辩的意义：在专利侵权诉讼中设立现有技术抗辩制度的根本原因，在于专利权的保护范围不应覆盖现有技术，以及相对于现有技术而言显而易见构成等同的技术。除在无效程序中对专利权的法律效力进行审查外，通过在侵权诉讼中对被诉侵权人有关现有技术抗辩的主张进行审查，有利于及时化解纠纷，减少当事人诉累，实现公平与效率的统一。①

司法适用

现有技术抗辩是否适用于相同侵权

被控侵权技术落入专利权利要求的字面含义之内时，一般称之为相同侵权。对于在相同侵权的情况下是否适用现有技术抗辩，各国存在不同的做法。例如，德国不承认在相同侵权时可以适用现有技术抗辩。在我国学者间曾存在不同的意见。从我国《专利法》第67条的规定看，我国《专利法》并没有将现有技术抗辩限定在等同侵权的情形下。因此，现有技术抗辩既可以适用于等同侵权，又可以适用于相同侵权。最高人民法院在“液压摇臂裁断机直联式液压控制装置”专利侵权案中也明确了现有技术抗辩可以适用于相同侵权：“即使在被诉侵权技术方案与专利技术方案完全相同，但与现有技术有所差异的情况下，亦有可能认定现有技术抗辩成立。”② 最高人民法院在“清洁工具”案中也指出：现有技术抗辩规则在相同侵权和等同侵权的情形下均适用。③

二、现有技术抗辩的对比对象

当被控侵权人提出现有技术抗辩时，就出现了专利技术、被控侵权技术和现有技术三种技术方案，由此带来了是将现有技术与专利技术进行比较还是将现有技术与被控侵权技术进行比较的问题。对此，曾有将被控侵权技术与现有技术、专利技术都进行对比的观点和做法。按照我国《专利法》第67条的规定，现有技术抗辩中判断的是被控侵权技术是不是现有技术，因此，现有技术抗辩的对比对象是被控侵权技术和现有技术。在“液压摇臂裁断机直联式液压控制装置”专利侵权纠纷案中，最高人民法院指出：在审查现有技术抗辩时，比较方法应是将被诉侵权技术方案与现有技术进行对比，而不是将现有技术与专

---

①② 最高人民法院（2012）民申字第18民事裁定书。

③ 最高人民法院（2016）最高法民申726号民事裁定书。

利技术进行对比。[①]

现有技术抗辩中的现有技术与《专利法》第22条关于新颖性判断中的“现有技术”是同一概念，指的是申请日以前在国内外为公众所知的技术。但由于抵触申请能够破坏对比专利技术的新颖性，因此抵触申请也可以用于现有技术抗辩。[②] 在“清洁工具”案中，最高人民法院详细阐述了抵触申请用于现有技术抗辩的理由：《专利法》第67条规定现有技术抗辩的主要理由，在于专利权的保护范围不应覆盖现有技术，既包括被诉侵权技术方案与现有技术相同的情形，也包括被诉侵权技术方案相对于现有技术无实质性差异的情形。在这两种情形下，被诉侵权技术方案相对于现有技术不具有新颖性或者创造性，不应被授予专利权，自然也不应被纳入涉案专利权的保护范围。由于抵触申请与现有技术均可以用于评价涉案专利的新颖性，因此，如果被诉侵权技术方案已被抵触申请公开，则相较于抵触申请其亦不应被授予专利权，相应地也不应被纳入涉案专利权的保护范围。因此，被诉侵权人以其实施的技术属于抵触申请为由，主张未侵犯涉案专利权的，人民法院可以对抵触申请抗辩进行认定。[③]

三、现有技术抗辩的对比方法和认定标准

法条链接

最高人民法院《关于审理侵犯专利权纠纷案件应用法律若干问题的解释》

第十四条　被诉落入专利权保护范围的全部技术特征，与一项现有技术方案中的相应技术特征相同或者无实质性差异的，人民法院应当认定被诉侵权人实施的技术属于专利法第六十二条*规定的现有技术。

被诉侵权设计与一个现有设计相同或者无实质性差异的，人民法院应当与认定被诉侵权人实施的设计属于专利法第六十二条规定的现有设计。

（一）对比方法

作为对比对象的现有技术，与被控侵权技术单独对比还是组合对比，是现有技术抗辩适用中的重要问题。有时，被控侵权人提出的现有技术不止一项，可能是两项甚至两项以上。如果只承认单独对比，则应将被控侵权技术与被控侵权人所提出的每一项现有技术进行对比。如果可以组合对比，则可以将两项或两项以上的现有技术与被控侵权技术一起进行对比。如果承认组合对比，则认定现有技术抗辩成立的可能性更大，现有技术抗辩成功的概率更高。对于是否承认组合对比，我国理论界和实务界存在不同的意见。最高人民法院的司法解释明确了被控侵权技术是与“一项”现有技术相比，也即采用的是“单独对比”的方式，否定了组合对比的方法。

在进行技术对比时，一方是“被诉落入专利权保护范围的全部技术特征”，另一方是

---

① 最高人民法院（2012）民申字第18民事裁定书。

② 最高人民法院（2013）民提字第225号民事判决书。

③ 最高人民法院（2015）民申字第188号民事裁定书。

* 2020年《专利法》第67条。——编辑注

"一项现有技术方案中的相应技术特征"。"被诉落入专利权保护范围的全部技术特征"，是指权利人起诉时指控侵权的技术方案中，落入其请求保护的专利权利要求保护范围的那部分技术特征。"一项现有技术方案中的相应技术特征"，是指现有技术方案中与被诉落入专利权保护范围的全部技术特征相对应的技术特征，而不必与现有技术方案中的全部技术特征进行对比。

在诉讼中，有时被控侵权人主张现有技术结合公知常识进行不侵权抗辩，法院逐渐接受了这种对比方式。在"一种用于干燥的高温空气源热泵热风机"专利侵权案纠纷中，最高人民法院指出：所属技术领域的普通技术人员认为被诉侵权技术方案是一项现有技术与所属领域公知常识的简单组合的，应当认定被诉侵权人实施的技术属于现有技术。①

（二）认定标准

在将被控侵权技术与现有技术进行对比时，什么情况下才能认定被控侵权人实施的是现有技术，涉及现有技术抗辩能否成立的认定标准。在理论上说，认定标准主要有以下几种：完全相同标准，指被控落入专利权保护权范围的技术特征与现有技术中的相应技术特征完全相同；新颖性标准，指被控落入专利权保护范围的技术方案与现有技术相比没有新颖性；等同标准，指被控落入专利权保护范围的技术特征，即使有的与现有技术的相应特征不相同，也属于等同的特征；创造性标准，指被控落入专利权保护权范围的技术方案与现有技术相比没有创造性。从认定现有技术抗辩成立的角度看，完全相同标准最难认定，新颖性标准次之，而等同标准和创造性标准较容易认定。

德国和日本的认定标准相似，相当于等同标准或创造性标准。在德国在适用等同原则过程中涉及现有技术抗辩时，看被控侵权技术与现有技术是否相同或者被控侵权技术是不是从现有技术中可以得知的。在日本法院将被控侵权技术与专利技术进行对比，看被控侵权技术与专利申请时的现有技术或者本领域普通技术人员在专利申请日从现有技术容易推导出的技术是否相同。可见，在德国和日本法院在适用现有技术抗辩时，对比的标准是看被控侵权技术与现有技术之间的差异是否达到创造性的程度，或者被控侵权技术是不是根据现有技术不经过创造性劳动就可以得到。②

在我国《专利法》第 67 条使用了"属于"现有技术的用语，与第 22 条关于新颖性标准中"不属于"现有技术的用语相同，这说明《专利法》规定的现有技术抗辩的认定标准相当于新颖性标准。相关司法解释使用的是"相同或者无实质性差异"，比新颖性对比时相关的"实质上相同"标准稍微宽松。该司法解释起草者认为，该条所称的"无实质性差异"，在实践中可以参照等同标准掌握。③ 司法实践中，最高人民法院将现有技术抗辩的认定标准放宽到了等同标准。例如，在"液压摇臂裁断机直联式液压控制装置"专利侵权纠纷案中，最高人民法院指出，对现有技术抗辩的审查方式是以专利权利要求为参照，确定被诉侵权技术方案中被指控落入专利权保护范围的技术特征，并判断现有技术中是否公开了相同或者等同的技术特征。④ 在"一种用于干燥的高温空气源热泵热风机"专利侵权纠

---

① 最高人民法院（2016）最高法民申 2935 号民事裁定书。

② 闫文军. 专利权的保护范围. 2 版. 北京：法律出版社，2018：601－602.

③ 孔祥俊，王永昌，李剑.《关于审理侵犯专利权纠纷案件应用法律若干问题的解释》的理解与适用. 人民司法，2010（3）.

④ 最高人民法院（2012）民申字第 18 民事裁定书。

纷案中，最高人民法院指出：通常被诉落入专利权保护范围的全部技术特征，与一项现有技术方案中的相应技术特征相同或者等同，或者所属技术领域的普通技术人员认为被诉侵权技术方案是一项现有技术与所属领域公知常识的简单组合的，应当认定被诉侵权人实施的技术属于现有技术。[①] 在对现有技术抗辩的认定中，被诉侵权技术方案的某一技术特征与现有技术方案中的相应技术特征构成本领域可直接置换的惯用手段的，可以认定两对应技术特征无实质性差异。[②]

可见，我国法院在面对现有技术抗辩时，已明确适用等同标准，并且还适用比等同标准更宽松的“现有技术与公知常识”结合的标准。这一标准实质上相当于介于等同标准和创造性标准之间的标准，与德国和日本适用的标准无明显差别。

（三）抵触申请抗辩的认定标准

我国法院承认抵触申请可以用于现有技术抗辩。而对于抵触申请，最高人民法院曾提出可以参照现有技术抗辩的审查判断标准予以评判。[③] 但在其后的“清洁工具”案中，最高人民法院提出了针对抵触申请的不同认定标准。最高人民法院指出：由于抵触申请与现有技术的含义和性质存在一定差异，故对抵触申请抗辩的审查判断标准应与抵触申请的性质相适应，与对现有技术抗辩的审查判断标准存在一定差异。抵触申请仅仅可以被用来单独评价涉案专利的新颖性，既不可以与现有技术或者公知常识结合，更不可以用于评价涉案专利的创造性。因此，只有在被诉侵权技术方案的各项技术特征均已被抵触申请单独、完整地公开，相对于抵触申请不具有新颖性时，才可以认定抵触申请抗辩成立。如果被诉侵权的技术方案相较于抵触申请存在差异并具有新颖性，或者被诉侵权人将抵触申请与现有技术或者公知常识结合后进行抗辩的，则抵触申请抗辩均不能成立。[④] 可见，将抵触申请用于现有技术抗辩时，其判断的标准是新颖性标准。

四、现有技术抗辩的性质

对于现有技术抗辩是不侵权抗辩还是侵权例外抗辩，以及适用现有技术抗辩时其和侵权判断的处理顺序，还存在不同的认识。一种观点认为，现有技术抗辩是不侵权抗辩，应先判断被控侵权技术与现有技术是否相同或无实质性差异；另一种观点认为，现有技术抗辩是侵权例外，应先判断被控侵权技术是否落入专利权保护范围。在被控侵权技术落入专利权保护范围后，再判断被控侵权技术与现有技术是否相同或无实质性差异。

实质上，无论是先进行现有技术抗辩是否成立的对比，还是先进行是否落入专利权保护范围的对比，目的都是认定是否构成侵权。只有现有技术抗辩不成立，而被控侵权技术又落入专利权保护范围，才构成侵权；反之，不管是现有技术抗辩成立，还是被控侵权技术没有落入专利权保护范围，都不构成侵权。这样，在侵权成立的情况下，按照什么顺序进行判断都是一样的。而在侵权不成立的情况下，不应要求法官在每一个案件中按照特定的顺序进行判断，而应由法官根据具体情况进行判断。有时，被控侵权人提出自己实施的

---

① 最高人民法院（2016）最高法民申 2935 号民事裁定书。

② 最高人民法院（2019）最高法知民终 804 号民事判决书。

③ 最高人民法院（2013）民提字第 225 号民事判决书。

④ 最高人民法院（2015）民申字第 188 号民事裁定书。

技术没有落入专利权保护范围，同时自己实施的是现有技术。这时，法官应当按照最方便的方式进行判断，如果比较容易认定现有技术抗辩成立，就不用进行是否落入专利权保护范围的判断，直接作出不侵权的认定。如果比较容易认定没有落入专利权保护范围，也可以不进行现有技术抗辩是否成立的判断，直接作出不侵权的认定。

理论延伸

现有技术抗辩、先用权抗辩和专利无效之间关系

先用权抗辩的事由，有时也可以作为现有技术抗辩的理由，或者作为专利无效的理由。如果先用权人在申请日前实施其技术是公开的，其实施的技术就成为现有技术。这时，先用权人可以主张先用权，可以提出现有技术抗辩，也可以提出专利无效宣告请求。

先用权抗辩和现有技术抗辩都是对抗专利侵权的抗辩理由，其成立的条件是不同的。两者主要的区别在于现有技术抗辩要求作为抗辩的技术应当在专利申请日之前公知，而先用权抗辩无此要求，但要求当事人已经实施或准备实施。如果被控侵权人以自己在先使用为由，同时提出现有技术抗辩和先用权抗辩，则法院应当先审查现有技术抗辩，在现有技术抗辩不成立时再审查先用权抗辩是否成立。在现有技术抗辩成立后，被控侵权人不承担侵权责任，同时其实施专利的行为没有范围的限制，这时就没有必要再考虑先用权的问题了。但是，如果现有技术抗辩不成立，仍应审查先用权的问题。有时，行为人在申请日前已经在实施某一技术，但其实施并没有使该技术达到公开的程。这时现有技术抗辩不成立，但先用权是成立的。

我国的专利无效案件由国家知识产权局审理，当事人不能作为抗辩理由在侵权纠纷案件中提出来。现有技术抗辩的理由和专利无效的理由可以是相同的，其结果也应当具有一致性。无效宣告程序与专利侵权诉讼中的现有技术抗辩制度各自独立，发挥其自身作用。二者相互协调、配合，有利于避免专利权的保护范围覆盖现有技术，侵入公共领域，从而更好地实现专利法保护和鼓励创新的立法目的。在无效宣告程序中，系将专利技术方案与现有技术进行对比，审查现有技术是否公开了专利技术方案，即专利技术方案相对于现有技术是否具有新颖性、创造性。而在侵权诉讼中，现有技术抗辩的审查内容则在于被诉侵权技术方案与现有技术是否相同或等同，而不在于现有技术是否公开了专利技术方案。因此，二者的审查内容和法律适用均有差异。①

第七节　善意使用和销售

一、善意使用和销售的赔偿责任

根据我国《专利法》第 11 条的规定，未经专利权人许可，不得为生产经营目的使用、许诺销售和销售未经专利权人许可制造的专利产品。使用、许诺销售和销售专利产品的

① 最高人民法院（2012）民申字第 18 号民事裁定书。

人，相对于制造专利产品的人而言，更难以注意到相关产品是否落入他人专利权的保护范围。因此，我国《专利法》第 77 条对使用、许诺销售和销售专利产品的人的责任作了限制。

法条链接

《专利法》

第七十七条　为生产经营目的使用、许诺销售或者销售不知道是未经专利权人许可而制造并售出的专利侵权产品，能证明该产品合法来源的，不承担赔偿责任。

1984 年制定的《专利法》，将上述行为视为不侵犯专利权。2000 年《专利法》将其修改为现行的规定。根据上述规定，使用、许诺销售或者销售专利侵权产品，在符合法定条件的情况下，可以不承担赔偿责任。法定条件主要有两个。

一是主观条件——不知道是未经专利权人许可而制造并售出的专利侵权产品。对此，销售者应证明其实际不知道且不应当知道其所售产品系制造者未经专利权人许可而制造并售出。如果该销售者能够证明其遵从合法、正常的市场交易规则，取得所售产品的来源清晰、渠道合法、价格合理，其销售行为符合诚信原则、合乎交易惯例，则可推定该销售者实际不知道且不应当知道其所销售产品系制造者未经专利权人许可而制造并售出，即推定该销售者无主观过错。[①] 销售者销售被控侵权产品前销售过专利产品，或者销售者购进被控侵权产品的价格不合理地低于专利产品市场价格等，均可以作为认定销售者知道其销售的是专利侵权产品的依据。如果权利人向销售者发出了侵权警告函，该警告函记载或者附加了被控侵权产品信息、专利权信息（专利号、专利名称、专利权证书复印件等）、侵权比对基本信息及联系人信息等，销售者收到该警告函后，原则上应该推定其知道销售的是专利侵权产品。[②]

二是客观条件——能证明该产品具有合法来源。具有合法来源是指销售者通过合法的进货渠道、通常的买卖合同等正常商业方式取得所售产品。对于被控侵权产品是否具有合法来源，应当由销售者举证证明被控侵权产品具有合法的购货渠道、合理的价格和直接的供货方。具体而言，销售者在行使合法来源抗辩权时，应当提供合法获取被控侵权产品的证据，如购货发票、付款凭证等。[③] 对被控侵权产品合法来源证据的审查应当从严把握，特别要注重对证据的真实性、证明力，与被控侵权产品的关联性、同一性的审查。[④]

应当注意的是，善意使用和销售的合法来源抗辩仅是免除赔偿责任的抗辩，而非不侵权抗辩。合法来源抗辩成立，并不改变销售侵权产品这一行为的侵权性质。因此，即使合法来源抗辩成立，专利权人提出的停止侵权的诉讼请求，仍可能获得支持。同时，专利权

---

① 最高人民法院（2019）最高法知民终 25 号民事判决书。
② 最高人民法院（2014）民申字第 1037 号民事裁定书。
③ 最高人民法院（2017）最高法民申 1596 号民事裁定书。
④ 最高人民法院（2013）民提字第 187 号民事判决书。

人提出的赔偿维权合理开支的主张，也有可能获得法院支持。[①]

二、善意使用和销售的停止侵权责任

除了赔偿责任，对于善意使用者、许诺销售者和销售者是否应当停止使用、许诺销售和销售，我国《专利法》中没有规定。实践中，专利权人容易发现专利产品的使用者，因此选择起诉使用者。使用者可以依据《专利法》第77条的规定主张免除赔偿责任，但是否应当停止侵权，曾经是一个长期争议的问题。对此，最高人民法院在2016年的司法解释（2020年修正）中作了规定。

法条链接

最高人民法院《关于审理侵犯专利权纠纷案件应用法律若干问题的解释（二）》(2020年修正)

第二十五条 为生产经营目的使用、许诺销售或者销售不知道是未经专利权人许可而制造并售出的专利侵权产品，且举证证明该产品合法来源的，对于权利人请求停止上述使用、许诺销售、销售行为的主张，人民法院应予支持，但被诉侵权产品的使用者举证证明其已支付该产品的合理对价的除外。

本条第一款所称不知道，是指实际不知道且不应当知道。

本条第一款所称合法来源，是指通过合法的销售渠道、通常的买卖合同等正常商业方式取得产品。对于合法来源，使用者、许诺销售者或者销售者应当提供符合交易习惯的相关证据。

根据上述规定，使用者、许诺销售者、销售者不但可以免除赔偿责任，也可以免除停止侵权的责任。当然，即使免除了停止侵权的责任，被控侵权人还需要证明支付了该产品的合理对价。合理对价，是指与专利产品的交易价格或交易条件基本相当或略低。如果该对价明显低于专利产品的交易价格或条件，通常可以推定购买者应当知道所购产品并非专利产品。这一规定，消除了使用者、许诺销售者、销售者对于可能被要求支付双份对价的担心，保障了交易安全，鼓励权利人从制造者这一源头打击侵权。

【思考题】

1. 专利权用尽的含义是什么？
2. 先用权成立的条件是什么？
3. Bolar例外的条件和意义是什么？
4. 应如何理解《专利法》中的“专为科学研究和实验”？
5. 善意使用者免责的条件是什么？

---

① 最高人民法院（2019）最高法知民终25号民事判决书。

【推荐阅读】

1. 张韬略，张伟君. 零部件销售导致组合物专利权利用尽研究——以美国、德国判例为视角. 知识产权，2017（10）.

2. 刘强，沈伟. 专利权用尽的售后限制研究——以专利权保留规则的构建为视角. 知识产权，2016（2）.

3. 郭德忠. 专利权用尽原则辨析——以种子专利为主要视角. 北京理工大学学报（社会科学版），2016（1）.

4. 张峣. 论专利权与专利先用权的冲突与协调. 知识产权，2017（9）.

5. 曹新明. 现有技术抗辩研究. 法商研究，2010（6）.

6. 宁立志. 我国“Bolar 例外规则”的学理解构与制度重建. 政法论丛，2019（2）.

7. 杜微科，傅蕾. 抵触申请抗辩及其制度完善. 知识产权，2016（11）.

第十四章　专利侵权和假冒专利

第一节　专利侵权纠纷解决

一、专利侵权纠纷的解决途径

法条链接

《专利法》

第六十五条　未经专利权人许可，实施其专利，即侵犯其专利权，引起纠纷的，由当事人协商解决；不愿协商或者协商不成的，专利权人或者利害关系人可以向人民法院起诉，也可以请求管理专利工作的部门处理。管理专利工作的部门处理时，认定侵权行为成立的，可以责令侵权人立即停止侵权行为，当事人不服的，可以自收到处理通知之日起十五日内依照《中华人民共和国行政诉讼法》向人民法院起诉；侵权人期满不起诉又不停止侵权行为的，管理专利工作的部门可以申请人民法院强制执行。进行处理的管理专利工作的部门应当事人的请求，可以就侵犯专利权的赔偿数额进行调解；调解不成的，当事人可以依照《中华人民共和国民事诉讼法》向人民法院起诉。

（一）当事人协商解决

因侵犯专利权而引起纠纷的，首先由当事人协商解决。当事人协商可以是当事人自行协商，也可以是在第三方主持下进行协商。当事人协商达成协议并自愿履行的，则可以妥善解决纠纷。如果当事人不能达成协议，或者达成协议后一方反悔，就需要通过其他途径解决。当事人经人民调解委员会调解达成的调解协议，具有法律约束力。

（二）向人民法院起诉

向法院起诉是解决专利侵权纠纷的最主要途径。一般情况下，起诉人是专利权人或利害关系人，利害关系人主要是指被许可人。独占使用许可合同的被许可人可以以自己的名义向人民法院提起诉讼；排他使用许可合同的被许可人可以和专利权人共同起诉，也可以在专利权人不起诉的情况下，自行提起诉讼；普通使用许可合同的被许可人经专利权人明确授权，可以提起诉讼。[①]

（三）请求管理专利工作的部门处理

行政和司法保护的双轨制，是我国知识产权保护的特色，专利的保护也不例外。除了向法院起诉这一司法途径，还有请求管理专利工作的部门处理这一行政保护途径。

管理专利工作的部门处理时，认定侵权行为成立的，可以责令侵权人立即停止侵权行为，当事人不服的，可以自收到处理通知之日起15日内依照《中华人民共和国行政诉讼法》向人民法院起诉；侵权人期满不起诉又不停止侵权行为的，管理专利工作的部门可以申请人民法院强制执行。进行处理的管理专利工作的部门应当事人的请求，可以就侵犯专利权的赔偿数额进行调解；调解不成的，当事人可以依照《中华人民共和国民事诉讼法》（以下简称《民事诉讼法》）向人民法院起诉。

二、专利侵权诉讼的程序问题

（一）管辖

法条链接

最高人民法院《关于审理专利纠纷案件适用法律问题的若干规定》（2020年修正）

第二条 因侵犯专利权行为提起的诉讼，由侵权行为地或者被告住所地人民法院管辖。

侵权行为地包括：被诉侵犯发明、实用新型专利权的产品的制造、使用、许诺销售、销售、进口等行为的实施地；专利方法使用行为的实施地，依照该专利方法直接获得的产品的使用、许诺销售、销售、进口等行为的实施地；外观设计专利产品的制造、许诺销售、销售、进口等行为的实施地；假冒他人专利的行为实施地。上述侵权行为的侵权结果发生地。

第三条 原告仅对侵权产品制造者提起诉讼，未起诉销售者，侵权产品制造地与销售地不一致的，制造地人民法院有管辖权；以制造者与销售者为共同被告起诉的，销售地人民法院有管辖权。

销售者是制造者分支机构，原告在销售地起诉侵权产品制造者制造、销售行为的，销售地人民法院有管辖权。

在级别管辖方面，我国专利纠纷第一审案件很长时间以来一直由中级以上人民法院管辖，最初由各省、自治区、直辖市人民政府所在地的中级人民法院管辖，后来最高人民法院陆续指定了若干中级人民法院管辖一审专利纠纷案件，管辖专利纠纷一审案件的中级人民法院曾达到78个，此外还有个别基层人民法院可以管辖此类案件。2014年，全国人大常委会通过了《关于在北京、上海、广州设立知识产权法院的决定》，决定设立北京、上海、广州三个知识产权法院，并明确了其专利纠纷案件管辖范围。根据最高人民法院2017

---

① 这一结论是参照最高人民法院《关于审理商标民事纠纷案件适用法律若干问题的解释》第4条第2款的规定得出的。

年发布的《关于同意杭州市、宁波市、合肥市、福州市、济南市、青岛市中级人民法院内设专门审判机构并跨区域管辖部分知识产权案件的批复》以及后来陆续发布的批复，全国陆续设立了20家知识产权法庭，跨区域管辖专利纠纷案件。除此之外，还有一些省、自治区、直辖市人民政府所在地的中级人民法院继续管辖专利纠纷案件。随着知识产权审判机构的调整，以前有些曾被最高人民法院指定具有专利纠纷案件管辖权的法院不再审理专利纠纷案件，形成了以知识产权法院、知识产权法庭和部分中级人民法院为主的新的专利纠纷案件管辖格局。

在地域管辖方面，在我国按照《民事诉讼法》和最高人民法院《关于审理专利纠纷案件适用法律问题的若干规定》(2020年修正)第2条、第3条的规定确定专利侵权纠纷案件的管辖。专利侵权诉讼由侵权行为地或者被告住所地人民法院管辖。如果专利权人或利害关系人只起诉制造者，则侵权行为是制造行为，侵权行为地是制造地，制造地和被告住所地法院有管辖权。如果专利权人或利害关系人同时起诉制造者和销售者，则侵权行为地包括制造地、销售地，制造地、销售地、各被告住所地法院都有管辖权。

(二) 举证责任

法条链接

《专利法》

第六十六条第一款 专利侵权纠纷涉及新产品制造方法的发明专利的，制造同样产品的单位或者个人应当提供其产品制造方法不同于专利方法的证明。

当事人对自己提出的主张，有责任提供证据。如果专利权人或利害关系人主张他人侵犯专利权，应证明他人实施了侵犯专利权的行为。对于方法专利而言，由专利权人证明他人实施了专利方法有一定的困难。因此，我国《专利法》第66条第1款规定，对于新产品制造方法专利，由制造同样产品的单位或者个人举证证明其产品制造方法不同于专利方法。这种新产品制造方法专利的举证责任倒置，是TRIPS协议第34条的明确要求，也是很多国家实行多年的做法。

新产品制造方法专利的举证责任倒置，须符合以下条件：第一，所涉及的专利为新产品制造方法专利。所涉及的专利必须是方法专利，并且属于新产品制造方法专利，而不是使用方法、通信方法、处理方法以及将产品用于特定用途的方法等。第二，所涉及的产品为新产品。最高人民法院《关于审理侵犯专利权纠纷案件应用法律若干问题的解释》第17条规定："产品或者制造产品的技术方案在专利申请日以前为国内外公众所知的，人民法院应当认定该产品不属于《专利法》第六十一条*第一款规定的新产品。"这就是说，产品本身或者制造产品的技术方案中有一项在方法专利的申请日之前已经为国内外公众所知的，该产品就不属于新产品。第三，专利权人完成了其他举证责任。新产品制造方法专利举证责任倒置，仅指被诉侵权人所使用的方法由被诉侵权人举证，而其他举证责任仍由原

* 2020年《专利法》第66条。——编辑注

告承担。专利权人必须首先举证证明被诉侵权人制造了被诉侵权产品，并且该产品属于新产品，才能转由被诉侵权人举证证明其使用的方法不同于专利方法。当然，对于该产品是否是新产品，一般结合专利权人的举证和被诉侵权人的反证来认定。

典型案例

礼来公司诉常州华生制药有限公司侵害发明专利权纠纷案①

2013 年 7 月 25 日，礼来公司向江苏省高级人民法院（以下简称江苏高院）诉称：礼来公司拥有涉案 91103346.7 号方法发明专利权，以涉案专利方法制备的药物奥氮平为新产品。常州华生制药有限公司（以下简称华生公司）使用落入涉案专利权保护范围的制备方法生产药物奥氮平并面向市场销售，侵害了礼来公司的涉案方法发明专利权。

江苏高院认为：奥氮平属于我国专利法所规定的新产品，华生公司依法应当就其生产奥氮平的方法不同于涉案专利方法承担举证责任。华生公司主张其是按照向国家药品监督管理局（以下简称国家药监局）申报备案资料中记载的工艺方法进行生产的，但是鉴定报告书证明使用该备案工艺方法无法生产出奥氮平，该备案的工艺方法不可行，因此华生公司依法应当承担举证不能的法律后果。据此，推定礼来公司关于华生公司生产奥氮平的方法落入其涉案专利权保护范围的主张成立。

最高人民法院认为：华生公司主张其自 2003 年至今一直使用 2008 年向国家药监局补充备案工艺方法生产奥氮平，并提交了其 2003 年和 2008 年奥氮平生产记录，2003 年、2007 年和 2013 年生产规程，“药品补充申请批件”等证据证明其实际使用的奥氮平制备工艺方法。现有在案证据能够形成完整证据链，证明华生公司 2003 年至涉案专利权到期日期间一直使用其 2008 年补充备案工艺方法的反应路线生产奥氮平。经过对比，华生公司奥氮平制备工艺方法未落入涉案专利权保护范围。因此，最高人民法院判决撤销一审判决，驳回礼来公司的诉讼请求。

本案涉及新产品制造方法专利的举证责任及事实认定。对于举证责任的分配，一、二审法院的认定是相同的。由于奥氮平是新产品，华生公司应当提供证据证明其实际使用的奥氮平制备工艺方法反应路线未落入涉案专利权保护范围，否则，将因其举证不能而承担推定礼来公司侵权指控成立的法律后果。华生公司提供的证据是其在国家药监局备案的生产方法，同时提交了辅助证据用以证明其使用的就是备案的生产方法。一审法院依据鉴定结论，认定华生公司使用的并不是备案的生产方法，因此华生公司举证不能，应当承担相应的法律后果。而最高人民法院充分审查了被诉侵权药品的技术来源、生产规程、批生产记录、备案文件等证据，依法确定被诉侵权药品的实际制备工艺是华生公司 2008 年的补充备案工艺，并在此基础上认定该工艺未落入专利权保护范围。

本案是最高人民法院的指导案例，其主要意义在于为如何确定新产品制造方法专利侵权纠纷案件中的举证责任，并在正确确定举证责任的基础上，适用适当的标准认定事实提供思路。

---

① 最高人民法院（2015）民三终字第 1 号民事判决书，最高人民法院指导案例第 84 号。

（三）实用新型和外观设计专利评价报告

法条链接

《专利法》

第六十六条第二款 专利侵权纠纷涉及实用新型专利或者外观设计专利的，人民法院或者管理专利工作的部门可以要求专利权人或者利害关系人出具由国务院专利行政部门对相关实用新型或者外观设计进行检索、分析和评价后作出的专利权评价报告，作为审理、处理专利侵权纠纷的证据。

法条链接

最高人民法院《关于审理专利纠纷案件适用法律问题的若干规定》（2020年修正）

第四条 对申请日在2009年10月1日前（不含该日）的实用新型专利提起侵犯专利权诉讼，原告可以出具由国务院专利行政部门作出的检索报告；对申请日在2009年10月1日以后的实用新型或者外观设计专利提起侵犯专利权诉讼，原告可以出具由国务院专利行政部门作出的专利权评价报告。根据案件审理需要，人民法院可以要求原告提交检索报告或者专利权评价报告。原告无正当理由不提交的，人民法院可以裁定中止诉讼或者判令原告承担可能的不利后果。

侵犯实用新型、外观设计专利权纠纷案件的被告请求中止诉讼的，应当在答辩期内对原告的专利权提出宣告无效的请求。

我国对申请实用新型专利和外观设计专利的审查采用的是形式审查制，故即使实用新型和外观设计获得授权，权利仍存在着不稳定性。因此，为了促进实用新型专利和外观设计专利的稳定性，在参照域外立法实践的基础上，我国于2001年开始实行实用新型专利的检索报告制度，并于2008年改为了涵盖实用新型专利和外观设计专利的专利权评价报告制度。

国家知识产权局根据专利权人或者利害关系人的请求，对相关实用新型专利或者外观设计专利进行检索，并就该专利是否符合《专利法》及其实施细则规定的授权条件进行分析和评价，作出专利权评价报告。国家知识产权局应当自收到专利权评价报告请求书后2个月内作出专利权评价报告。对同一项实用新型或者外观设计专利权，有多个请求人请求作出专利权评价报告的，国家知识产权局仅作出一份专利权评价报告，任何单位或者个人可以查阅或者复制该专利权评价报告。[①] 专利权评价报告不是行政决定，因此专利权人或者利害关系人不能就此提起行政复议和行政诉讼。

专利权评价报告是人民法院或者管理专利工作的部门审理、处理专利侵权纠纷的证据，主要用于人民法院或者管理专利工作的部门确定是否需要中止相关程序。在专利侵权诉讼中，原告可以主动提交专利权评价报告，也可以应人民法院的要求提交。在人民法院要求提交时，如果原告无正当理由不提交，人民法院可以裁定中止诉讼或者判令原告承担

---

① 《专利法实施细则》第55条。

可能的不利后果。

三、专利侵权诉讼时效

法条链接

《专利法》

第七十四条 侵犯专利权的诉讼时效为三年，自专利权人或者利害关系人知道或者应当知道侵权行为以及侵权人之日起计算。

发明专利申请公布后至专利权授予前使用该发明未支付适当使用费的，专利权人要求支付使用费的诉讼时效为三年，自专利权人知道或者应当知道他人使用其发明之日起计算，但是，专利权人于专利权授予之日前即已知道或者应当知道的，自专利权授予之日起计算。

法条链接

最高人民法院《关于审理专利纠纷案件适用法律问题的若干规定》(2020年修正)

第十七条 侵犯专利权的诉讼时效为三年，自专利权人或者利害关系人知道或者应当知道权利受到损害以及义务人之日起计算。权利人超过三年起诉的，如果侵权行为在起诉时仍在继续，在该项专利权有效期内，人民法院应当判决被告停止侵权行为，侵权损害赔偿数额应当自权利人向人民法院起诉之日起向前推算三年计算。

专利权人或利害关系人应在法定的诉讼时效期间内行使权利。如在法定的时效期间内不行使权利，当时效期间届满时，被诉侵权人可以提出诉讼时效抗辩。很长时间以来，我国《专利法》规定的诉讼时效期间是2年。《民法典》将诉讼时效期间改为3年，2020年《专利法》修改时也将专利侵权的诉讼时效期间改为了3年。

根据《民法典》第196条的规定，请求停止侵害不适用诉讼时效的规定。诉讼时效不适用于专利权人或利害关系人提出的停止侵权的诉讼请求，只适用于损害赔偿的诉讼请求。如果侵权行为的时间已经超过诉讼时效期间，对于超过诉讼时效期间的损失，被诉侵权人可以提出诉讼时效抗辩。

发明专利临时保护期内的使用费，也适用诉讼时效的规定。由于临时保护期使用费的诉讼只能在专利授权后提起，因此，即使专利权人于专利权授予之日前即已得知或者应当得知他人已经使用了其公开的专利申请，诉讼时效也应自专利权授予之日起计算。

四、确认不侵犯专利权诉讼

法条链接

最高人民法院《关于审理侵犯专利权纠纷案件应用法律若干问题的解释》

第十八条 权利人向他人发出侵犯专利权的警告，被警告人或者利害关系人经书面催告权利人行使诉权，自权利人收到该书面催告之日起一个月内或者自书面催告发出之日起二个月内，权利人不撤回警告也不提起诉讼，被警告人或者利害关系人向人民法院提起请求确认其行为不侵犯专利权的诉讼的，人民法院应当受理。

绝大多数情况下，专利侵权诉讼是权利人因认为他人侵犯其专利权而提起的。但在有些情况下，专利相对人受到侵权诉讼的威胁，处于不安状态下，需要法院确认其行为是否侵犯专利权人的专利，因此出现了相对人向法院起诉，确认其不侵犯被告专利权的诉讼，即确认不侵犯专利权诉讼。2002年7月，最高人民法院在《关于苏州龙宝生物工程实业公司与苏州朗力福保健品有限公司请求确认不侵犯专利权纠纷案的批复》[①] 中，确认法院可以受理此类诉讼，并将“请求确认不侵犯专利权纠纷”作为案由。

确认不侵犯专利权诉讼不同于专利权人提起的诉讼。如果只适用民事诉讼法规定的受理条件，可能会有大量不确定自己的行为是否构成侵权的人向法院起诉，要求确认不侵犯他人专利权，而专利权人可能并没有向其主张权利的想法。这不但对专利权人造成困扰，也增加了法院的诉累。因此，确认不侵犯专利权诉讼，除了应具备民事诉讼的一般受理条件，还应当具备特殊的受理条件，例如，美国宣告式判决（包含确认不侵犯专利权之诉）的受理条件是双方有“实质的争议”。

最高人民法院《关于审理侵犯专利权纠纷案件应用法律若干问题的解释》第18条明确规定了我国确认不侵犯专利权诉讼的受理条件。该司法解释规定了“警告”和“催告”两个前置程序，在此之后权利人既不撤回警告又怠于行使诉权时，被警告人才能提起确认不侵权之诉。另外，在东莞银行股份有限公司确认不侵害专利权纠纷案中，最高人民法院指出：在宣告专利权无效的审查决定未生效的情况下，其不能产生否定专利权有效性的效力，权利人发送的侵权警告仍然有权利基础。相应地，被警告人亦可以在符合法定条件的情况下提起确认不侵害专利权之诉。[②]

典型案例

确认不侵犯专利权诉讼的受理条件[③]

南京金兰湾贸易有限公司（以下简称金兰湾公司）在网络购物平台浙江天猫网络有限公司（以下简称天猫公司）上经营母婴用品。陈某以其拥有专利并认为金兰湾公司销售的抱枕产品侵犯其专利权为由而向天猫公司发起了知识产权投诉，天猫公司收到投诉后立即删除了金兰湾公司相关商品的链接。后金兰湾公司通过申诉以及委托律师发送律师函的方式告知天猫公司其未侵犯陈某所享有的专利权，要求恢复相关产品链接，但是天猫公司未给予恢复。金兰湾公司以陈某和天猫公司为被告向法院提起诉讼，要求法院确认金兰湾公司不侵犯陈某的专利权，判决天猫公司恢复被诉产品的链接。

陈某提出管辖权异议，一审法院认为该院具有管辖权。陈某提起上诉，要求移送到其他法院管辖。二审法院认为：本案诉讼应为确认不侵犯专利权之诉。现并无证据表明金兰

---

① 最高人民法院［2001］民三他字第4号（已失效）。

② 最高人民法院（2020）最高法知民终225号民事裁定书。

③ 最高人民法院（2016）最高法民申2468号民事裁定书。

湾公司在提起本案诉讼前曾向陈某发出任何书面函件，催告陈某积极行使诉权，故金兰湾公司径行向法院提起诉讼，要求确认其并未侵害涉案专利权，并不满足确认不侵犯专利权诉讼的受理条件，其起诉应予驳回。二审法院驳回了金兰湾公司的起诉。金兰湾公司向最高人民法院申请再审。

最高人民法院认为：本案的争议焦点在于，二审法院以金兰湾公司未履行书面催告陈某行使诉权的前置程序为由驳回金兰湾公司的起诉是否存在错误。本案中，没有证据证明金兰湾公司在提起本案诉讼之前曾书面催告权利人行使诉权。一审法院未针对金兰湾公司起诉是否符合法定程序进行审查，在未满足该程序要求的情况下受理本案没有法律依据。二审法院以金兰湾公司未履行该程序要求为由驳回金兰湾公司的起诉，并无不当。

本案属于涉及确认不侵犯专利权诉讼受理条件的典型案件，二审法院和最高人民法院严格适用了《关于审理侵犯专利权纠纷案件应用法律若干问题的解释》的规定，认定本案不符合受理条件，主要理由是没有证据证明金兰湾公司在提起本案诉讼之前曾书面催告权利人行使诉权。最高人民法院的裁定中并未提及专利权人不满足“权利人向他人发出侵犯专利权的警告”，尽管专利权人陈某并没有向金兰湾公司发警告函。可见，向他人发出侵犯专利权的警告不能仅仅理解为发出警告函或律师函，还包括作出其他具有警告意义的行为，本案中专利权人向第三方购物平台投诉，也是发出侵犯专利权警告的一种方式。

五、侵权诉讼程序与无效宣告程序的衔接

按我国现行法律的规定，在法院审理专利侵权纠纷案件的过程中，被诉侵权人不能提出专利无效抗辩。专利无效只能向国家知识产权局提出，不服国家知识产权局的决定的，可以向法院提起行政诉讼。这种专利侵权和无效“双轨制”的做法，带来了侵权诉讼程序与无效宣告程序如何衔接的问题。

（一）侵权诉讼程序中止问题

法条链接

最高人民法院《关于审理专利纠纷案件适用法律问题的若干规定》（2020 年修正）

第五条 人民法院受理的侵犯实用新型、外观设计专利权纠纷案件，被告在答辩期间内请求宣告该项专利权无效的，人民法院应当中止诉讼，但具备下列情形之一的，可以不中止诉讼：（一）原告出具的检索报告或者专利权评价报告未发现导致实用新型或者外观设计专利权无效的事由的；（二）被告提供的证据足以证明其使用的技术已经公知的；（三）被告请求宣告该项专利权无效所提供的证据或者依据的理由明显不充分的；（四）人民法院认为不应当中止诉讼的其他情形。

第六条 人民法院受理的侵犯实用新型、外观设计专利权纠纷案件，被告在答辩期间届满后请求宣告该项专利权无效的，人民法院不应当中止诉讼，但经审查认为有必要中止诉讼的除外。

第七条 人民法院受理的侵犯发明专利权纠纷案件或者经国务院专利行政部门审查维持专利权的侵犯实用新型、外观设计专利权纠纷案件，被告在答辩期间内请求宣告该项专

利权无效的，人民法院可以不中止诉讼。

人民法院在审理专利侵权纠纷案件的过程中，如果被诉侵权人请求宣告专利无效，则人民法院需要确定是否中止专利侵权诉讼。一方面，如果不中止侵权诉讼，在专利最终被宣告无效后，之前的侵权诉讼工作有可能失去意义；另一方面，如果一律中止诉讼，在宣告专利无效请求被驳回后再恢复诉讼，则会拖延侵权诉讼的进程，使专利无法及时得到保护。因此，即使被诉侵权人提出专利无效宣告请求，专利侵权诉讼也不能一律中止或不中止。人民法院应当根据具体情况，确定是否中止专利侵权诉讼。最高人民法院的司法解释赋予了人民法院根据具体情况决定是否中止诉讼的权利。对于实用新型和外观设计专利，如果被告在答辩期内请求宣告无效的，原则上应中止审理；而对于发明专利以及经过无效宣告程序后仍维持有效的实用新型和外观设计专利，原则上应不中止审理。

（二）侵权诉讼先行裁驳

法条链接

最高人民法院《关于审理侵犯专利权纠纷案件应用法律若干问题的解释（二）》（2020年修正）

第二条 权利人在专利侵权诉讼中主张的权利要求被国务院专利行政部门宣告无效的，审理侵犯专利权纠纷案件的人民法院可以裁定驳回权利人基于该无效权利要求的起诉。

有证据证明宣告上述权利要求无效的决定被生效的行政判决撤销的，权利人可以另行起诉。

专利权人另行起诉的，诉讼时效期间从本条第二款所称行政判决书送达之日起计算。

为提高专利侵权诉讼的审理效率，尽可能减弱审理周期较长的影响，充分考虑专利授权确权行政诉讼改变宣告专利权无效决定的比例较低的实际，最高人民法院《关于审理侵犯专利权纠纷案件应用法律若干问题的解释（二）》第2条设计了先行裁驳、另行起诉的制度，即在国务院专利行政部门作出宣告专利权无效的决定后，审理侵犯专利权纠纷案件的法院便可以裁定驳回起诉，无须等待专利行政诉讼的最终结果；并通过另行起诉制度给权利人以司法救济途径。

（三）宣告无效决定对已生效的侵权判决的影响

法条链接

最高人民法院《关于审理侵犯专利权纠纷案件应用法律若干问题的解释（二）》（2020年修正）

第三十条 在法定期限内对宣告专利权无效的决定不向人民法院起诉或者起诉后生效裁判未撤销该决定，当事人根据该决定依法申请再审，请求撤销宣告专利权无效前人民法院作出但未执行的专利侵权的判决、调解书的，人民法院应当再审。当事人根据该决定，依法申请终结执行宣告专利权无效前人民法院作出但未执行的专利侵权的判决、调解书的，人民法院应当裁定终结执行。

在专利侵权诉讼不中止的情况下，有可能在专利侵权判决、调解书生效后国务院专利行政部门才作出认定专利权无效的决定。在宣告无效决定作出时，如果侵权判决、调解书已经执行，则宣告无效决定没有追溯力。而对于尚未执行的判决、调解书，被告可以选择两种方式阻止判决、调解书的执行。一种方式是向人民法院申请再审。法院再审后撤销原生效判决，该判决自然不会执行。另一种方式是申请终结侵权诉讼判决书、调解书的执行。这样，即使不撤销生效的判决书，该判决、调解书也无法执行。

（四）侵权诉讼和宣告无效诉讼同步审理

最高人民法院知识产权法庭设立后，对所有宣告专利权无效案件、发明和实用新型专利侵权纠纷案件的二审进行集中统一管辖。最高人民法院知识产权法庭在现有法律框架下积极探索协调两大程序的路径，探索同步审理涉及同一专利的确权行政诉讼案件和侵权民事诉讼案件，为充分发挥知识产权法庭的职能作用，实现专利行政诉讼和民事诉讼程序、裁判标准的对接作出了有益尝试。

六、专利侵权诉讼中的保全措施

（一）行为保全

法条链接

《专利法》

第七十二条　专利权人或者利害关系人有证据证明他人正在实施或者即将实施侵犯专利权、妨碍其实现权利的行为，如不及时制止将会使其合法权益受到难以弥补的损害的，可以在起诉前依法向人民法院申请采取财产保全、责令作出一定行为或者禁止作出一定行为的措施。

行为保全是指在民事诉讼过程中，为了避免当事人或者利害关系人的利益受到不应有的损害或进一步的损害，法院有权根据一方当事人的申请对相关当事人的行为采取强制措施，即责令其作出一定行为或者禁止其作出一定行为。我国《民事诉讼法》第100条对行为保全作了原则性规定。专利侵权诉讼中的行为保全一般指诉前责令停止有关行为的措施，又称诉前禁令。《专利法》第72条对诉前禁令作了规定。

专利权人或者利害关系人申请诉前禁令时，应当提供证据证明他人正在实施或者即将实施侵犯专利权的行为，并说明如不及时制止将会使其合法权益受到难以弥补的损害。下列情形可被认定为受到“难以弥补的损害”：被申请人的行为将会导致侵权行为难以控制且显著增加申请人的损害；被申请人的侵害行为将会导致申请人的相关市场份额明显减少；对申请人造成其他难以弥补的损害。[①] 另外，法院还要考虑不采取行为保全措施对申请人造成的损害是否超过采取行为保全措施对被申请人造成的损害，采取行为保全措施是否损害社会公共利益等。法院还会考察专利权是否稳定，专利是否经过实质审查，是否处

---

① 最高人民法院《关于审查知识产权纠纷行为保全案件适用法律若干问题的规定》第10条。

于宣告无效程序中，权属是否存在争议等。申请人以实用新型或者外观设计专利权为依据申请行为保全的，应当提交由国务院专利行政部门作出的检索报告、专利权评价报告或者维持该专利权有效的决定。①

在人民法院作出诉前禁令的裁定后，如果申请有错误，申请人应当赔偿被申请人因停止有关行为所遭受的损失。在申请有错误的情况下，受损害的被申请人可以提起赔偿诉讼。申请有错误包括以下情形：申请人在采取行为保全措施后 30 日内不依法提起诉讼或者申请仲裁；行为保全措施因请求保护的知识产权被宣告无效等原因自始不当；申请责令被申请人停止侵害知识产权或者不正当竞争，但生效裁判认定不构成侵权或者不正当竞争；其他属于申请有错误的情形。② 可见，只要申请人的申请有错误，不管主观上是否有过错，其都应当承担赔偿责任。

（二）证据保全

法条链接

《专利法》

第七十三条 为了制止专利侵权行为，在证据可能灭失或者以后难以取得的情况下，专利权人或者利害关系人可以在起诉前依法向人民法院申请保全证据。

专利侵权诉讼中的证据非常重要，但有时证据可能灭失或者以后难以取得，这时需要法院采取证据保全措施。我国《专利法》第 73 条规定了诉前证据保全。除了诉前证据保全，在诉讼过程中，专利权人或者利害关系人也可以向人民法院申请证据保全。

专利权人或者利害关系人申请证据保全的，申请书应当载明需要保全的证据的基本情况、申请保全的理由以及采取何种保全措施等内容，特别是要对证据可能灭失或者以后难以取得的情况进行说明。人民法院在作出证据保全的裁定后，可以采取查封、扣押、录音、录像、复制、鉴定、勘验等方法进行证据保全，并制作笔录。

第二节 专利侵权判断

一、发明和实用新型专利的侵权判断

（一）相同侵权和等同侵权

法条链接

最高人民法院《关于审理侵犯专利权纠纷案件应用法律若干问题的解释》

第七条 人民法院判定被诉侵权技术方案是否落入专利权的保护范围，应当审查权利

---

① 最高人民法院《关于审查知识产权纠纷行为保全案件适用法律若干问题的规定》第 7 条、第 8 条、第 9 条。

② 最高人民法院《关于审查知识产权纠纷行为保全案件适用法律若干问题的规定》第 16 条。

人主张的权利要求所记载的全部技术特征。

被诉侵权技术方案包含与权利要求记载的全部技术特征相同或者等同的技术特征的，人民法院应当认定其落入专利权的保护范围；被诉侵权技术方案的技术特征与权利要求记载的全部技术特征相比，缺少权利要求记载的一个以上的技术特征，或者有一个以上技术特征不相同也不等同的，人民法院应当认定其没有落入专利权的保护范围。

在发明和实用新型专利侵权诉讼中，判断被控侵权的产品或方法是否落入专利权保护范围是重要的环节。专利侵权行为包括相同侵权行为和等同侵权行为两种类型。

相同侵权又称字面侵权，或文字含义上的侵权（literal infringement），是指被控侵权的产品或方法包含与权利要求记载的全部技术特征相同的技术特征。即使被控侵权的产品或方法还包括专利权利要求记载的技术特征外的技术特征，也不影响侵权的成立。

等同侵权是在相同侵权不成立的情况下按照等同原则认定构成侵权，即被控侵权产品的一个或多个技术特征虽然与专利权利要求中的技术特征不相同，但可以认定为等同特征。

（二）全面覆盖原则

最高人民法院《关于审理侵犯专利权纠纷案件应用法律若干问题的解释》明确了我国专利侵权判定中的“全面覆盖原则”，或全部技术特征原则，即判断被控侵权的产品或方法是否落入专利权保护范围时，应当审查权利人主张的权利要求所记载的全部技术特征。按照全面覆盖原则，不管认定的是相同侵权还是等同侵权，专利权利要求中的每个技术特征都应当被纳入侵权对比的范围，如果被控侵权的产品或方法缺少权利要求记载的一个以上的技术特征，或者有一个以上技术特征不相同也不等同，则认定其未落入专利权保护范围。

在我国专利制度实施之初，当时有些专利申请人由于经验不足，把非必要技术特征写在权利要求中，或者把专利权利要求写得过窄。在之后的专利侵权诉讼中为了给专利权人有效和充分的保护，法院曾忽略权利要求中的个别技术特征而认定侵权。主要做法有以下三种：第一种是整体等同，指在认定是否构成侵权时，被控侵权的产品或方法即使缺少专利权利要求中的一个技术特征，如果从整体上看被控侵权的产品或方法符合认定等同的要件，仍可以认定被控侵权的产品或方法与专利技术等同。第二种是多余指定原则，又称“排除非必要技术特征原则”，当专利权利要求中记载了与完成发明创造目的无关的技术特征时，可以将该技术特征认定为附加技术特征或非必要技术特征，不是专利技术的构成部分。如果被告在被控侵权的产品或方法中未实现该附加技术特征或非必要技术特征，仍可以认定被告的行为构成侵权。适用多余指定原则的案件是 1995 年的“人体频谱匹配效应场治疗装置”案。[①] 第三种做法是适用“改劣实施论”，认为被控侵权人故意改变或减少权利要求中的一个技术特征，使被控侵权的产品或方法在性能和效果上明显劣于专利技术时，仍应当适用等同原则认定为构成侵权。适用“改劣实施论”的典型案件是 2003 年的“颅内血肿粉碎穿刺针”实用新型专利侵权纠纷案。[②]

全面覆盖原则，否定了前述忽略技术特征来认定侵权的做法，使认定落入专利的保护

---

① 北京市中级人民法院（1993）中经知初字第 704 号民事判决书，北京市高级人民法院（1995）高知终字第 22 号民事判决书。

② 北京市高级人民法院（2003）高民终字第 108 号民事判决书。

范围的条件更为严格。采用全面覆盖原则的出发点在于：权利要求书记载全部技术特征，向公众表明构成发明或者实用新型的技术方案，从而确定专利权的保护范围，使公众能够清楚什么行为可能构成侵权、什么行为不会侵犯专利权。只有全面、充分地尊重权利要求书所记载的全部技术特征，降低权利要求内容的不可预见性，社会公众才不会因此无所适从，从而保障法律权利的确定性。[1]

(三) 相同侵权和等同侵权的判断

根据全面覆盖原则，判定被控侵权的产品或方法是否落入专利权保护范围，一般采用以下三个步骤：首先，划分权利要求的技术特征。根据要求保护的权利要求，将权利要求划分为若干技术特征。其次，划分被控侵权的产品或方法中的技术特征。参照权利要求的技术特征，对被控侵权的产品或方法划分技术特征。最后，将权利要求的技术特征与被控侵权的产品或方法的技术特征进行对比并得出结论。在对比的过程中，有时需要进行权利要求解释和等同原则适用的判断，最后得出是否缺少技术特征以及技术特征是否相同或等同的结论。如果技术特征全部相同，则得出相同侵权的结论；如果部分技术特征不相同但等同，则得出等同侵权的结论；如果部分技术特征缺少或既不相同也不等同，则得出不侵权的结论。

假如要求保护的权利要求为：一种杯子，包括杯体、杯盖和把手，其特征在于，上述把手上设有塑料套。针对不同的被控侵权产品，所进行的侵权判断如下表所示。

<table>
<tr><th>专利权利要求</th><th>被控侵权产品</th><th>与权利要求对比</th><th>判断</th><th>结论</th></tr>
<tr><td rowspan="5">四个技术特征：
杯体（A）
杯盖（B）
把手（C）
把手上有塑料套（D）
保护范围：
A+B+C+D</td><td>杯体、杯盖、把手，把手上有塑料套</td><td>A+B+C+D</td><td>完全相同</td><td>侵权</td></tr>
<tr><td>杯体、杯盖、把手，把手上有塑料套，杯体中有过滤网</td><td>A+B+C+D+E</td><td>包括了权利要求的全部技术特征，又增加一个技术特征</td><td>侵权</td></tr>
<tr><td>杯体、杯盖、把手，把手上有尼龙套</td><td>A+B+C+D′</td><td>一个技术特征不相同，但等同</td><td>侵权</td></tr>
<tr><td>杯体、杯盖、把手</td><td>A+B+C</td><td>缺少一个技术特征</td><td>不侵权</td></tr>
<tr><td>杯体、杯盖、提手，提手上有塑料套</td><td>A+B+F+D</td><td>把手与提手不等同，至少有一个技术特征不相同也不等同</td><td>不侵权</td></tr>
</table>

二、外观设计专利的侵权判断

(一) 外观设计专利的保护范围

法条链接

《专利法》

第六十四条第二款 外观设计专利权的保护范围以表示在图片或者照片中的该产品的

① 孔祥俊，王永昌，李剑. 最高人民法院《关于审理侵犯专利权纠纷案件应用法律若干问题的解释》适用的若干问题. 电子知识产权，2010（2）.

外观设计为准，简要说明可以用于解释图片或者照片所表示的该产品的外观设计。

上述规定具有以下几个方面的含义：第一，外观设计专利保护的是设计，体现在图片或者照片中。外观设计专利保护的是体现在图片或照片中由产品的形状、图案、色彩等设计要素构成的产品的外观设计。第二，外观设计不能脱离承载该设计的产品。外观设计不能脱离外观设计专利文件限定的采用该外观设计的产品而单独受保护。第三，简要说明可以用于解释外观设计。外观设计的简要说明记载了产品名称、用途、设计要点等，有时还记载了省略视图、关联设计的基本设计、是否请求保护色彩等，这些内容有助于理解和把握图片或照片中的设计要素，因此可以用于解释外观设计。

（二）外观设计专利侵权判断的方法

1. 外观设计专利侵权判断的基本方法

法条链接

最高人民法院《关于审理侵犯专利权纠纷案件应用法律若干问题的解释》

第八条　在与外观设计专利产品相同或者相近种类产品上，采用与授权外观设计相同或者近似的外观设计的，人民法院应当认定被诉侵权设计落入专利法第五十九条*第二款规定的外观设计专利权的保护范围。

判断被控侵权的产品是否落入外观设计专利权的保护范围，需要进行两个方面的判断：一是产品方面的判断，看被控侵权产品与外观设计专利产品是否相同或相近；二是设计方面的判断，看被控侵权产品的设计与授权外观设计是否相同或近似。如果这两个方面的判断都得出肯定的结论，则可以认定被控侵权产品落入了外观设计专利权的保护范围。

2. 产品是否相同或相近的判断

法条链接

最高人民法院《关于审理侵犯专利权纠纷案件应用法律若干问题的解释》

第九条　人民法院应当根据外观设计产品的用途，认定产品种类是否相同或者相近。确定产品的用途，可以参考外观设计的简要说明、国际外观设计分类表、产品的功能以及产品销售、实际使用的情况等因素。

产品的用途和功能是确定其是否相同或相近的主要因素。若被控侵权产品与表示在图片或者照片中的外观设计专利产品在用途和功能上完全相同，则可以认定二者相同；若两者用途相同或相近，但具体功能有所不同，则可以认定二者相近。在认定二者是否相同或相近时，可以参考产品的名称、简要说明、外观设计专利授权时按照国家知识产权局公布的外观设计产品分类表指定的类别情况，并考虑产品市场销售和实际使用、消费者的消费

---

* 2020年《专利法》第64条。——编辑注

习惯等。例如，外观设计专利授权的产品名称是儿童玩具车，被控侵权产品名称为儿童电动车，但二者在用途、功能上是相同的，故属于相同产品。[①] 涉案专利产品是“餐具用贴纸”，其用途是美化和装饰餐具，被控侵权产品是杯子，其用途是存放饮料或食物等，故被控侵权产品和涉案专利产品用途不同，不属于相同种类产品，也不属于相近种类产品。[②] 再如，被控侵权产品的名称为“炕面板”，涉案专利产品的名称为“蓄热板”。从用途来看，“炕面板”与“蓄热板”均为具有保温功能的拼装式板状建材；从市场销售来看，二者的销售渠道相同；从实际使用情况来看，消费者购买“炕面板”或“蓄热板”均是用于搭建炕床。因此，被控侵权产品与涉案专利产品虽名称不同，但两者在用途、功能、市场销售以及实际使用的情况等方面均相同，故为相同种类产品。[③]

3. 设计是否相同或近似的判断

（1）判断主体。

法条链接

最高人民法院《关于审理侵犯专利权纠纷案件应用法律若干问题的解释》

第十条 人民法院应当以外观设计专利产品的一般消费者的知识水平和认知能力，判断外观设计是否相同或者近似。

最高人民法院《关于审理侵犯专利权纠纷案件应用法律若干问题的解释（二）》（2020年修正）

第十四条 人民法院在认定一般消费者对于外观设计所具有的知识水平和认知能力时，一般应当考虑被诉侵权行为发生时授权外观设计所属相同或者相近种类产品的设计空间。设计空间较大的，人民法院可以认定一般消费者通常不容易注意到不同设计之间的较小区别；设计空间较小的，人民法院可以认定一般消费者通常更容易注意到不同设计之间的较小区别。

判断外观设计是否相同或者近似的主体是一般消费者，与外观设计专利授权时的判断主体相同，其知识水平和认知能力在侵权判断时和授权时也是相同的。由此可见，我国的规定与美国、日本等国家的规定基本相同。[④]

在确定一般消费者的知识水平和认知能力时，一般应当考虑被控侵权行为发生时授权外观设计所属相同或者相近种类产品的设计空间。设计空间是指设计者对产品外观设计的创作自由度，即在排除了公知设计、惯常变化、功能性设计和非装饰性设计后的创作空间。对于设计空间较大的产品，产品设计者创作自由度高，该产品领域内的产品的外观设计变化多样，产品的局部细微设计的变化不会引起人们的特别注意，因而对产品整体的视

---

① 广东省高级人民法院（2004）粤高法民三终字第320号民事判决书。

② 最高人民法院（2012）民申字第54号民事裁定书。

③ 最高人民法院（2012）民提字第171号民事判决书。

④ 在美国外观设计近似的判断主体为“一般旁观者——购买者”，其与我国的“一般消费者”在知识水平和认知能力方面是相同的。

觉效果影响较小；反之，对于那些设计空间较小的产品，因为创作自由度低，该领域内的产品的设计必然大同小异，消费者容易注意到产品设计的细微变化。可见，设计空间对于确定外观设计产品一般消费者的知识水平和认知能力具有重要意义。

（2）判断方法。

法条链接

最高人民法院《关于审理侵犯专利权纠纷案件应用法律若干问题的解释》

第十一条 人民法院认定外观设计是否相同或者近似时，应当根据授权外观设计、被诉侵权设计的设计特征，以外观设计的整体视觉效果进行综合判断；对于主要由技术功能决定的设计特征以及对整体视觉效果不产生影响的产品的材料、内部结构等特征，应当不予考虑。

下列情形，通常对外观设计的整体视觉效果更具有影响：

（一）产品正常使用时容易被直接观察到的部位相对于其他部位；

（二）授权外观设计区别于现有设计的设计特征相对于授权外观设计的其他设计特征。

被诉侵权设计与授权外观设计在整体视觉效果上无差异的，人民法院应当认定两者相同；在整体视觉效果上无实质性差异的，应当认定两者近似。

外观设计是否相同或近似的判断方法是整体观察、综合判断，即一般消费者从整体上而不是仅依据局部的设计变化，来判断外观设计专利产品与被诉侵权产品的视觉效果是否具有明显区别；在判断时，一般消费者对外观设计专利产品与被诉侵权产品的整体视觉效果进行综合判断，既要考虑两者的相同点对整体视觉效果的影响，又要注意两者的不同点对整体视觉效果的影响，最后得出两者在整体视觉效果上是否存在差异及所存在的差异是否构成实质性差异的结论。[①] 如果整体视觉效果上没有差异，则属于相同的设计；如果整体视觉效果上没有实质性差异，则属于近似的设计。

在进行外观设计相同或近似的判断时，虽然需要进行整体观察，但不能将所有设计特征给予相同的对待，而是要综合判断不同的设计特征所起的作用。有两类设计特征是应当不予考虑的：一类是主要由技术功能决定的设计特征即功能性设计特征，指在该外观设计产品的一般消费者看来，该设计特征的选择仅仅考虑了特定功能的实现而不考虑美学因素。例如，带折线的柱状共鸣腔设计在小型或者便携式音箱设计中已经成为常用设计特征，属于主要由技术功能决定的设计特征，在外观设计相同或者近似的判断中应当不予考虑。[②] 另一类是对整体视觉效果不产生影响的产品的材料、内部结构等特征。这些特征不是外观设计的设计要素，不在外观设计对比的范围之内。

同时，也有些部位或特征通常对外观设计的整体视觉效果更具有影响，应当受到重点考虑。其主要包括两类：一类是产品正常使用时相对于其他部位容易被直接观察到的部位。例如，茶盘的正面、孔眼阵列和水槽都属于该产品正常使用时容易被直接观察到的部

①② 最高人民法院（2014）民提字第 34 号民事判决书。

位，其对外观设计整体视觉效果的影响明显高于茶盘支脚等部位产生的影响。① 另一类是授权外观设计区别于现有设计的设计特征相对于授权外观设计的其他设计特征。区别设计特征又称设计点或创新点，在外观设计专利侵权判断时应受到重点考虑。

典型案例

高仪股份公司与浙江健龙卫浴有限公司侵害外观设计专利权纠纷再审案②

高仪股份公司（以下简称高仪公司）为“手持淋浴喷头”外观设计专利的权利人。2012 年 11 月，高仪公司以浙江健龙卫浴有限公司（以下简称健龙公司）生产、销售和许诺销售的丽雅系列等卫浴产品侵害其“手持淋浴喷头”外观设计专利权为由提起诉讼。下图为高仪公司的授权外观设计和被控侵权产品外观设计的对比图。

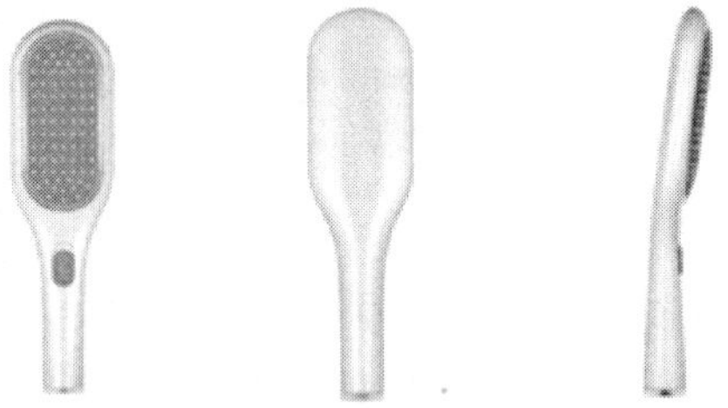

主视图　　后视图　　左视图

高仪公司的授权外观设计

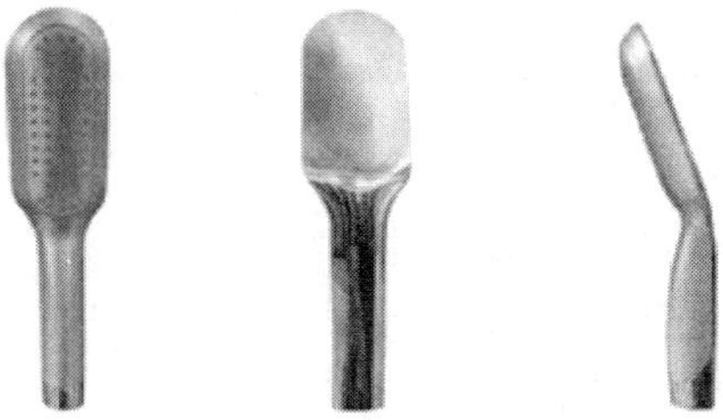

主视图　　后视图　　左视图

被诉侵权外观设计

二审法院认定：跑道状的喷头出水面应作为涉案授权外观设计区别于现有设计的设计特征受到重点考量，而被诉侵权产品的外观设计正是采用了与之高度相似的出水面设计。被诉侵权产品外观设计与涉案授权外观设计在淋浴喷头的整体轮廓、喷头与把手的长度分割比例等方面均非常相似，两者构成近似。最高人民法院提审后撤销了二审判决，认定被诉侵权产品的外观设计与涉案授权外观设计不构成近似。

最高人民法院认为，本案的关键问题是对于一般消费者而言，被诉侵权产品的外观设计与涉案授权外观设计是否相同或者近似，具体涉及以下三个问题：第一，关于涉案授权外观设计的设计特征。区别设计特征对外观设计产品的整体视觉效果具有显著影响，如果被诉侵权产品的外观设计未包含授权外观设计区别于现有设计的全部设计特征，一般可以

① 最高人民法院（2014）民申字第 1597 号民事裁定书。

② 最高人民法院（2015）民提字第 23 号民事判决书，最高人民法院指导案例 85 号。

推定被诉侵权设计与授权外观设计不近似。本案中，涉案授权外观设计的设计特征有三点：一是喷头及其各面过渡的形状，二是喷头出水面形状，三是喷头宽度与手柄直径的比例。第二，关于涉案授权外观设计产品正常使用时容易被直接观察到的部位。认定授权外观设计产品正常使用时容易被直接观察到的部位，应当以一般消费者的视角，根据产品用途，综合考虑产品的各种使用状态得出。本案中，虽然被诉侵权产品的外观设计采用了与涉案授权外观设计高度近似的跑道状出水面，但是，在喷头及其各面过渡的形状这一设计特征上，涉案授权外观设计的喷头、手柄及其连接各面均呈圆弧过渡，而被诉侵权产品的外观设计的喷头、手柄及其连接各面均为斜面过渡，二者在整体设计风格上呈现明显差异。第三，关于涉案授权外观设计手柄上的推钮是否为功能性设计特征。一般而言，功能性设计特征对于外观设计的整体视觉效果不具有显著影响；而功能性与装饰性兼具的设计特征对整体视觉效果的影响需要考虑其装饰性的强弱，装饰性越强，对整体视觉效果的影响相对较大，反之则相对较小。本案中，涉案授权外观设计与被诉侵权产品的外观设计的区别之一在于后者缺乏前者在手柄位置上具有的一类跑道状推钮设计。涉案授权外观设计的设计者选择将手柄位置的推钮设计为类跑道状，其目的也在于与其跑道状的出水面相协调，增加产品整体上的美感。故该推钮并非功能性设计特征，该推钮的有无会对产品的整体视觉效果产生影响。另外，涉案授权外观设计的喷头与手柄连接产生的斜角角度较小，而被诉侵权产品的外观设计喷头与手柄连接产生的斜角角度较大，从而使两者在左视图上呈现明显差异。正是由于被诉侵权产品的外观设计未包含涉案授权外观设计的全部设计特征，以及被诉侵权产品的外观设计与涉案授权外观设计在手柄、喷头与手柄连接处的设计等的区别，使两者在整体视觉效果上呈现明显差异，两者既不相同也不近似，被诉侵权产品的外观设计未落入涉案外观设计专利权的保护范围。

这一案例，阐释了外观设计专利侵权判断中“整体观察、综合判断”原则的具体适用。其二审法院仅重点考虑了涉案授权外观设计跑道状出水面的设计特征，而对于涉案授权外观设计的其他设计特征，以及淋浴喷头产品正常使用时其他容易被直接观察到的部位上被诉侵权产品的外观设计与涉案授权外观设计的区别设计特征未予考虑，因此得出了错误的结论。最高人民法院的再审判决，重点考虑了对外观设计的整体视觉效果更具有影响的部件或特征，即产品正常使用时容易被直接观察到的部位相对于其他部位、授权外观设计区别于现有设计的设计特征相对于授权外观设计的其他设计特征；同时也对其他设计特征给予了考虑。另外，最高人民法院的判决提出了功能性特征的认定标准，将具有装饰效果的推钮认定为非功能性设计特征，作为外观设计对比时考虑的因素。在上述认定的基础上，经过综合判断，最高人民法院得出被控侵权产品的外观设计未落入外观设计专利权保护范围的结论。这一认定过程，对于外观设计专利侵权的判断具有指导意义，因此该案例成为最高人民法院的指导性案例。

第三节　专利侵权责任

专利侵权行为被认定后，侵权人应当承担相应的法律责任。专利侵权责任的形式和内容，不但涉及对专利权人和被诉侵权人是否公平，而且关系到是否足以威慑潜在的侵权人，以及是否损害社会公共利益。承担专利侵权责任的主要方式是停止侵权和赔偿损失。

一、停止侵权

法条链接

最高人民法院《关于审理侵犯专利权纠纷案件应用法律若干问题的解释（二）》（2020年修正）

第二十六条 被告构成对专利权的侵犯，权利人请求判令其停止侵权行为的，人民法院应予支持，但基于国家利益、公共利益的考量，人民法院可以不判令被告停止被诉行为，而判令其支付相应的合理费用。

作为侵权责任承担方式的停止侵权，是指法院在认定侵权成立后作出责令被告停止侵权行为的判决，也称为永久禁令。专利权人提起专利侵权诉讼后，一般都请求判令被诉侵权人停止侵权。法院在认定侵权成立后，如果专利仍在有效期限内，就需要确定在判决中是否责令被告停止侵权。

我国《民法典》规定的承担民事责任的方式之一是停止侵害，这一责任承担形式不以侵害人具有主观过错为要件，而我国《专利法》等有关法律也没有规定不适用这一责任承担形式的条件，因此，一般情况下，法院认定被告构成对专利权的侵犯，而权利人请求判令其停止侵权行为的，法院就应作出停止侵权的判决。但是，判令停止侵权并不是绝对的，在有些特殊情况下，不宜判令停止侵权。

在英美法中，永久禁令属于衡平法上的救济措施，只有在普通法以损害赔偿为主的救济方法不足以弥补当事人的损失时，衡平法上的救济方法才能充分发挥作用。专利制度确立后，禁令救济措施也被规定在专利法中。例如，美国《专利法》第283条规定："依本法规定，对诉讼有管辖权的各法院在认为合理的情况下，为防止专利权益受到侵害，可依衡平原则发布禁令。"很长时间以来，除有例外情形外，美国法院发布禁令变成了一项通常的做法。但是，2007年5月美国最高法院就eBay案作出的判决改变了以前的做法。美国最高法院在该案判决中认为，在决定是否发布禁令时，衡平法院的"四要件"适用于专利侵权纠纷案件。这四要件是：第一，原告受到了不可弥补的损害；第二，成文法规定的救济不足以弥补这种损害；第三，从衡量原、被告双方困难程度的角度来看，应给予衡平救济；第四，永久性禁令不会损害社会公共利益。美国最高法院指出：专利权是一种个人财产，有排除他人使用的权能。但是，权利的创立和侵权时的救济不是一回事，只有在法院认为依据衡平原则合理的情况下，才可以发布禁令。美国最高法院对eBay案的判决对美国专利侵权救济具有重要的意义，它否定了美国联邦巡回上诉法院长期坚持的永久禁令"一般规则"化的做法，恢复了传统的衡平法原则在专利侵权纠纷案件永久禁令颁布中的适用。

美国最高法院严格永久禁令的适用条件，是与专利制度的发展现状密切相关的。随着工业的发展，有的专利权人并不是将专利作为生产和销售产品的基础，而是通过专利获得许可使用费。对于这些公司来说，永久禁令等措施，成为它们从寻求购买专利许可来实施专利的公司处获得高昂许可使用费的讨价还价的工具。当专利只是寻求许可的公司其生产的产品中一个小的构件时，禁令威胁成为权利人谈判时的筹码。专利权的这种行使方式，已经与专利制度促进科技进步的目的不协调。因此，恢复损害赔偿制度的弥补受害人损失的目的，限制专利侵权中的永久禁令，具有一定的现实意义。但是，未经专利权人许可，不得为生产经营目的实施专利，这是专利权固有的内容。法院拒绝颁发永久禁令，实际上限制了专利权人的权利，削弱了对侵权人的威慑。如果把永久禁令的颁布条件设定得过于严格，不利于对专利权人的保护。

在我国最高人民法院《关于审理侵犯专利权纠纷案件应用法律若干问题的解释（二）》（2020 年修正）将不判令停止侵权限于对“国家利益、公共利益的考量”。相比较而言，在我国判令停止侵权的条件比在美国宽松很多，不判令停止侵权只被限定在极特殊的情形，法院在绝大多数专利侵权纠纷案件中都作出了责令停止侵权的判决。

典型案例

为了公共利益可以不判令停止侵权

2009 年 12 月，最高人民法院就汉晶源环境工程有限公司（以下简称晶源公司）与日本富士化水工业株式会社、华阳电业有限公司（以下简称华阳公司）专利侵权纠纷案作出终审判决，维持了福建省高级人民法院的（2001）闽知初字第 4 号判决。原审法院认定华阳公司在电厂使用的方法和设备均落入了原告晶源公司的专利权保护范围，但是认为“由于火力发电厂配备烟气脱硫设施，符合环境保护的基本国策和国家产业政策，有利于建设环境友好型社会，具有很好的社会效益，且电厂供电情况将直接影响地方的经济和民生。在本案中，如果华阳公司停止烟气脱硫设备的使用，将对当地民生产生不良的影响。为平衡权利人利益及社会公众利益，晶源公司要求华阳公司停止侵权的诉讼请求，本院不予支持。但华阳公司也应从其 1 号和 2 号机组投入商业运营起就使用涉案专利的纯海水烟气脱硫方法及装置向晶源公司支付相应的使用费，直至涉案发明专利权期限终止。本院根据涉案专利的类别等情况，酌定使用费为每台机组每年人民币 24 万元”。而最高人民法院指出：鉴于本案烟气脱硫系统已被安装在华阳公司的发电厂并已实际投入运行，若责令其停止行为，则会直接对当地的社会公众利益产生重大影响，故原审判决在充分考虑权利人利益与社会公众利益的前提下，未支持晶源公司关于责令停止侵权行为的诉讼请求，而是判令华阳公司按实际使用年限向晶源公司支付每台机组每年人民币 24 万元至本案专利权期限届满为止，并无不妥。①

通过该案，最高人民法院明确了在专利侵权诉讼中可以不支持专利权人停止侵权行为请求的态度。在判决中，最高人民法院认为，决定是否采取“停止侵权”救济措施时应考虑其对公共利益的影响，当“停止侵权”救济措施对社会公众利益产生重大影响时应不适用这一救济措施。

---

① 最高人民法院（2008）民三终字第 8 号民事判决书。

实务探讨

标准必要专利 FRAND 承诺下的禁令救济

标准必要专利的专利权人在其专利被纳入标准时一般都作出了 FRAND 承诺，承诺在公平、合理、无歧视基础上许可实施其专利。当标准必要专利的专利权人要求标准实施人停止侵权时，法院是否支持该请求，成为标准必要专利诉讼中的一个重要问题。

一般认为，标准必要专利的 FRAND 承诺并不意味着权利人放弃禁令，专利权人仍可以提出颁发禁令请求。但是，法院在确定是否颁发禁令时，还要考虑标准必要专利的特殊情况。一旦标准被普遍接受，以至于只有采纳标准才能在特定市场竞争，每个拥有标准必要专利的人都可以对采纳标准的产品或服务收取不合理的高额许可使用费。这被称为“专利挟持”①。如果像普通专利一样允许对标准必要专利发放禁令，无疑会增强专利权人“专利挟持”的能力。但是，如果对标准必要专利一律不允许发放禁令，标准实施人在与专利权人协商取得许可时会不积极，并且以法院不会禁止其使用威胁专利权人，从而专利权人不得不接受较低的许可使用费率，形成“反向专利挟持”。不管是“专利挟持”还是“反向专利挟持”，都不利于专利权人与标准实施人进行积极的公平谈判，这既没有效率，也不公平。禁令的运用，应促使双方进行认真积极谈判，尽快达成双方都认为公平，且实质上许可使用费率也与专利权人的贡献相当的许可协议。因此，专利权人作出 FRAND 承诺后，既不能一概地颁发禁令，也不能一律不发禁令。

在我国，最高人民法院《关于审理侵犯专利权纠纷案件应用法律若干问题的解释（二）》（2020 年修正）第 24 条第 2 款规定：“推荐性国家、行业或者地方标准明示所涉必要专利的信息，专利权人、被诉侵权人协商该专利的实施许可条件时，专利权人故意违反其在标准制定中承诺的公平、合理、无歧视的许可义务，导致无法达成专利实施许可合同，且被诉侵权人在协商中无明显过错的，对于权利人请求停止标准实施行为的主张，人民法院一般不予支持。”这一规定明确了针对标准必要专利发放禁令的条件，将专利许可条件的谈判与侵权定性（禁令颁发）联系起来，并且根据标准必要专利的法律性质，视专利权人、被诉侵权人在专利许可谈判中各自不同的地位，对其过错程度进行了区分，即专利权人故意违反 FRAND 承诺导致无法达成合同，而被诉侵权人无明显过错，以使注意义务与法律责任基本对应，并与权利性质相匹配。

二、赔偿损失

法条链接

《专利法》

第七十一条 侵犯专利权的赔偿数额按照权利人因被侵权所受到的实际损失或者侵权人因侵权所获得的利益确定；权利人的损失或者侵权人获得的利益难以确定的，参照该专

---

① Mark A. Lemley，“Ten Things to Do about Patent Holdup of Standards（and One not to）”，48 *B.C. L.Rev.* 149（2007）. Shapiro，Carl.“Injunctions，Hold-Up，and Patent Royalties”，12 *American Law and Economics Review* 280（2010）.

利许可使用费的倍数合理确定。对故意侵犯专利权，情节严重的，可以在按照上述方法确定数额的一倍以上五倍以下确定赔偿数额。

权利人的损失、侵权人获得的利益和专利许可使用费均难以确定的，人民法院可以根据专利权的类型、侵权行为的性质和情节等因素，确定给予三万元以上五百万元以下的赔偿。

赔偿数额还应当包括权利人为制止侵权行为所支付的合理开支。

人民法院为确定赔偿数额，在权利人已经尽力举证，而与侵权行为相关的账簿、资料主要由侵权人掌握的情况下，可以责令侵权人提供与侵权行为相关的账簿、资料；侵权人不提供或者提供虚假的账簿、资料的，人民法院可以参考权利人的主张和提供的证据判定赔偿数额。

专利权人提起侵权诉讼的目的之一在于得到经济赔偿。如何计算侵权赔偿数额，往往是专利权人和侵权人争议的焦点。专利侵权赔偿数额，应当使专利权人的损失得到弥补，足以威慑潜在侵权人，同时还要相对公平合理。

（一）专利侵权赔偿的原则

损害赔偿首先要弥补权利人的损失，因此赔偿的数额应当不低于权利人的损失。在不低于权利人的损失的前提下，是否再以高额的赔偿惩罚侵权人，反映了侵权赔偿的不同原则。简而言之，侵权赔偿的原则可以分为全面赔偿原则和惩罚性赔偿原则。

全面赔偿原则也称补偿性原则或填平原则，是现代民法的最基本的赔偿原则。它是指知识产权损害赔偿责任的范围，应当以侵权人侵权行为所造成的财产损失范围为标准，由侵权人承担全部责任。按照全面赔偿的原则，侵权赔偿数额应当全面弥补权利人的损失，但又不能多于权利人的损失。经过损害赔偿以后，权利人恢复到权利没有被侵犯的状态，其受到的损害通过赔偿被予以填平。

侵权损害赔偿的目的在于恢复权利人受到损害的民事权利和利益，知识产权侵权损害赔偿首先是对权利人的一种补偿，赔偿损失的功能主要是一种补偿、一种利益的弥补和填平，所以全面赔偿原则是我国专利侵权损害赔偿的基本原则。我国专利制度建立后，多年来一直实行全面赔偿原则。

与全面赔偿原则相对的是惩罚性原则。惩罚性赔偿是指在确定知识产权的损害赔偿额时，除了补偿权利人的损失，还应当对故意侵权、情节严重的行为实行惩罚性赔偿，即除了补偿权利人的损失外，还应当加大赔偿额，使权利人获得的赔偿大于其受到的损失。例如，美国《专利法》第 284 条规定，法院可以将损害赔偿金增加到原决定或估定的数额的三倍。为有效地遏制恶意侵权人，2020 年我国《专利法》修改时增加了惩罚性赔偿的规定，使我国专利侵权损害赔偿的原则以全面赔偿为主，以惩罚性赔偿为辅。

（二）全面赔偿原则下的侵权赔偿数额

我国《专利法》第 71 条规定了侵犯专利权的赔偿数额的四种计算方法：第一种是按权利人因被侵权所受到的实际损失研究赔偿数额；第二种是按照侵权人因侵权所获得的利益确定赔偿数额；第三种是参照该专利许可使用费的倍数合理确定；第四种是根据专利权的类型、侵权行为的性质和情节等因素，确定给予 3 万元以上 500 万元以下的赔偿。这四种方式的使用顺序是：第一种和第二种是选择并列关系，可以选择使用；第三种在第一种和第二种难以确定赔偿数额时使用；第四种在前三种难以确定赔偿数额时使用。

1. 权利人因被侵权所受到的实际损失

法条链接

最高人民法院《关于审理专利纠纷案件适用法律问题的若干规定》(2020 年修正)

第十四条第一款 专利法第六十五条规定的权利人因被侵权所受到的实际损失可以根据专利权人的专利产品因侵权所造成销售量减少的总数乘以每件专利产品的合理利润所得之积计算。权利人销售量减少的总数难以确定的，侵权产品在市场上销售的总数乘以每件专利产品的合理利润所得之积可以视为权利人因被侵权所受到的实际损失。

按照权利人因被侵权所受到的实际损失确定赔偿数额，是我国专利法规定的第一种损害赔偿计算方式，也是应当首先被考虑的计算方式。但是，专利是一种无形财产，很难像有形财产那样可以评估其因侵权而导致的价值的减少。在专利权被侵犯的情况下，专利权本身的价值可能并不受明显影响，只是原来属于专利权人的利益归了侵权人。这时，按照第一种计算方法计算专利权人的损失，就不能从专利权的价值是否贬损的角度考虑，而应从专利权人失去的利益的角度考虑。关于专利权人失去的利益，可以根据其销售数额的减少而计算出其利润的减少数额。但在很多情况下，影响专利权人销售数额的最主要因素并不是侵权行为的存在，而是市场需求等其他因素。有时即使不出现侵权的情形，专利权人的销售数额也会减少。有时，还会出现他人侵权的同时，专利权人的销售数额也在上升的情况。因此，在计算专利权人所受到的损失时，应当排除其他因素的影响，计算出“因侵权所造成销售量减少的总数”。采用这种计算方法时还有一种变通的办法，即将侵权产品在市场上销售的总数乘以每件专利产品的合理利润，所得之积视为专利权人因被侵权所受到的损失。

2. 侵权人因侵权所获得的利益

法条链接

最高人民法院《关于审理专利纠纷案件适用法律问题的若干规定》(2020 年修正)

第十四条第二款 专利法第六十五条*规定的侵权人因侵权所获得的利益可以根据该侵权产品在市场上销售的总数乘以每件侵权产品的合理利润所得之积计算。侵权人因侵权所获得的利益一般按照侵权人的营业利润计算，对于完全以侵权为业的侵权人，可以按照销售利润计算。

最高人民法院《关于审理侵犯专利权纠纷案件应用法律若干问题的解释》

第十六条第一款 人民法院依据专利法第六十五条*第一款的规定确定侵权人因侵权

---

* 2020 年《专利法》第 71 条。——编辑注

所获得的利益，应当限于侵权人因侵犯专利权行为所获得的利益；因其他权利所产生的利益，应当合理扣除。

最高人民法院《关于审理侵犯专利权纠纷案件应用法律若干问题的解释（二）》（2020年修正）

第二十七条 权利人因被侵权所受到的实际损失难以确定的，人民法院应当依照专利法第六十五条* 第一款的规定，要求权利人对侵权人因侵权所获得的利益进行举证；在权利人已经提供侵权人所获利益的初步证据，而与专利侵权行为相关的账簿、资料主要由侵权人掌握的情况下，人民法院可以责令侵权人提供该账簿、资料；侵权人无正当理由拒不提供或者提供虚假的账簿、资料的，人民法院可以根据权利人的主张和提供的证据认定侵权人因侵权所获得的利益。

按照侵权人因侵权所获得的利益确定赔偿数额，又称非法获利赔偿，是计算专利侵权损害赔偿数额的一种常用方式。

侵权人因侵权所获得的利益一般是指侵权人所得到的实际利益，即侵权人因侵权而获得的利润。利润有营业利润和销售利润之分。营业利润为从销售利润中扣除相关管理费用、财务费用、营业费用等费用后的余额，因此，销售利润大于营业利润，销售利润并不是侵权人最终所获得的利益。一般情况下，侵权人因侵权所获得的利益指的是营业利润，只有对“完全以侵权为业的侵权人”，才以销售利润作为其所得利益。这实质上体现了一定的惩罚性。侵权人在生产过程中，有时除了使用专利权人的专利，还使用了自己的专利或者商标等知识产权，因此，需要确定在侵权人所获得的利润中，有多少是侵犯涉案专利权所带来的。美国曾在1819年至1946年间根据被告获利计算赔偿数额。在计算过程中，如何区分专利技术与公知技术在其全部技术贡献中所占的比例是个难题。在19世纪，技术分摊规则是美国最高法院极为关注的问题。美国最高法院曾在判例中确立了许多具体规则。但是，技术分摊难题成为1946年美国《专利法》修改时删除非法获利赔偿规则的重要原因之一。[①] 非法获利赔偿仍是我国专利侵权赔偿计算的主要方式之一。采用这种方式时必须确定涉案专利在非法获利中的贡献率。最高人民法院在司法解释中明确规定了根据专利贡献率或专利产品在实现利润中的作用确定赔偿数额的做法。这一规定否定了将与专利有关的侵权利润全部作为赔偿数额的做法，提出了技术分摊的问题。但如何解决这一美国没有解决的问题，需要在司法实践中总结出更具体的规则。

除实际利益之外，“侵权产品在市场上销售的总数乘以每件侵权产品的合理利润所得之积”也可以被视为侵权人的非法获利。其实，这也是前面所说的权利人因侵权所受到的损失的计算方式之一。将其视为侵权人非法获利，不需要侵权产品与专利产品之间存在竞争关系和替代性，比将其视为权利人的损失更为方便。

除了上述两种方式，还有推定侵权人非法获利的计算方式。在专利权人已经提供侵权人所获利益的初步证据，而与专利侵权行为相关的账簿、资料主要由侵权人掌握，侵权人

---

① 和育东. 美国专利侵权救济制度研究. 北京：中国政法大学，2008.

* 2020年《专利法》第71条。——编辑注

无正当理由拒不提供或者提供虚假的账簿、资料时，法院可以根据专利权人的主张和提供的证据认定侵权人因侵权所获得的利益。

典型案例

营业利润和专利技术贡献度的确定

在深圳光峰科技股份有限公司（以下简称光峰公司）与创造者社区（广州）有限公司（以下简称创造者公司）侵害发明专利权纠纷案中，最高人民法院在判决中详细计算了营业利润和专利贡献度[①]，使该案成为按照非法获利计算赔偿数额的典型案件。

一审法院认定创造者公司制造、销售、许诺销售侵权成立，并判令其赔偿光峰公司人民币150万元。最高人民法院二审认为：创造者公司非以侵权为业，应适用营业利润来计算因侵权所获得的利益。在计算创造者公司因销售被诉侵权产品所获得的利益时，营业利润可以简化为：销售收入，减去销售成本及增值税税金，减去销售费用、管理费用和财务费用（统称三费）的余额，或者在单一类别产品的销售收入、营业利润率确定时，营业利润可直接以销售收入乘以营业利润率来确定。经过计算，最高人民法院认定创造者公司合计获利为326 945.29元。

最高人民法院还认为，计算涉案专利及其价值对整机产品利润的贡献率时，需要考虑三方面因素：一是被诉整机产品本身的价值，二是涉案专利价值，三是以涉案专利技术方案制造的产品组件在实现激光投影机整体产品利润率中的贡献度。创造者公司主张以双方确认的DET激光投影机销售卖点（技术亮点）为依据，以销售卖点体现出的涉案专利技术及其价值所占销售卖点的比重确定涉案专利技术及其价值在实现整体产品利润中的贡献度，具有可行性和合理性。本案中，在多款产品平均十项左右的销售卖点中，光峰公司主张其中三项销售卖点涉及涉案专利技术领域。据此，最高人民法院在重新确定创造者公司销售涉案产品的获利额的三分之一的基础上，考虑与该案有关的系列案件的情况，确定了赔偿数额。最后，最高人民法院撤销了一审判决中的赔偿部分，改判为赔偿经济损失54 490.88元。

按照侵权获利计算赔偿数额，是我国法院确定赔偿数额时除法定赔偿外使用最多的方法。绝大多数的侵权人不是以侵权为业的，计算侵权获利时应按营业利润确定利润额。本案中，最高人民法院确定了计算营业利润的公式。除此之外，本案中确定涉案专利在利润中的贡献率的计算方法也值得借鉴。在有些专利侵权纠纷案件中，法院将侵权产品的全部营业利润作为侵权赔偿额，但涉案侵权产品除使用涉案专利外，有可能还使用了其他知识产权，包括被控侵权人自己的知识产权，也可能包括他人的知识产权，如果将全部营业利润作为一项专利的侵权赔偿额，则忽视了其他知识产权的贡献，对被控侵权人是不公平的，也不符合侵权赔偿的填平原则。因此，最高人民法院《关于审理侵犯专利权纠纷案件应用法律若干问题的解释》规定："因其他权利所产生的利益，应当合理扣除。"本案中，最高人民法院以销售卖点作为计算依据，将涉案专利对销售卖点的贡献率与营业利润相

---

① 最高人民法院（2019）最高法知民终833号民事判决书。

乘，得出了被控侵权人因使用涉案专利所获的收益。

3. 参照该专利许可使用费的倍数

法条链接

最高人民法院《关于审理专利纠纷案件适用法律问题的若干规定》(2020 年修正)

第十五条 权利人的损失或者侵权人获得的利益难以确定，有专利许可使用费可以参照的，人民法院可以根据专利权的类型、侵权行为的性质和情节、专利许可的性质、范围、时间等因素，参照该专利许可使用费的倍数合理确定赔偿数额；没有专利许可使用费可以参照或者专利许可使用费明显不合理的，人民法院可以根据专利权的类型、侵权行为的性质和情节等因素，依照专利法第六十五条*第二款的规定确定赔偿数额。

第三种计算方式是参照该专利许可使用费的倍数合理确定赔偿数额，其前提是“权利人的损失或者侵权人获得的利益难以确定”。因此，这种方式只能在前两种方式难以使用时使用，并且只能在有专利许可使用费可以参照时使用。在参照专利许可使用费确定损害赔偿数额时，2001 年最高人民法院《关于审理专利纠纷案件适用法律问题的若干规定》规定，在专利许可使用费的一至三倍范围内合理确定赔偿数额。2015 年该司法解释修改时取消了一至三倍的限制。司法实践中，参照专利使用许可使用费酌定损害赔偿数额时，需要综合考虑侵权行为的性质和情节、专利许可的性质和范围等诸多因素。从有关法律和司法解释看，确定侵权赔偿数额时的专利许可使用费，应当是实际发生的专利许可使用费，而不是由法院估定的合理许可使用费。这与美国的做法是不同的。美国法院在计算专利侵权赔偿数额时，其中一种方法就是根据合理的许可使用费。为了确定合理的许可使用费，美国法院提出一种法律虚构的假想谈判，即假设在侵权发生之始专利权人与侵权人愿意就专利许可使用达成协议，这个虚拟协议的许可使用费就是合理的许可使用费。确定合理的许可使用费数额时，一般先确定合理的许可使用费率，然后以该费率乘以侵权人的销量即为合理的许可使用费赔偿额。可见，美国的专利许可使用费不仅包括实际的使用费，也包括推算的许可使用费。按照推算的许可使用费，其实也是在进行技术分摊，同样面临着需要解决的难题。由于推算可以确定一个大体的比率，但在计算侵权人获利时，需要具体的计算标准，因此，专利许可使用费的计算方法，比侵权人获利的计算方法，容易一些。但在我国，由于许可使用费是真实的许可使用费，一般只适用于那些已经对外许可的专利。如果专利权人并没有发放过许可，则很难使用这种方法计算赔偿。法院所参照的“专利许可使用费”，应当是真实的专利许可合同中的使用费，而不应是专利权人为了侵权赔偿而伪造的专利许可使用合同，这就要求法院根据合同签订时间、合同双方之间的关系、许可使用费是否合理等因素，认定合同的真实性。在认定合同真实后，再根据相关因素确定是按照专利许可使用费计算赔偿额，还是在专利许可使用费的基础上确定更高的赔偿数额。

---

* 2020 年《专利法》第 71 条。——编辑注

4. 法定赔偿

法定赔偿是指在未进行具体计算的情况下，法院根据有关规定和案件事实酌定的赔偿数额。我国专利侵权损害法定赔偿是2008年《专利法》修改时增加的内容，但在此之前的2001年最高人民法院发布的《关于审理专利纠纷案件适用法律问题的若干规定》(2020年修正）第21条就规定了法定赔偿制度。

前述权利人损失、侵权人获利和参照专利许可使用费这三种计算方法都有严格的使用条件，特别是证据支持。但有时专利权人很难提供用于证明损害赔偿的证据，前述三种计算方法都无法使用，此时法院宜采取酌定的方式确定赔偿数额。采用法定赔偿的方式，专利权人不需要就赔偿数额提供证据，而法院拥有较大的自由裁量权。实践中，法定赔偿成为法院使用最多的一种专利损害赔偿计算方法。法定赔偿的范围，在2008年《专利法》中是1万元以上100万元以下，2020年《专利法》修改时修改为3万元以上500万元以下。具体赔偿数额的确定，由法院根据专利权的类型、侵权行为的性质和情节等因素确定。

虽然我国《专利法》规定了法定赔偿的下限和上限数额，但法院并不是绝对不能突破这一限额。最高人民法院提出："对于难以证明侵权受损或侵权获利的具体数额，但有证据证明前述数额明显超过法定赔偿最高限额的，应当综合全案的证据情况，在法定最高限额以上合理确定赔偿额。"[①] 我国法院已在多起专利侵权纠纷案件中作出超过法律规定的最高限额的法定赔偿。同样的道理，如果证据证明侵权损失或获利数额明显低于法定赔偿的最低限定，法院也可以在最低数额以下合理确定赔偿额。

5. 合理开支

法条链接

最高人民法院《关于审理专利纠纷案件适用法律问题的若干规定》(2020年修正)

第十六条 权利人主张其为制止侵权行为所支付合理开支的，人民法院可以在专利法第六十五条*确定的赔偿数额之外另行计算。

2008年我国《专利法》修改时增加了"赔偿数额包括权利人为制止侵权行为所支付的合理开支"的规定。合理开支主要指专利权人为制止侵权而支出的律师费、鉴定费、差旅费、购买侵权产品的费用以及公证费等。法院支持权利人合理开支请求的前提是该开支是为制止侵权行为所支出的，并且是合理的。关于合理开支可以在上述四种计算方式之外另行计算。

三、惩罚性赔偿原则下的侵权赔偿

(一) 惩罚性赔偿的规定和意义

我国《专利法》2020年修改时增加了惩罚性赔偿规定。根据《专利法》第71条的规定，在按照权利人损失、侵权人获利和参考专利许可使用费倍数计算赔偿的基础上，"对

① 最高人民法院《关于当前经济形势下知识产权审判服务大局若干问题的意见》(法发〔2009〕23号)。

* 2020年《专利法》第71条。——编辑注

故意侵犯专利权，情节严重的，可以在按照上述方法确定数额的一倍以上五倍以下确定赔偿数额”。

补偿性的赔偿虽然可以弥补专利权人的损失，但并不足以遏制故意侵权行为。对于故意侵权人而言，如果没有惩罚性赔偿，即使其侵权行为被发现，其赔偿的数额也只是其因侵权获得的利益。如果其侵权行为没有被发现，则其可能从中获利。因此，有些国家除了补偿性赔偿的规定，还规定法院可以针对个别侵权行为人加重赔偿。例如，美国《专利法》第284条规定，法院可以将损害赔偿的数额增加到二至三倍。近年来，我国加大了对知识产权侵权行为的打击力度，但仍有个别侵权人故意从事侵犯知识产权的行为。我国《商标法》和《反不正当竞争法》分别在2017年和2019年修改时增加了惩罚性赔偿规定。2020年发布的《民法典》第1185条也对知识产权的惩罚性赔偿作出了明确规定。2020年《专利法》和《著作权法》修改时也都增加了惩罚性赔偿规定。专利惩罚性赔偿，显著提高了专利侵权成本，加大了专利保护力度，可以有效遏制故意侵权行为。

（二）惩罚性赔偿适用的条件

根据我国《专利法》第71条的规定，专利惩罚性赔偿适用的条件是“故意侵犯专利权”和“情节严重”。

对于侵害知识产权的故意的认定，最高人民法院在司法解释中指出，人民法院应当综合考虑被侵害知识产权客体类型、权利状态和相关产品知名度、被告与原告或者利害关系人之间的关系等因素。对于以下情形，人民法院可以初步认定被告具有侵害知识产权的故意：(1) 被告经原告或者利害关系人通知、警告后，仍继续实施侵权行为的；(2) 被告或其法定代表人、管理人是原告或者利害关系人的法定代表人、管理人、实际控制人的；(3) 被告与原告或者利害关系人之间存在劳动、劳务、合作、许可、经销、代理、代表等关系，且接触过被侵害的知识产权的；(4) 被告与原告或者利害关系人之间有业务往来或者为达成合同等进行过磋商，且接触过被侵害的知识产权的；(5) 被告实施盗版、假冒注册商标行为的；(6) 其他可以认定为故意的情形。[①]

对于侵害知识产权情节严重的认定，最高人民法院在司法解释中指出，人民法院应当综合考虑侵权手段、次数，侵权行为的持续时间、地域范围、规模、后果，侵权人在诉讼中的行为等因素。被告有下列情形的，人民法院可以认定为情节严重：(1) 因侵权被行政处罚或者法院裁判承担责任后，再次实施相同或者类似侵权行为；(2) 以侵害知识产权为业；(3) 伪造、毁坏或者隐匿侵权证据；(4) 拒不履行保全裁定；(5) 侵权获利或者权利人受损巨大；(6) 侵权行为可能危害国家安全、公共利益或者人身健康；(7) 其他可以认定为情节严重的情形。[②]

（三）惩罚性赔偿的计算

我国《专利法》第71条规定的惩罚性赔偿，既可以通过第1款惩罚性赔偿专门条款实现，也可以通过第3款法定赔偿条款实现。在适用法定赔偿时，法官可以根据侵权情节对故意侵权人确定较高的赔偿数额。但适用法定赔偿时如何确定惩罚性赔偿的数额，很难

---

① 最高人民法院《关于审理侵害知识产权民事案件适用惩罚性赔偿的解释》第3条。

② 最高人民法院《关于审理侵害知识产权民事案件适用惩罚性赔偿的解释》第4条。

确定具体的规则。而对于第 1 款规定的惩罚性赔偿，需要确定计算的基数和倍数。

确定惩罚性赔偿的计算基数时，首先应考虑原告实际损失数额、被告违法所得数额或者因侵权所获得的利益。该基数不包括原告为制止侵权所支付的合理开支。原告实际损失数额、被告违法所得数额、被告因侵权所获得的利益均难以计算的，人民法院依法参照该权利许可使用费的倍数合理确定，并以此作为惩罚性赔偿数额的计算基数。人民法院依法责令被告提供其掌握的与侵权行为相关的账簿、资料，被告无正当理由拒不提供或者提供虚假账簿、资料的，人民法院可以参考原告的主张和证据确定惩罚性赔偿数额的计算基数。[①]

确定惩罚性赔偿的倍数时，应当综合考虑被告主观过错程度、侵权行为的情节严重程度等因素。因同一侵权行为已经被处以行政罚款或者刑事罚金且执行完毕，被告主张减免惩罚性赔偿责任的，人民法院不予支持，但在确定倍数时可以综合考虑。[②]

四、其他责任承担形式

除停止侵权和赔偿损失之外，专利侵权人是否还应当承担其他民事责任，是专利侵权诉讼中经常遇到的问题。

（一）赔礼道歉

我国《民法典》规定的承担民事责任的方式之一是赔礼道歉。《国家赔偿法》第 35 条、《消费者权益保护法》第 50 条以及《著作权法》第 52 条等都规定了赔礼道歉责任。我国《专利法》没有就赔礼道歉这一责任承担形式作出规定。但是，通常认为知识产权具有人身权和财产权的双重属性，于是就出现了在专利侵权纠纷案件中是否适用赔礼道歉的问题。在大连仁达新型墙体建材厂诉大连新益建材有限公司侵犯专利权纠纷案中[③]，最高人民法院指出："赔礼道歉，主要是针对人身利益和商业信誉受到损害的一种责任承担方式。而专利权主要是一种财产利益，故专利侵权纠纷案件一般不适用赔礼道歉。而原审法院在未有证据证明新益公司的行为造成仁达厂重大商誉损失的情况下，判令新益公司赔礼道歉，有所不妥。但因新益公司再审期间未提供相应证据证明原审判决书业已刊登及其对新益公司造成的不良影响，故新益公司关于刊登再审判决书以挽回刊登原审判决书影响的再审请求，本院难以支持。"自此以后，我国法院在专利侵权判决中一般不再适用赔礼道歉的责任承担形式。

赔礼道歉这一责任承担形式主要适用于精神性人身权受损害的情形。虽然我国《专利法》规定，专利发明人、设计人有权在专利文件中写明自己是该专利的发明人或设计人，但这并不是针对专利权的规定，而是针对发明人、设计人的规定。由于专利权只是财产权，而不包括人身权，所以在专利权受到侵犯时，不应当适用赔礼道歉的责任承担形式。

（二）销毁侵权商品及专用工具

我国《民法典》规定的民事责任的承担方式包括停止侵害和消除危险。在专利侵权纠

① 最高人民法院《关于审理侵害知识产权民事案件适用惩罚性赔偿的解释》第 5 条。

② 最高人民法院《关于审理侵害知识产权民事案件适用惩罚性赔偿的解释》第 6 条。

③ 最高人民法院（2005）民三提字第 1 号民事判决书。

纷案件中，如果侵权人还有未出售的侵权产品及制造侵权产品的工具，如模具等，则可能存在继续侵权或再次侵犯专利权的危险。专利权人为了防止侵权人将侵权商品在市场上销售或者再利用制造侵权商品的专用工具继续从事侵权行为，有时会要求法院责令侵权人销毁侵权商品及专用工具等，法院应当按照“停止侵害”“消除危险”的适用条件，确定侵权人是否应当销毁侵权产品，销毁侵犯专利权的专用工具、设备等。最高人民法院曾在判决中指出：停止侵害责任的具体方式的确定，需要结合被诉行为的特点，考虑具体责任方式的合目的性、必要性和均衡性。即该种具体责任方式要能够和适于实现停止侵害的目的；在能够有效实现停止侵害目的的各种手段中，对被诉侵权人利益造成的不利影响相对较小，且不会与停止侵害的目的不成比例。销毁库存侵权产品是停止侵害的具体措施之一，同样需要符合上述比例原则。[①] 因此，是否判令销毁侵权商品和专用工具，以及判令销毁的范围和内容等，应基于“停止侵害”“消除危险”的需要而确定。

第四节　假冒专利

一、假冒专利概述

除专利侵权之外，另一种专利违法行为是假冒专利。我国 1984 年的《专利法》中就有关于假冒专利的规定，1992 年的《专利法》中增加了“冒充专利”的规定。2008 年《专利法》修改时将其统一称为假冒专利。假冒专利包括假冒他人专利和以非专利产品冒充专利产品或者用非专利方法冒充专利方法。

二、假冒专利的主要形式

法条链接

《专利法实施细则》

第八十四条　下列行为属于专利法第六十三条*规定的假冒专利的行为：

（一）在未被授予专利权的产品或者其包装上标注专利标识，专利权被宣告无效后或者终止后继续在产品或者其包装上标注专利标识，或者未经许可在产品或者产品包装上标注他人的专利号；

（二）销售第（一）项所述产品；

（三）在产品说明书等材料中将未被授予专利权的技术或者设计称为专利技术或者专利设计，将专利申请称为专利，或者未经许可使用他人的专利号，使公众将所涉及的技术或者设计误认为是专利技术或者专利设计；

（四）伪造或者变造专利证书、专利文件或者专利申请文件；

---

① 深圳市深创华科自动化有限公司、蓝继星侵害实用新型专利权纠纷案，最高人民法院（2017）最高法民申 3851 号民事裁定书。

* 2020 年《专利法》第 68 条。——编辑注

（五）其他使公众混淆，将未被授予专利权的技术或者设计误认为是专利技术或者专利设计的行为。

专利权终止前依法在专利产品、依照专利方法直接获得的产品或者其包装上标注专利标识，在专利权终止后许诺销售、销售该产品的，不属于假冒专利行为。

销售不知道是假冒专利的产品，并且能够证明该产品合法来源的，由管理专利工作的部门责令停止销售，但免除罚款的处罚。

上述规定明确列举了假冒专利的各种形式。从上述规定可以看出，假冒专利与专利技术方案或专利设计无关，主要是在表面上将非专利产品标识为专利产品。专利权人有权在其专利产品或该产品的包装上标明专利标识。专利权人在其专利产品或者该产品的包装上标明专利标识的，应当按照国务院专利行政部门规定的方式予以标明。专利申请人或专利权人在专利授权前就标识为专利、在专利被宣告无效后或者终止后继续标识为专利，或者在未使用专利技术或设计的产品上标识为专利，是对专利标识的非规范使用，构成假冒专利。另外，非专利权人未经专利权人同意在自己的产品上标注他人专利标识或虚假的专利标识的，也属于假冒专利。假冒专利行为与侵犯专利权行为并无必然联系，假冒专利行为的成立不以侵犯专利权为必要条件。单纯侵犯专利权的行为也不能被认定为假冒专利行为。

三、假冒专利的法律责任

法条链接

《专利法》

第六十八条 假冒专利的，除依法承担民事责任外，由负责专利执法的部门责令改正并予公告，没收违法所得，可以处违法所得五倍以下的罚款；没有违法所得或者违法所得在五万元以下的，可以处二十五万元以下的罚款；构成犯罪的，依法追究刑事责任。

根据上述规定，假冒专利的法律责任包括民事责任、行政责任和刑事责任。首先是民事责任。并不是所有的假冒专利行为都导致民事责任，只有擅自标注他人专利标识的行为，才可能导致民事责任。对于假冒专利的民事责任的内容，我国《专利法》并没有明确规定，一般参照专利侵权的民事责任确定。其次是行政责任。行政责任包括责令改正、没收违法所得和罚款。销售不知道是假冒专利的产品，并且能够证明该产品合法来源的，免除罚款的处罚。2020 年《专利法》修改时加重了假冒专利的行政责任，罚款的计算由违法所得四倍以下提高到了五倍以下，无违法所得或者违法所得在 5 万元以下时的罚款数额由 20 万元提高到了 25 万元。最后是刑事责任。根据我国《刑法》第 216 条的规定，假冒他人专利，情节严重的，处 3 年以下有期徒刑或者拘役，并处或者单处罚金。构成假冒专利罪的条件是“情节严重”，根据 2004 年发布的最高人民法院、最高人民检察院《关于办理侵犯知识产权刑事案件具体应用法律若干问题的解释》第 4 条的规定，这里的“情节严重”包括以下情形：非法经营数额在 20 万元以上或者违法所得数额在 10 万元以上的；给专利权人造成直接经济损失 50 万元以上的；假冒两项以上他人专利，非法经营数额在 10 万元以上或者违法所得数额在 5 万元以上的，以及其他情节严重的情形。

【思考题】

1. 如何判定发明、实用新型和外观设计专利侵权?
2. 专利侵权纠纷的解决途径有哪些?
3. 确认不侵犯专利权诉讼的受理条件是什么?
4. 判令停止侵权的例外情形有哪些?
5. 计算专利侵权赔偿数额的方法有哪些?
6. 专利侵权惩罚性赔偿的条件和意义是什么?

【推荐阅读文献】

1. 闫文军. 专利侵权判断中的捐献原则——陈顺弟与浙江乐雪儿家居用品有限公司专利侵权案. 中国发明与专利，2019 (1).
2. 张泽吾. 方法专利分离式侵权判定研究. 法学杂志，2016 (3).
3. 李明德. 关于知识产权损害赔偿的几点思考. 知识产权，2016 (5).
4. 管育鹰. 试析侵害知识产权惩罚性赔偿的适用条件. 法律适用，2021 (1).
5. 朱理. 专利侵权损害赔偿计算分摊原则的经济分析. 现代法学，2017 (5).

第十五章　有关专利的国际条约

专利权具有地域性，只在被授予专利权的国家和地区有效。而技术的运用没有地域限制，很多专利发明人、设计人希望在多个国家和地区获得专利。这就要求各国的专利制度尽量协调一致，以便于同一技术、设计在不同的国家和地区获得专利保护。另外，为了便于专利申请人在不同的国家和地区申请专利，也需要在申请程序上有一些共同的规则。因此，各国政府在知识产权领域制定了一系列的国际条约，既有实体方面的，也有程序方面的；既有针对各类知识产权的，也有专门针对专利权的。本章简要介绍有关专利的国际条约。

第一节　《保护工业产权巴黎公约》

《保护工业产权巴黎公约》（以下简称《巴黎公约》）于 1883 年 3 月 20 日于巴黎缔结，于 1884 年生效，截止到 2021 年 4 月共有 177 个成员国。我国于 1985 年 3 月 19 日加入了《巴黎公约》。

一、《巴黎公约》缔结和修订的过程

在 19 世纪，虽然很多国家建立了知识产权制度，但一国的国民想到其他国家获得知识产权，还存在很多困难。为解决这一问题，比利时、荷兰、瑞士、法国、巴西等 11 个国家于 1883 年签署了《巴黎公约》，后来其他国家陆续加入了《巴黎公约》。《巴黎公约》从一开始就规定了要定期召开修订会议。到目前为止《巴黎公约》已经修订过六次，最后一次修订形成的是 1967 年的斯德哥尔摩文本。目前绝大多数国家适用该文本。

二、《巴黎公约》适用的对象

《巴黎公约》是关于工业产权的国际条约，适用的对象是工业产权，具体包括：专利、商标、工业品外观设计、实用新型、服务商标、厂商名称、地理标志以及制止不正当竞争。[①]

---

① 《巴黎公约》第 1 条第 2 项。

三、《巴黎公约》中的国民待遇原则

在《巴黎公约》缔结之前，有些国家经常为了本国的经济利益而对国外的发明创造人采取歧视性政策。为了确保权利人在各国获得公平的保护，促进市场主体平等地竞争，国民待遇原则成为知识产权国际保护的基本原则。由于在知识产权制度中，各国专利制度差异性最大，也最关涉各国的经济利益，所以，国民待遇原则的确立在专利国际保护中尤为重要。

国民待遇原则是指，公约任何缔约国国民，在其他缔约国国内享有该缔约国国民的待遇。国民待遇原则规定于《巴黎公约》第 2 条和第 3 条。《巴黎公约》第 2 条规定："在工业产权保护方面，本联盟任何缔约国国民在其他缔约国应享有各该国法律现在赋予或将来可能赋予其本国国民的各种利益；一切都不应损害本公约所特别规定的权利。因此，他们应和各该国国民享有同样的保护，对侵犯他们的权利享有同样的法律上的救济手段，但是以他们遵守对各该国国民规定的条件和手续为限。"同时，《巴黎公约》还规定：对于本联盟缔约国的国民不得规定在其要求保护的国家须有住所或营业所才能享有工业产权。本联盟每一国家法律中关于司法和行政程序、管辖权以及指定送达地址或委托代理人的规定，如该国工业产权法中有明确要求的，可以予以保留。该公约第 3 条规定：本联盟缔约国以外各国的国民，在本联盟一个国家的领土内设有住所或真实、有效工商业营业所的，应享有与本联盟国家国民同样的待遇。

《巴黎公约》中的国民待遇原则主要有三层含义：第一，有权享受国民待遇的人主要有两类，即该公约缔约国国民和在该公约任一缔约国设有住所或营业所的非缔约国国民。该公约所称的国民既包括自然人，也包括法人、非法人组织。对于缔约国国民而言，其在其他缔约国享受国民待遇，不以在该国拥有住所或营业所为前提。对于非缔约国国民而言，由于其本国未加入《巴黎公约》，故只有在该公约某一缔约国拥有住所的自然人或拥有真实有效营业所的法人、非法组织，才能在公约各缔约国享受国民待遇。第二，国民待遇的内容是各缔约国法律现在赋予或将来可能赋予其本国国民在专利保护方面的各种利益，以及各国法律所规定的在权利受到侵害时其国民所享受的救济手段。第三，各缔约国在司法和行政程序、管辖权、指定送达地址和委托代理人方面，可以作出明确保留，而不给予国民待遇。

四、《巴黎公约》中的优先权原则

国民待遇原则使成员国的国民可以到其他成员国申请专利。在《巴黎公约》缔结前，如果发明人、设计人要想同一技术方案在不同国家获得专利保护，那么就必须分别向不同国家提出专利申请。由于交通、通信、语言以及经费等方面的限制，专利申请人通常不会或不能在同一天就同一技术方案分别向不同国家申请专利，而通常会首先在某一国家申请专利，之后再视情况向有关国家申请专利。这样，由于申请人的第一次专利申请与在其他国家的在后专利申请并不是在同一天，因而在上述申请日之间就有可能出现在先专利申请的技术方案被公开而导致在后申请丧失新颖性或者第三人在相关国家提出专利申请等不利于专利申请人的情形，这些情形显然不利于发明人、设计人分别在不同国家寻求专利保护。

为了使发明人、设计人有实际可能可以分别在不同国家获得工业产权保护，《巴黎公约》设计了优先权原则。专利优先权原则是指，专利申请人就其发明创造第一次在某国提出专利申请后，在法定期限内，又就相同主题的发明创造在其他国家提出专利申请的，根据有关法律规定，其在其他国家的在后申请以第一次专利申请的日期作为其申请日。专利申请人依法享有的这种权利，就是优先权。

依《巴黎公约》第 4 条专利优先权原则主要包括如下几方面内容。

第一，任何人如果在公约某一缔约国以正式的方式提出了发明专利、实用新型、外观设计的申请，那么该人或者其权利继受人有权在规定期间内为在其他缔约国申请权利的目的享受优先权。依照公约缔约国的本国立法，或依照公约缔约国各国之间缔结的双边或多边条约，与正规的国家申请相当的任何申请，也应被认为能够产生优先权。正规的国家申请是指足以确定在有关国家中提出申请日期的任何申请，而不问该申请以后的结局如何。

第二，在规定的期间届满之前，以上述在先申请为基础的在公约任何缔约国后来提出的任何在后申请，不应由于在该期间届满前完成的任何行为，特别是另外一项申请的提出、发明的公布或利用、外观设计复制品的出售等，而导致该在后申请的无效，而且这些行为不能产生任何第三人的权利或个人占有的任何权利。但是，第三人在作为优先权根据的第一次申请的日期以前所取得的权利，依照公约缔约国的国内法予以保留。

第三，上述优先权的期间，对于发明专利和实用新型应为 12 个月，对于外观设计应为 6 个月。该期间自第一次申请的申请日起算，申请日不计入期间之内。如果期间的最后一日是请求保护地国家的法定假日或者主管机关不接受申请的日子，期间应延至其后的第一个工作日。在公约同一国家内就在前申请同样的主题所提出的后一申请，如果在提出该申请时前一申请已被撤回、放弃或驳回，没有提供公众阅览，也没有遗留任何权利，而且如果前一申请还没有成为要求优先权的根据，那么该在后申请可被认为是第一次申请，其申请日应为优先权期间的起算日。自此以后，前一申请不得作为要求优先权的根据。

第四，任何人希望利用以前提出的一项申请的优先权的，需要作出声明，说明提出该申请的日期和受理该申请的国家。每一国家应确定作出该项声明的最后截止日期。这些事项应在缔约国主管机关的出版物中，特别是应在有关的专利证书和说明书中予以载明。公约缔约国可以要求作出优先权声明的人提交以前提出的申请（说明书、附图等）的副本。该副本经原受理申请的机关证实无误后，不应要求任何认证，并且无论如何可以在提出后一申请后 3 个月内随时提交，并不需缴纳费用。公约缔约国可以要求该副本附有上述机关出具的载明申请日的证明书和译文。缔约国对提出申请时要求优先权的声明不得规定其他的手续。同时，缔约国应确定不遵守上述规定的手续的后果，但这种后果不能超过优先权的丧失。

第五，依靠以实用新型申请为根据的优先权而在一个国家提出外观设计的申请的情况，优先权的期间应与对外观设计规定的优先权期间一样。同时，依靠以发明专利申请为根据的优先权而在一个国家提出实用新型的申请是被许可的，反之亦然。

第六，公约的任何缔约国不得由于申请人要求了多项优先权（即使这些优先权产生于不同的国家），或者由于要求一项或几项优先权的申请中有一个或几个因素没有包括在作为优先权基础的申请中，而拒绝给予优先权或拒绝专利申请，但以上述两种情况都符合该国法律所规定的发明单一性为限。作为优先权根据的申请中所没有包括的因素，以后提出的申请应该按照通常条件产生优先权。

五、关于专利的其他规则

除了前述国民待遇原则和优先权原则，《巴黎公约》还确立了以下有关专利的规则。

（一）专利独立

专利独立是指，《巴黎公约》成员国的国民在联盟各国申请的专利，与在其他国家（不论是否为联盟成员）就同一发明创造所取得的专利是相互独立的；尤其是指在优先权期间申请的各项专利，就其无效和丧失权利的理由以及其正常的期间而言，是相互独立的。[①] 根据专利独立的原则，在不同国家申请的专利具有独立性，即使这些专利是基于同一技术方案在不同国家申请的同族专利，其效力也互不受影响。在一国专利申请能否被授权，不影响在其他国家能否被授权；一国专利是否无效、保护期限届满，也不影响在其他国家的效力和期限。

（二）发明人署名权

《巴黎公约》确立了发明人的署名权，即发明人享有在专利中被记载为发明人的权利。[②]

（三）法律限制销售产品的可专利性

对于法律限制销售的产品，《巴黎公约》明确规定不影响其获得专利：不应当以专利产品的销售或者依专利方法获得的产品的销售受到本国法律的禁止或限定为理由，而拒绝授予专利或者宣告专利权无效。[③]

（四）专利强制许可

《巴黎公约》规定了专利的强制许可：联盟的每一国家有权采取立法措施规定授予强制许可，以防止由于专利赋予的排他权而可能产生的滥用，例如，不实施。[④] 可见，《巴黎公约》规定强制许可的理由是防止专利权滥用，它还明确规定了"不实施"这一专利权滥用的情形。

《巴黎公约》同时还对专利强制许可规定了若干的限制，主要包括：第一，只有在授予专利强制许可不足以防止专利权滥用的情况下，才可以规定专利权的丧失，并且自授予第一个强制许可之日起两年届满以前，不得提起使专利丧失或者撤销专利的诉讼。第二，自专利申请提交之日起 4 年期间届满以前，或者自授予专利之日起 3 年期间届满以前，以届满在后的期间为准，不得以专利不实施或者不充分实施为理由申请强制许可。第三，如果专利权人有不作为的正当理由，对强制许可的申请应当予以拒绝。第四，强制许可不应当是排他性的，而且除与利用该许可的企业部分或商誉一起转移外，不应当是可转移的，甚至授予分许可的形式也包含在内。第五，强制许可适用于实用新型，但不适用于外观设计。[⑤]

---

① 《巴黎公约》第 4 条之二。

② 《巴黎公约》第 4 条之三。

③ 《巴黎公约》第 4 条之四。

④⑤ 《巴黎公约》第 5 条。

(五) 缴纳专利权维持费的宽限期和权利恢复

为维持工业产权而规定缴纳费用，应当给予不少于 6 个月的宽限期，但是，如果本国法律有规定，应当缴纳附加费。联盟各国对因未缴纳费用而终止的专利有权规定予以恢复。①

(六) 国际运输工具临时入境侵权例外

《巴黎公约》规定了国际运输工具有下列情况时不应被认为构成对专利权人权利的侵犯：第一，联盟其他国家的船舶暂时或偶然地进入上述国家的领水时，在船舶的船体、机械、船具、装备及其他附件上使用构成专利对象的器械，但以专为该船的需要而使用这些器械为限；第二，联盟其他国家的飞机或陆地车辆暂时或者偶然地进入上述国家时，在该飞机或陆地车辆的构造或机制中，或者在该飞机或陆地车辆附件的构造或机制中使用构成专利对象的器械。②

(七) 方法专利延及产品的保护对进口产品的适用

《巴黎公约》规定，方法专利延及产品的保护适用于使用专利方法生产的产品的进口：一种产品进口到对该产品的制造方法有专利保护的联盟国家时，专利权人对该进口产品，应当享有与根据进口国法律他对在该国依照专利方法制造的产品的一切权利。③

(八) 对外观设计的保护

《巴黎公约》规定了成员国保护外观设计的义务：在联盟所有国家，工业品外观设计均应受到保护。④ 但对于外观设计保护的方式、条件、权利内容和期限等，《巴黎公约》并没有作出统一的要求。

(九) 国际展览会的临时保护

《巴黎公约》规定，对在本联盟任何国家领土内举办的官方的或者经官方承认的国际展览会中展出的商品中，可以取得专利的发明、实用新型、工业品外观设计，给予临时保护。⑤《巴黎公约》没有限定临时保护的方式。我国专利法中规定的不丧失新颖性的宽限期，即是临时保护的一种方式。

第二节 《与贸易有关的知识产权协议》

TRIPS 协议是由世界贸易组织管理的一项多边贸易协定。该协定于 1994 年 4 月 15 日签订，于 1995 年 1 月 1 日生效，到 2021 年 4 月为止已有 164 个成员，我国于 2001 年 12 月 11 日加入 TRIPS 协议。

一、TRIPS 协议的缔结过程

知识产权问题本来不在关税与贸易总协定的管辖范围之内，但各国知识产权保护水平

① 《巴黎公约》第 5 条之二。
② 《巴黎公约》第 5 条之三。
③ 《巴黎公约》第 5 条之四。
④ 《巴黎公约》第 5 条之五。
⑤ 《巴黎公约》第 11 条第 1 项。

的差异，导致了贸易摩擦。在 1996 年乌拉圭回合谈判的开始，美国就强烈要求将知识产权问题纳入谈判议程，虽然遭到一些发展中国家的反对，但最终还是纳入了谈判议程，形成并通过了 TRIPS 协议。世界贸易组织成立后，所有加入世界贸易组织的成员均须遵守 TRIPS 协议。

二、TRIPS 协议适用的对象

TRIPS 协议适于下列知识产权：著作权与邻接权；商标权；地理标志权；工业品外观设计权；专利权；集成电路布线图设计权；未披露的信息专有权。

三、TRIPS 协议与《巴黎公约》的关系

TRIPS 协议与《巴黎公约》具有密切的关系，主要体现在以下两个方面：一是就成员方的国民待遇而言，TRIPS 协议规定：各成员方应给予其他成员方国民以本协议所规定的待遇。就相关的知识产权而言，如果所有世界贸易组织成员方已是这些公约的成员方，则其他成员方国民应被理解为符合《巴黎公约》（1967 年）所规定的受保护资格标准的自然人或法人。[①] 上述规定，使《巴黎公约》规定的国民待遇所适用的成员范围扩大。只要加入了世界贸易组织，即使没有加入《巴黎公约》，也可以按《巴黎公约》享有国民待遇。二是就实体内容而言，TRIPS 协议规定，关于该协定第二、第三及第四部分，各成员方应遵守《巴黎公约》（1967 年）第 1 条至第 12 条以及第 19 条的规定，并且该协定第一至第四部分的所有规定均不得背离各成员方按照《巴黎公约》而可能相互承担的现行义务。[②] 因此，TRIPS 协议是在《巴黎公约》基础上的进一步发展。

四、TRIPS 协议中的国民待遇

TRIPS 协议中的国民待遇，实质上引用了《巴黎公约》的内容，所有成员方均须符合《巴黎公约》（1967 年）已作的例外规定的条件，在保护知识产权方面，每一成员方应给予其他成员方的待遇及优惠不得少于它给予自己国民的优惠。虽然各成员方仍可适用《巴黎公约》允许的国民待遇原则在司法和行政程序方面的例外，“但是这些例外应为保证遵守与本协定规定不相抵触的法律和法规所必需，且这种做法的实施不会对贸易构成变相限制”[③]。

五、TRIPS 协议中的最惠国待遇

为了防止对来自不同国家的国民给予差别性待遇，TRIPS 协议规定了最惠国待遇原则：在知识产权的保护方面，由一成员方授予任一其他成员方国民的任何利益、优惠、特权或豁免均应立即无条件地给予所有其他成员方的国民。[④] 世界贸易组织所规定的最惠国待遇原则要求缔约方必须给予其他所有缔约方最惠国待遇，因此，它也就保障了各缔约方在某一缔约方内能够享受彼此相同的知识产权保护待遇。最惠国待遇原则的精神实质就是

---

① TRIPS 协议第 1 条第 3 项。

② TRIPS 协议第 2 条。

③ TRIPS 协议第 3 条。

④ TRIPS 协议第 4 条。

要求世界贸易组织成员对其他成员必须一视同仁，进行贸易时不能搞歧视，大小成员一律平等，只要其进出口的产品是相同的，则享受的待遇就应该相同。

另外，世界贸易组织还考虑到了各成员之间实际情况的巨大差异以及过去遗留的不同待遇问题，于 TRIPS 协议第 4 条对最惠国待遇原则规定了极为有限的例外，即在该例外所规定的情形下，允许世界贸易组织成员不执行最惠国待遇原则，世界贸易组织成员可以对其他成员的国民采取差别待遇。涉及专利的最惠国待遇原则的例外有两个：一是该利益、优惠、特权或豁免源自一般性的并非专门针对知识产权保护的关于司法协助或法律实施的国际条约。二是该利益、优惠、特权或豁免源自《建立世界贸易组织协定》生效之前已生效的有关知识产权保护的国际条约，且此类条约向 TRIPS 理事会作出了通知，并对其他成员的国民不构成任意的或不合理的歧视。①

六、专利最低保护标准

TRIPS 协议在其第二部分，就各成员应当提供保护的知识产权规定了保护的最低标准。涉及专利和外观设计的内容主要包括以下几个方面。②

（一）专利保护的对象和条件

TRIPS 协议规定，所有技术领域内的任何发明，无论是产品还是工艺，均可取得专利，只要它们是新的、包含一个发明性的步骤、工业上能够适用。专利权的取得和专利权的享受应不分发明地点、技术领域以及产品是进口的还是当地生产的。③ 上述规定，明确了专利保护的条件，即新颖性、创造性和实用性。在符合上述条件的基础上，不允许对专利保护的对象作出不合理限制。

（二）专利保护的例外

TRIPS 协议允许的专利保护的例外是：若阻止某项发明在境内的商业利用对保护公共秩序或公共道德，包括保护人类、动物或植物的生命或健康，或避免对环境造成严重污染，是必要的，则成员方可拒绝给予该项发明以专利权。但不能是仅因为其国内法禁止这种利用而作出此种拒绝行为。④

同时，TRIPS 协议明确列举了可不授予专利权的以下两种情形：（1）对人类或动物的医学治疗的诊断、治疗和外科手术方法；（2）微生物以外的动植物，非生物和微生物以外的生产动物或植物的生产方法。然而，成员方应或以专利形式，或以一种特殊有效的体系，或以综合形式，对植物种类提供保护。

（三）授予的权利

TRIPS 协议明确列举了专利权人享有的权利，从禁止权的角度讲，主要包括：若一项专利的标的事项是一种产品，则专利所有者有权阻止未得到专利所有者同意的第三方制造、使用、许诺销售、销售，或为这些目的而进口被授予专利的产品；若专利的标的事项是一种方法，则专利所有者有权阻止未得到专利所有者同意的第三方使用该方法，或使用、许诺销

---

① TRIPS 协议第 4 条。

② TRIPS 协议中所说的专利，仅指发明，不包括实用新型和外观设计。

③ TRIPS 协议第 27 条第 1 项。

④ TRIPS 协议第 27 条第 2 项。

售、销售或至少是为这些目的而进口直接以此方法获得的产品。[①] 从专有权的角度讲，主要包括：专利所有者还应有权转让或通过继承转让该项专利，及签订专利权使用合同。[②]

（四）专利权的例外

TRIPS 协议允许专利独占权的例外，同时严格限定了条件：成员方可对专利授予的独占权规定有限的例外，条件是该例外规定没有无理地与专利的正常利用相冲突，也未损害专利所有者的合法利益，同时考虑到第三方的合法利益。[③]

（五）未经权利人授权的其他使用

未经权利人授权的其他使用，指除专利权的例外之外，未经权利人授权而对专利的标的事项作其他使用，包括政府或经政府许可的第三方的使用。这实际上就是通常所说的强制许可。TRIPS 协议对"未经权利人授权的其他使用"作了非常详细的规定，主要是限定了适用的条件，例如：授权应根据专利本身的条件来考虑；只有在拟议中的使用者在此类使用前已作出以合理的商业条件获得权利人授权的努力，而该项努力在一段合理时间内又未获成功时，方可允许此类使用；此类使用的范围和期限应被限制在被授权的意图之内；此类使用应是非独占性的；此类使用应是不可转让的，除非同享有此类使用的那部分企业或信誉一道转让；任何此类使用之授权，均应主要是为授权此类使用的成员方国内市场供应之目的；考虑到授权的经济价值，应视具体情况向权利人支付充分的补偿金；等等。[④]

（六）对行政决定的司法审查

TRIPS 协议规定：应提供对撤销或收回专利的决定进行司法审查的机会。[⑤]

（七）专利保护期限

TRIPS 协议规定，有效的保护期限自登记之日起不得少于 20 年。[⑥]

（八）方法专利的举证责任

TRIPS 协议对方法专利的举证责任作了特别的规定：若一项专利的标的事项是获取某种产品的工艺，则司法当局应有权令被告证明获取相同产品的工艺不同于取得专利的工艺。因此，各成员方应规定在以下中至少一种情况下，任何未经专利所有者同意而生产的相同产品，若无相反的证据，应被视为是以取得专利的工艺获取的：（1）如果以该项取得专利的工艺获取的产品是新的；（2）如果该相同产品极有可能是以该工艺生产的，而专利所有者又不能通过合理的努力确定实际使用的工艺。在上述情况下，任何成员方均应有权规定举证责任应由有嫌疑的侵权者承担。同时，在举出相反证据时，应考虑被告保护其生产和商业秘密的合法权益。[⑦]

（九）外观设计保护

TRIPS 协议第四节专门对外观设计的保护作出规定，主要包括两个方面的内容。

---

① TRIPS 协议第 28 条第 1 项。

② TRIPS 协议第 28 条第 2 项。

③ TRIPS 协议第 30 条。

④ TRIPS 协议第 31 条。

⑤ TRIPS 协议第 32 条。

⑥ TRIPS 协议第 33 条。

⑦ TRIPS 协议第 34 条。

（1）保护的要求。TRIPS 协议要求成员方应为新的或原始的独立创造的工业设计提供保护。成员方可以规定设计如果与已知的设计或已知的设计要点的组合没有重大区别，则不视其为新的或原始的。成员方可以规定此类保护不应延伸至实质上是由技术或功能上的考虑所要求的设计。另外，每一成员方应保证对于获取对纺织品设计保护的规定不得无理损害寻求和获得此类保护的机会，特别是在费用、检查或发表方面。各成员方可自行通过工业设计法或版权法履行该项义务。①

（2）保护的内容和期限。受保护工业设计的所有者应有权阻止未经所有者同意的第三方为商业目的生产、销售或进口含有或体现为是受保护设计的复制品或实为复制品的设计的物品。成员方可以对工业设计的保护规定有限的例外，但条件是这种例外没有无理地与对受保护工业设计的正常利用相冲突，且没有无理损害受保护设计所有者的合法利益，同时考虑到第三方的合法利益。外观设计有效保护期限至少为 10 年。②

第三节 《专利合作条约》

《专利合作条约》（简称“PCT 条约”），1970 年 6 月 19 日于华盛顿签订，1978 年生效，到 2021 年 4 月为止，已有 153 个缔约国。我国于 1994 年 1 月 1 日成为该条约的第 64 个缔约国。

一、《专利合作条约》的缔结与发展

《巴黎公约》途径虽然为发明创造人在其他国家获得专利保护提供了一定的便利，但是由于在其他国家进行专利申请的复杂性，发明创造人利用《巴黎公约》途径在国外进行专利申请还存在一定的困难，具体表现是时间紧和费用高：申请人需在 12 个月内在各国申请专利，之前需要完成申请文件各种语言文本的翻译工作，在某些国家甚至还必须选择和聘请当地的专利代理人，这样，不但工作量很大，而且很难准确地评估其发明创造的商业价值和授权可能性，不得不盲目地向外国提出专利申请。与此同时，在各国进行专利申请需要申请人支付不同语言的翻译费用，向各国提交的文件的制作费、传送费，向各国专利主管机关缴纳的专利申请费、审查费等官费，在各国聘请专利代理人的费用等。

为了克服《巴黎公约》途径的上述问题，国际社会在世界知识产权组织的主持下在华盛顿举行了外交会议，并于 1970 年 6 月 19 日通过了《专利合作条约》，简化了专利国际申请程序。1978 年 6 月 1 日，《专利合作条约》正式开始实施。目前，中国国家知识产权局既为 PCT 国际申请的受理局、指定局和选定局，同时也是 PCT 国际检索单位和国际初步审查单位；中文成为国际公布语言之一，中文和英文均是国家知识产权局作为受理局接受的语言。

① TRIPS 协议第 25 条。
② TRIPS 协议第 26 条。

二、PCT 国际申请的程序

（一）PCT 国际申请的意义

PCT 国际申请的意义在于简化跨国专利申请程序，使申请人进行一次国际申请即可在多个希望获得保护的国家完成基本的专利申请程序。PCT 国际申请仅限于专利的“申请”环节，在 PCT 国际申请阶段并不涉及专利授权。如果申请人最终确定希望在某国获得专利授权，那么申请人还需要在规定的时间内要求该国专利主管部门对专利申请进行实质审查，并授予专利权。因此，根据《专利合作条约》，一个发明人、设计人或市场主体可以拥有“国际专利申请”，但是不能因此而获得所谓的“国际专利”。

（二）申请人

有资格提出 PCT 国际申请的人包括：（1）缔约国的居民或国民；（2）《专利合作条约》缔约国大会决定允许的是《巴黎公约》缔约国但不是《专利合作条约》缔约国的居民或国民。①

（三）PCT 国际申请文件

PCT 国际申请应包括的申请文件有：请求书、说明书、权利要求书、附图及摘要。②

请求书是申请人进行 PCT 国际申请的一个声明，主要记载 PCT 国际申请的著录事项，包括发明创造名称、申请人、发明人、代理人、优先权事项、国际检索单位等。同时，申请人需要在请求书中指定希望在哪些缔约国获得专利。目前，由于 PCT 国际申请文件使用固定格式的请求书表格，申请人通常指定了所有受到《专利合作条约》约束的所有缔约国。世界知识产权组织国际局和各缔约国受理局均提供有固定格式的请求书表格，我国国家知识产权局提供中文和英文文本的请求书表格。③

说明书应对发明创造作出清楚和完整的说明，足以使本领域技术领域的技术人员能实施该项发明创造。④

权利要求应确定要求保护的内容。权利要求应清楚和简明，并应以说明书作为充分依据。⑤

对理解发明创造有必要时，应有附图。对理解发明创造虽无必要，但发明创造的性质容许用附图说明的，申请人在提出国际申请时可以将这些附图包括在内；任何指定局可以要求申请人在规定的期限内向该局提供这些附图。⑥

（四）PCT 国际申请的提出

申请人在准备好 PCT 国际申请文件后，可以通过以下途径提出 PCT 国际申请：（1）缔约国国民可以向其国籍国或代表其国籍国的国家局提出申请；（2）缔约国居民可以向其所在国或代表其所在国的国家局提出申请；（3）申请人还可以直接向世界知识产权组织国际局提出申请。

---

① 《专利合作条约》第 9 条。
② 《专利合作条约》第 3 条。
③ 《专利合作条约》第 4 条。
④ 《专利合作条约》第 5 条。
⑤ 《专利合作条约》第 6 条。
⑥ 《专利合作条约》第 7 条。

在上述第1种和第2种情况下，相关的国家局即为该国际申请的受理局。为了方便起见，缔约国国民或居民通常将本国的国家局作为受理局而向其提出 PCT 国际申请。同时，在很多情况下，申请人通常先在本国提出专利申请，之后再根据《巴黎公约》关于优先权的规定，在12个月内，以本国专利申请为优先权根据提出 PCT 国际申请。

（五）受理局对国际申请的处理

申请人国籍国或所在国的国家局作为受理局接受 PCT 国际申请的，该受理局应按本国有关规定对国际申请进行检查和处理。受理局需要在收到的国际申请文件上注明收到的日期和国际申请的编号。受理局在检查申请文件后，如认为符合《专利合作条约》的相关要求，即应以该申请的实际申请日为基础给予该申请国际申请日和国际申请号。国际申请被给予国际申请日的，在每个指定国自国际申请日起具有正规的国家申请的效力，国际申请日应被认为是在每一个指定国的实际申请日。如申请人提交的国际申请文件不符合《专利合作条约》的规定，受理局应通知申请人改正，受理局以实际收到的符合条件的改正文件之日为该申请的国际申请日。[①]

受理局在确定国际申请日之后，应视情况制作申请文件的复制件，并将申请文件原件作为登记本送交世界知识产权组织国际局（以下简称国际局）进行 PCT 国际登记，将其中一份复制件作为受理本留存，同时将一份复制件送交国际检索单位进行国际检索。如果国际局在规定的期限内未收到登记本，则国际申请应被视为已经撤回。[②]

另外，需要注意的是申请人在提出国际申请后一个月内应主动向受理局缴纳相关申请费用。如果申请人未在上述期限内缴纳费用，受理局应通知申请人在规定的期限内缴纳申请费用及滞纳金，如申请人仍未补缴，则该国际申请被视为撤回。受理局在收到申请费用后，应按规定将相关费用传送给国际局和其他有关单位。

（六）国际局对国际申请的处理

国际局在收到受理局传送的登记本后或在收到申请人直接提交的国际申请文件后，应进行形式审查，并将该申请登记在册；同时，还应尽快将收到上述文件的事实和日期向申请人、受理局和国际检索单位发出通知。[③]

三、国际检索

PCT 国际申请在国际局进行登记后，均要进行国际检索。国际检索是 PCT 国际申请的必经程序。国际检索的主要目的是查找与权利要求有关的现有技术，在此基础上提供关于该申请可专利性的初步意见，为申请人判断其国际申请授权前景提供参考。

（一）国际检索单位

执行国际检索工作的是国际检索单位（the International Searching Authority，ISA）。国际检索单位既可以是缔约国的国家局，也可以是政府间组织，如欧洲专利局。具备《专利合作条约》规定的专利检索条件和能力的国家局或政府间组织均可申请成为国际检索单

---

① 《专利合作条约》第11条。
② 《专利合作条约》第12条。
③ 《专利合作条约》第13条。

位，从事 PCT 国际申请的国际检索工作。国家局或政府间组织成为国际检索单位，需要被《专利合作条约》大会批准，并与国际局签订国际检索协议。[①] 截至 2020 年 8 月，国际检索单位共有 23 个。

《专利合作条约》缔约国国家局应从上述国际检索单位中指定某个或某几个单位作为本国国家局受理的 PCT 国际申请的主管国际检索单位。在受理局确定多个国际检索单位的情况下，申请人可以从中选择一个作为其申请的主管国际检索单位。如果 PCT 国际申请是由申请人直接向国际局提交的，那么国际局将按照申请人的国籍或居所，确定相应的主管国际检索单位。我国国家知识产权局指定的国际检索单位是国家知识产权局，因此，由我国国家知识产权局受理的 PCT 国际申请和直接向国际局提交且申请人国籍或居所为我国的 PCT 国际申请，其主管国际检索单位均为我国国家知识产权局，即由我国国家知识产权局进行国际检索。

（二）国际检索的程序

国际检索单位在对 PCT 国际申请进行国际检索时，首先需要确定该申请是否具有《专利合作条约》规定的不进行国际检索的情况，如：国际申请涉及规定的不要求进行检索的主题；说明书、权利要求书或附图不符合要求，以至于不能进行有意义的检索；在规定的期限内未缴纳相关费用；等等。如该申请具有上述不进行国际检索的情况，则国际检索单位应向申请人发出通知书，告知该情况。之后，国际检索单位将按照《专利合作条约》及其实施细则所规定的标准和程序，对该申请进行检索，查找与该申请有关的现有技术文献。

（三）国际检索报告及书面意见

国际检索报告的主要内容是 PCT 国际申请的相关现有技术信息，为申请人和各国家局判断该申请的新颖性、创造性提供文献资料参考；书面意见是国际检索单位对专利申请作出的是否具有新颖性、创造性和工业实用性的初步的无约束力的意见。

国际检索单位应当在收到检索本三个月内或自优先权日起九个月（以后到期的期限为准）内完成国际检索，形成国际检索报告及书面意见，并分别传送给申请人和国际局。

申请人在收到国际检索报告和书面意见后应当及时分析，并根据情况尽快决定是否需要对国际申请进行修改。申请人在自优先权日起 16 个月或自国际检索报告寄出之日起 2 个月（以后到期的期限为准）内，有权对国际申请进行修改。修改意见应直接送交国际局。[②]

四、国际公布

（一）国际公布的时间

在申请人没有请求的情况下，除缔约国按照《专利合作条约》第 64 条提出相关保留以外，国际局应当自优先权日起满 18 个月后对国际申请尽快进行国际公布。另外，申请

① 《专利合作条约》第 16 条。

② 《专利合作条约》第 19 条。

人在向国际局缴纳费用的情况下，可要求提前公布。①

（二）国际公布的内容与语言

国际局对国际申请进行国际公布的内容主要包括：含有著录事项的首页，说明书、权利要求书和附图，国际检索报告。如申请人根据《专利合作条约》第 19 条的规定对权利要求进行了修改，并且该修改在国际公布排版前被送交到了国际局，那么国际公布将公布修改后的权利要求。

如果 PCT 国际申请是用中文、英文、法文、德文、俄文、日文、西班牙文、阿拉伯文、韩文或葡萄牙文提出的，那么直接按该种语言进行国际公布。如果国际申请是用上述语言之外的其他语言提出的，那么就应翻译成英文后进行国际公布。如果国际申请以英文之外的语言进行国际公布，那么发明名称、摘要和国际检索报告应翻译成英文后进行公布。

（三）国际公布的效力

PCT 国际申请被国际局进行国际公布后，国际申请所披露的发明创造即成为现有技术的一部分，第三人再就此技术申请专利就会丧失新颖性，不能获得专利授权。同时，国际公布之后，申请人对其国际申请在指定国获得的保护，除指定国另有保留外，应与在指定国直接进行专利申请并被公布后所受的临时保护的效力相同。②

五、国际初步审查

（一）国际初步审查的目的

国际初步审查的目的在于对请求保护的发明创造是否有新颖性、创造性（非显而易见性）和工业实用性提出初步的无约束力的意见，以供申请人以及各国专利主管机关在进行后续程序时参考。为国际初步审查的目的，请求保护的发明创造如果是《专利合作条约实施细则》所规定的现有技术中所未披露的，就应被认为具有新颖性；如果依据《专利合作条约实施细则》所规定的现有技术进行考量，请求保护的发明创造在规定的相关日期对所属领域的技术人员不是显而易见的，那么就应被认为具有创造性；如果从技术意义来说，请求保护的发明创造根据其性质可以在任何一种工业中被制造或使用，就应认为其具有工业实用性。③

（二）国际初步审查单位

国际初步审查由国际初步审查单位具体执行。《专利合作条约》大会根据申请，在具有较强专利审查能力的缔约国国家局和相关政府间组织中确定国际初步审查单位。目前，国际初步审查单位与国际检索单位相同。

（三）国际初步审查申请的提出

只有在申请人明确提出国际初步审查请求之后，国际初步审查单位才会对 PCT 国际申请进行国际初步审查。申请人在提出国际初步审查请求时，应填写“国际初步审查要求

---

① 《专利合作条约》第 21 条。
② 《专利合作条约》第 29 条。
③ 《专利合作条约》第 33 条。

书”，写明申请人、代理人、修改声明等事项，并说明申请人选定在哪些缔约国使用国际初步审查的结果（选定国）。同时，申请人还应按照规定的标准缴纳相关费用。①

（四）国际初步审查程序

国际初步审查单位应依据《专利合作条约》及其实施细则的相关规定以及国际局与该单位签订的协议进行国际初步审查。

如果国际初步审查单位认为国际申请不符合《专利合作条约实施细则》所规定的发明单一性要求，可以要求申请人选择对权利要求加以限制以符合该要求，或者缴纳附加费。

申请人有权以口头或书面形式与国际初步审查单位进行联系和沟通。在国际初步审查单位作出国际初步审查报告之前，申请人有权以规定的方式在规定的期限内修改权利要求书、说明书和附图，但这种修改不应超出国际申请提出时对发明创造公开的范围。同时，除特殊情况外，在国际初步审查单位作出最终报告之前，申请人应从国际初步审查单位得到至少一份书面意见。②

（五）国际初步审查报告

国际初步审查单位应自优先权日起 28 个月内或自国际初步审查请求日起 6 个月内（以后到期者为准）作出国际初步审查报告。国际初步审查报告应按照规定的格式写成。除特殊情况外，国际初步审查报告应对每项权利要求就下列事项作出说明，即该权利要求是否符合《专利合作条约》为国际初步审查的目的所规定的新颖性、创造性（非显而易见性）和工业实用性的标准。同时，说明中应附有据以认为能证明所述结论的引用文件的清单，以及根据该国际申请的情况可能需要作出的解释；说明还应附有实施细则所规定的其他意见。但是，国际初步审查报告不应包括关于下列问题的说明，即请求保护的发明创造按照任何缔约国的本国法是否可以取得专利或不可以取得专利。③

国际初步审查报告以及相关附件，应由国际初步审查单位送交申请人和国际局。国际初步审查报告及其附件由国际局或申请人翻译后，将在规定的期限内送达各选定国的国家局。④

六、国家阶段

对于 PCT 国际申请在经过国际检索和国际初步审查之后，申请人如果根据上述结果认为其发明创造有授权前景，且在相关国家具有商业价值，那么就应作出要在哪些国家获得专利授权的最终决定。于是 PCT 国际申请进入国家阶段。

根据《专利合作条约》和其实施细则的规定，PCT 国际申请人应在优先权日起 30 个月内办理进入国家阶段手续；如果申请人未在上述期限内办理该手续，在有些缔约国可以在缴纳宽限费后在自优先权日起 32 个月内办理进入国家阶段的手续。对于办理了进入国家阶段手续后的 PCT 国际申请，缔约国即按照本国专利法律的规定，对其进行审查，并决定是否给予专利授权；申请人亦需按照相关国家法律的规定，处理其在该国的专利申请事务。

---

① 《专利合作条约》第 31 条。
② 《专利合作条约》第 34 条。
③ 《专利合作条约》第 35 条。
④ 《专利合作条约》第 36 条。

第四节 《国际承认用于专利程序的微生物保存布达佩斯条约》

《国际承认用于专利程序的微生物保存布达佩斯条约》（以下简称《布达佩斯条约》），1977年4月28日于布达佩斯签订，1980年8月19日生效，截止到2021年4月为止已有85个成员国。我国于1995年7月1日加入了该条约。

一、《布达佩斯条约》的缔结原因

《布达佩斯条约》是为了解决微生物发明专利的样品保藏问题而签订的。根据各国专利法的要求，专利说明书应当对发明创造作出清楚、完整的说明，以所属技术领域的技术人员能够实现为准。对于涉及微生物的发明创造，仅靠说明书的文字说明很难做到充分公开，故而需要申请人将样品提交到保藏机构保藏。如果申请人在不同的国家申请专利，则要求申请人分别向这些国家提交样品是不现实的。因此，为了解决微生物样品的国际保藏问题，相关国家缔结了《布达佩斯条约》。该条约确立了一种国际合作制度，使申请人只需向国际承认的保藏机构提交保藏，就可以向所有缔约国办理申请专利的手续。

二、微生物保藏及国际保藏单位

“微生物保藏”，是指按照《布达佩斯条约》以及其实施细则发生的下列行为：向接收与受理微生物的国际保藏单位送交微生物或由国际保藏单位贮存此种微生物，或兼有上述送交与贮存两种行为。[①]

微生物保藏由国际保藏单位进行。任何保藏机构如要取得国际保藏单位的资格，则其必须是设在缔约国领土上的，而且必须由该国作出该保藏机构符合并将继续符合《布达佩斯条约》第6条第2项所列各项要求条件的保证。[②] 上述保证也可由政府间工业产权组织作出，在这种情况下，该保藏机构必须设在该组织的成员国领土上。[③]

保藏机构如欲具有作为国际保藏单位的资格的，必须符合以下条件：连续存在；拥有《布达佩斯条约》实施细则（以下简称实施细则）所规定的必要人员和设施，以执行按照该条约承担的科学和管理的任务；公正和客观；对任何要求保藏的交存人按照同样条件提供服务；按照实施细则的规定受理各种或某些类别的微生物的保藏，审查其存活能力并予贮存；按照实施细则的规定发给交存人存单，以及所要求的关于存活能力的声明；按照实施细则的规定，遵守对所保藏的微生物保密的规定；按照实施细则规定的条件和手续提供

---

① 《布达佩斯条约》第2条。

② 《布达佩斯条约》第6条第2项规定，保存机构欲具有为国际保存单位的资格必须：（i）连续存在；（ii）拥有施行细则所规定的必要人员和设施，执行按照本条约承担的科学和管理的任务；（iii）公正和客观；（iv）对任何要求保存的交存人按照同样条件提供服务；（v）按照施行细则的规定受理各种或某些类别的微生物的交存，审查其存活能力并予贮存；（vi）按照施行细则的规定发给交存人存单，以及所要求的关于存活能力的声明；（vii）按照施行细则的规定，遵守对所保存的微生物保密的规定；（viii）按照施行细则规定的条件和手续提供所保存的任何微生物的样品。

③ 《布达佩斯条约》第6条第1项。

所保藏的任何微生物的样品。①

三、国际保藏的效力

微生物发明专利申请人将微生物样品提交国际保藏单位保藏后，其保藏的效力将得到所有成员的认可。《布达佩斯条约》规定：允许或要求保藏用于专利程序的微生物的缔约国，应承认为此种目的而在任一国际保藏单位所作的微生物保藏。这种承认应包括承认由该国际保藏单位说明的保藏事实和保藏日期，以及承认作为样品提供的是所保藏的微生物样品。②

第五节　《专利国际分类协定》

《专利国际分类协定》（IPC，又称《斯特拉堡协定》），1971 年 3 月 24 日于斯特拉堡签订，1975 年生效，截止到 2021 年 4 月为止，已有 64 个成员国。我国于 1997 年 6 月 19 日加入该协定。

一、《专利国际分类协定》的缔结

《专利国际分类协定》的起源是欧洲理事会倡导订立的发明专利国际分类欧洲公约。该公约旨在建立科学的专利分类法，并于 1968 年公布了第一版专利分类法，在所有成员国使用。除了欧洲理事会的成员，美国、日本等国家也采用了这种分类法，但如果不是欧洲理事会的成员就不能成为专利专家委员会的成员，没有资格参加国际专利分类法的修订工作。欧洲理事会和世界知识产权组织经过谈判，决定在《巴黎公约》的框架内订立公约。《巴黎公约》的一些缔约国于 1971 年签订了《专利国际分类协定》，将原来欧洲理事会主持制定的专利分类法改变为世界范围内的专利分类法。

二、《专利国际分类协定》的目的

《专利国际分类协定》的第一句话就阐明了该协定的目标：考虑到普遍采用一种统一的专利、发明人证书、实用新型和实用证书的分类系统，是符合全体的利益的，而且可能在工业产权领域建立较为密切的国际合作，有助于协调各国在该领域的立法工作。③

三、国际专利分类法

《专利国际分类协定》的专家委员会在欧洲理事会主持制定的专利分类法的基础上，修订出了国际专利分类法。这个分类法的首要目的是便于技术检索，因此，其将相同的技术客体都划归在一个分类位置上。

---

① 《布达佩斯条约》第 6 条第 2 项。

② 《布达佩斯条约》第 3 条第 1 项。

③ 《专利国际分类协定》序言。

国际专利分类法纯属管理性质，联盟的每一国家有权将该分类法作为主要的分类系统或者作为辅助的分类系统使用。

四、缔约方对国际专利分类号的使用义务

《专利国际分类协定》虽不要求成员国将国际专利分类法作为唯一的分类法，但要求主管机关在以下文件上标明发明创造的完整分类号：该机关所颁发的专利证书、发明人证书、实用新型、实用证书及其有关的申请文件，不论是公布的或仅供公众查阅的，以及官方期刊发表的关于前述文件的公布或供公众查阅的有关通知。[①]

第六节 《工业品外观设计国际分类协定》

《工业品外观设计国际分类协定》（以下简称《洛迦诺协定》），1968 年 10 月 8 日于洛迦诺签订，1971 年生效，到 2021 年 4 月为止已有 59 个成员国。我国于 1996 年 9 月 19 日加入了该协定。

一、《洛迦诺协定》的目的

《洛迦诺协定》是一个关于外观设计商品分类的协定，其目的是统一申请外观设计专利的分类。该协定的国家组成专门联盟，采用统一的工业品外观设计分类法。[②]

二、工业品外观设计国际分类的使用和法定范围

外观设计国际分类法纯属管理性质，然而，每个国家可以将其认为适当的法定范围归属于国际分类法。联盟各国给予外观设计的保护性质和范围应当不受国际分类法的约束。

联盟的每一国家保留将国际分类法作为主要的分类系统或者作为辅助的分类系统使用的权利。

联盟国家的主管局应当在外观设计保存或注册的官方文件上以及在正式公布这些文件时在有关刊物上标明使用外观设计的商品所属国际分类法的大类和小类号。[③]

第七节 《工业品外观设计国际注册海牙协定》

一、《海牙协定》的修订和文本

《工业品外观设计国际注册海牙协定》（以下简称《海牙协定》），1925 年于海牙签

---

① 《专利国际分类协定》第 4 条。

② 《洛迦诺协定》第 1 条。

③ 《洛迦诺协定》第 2 条。

订，于1934年在伦敦、1960年在海牙被修订，1999年在日内瓦通过了另一个文本。《海牙协定》目前有两个有效文本——1999年文本和1960年文本。[①] 两个文本彼此独立，有各自的缔约方。对于一个国家或政府向组织来说，可以选择成为其中一个文本或同时两个文本的缔约方。截至2021年底，1960年文本的缔约方有76个，1999年文本的缔约方有67个。两个文本共同的实施细则（以下简称《实施细则》）于2022年1月1日生效。

二、《海牙协定》的目的

同发明专利一样，工业品外观设计注册的地域性要求申请人分别向请求保护的国家注册。《海牙协定》为外观设计注册提供了简单、快捷和低成本的申请手段，通过向世界知识产权组织的国际局提交一份国际申请，就可以使该外观设计在多个国家和政府间组织得到保护。

三、提交国际申请的程序和申请日

外观设计注册国际申请可以直接或间接提交，即申请人可根据自己的选择，直接提交给国际局，或通过申请人的缔约方国家局提交。[②] 国际申请直接提交给国际局的，申请日应为国际局收到该国际申请的日期。[③]

四、国际申请的优先权

国际申请中可包括一份声明，依《巴黎公约》第4条要求在该公约的任何缔约国或为该国或在世界知识产权组织的任何成员或为该成员所提出的一件或多件在先申请的优先权。[④]

五、国际注册

国际局应在其收到国际申请时，或在依《海牙协定》第8条邀请作出更正的情况下在其收到所需的更正时，立即对每一件提出国际申请的工业品外观设计进行注册。[⑤]

外观设计国际注册日应为国际申请的申请日。但如果在国际局收到国际申请之日，该国际申请中有涉及《海牙协定》第5条第2款的不规范，国际注册日应为国际局收到对此种不规范作出更正的日期或国际申请的申请日，二者中以日期晚者为准。[⑥]

六、国际注册的效力

自国际注册日起，国际注册应在每一个被指定缔约方至少具有与要求依该缔约方法律

---

① 以下介绍主要基于《海牙协定》1999文本。
② 《海牙协定》第4条。
③ 《海牙协定》第9条。
④ 《海牙协定》第6条。
⑤ 《海牙协定》第10条第1项。
⑥ 《海牙协定》第10条第2项。

对工业品外观设计予以保护所正规提出的申请同等的效力。[①]

但是，任何被指定缔约方的国家局，在被提交国际注册的任何或全部工业品外观设计未符合该缔约方的法律关于给予保护的条件时，均可部分或全部驳回国际注册在该缔约方领土内的效力，但任何国家局不得以《海牙协定》或《实施细则》所规定的，或者超出或不同于这些规定的关于国际申请的形式或内容的要求，未依该有关缔约方的法律得到满足为由，部分或全部驳回任何国际注册的效力。对国际注册效力的驳回应在规定的期限内以驳回通知的形式告知国际局。任何驳回通知均应说明驳回所依据的全部理由。[②] 在这种情况下，该外观设计国际注册在该缔约方不具有法律效力。

另外，指定缔约方的国家局可以宣布国际注册的效力在该缔约方的领土内部分或全部无效，前提是及时给予注册人以行使其权利的机会，并且通知国际局。[③]

七、国际注册的首期和续展以及保护期[④]

国际注册应以 5 年为期进行，自国际注册日算起为首期。

国际注册可根据规定的程序并须缴纳规定的费用，再以 5 年为期续展。

只要国际注册已经续展，其在每一个被指定的缔约方的保护期为自国际注册日算起 15 年。但是，如果被指定的缔约方的法律对依其法律给予保护的工业品外观设计规定的保护期超过 15 年，则只要国际注册已经续展，保护期应与该缔约方的法律规定的相同。

【思考题】

1. 简述知识产权国民待遇原则的含义。
2. 简述知识产权优先权原则的含义。
3. 比较通过《巴黎公约》途径和通过 PCT 途径申请国际专利。
4. 比较通过《巴黎公约》途径和通过《海牙协定》申请国际外观设计。

【推荐阅读文献】

1. 郑成思. 国际知识产权保护和我国面临的挑战. 法制与社会发展，2006 (6).
2. 易继明，初萌. 全球专利格局下的中国专利战略. 知识产权，2019 (8).
3. 冯晓青. 国际知识产权制度变革与发展策略研究. 人民论坛，2019 (23).
4. 郎贵梅. 知识产权国际保护对司法裁判提出的挑战及应对——涉国际贸易知识产权纠纷疑难问题研究. 法律适用，2019 (4).

---

① 《海牙协定》第 14 条第 1 项。

② 《海牙协定》第 12 条第 1 项、第 2 项。

③ 《海牙协定》第 15 条。

④ 《海牙协定》第 17 条。

图书在版编目（CIP）数据

专利法/闫文军著. --北京：中国人民大学出版社，2022.3

普通高等学校知识产权专业系列教材

ISBN 978-7-300-30209-6

Ⅰ.①专… Ⅱ.①闫… Ⅲ.①专利权法-中国-高等学校-教材 Ⅳ.①D923.424

中国版本图书馆 CIP 数据核字（2022）第 010472 号

普通高等学校知识产权专业系列教材

专利法

闫文军　著

Zhuanlifa

出版发行	中国人民大学出版社		
社　　址	北京中关村大街 31 号	**邮政编码**	100080
电　　话	010－62511242（总编室）		010－62511770（质管部）
	010－82501766（邮购部）		010－62514148（门市部）
	010－62515195（发行公司）		010－62515275（盗版举报）
网　　址	http://www.crup.com.cn		
经　　销	新华书店		
印　　刷	北京宏伟双华印刷有限公司		
规　　格	185 mm×260 mm　16 开本	**版　　次**	2022 年 3 月第 1 版
印　　张	23.5 插页 1	**印　　次**	2024 年12月第 3 次印刷
字　　数	547 000	**定　　价**	58.00 元

《　　　　　　　》※任课教师调查问卷

为了能更好地为您提供优秀的教材及良好的服务，也为了进一步提高我社法学教材出版的质量，希望您能协助我们完成本次小问卷，完成后您可以在我社网站中选择与您教学相关的1本教材作为今后的备选教材，我们会及时为您邮寄送达！如果您不方便邮寄，也可以申请加入我社的**法学教师 QQ 群：83961183（申请时请注明法学教师）**，然后下载本问卷填写，并发往我们指定的邮箱（cruplaw@163.com）。

邮寄地址：北京市海淀区中关村大街31号中国人民大学出版社806室收

邮　　编：100080

再次感谢您在百忙中抽出时间为我们填写这份调查问卷，您的举手之劳，将使我们获益匪浅！

基本信息及联系方式：※

姓名：__________ 性别：__________ 课程：____________________

任教学校：____________________ 院系（所）：________________

邮寄地址：____________________ 邮编：____________________

电话（办公）：__________ 手机：__________ 电子邮件：__________

调查问卷：※

1. 您认为图书的哪类特性对您选用教材最有影响力？（　　）（可多选，按重要性排序）
   A. 各级规划教材、获奖教材　　B. 知名作者教材
   C. 完善的配套资源　　D. 自编教材
   E. 行政命令
2. 在教材配套资源中，您最需要哪些？（　　）（可多选，按重要性排序）
   A. 电子教案　　B. 教学案例
   C. 教学视频　　D. 配套习题、模拟试卷
3. 您对于本书的评价如何？（　　）
   A. 该书目前仍符合教学要求，表现不错将继续采用
   B. 该书的配套资源需要改进，才会继续使用
   C. 该书需要在内容或实例更新再版后才能满足我的教学，才会继续使用
   D. 该书与同类教材差距很大，不准备继续采用了
4. 从您的教学出发，谈谈对本书的改进建议：____________________

____

____

选题征集：如果您有好的选题或出版需求，欢迎您联系我们：

联系人：黄　强　宁丹丽　联系电话：010-62515955/5536

索取样书：书名：______________________________

书号：__________________________________

备注：※ 为必填项。